厚大® 法考 Judicial Examination

法考精神体系

考点覆盖　知识精讲

三国法66专题

体系贯通　强化应试

殷　敏◎编著｜厚大出品

中国政法大学出版社

厚大在线

八大学科学习方法、新旧大纲对比及增删减总结、考前三页纸等你解锁。

备考阶段计划、心理疏导、答疑解惑，专业讲师与你相约“法考星期天”直播间。

图书各阶段配套名师课程的听课方式，课程更新时间获取，法考必备通关神器。

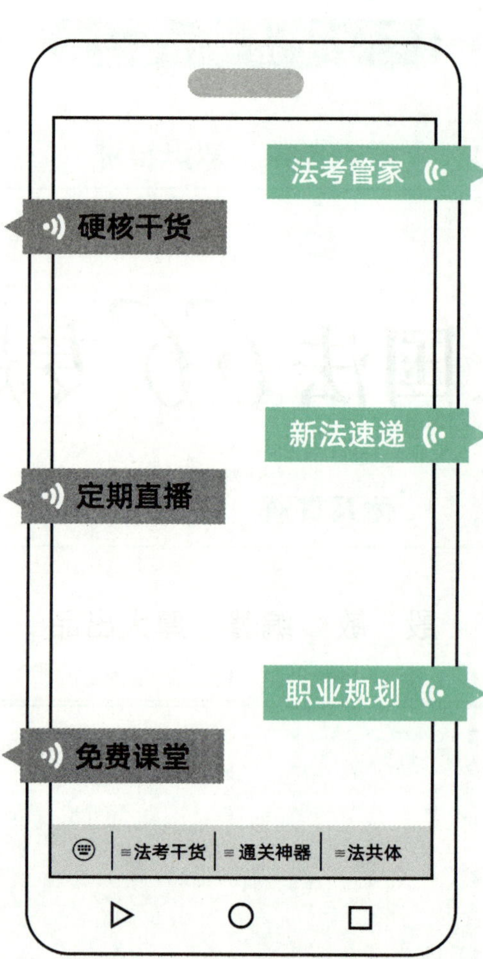

法考公告发布、大纲出台、主客观报名时间、准考证打印等,法考大事及时提醒。

新修法律法规、司法解释实时推送,最高院指导案例分享;牢牢把握法考命题热点。

了解各地实习律师申请材料、流程,律师执业手册等,分享法律职业规划信息。

更 多 信 息
关 注 厚 大 在 线

HOUDA

代总序

做法治之光

——致亲爱的考生朋友☆

如果问哪个群体会真正认真地学习法律，我想答案可能是备战法考的考生。

当厚大的老总力邀我们全力投入法考的培训事业，他最打动我们的一句话就是：这是一个远比象牙塔更大的舞台，我们可以向那些真正愿意去学习法律的同学普及法治的观念。

应试化的法律教育当然要帮助同学们以最便捷的方式通过法考，但它同时也可以承载法治信念的传承。

一直以来，人们习惯将应试化教育和大学教育对立开来，认为前者不登大雅之堂，充满填鸭与铜臭。然而，没有应试的导向，很少有人能够真正自律到系统地学习法律。在许多大学校园，田园牧歌式的自由放任也许能够培养出少数的精英，但不少学生却是在游戏、逃课、昏睡中浪费生命。人类所有的成就靠的其实都是艰辛的训练；法治建设所需的人才必须接受应试的锤炼。

应试化教育并不希望培养出类拔萃的精英，我们只希望为法治建设输送合格的人才，提升所有愿意学习法律的同学整体性的法律知识水平，培育真正的法治情怀。

厚大教育在全行业中率先推出了免费视频的教育模式，让优质的教育从此可以遍及每一个有网络的地方，经济问题不会再成为学生享受这些教育资源的壁垒。

最好的东西其实都是免费的，阳光、空气、无私的爱，越是弥足珍贵，越是免费的。我们希望厚大的免费课堂能够提供最优质的法律教育，一如阳光遍洒四方，带给每一位同学以法律的温暖。

没有哪一种职业资格考试像法考一样，科目之多、强度之大令人咂舌，这也是为什么通过法律职业资格考试是每一个法律人的梦想。

法考之路，并不好走。有沮丧、有压力、有疲倦，但愿你能坚持。

坚持就是胜利，法律职业资格考试如此，法治道路更是如此。

当你成为法官、检察官、律师或者其他法律工作者，你一定会面对更多的挑战、更多的压力，但是我们请你持守当初的梦想，永远不要放弃。

人生短暂，不过区区三万多天。我们每天都在走向人生的终点，对于每个人而言，我们最宝贵的财富就是时间。

感谢所有参加法考的朋友，感谢你愿意用你宝贵的时间去助力中国的法治建设。

我们都在借来的时间中生活。无论你是基于何种目的参加法考，你都被一只无形的大手抛进了法治的熔炉，要成为中国法治建设的血液，要让这个国家在法治中走向复兴。

数以万计的法条，盈千累万的试题，反反复复的训练。我们相信，这种貌似枯燥机械的复习正是对你性格的锤炼，让你迎接法治使命中更大的挑战。

亲爱的朋友，愿你在考试的复习中能够加倍地细心。因为将来的法律生涯，需要你心思格外的缜密，你要在纷繁芜杂的证据中不断搜索，发现疑点，去制止冤案。

亲爱的朋友，愿你在考试的复习中懂得放弃。你不可能学会所有的知识，抓住大头即可。将来的法律生涯，同样需要你在坚持原则的前提下有所为、有所不为。

亲爱的朋友，愿你在考试的复习中沉着冷静。不要为难题乱了阵脚，实在不会，那就绕道而行。法律生涯，道阻且长，唯有怀抱从容淡定的心才能笑到最后。

法律职业资格考试不仅仅是一次考试，它更是你法律生涯的一次预表。

我们祝你顺利地通过考试。

不仅仅在考试中，也在今后的法治使命中——

不悲伤、不犹豫、不彷徨。

但求理解。

厚大®全体老师　谨识

序言 为梦前行

每个民族乃至个人都有梦想。要实现自己的梦想，靠别人终是命不由己，靠运气终是虚无缥缈，只有靠自己才是正道坦途。从大处讲，一个有追求、有梦想的民族，比如近代的中华民族，一步步走向伟大复兴，靠的是什么？绝不是靠发达国家的施舍和恩赐，而是靠全体人民的勤劳和努力。没有烈士先辈们在民族独立战争中的抛头颅、洒热血，哪有今日的和平安宁？没有我们数不清的农民、工人等广大劳动者尽职尽责，哪有今日的腾飞富强？从小处看，一个有追求、有梦想的个人，比如正在备考法律职业资格考试的同学们，通过重重关卡最终拿到证书，靠的是什么？自然不是坐等命运的垂青和眷顾，而是大家日复一日的读书做题奋力换来的。没有上心、用心，没有汗水、泪水，没有学思践悟，最后的成功又何从谈起？梦想无论大小，都不是等得来、喊得来的，而是拼出来、干出来的。

为梦而行，要有大勇气。梦想犹如山巅的雪莲，因其难寻获而显珍贵，绝不是轻轻松松、俯身采撷就能唾手可得的。追梦之路，可能一开头就困难重重、寸步难行，也可能船到中流浪更急、人到半山路更陡，还可能经历“为山九仞，功亏一篑”的沮丧。但“宝剑锋从磨砺出，梅花香自苦寒来”。碰到艰难险阻，想打退堂鼓的时候，想一想心中的梦想——那朵圣洁的雪莲。物以稀为贵，凭什么圣物属于自己，凭什么胜利属于自己，底气不正来自于追梦路上的那种“越是艰险越向前”的气概和“狭路相逢勇者胜”的精神吗？同样，要想成为一个合格的法律人，也得经学思践悟、历千锤百炼，才能知法之条文、悟法之真谛、行法之公正，真正让惩恶扬善的利剑永不蒙尘。

为梦而行，要有真毅力。学法律，必须下点苦功夫。因为只有反复学、深入思、持续悟，才能去粗取精、去伪存真，由此及彼、由表及里，让学到的法律知识互相之间融会贯通，进而透过案例表面抓住其行为本质；才能实现由少量到多量的积累，进而由量变引起质变，由感性认识上升到理性认识，真正领悟真谛、得到真传。望同学们无论基础如何、天赋如何，都能守拙而勤，拿起教材、对照法条，静下心来通读、苦读，耐得住“昨夜西风凋碧树”的清冷，下得去“衣带渐宽终不悔”的决心，终会有“那人却在灯火阑珊处”的惊喜与收获。

为梦而行，要有好方法。古今中外，凡成功者，不仅有想法和勇气，而且往往谋略过人。即便是“万人敌”的张飞，当阳桥断后，也要靠故布疑阵、将计就计，夺取巴郡。若仅靠匹夫之勇，难成千古名将。同样的道理，同学们在备战法考之时，不仅要有必胜的信心，更要把握法考的规律和特点、掌握做题的方法和技巧，这样才可能决战决胜。其中，一方面是靠自己学思践悟，另一方面也要有名师指点、有过来人带路、有好教材辅导。内因外因，相辅相成，自然能够在有限的备考时间内拿到不错的成绩，达到事半功倍的效果。

其作始也简，其将毕也必巨。其实，取得法律职业资格证书，只是法律职业生涯的起点。通过法考后，你会发现，备考只是万里长征的第一步，法律知识的海洋浩瀚无边，法律职业之旅漫长艰辛，有困惑、有彷徨、有挑战、有围猎，只有坚守信念、勇于探索、善于创新，才能守住本心、不断前行，收获更多的成功，为中国法治事业出一份力、发一分光。

谨以此为序。

殷　敏
2023 年 10 月 25 日于上海

使用说明 INSTRUCTIONS

受厚大法考培训机构委托，2024年《三国法66专题·理论卷》（第十一版）继续由厚大独家出版。理论卷讲义在2014~2023年图书的基础上继续加以完善，并在写作形式和内容上全面升级，着重贴近考生实际，帮助考生打好理论基础。

理论卷将繁杂的三国法用18讲、66个专题进行高度浓缩提炼，配套课程为“2024年厚大法考免费网络课堂系统强化阶段”。除理论卷外，我还会继续于2024年在厚大独家出版真题卷、背诵卷、金题卷等图书。

一、理论卷所列条目及作用

1. 理论卷以国际公法、国际私法、国际经济法排序，共分为18讲、66个专题：

国际公法	第1~8讲	专题1~22
国际私法	第9~12讲	专题23~38
国际经济法	第13~18讲	专题39~66

2. 每一讲下设立以下栏目：

（1）［**应试指导**］列明本讲在法考中的地位、主要内容和复习方略；

（2）［**考点架构**］以架构图的形式呈现该讲涵盖的主要考点；

（3）［**基础铺垫**］涉及该知识点需要了解的背景知识和重要概念；

（4）［**经典真题**］结合考点进行演练和讲解；

（5）［**模拟展望**］根据未考过的知识点和命题角度编写题目供考生演练；

（6）［**案例展示**］国际公法、国际私法、国际经济法部分的案例分别以经典案例、趣味案例、实务案例的形式呈现；

（7）［**理论延伸**］考生根据自身基础进行把握，课上一般不详细展开，但也全部来源于司法部指定教材，无超纲内容。

以上栏目根据每个具体知识点的需要设立，并非每一讲下都设有上述全部栏目。

二、理论卷特点及增值服务

1. 知识点清晰化。理论卷以法考大纲为指导，以司法部指定教材为基础，以通俗易懂的语言表述，部分知识点以表格的形式呈现，极易于考生理解和记忆。

2. 理论卷与后续书籍自成体系，均按照相同的讲次和专题顺序整理，考生可通过理论卷、真题卷、背诵卷、金题卷等图书进行全面配套复习。

3. 免费获取补充讲义。本书出版后，如2024年法考三国法大纲有变化，我将第一时间制作2024年三国法学习包补充讲义，补充讲义可登陆厚大法考官网（http://www.houdafk.com）下载。

三、各部门法应试特点、主要内容及应对策略

总特点：分值不大、比较稳定；门槛高、收益也高。

（一）各部门法应试特点及主要内容

	国际公法	国际私法	国际经济法
应试特点	⊙知识点散 ⊙比较容易 ⊙时事和法条结合度较高	⊙重点突出 ⊙考点集中 ⊙与大纲密切结合	⊙考点相对集中 ⊙难度较大 ⊙综合性要求较高
主要内容	国际法导论、条约法、国际法律责任、国际法上的空间划分、国际法上的个人、外交关系与领事关系法、国际争端解决、战争与武装冲突法等	国际私法的基本理论、涉外民商事关系法律适用、涉外民商事争议的解决、区际司法协助等	国际贸易法（国际货物贸易私法、国际贸易公法）、国际知识产权法、国际投资法、国际税法、国际融资法等

（二）各部门法应对策略

	国际公法	国际私法	国际经济法
记忆	梳理记忆	对比记忆	灵活记忆
真题结合	小	大	中
法条结合	小	大	中
热点	大	比较大	比较大
大纲调整	较少	必考	注意删除部分
做题	可以少做	中等	大量

四、友情提醒

1. 在信息爆炸的时代，法考资料繁多，质量参差不齐，选好优质资料后就要坚持用下去，切不可贪多！

2. 法考有很强的应试性，只有依靠正确的方法加上坚韧不拔的毅力才能通向

成功！

3. 人生本来就不可能完美，也不应该完美。不论命运如何捉弄你，只要拥有坚定的信念，就能克服万难，最终过关！

4. 法考的舞台上只有汗水，没有侥幸，有的过关学员谈到“我都没看书就通过了”，类似经验万万不得相信！

最后衷心祝愿各位考生朋友2024年法考顺利过关！

欢迎大家关注：

新浪微博：@殷敏三国法

微信公众号：殷敏三国法

敏学会国际法

国际法探索与争鸣

CONTENTS 目录

第 1 编　国际公法

第 2 编 国际私法

第 3 编 国际经济法

01

第一编

国际公法

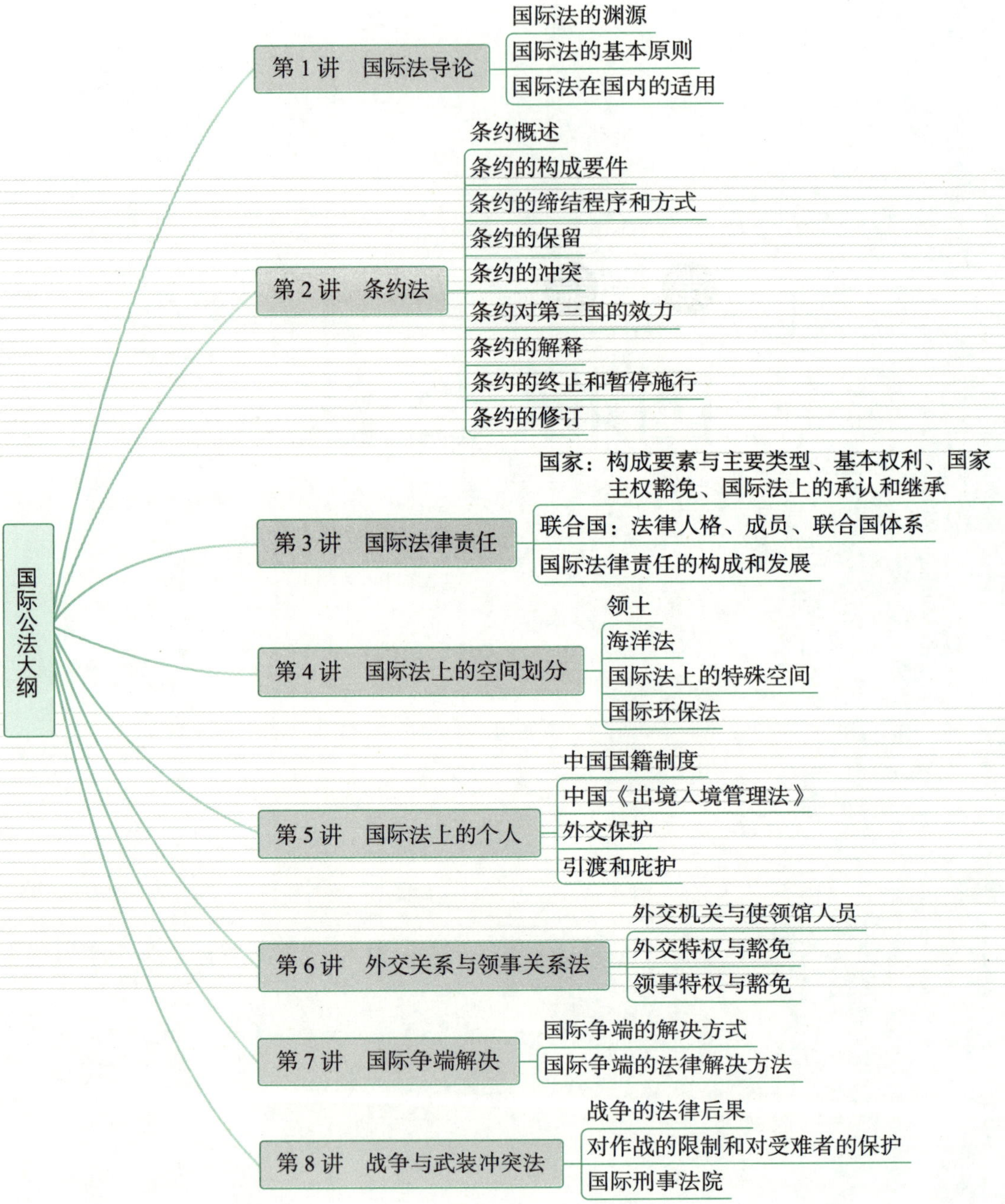

国际公法大纲

- 第 1 讲　国际法导论
  - 国际法的渊源
  - 国际法的基本原则
  - 国际法在国内的适用
- 第 2 讲　条约法
  - 条约概述
  - 条约的构成要件
  - 条约的缔结程序和方式
  - 条约的保留
  - 条约的冲突
  - 条约对第三国的效力
  - 条约的解释
  - 条约的终止和暂停施行
  - 条约的修订
- 第 3 讲　国际法律责任
  - 国家：构成要素与主要类型、基本权利、国家主权豁免、国际法上的承认和继承
  - 联合国：法律人格、成员、联合国体系
  - 国际法律责任的构成和发展
- 第 4 讲　国际法上的空间划分
  - 领土
  - 海洋法
  - 国际法上的特殊空间
  - 国际环保法
- 第 5 讲　国际法上的个人
  - 中国国籍制度
  - 中国《出境入境管理法》
  - 外交保护
  - 引渡和庇护
- 第 6 讲　外交关系与领事关系法
  - 外交机关与使领馆人员
  - 外交特权与豁免
  - 领事特权与豁免
- 第 7 讲　国际争端解决
  - 国际争端的解决方式
  - 国际争端的法律解决方法
- 第 8 讲　战争与武装冲突法
  - 战争的法律后果
  - 对作战的限制和对受难者的保护
  - 国际刑事法院

[基础铺垫]

国际法概论

一、国际法的概念

国际法是国家间交往中形成的，以国家间协议制定的，主要用以调整国家之间关系的，有拘束力的原则、规则和制度的总体。从学科体系上来讲，大国际法学包括国际公法、国际私法、国际经济法，简称“三国法”。此处的国际法仅指国际公法。

二、国际法的特征

1. 调整国际法主体之间的关系。

注意 1：**国际法主体**

独立参加国际关系，直接在国际法上享有权利和承担义务，并具有独立进行国际求偿能力者，即为国际法主体。其具体包括国家、政府间国际组织和正在争取独立的民族。

注意 2：**政府间和非政府间国际组织的区别**

国际组织成立的依据是政府间协议的，则为政府间国际组织，如世界贸易组织、联合国。

国际组织成立的依据不是政府间协议而是相关国家国内法的，则为非政府间国际组织，如国际红十字会组织。

2. 无立法机关。

国际法的规则由国家之间在平等的基础上以协议的方式制定。其可以是成文的协议，也可以是不成文的习惯法。

3. 无执行机关。

国际法的强制力通过国家本身单独或集体的行动来实现。

第 1 讲 国际法导论

本讲导读

应试指导

国际法的渊源包括国际条约、国际习惯和一般法律原则。本讲难点在于从渊源的角度区分国际法规则的立法过程、形式和适用范围；条约在国内适用的两种通行方式包括转化和并入，重点在于条约在中国适用的方式，尤其要理解平行适用这种方式；国际法的基本原则中，要把握以“主权”概念为核心的国际法各项基本原则的准确含义。

考点架构

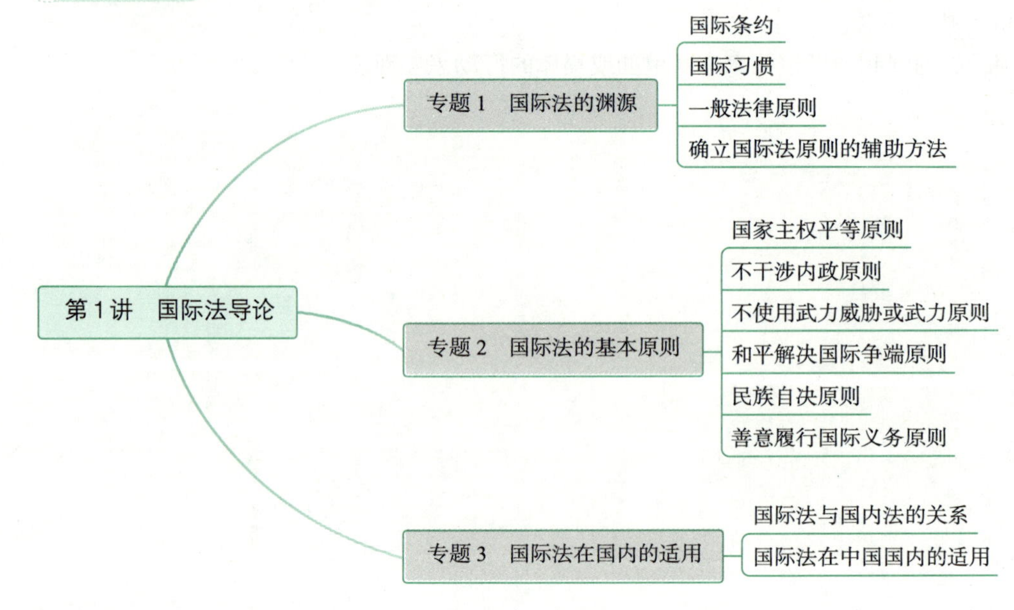

国际法的渊源

国际法的渊源即指国际法的表现形式。根据《国际法院规约》第 38 条第 1 款的规定，国际法的渊源为国际条约、国际习惯和一般法律原则三项。司法判例、国际权威学者的学说、国际组织的决议是确立法律原则的辅助资料，不是国际法的渊源。

一、国际条约

国际条约是 2 个或 2 个以上国际法主体之间缔结的、以国际法为准的、规定当事方权利义务的协议。它是最主要的国际法渊源，并且只能约束缔约国，一般以成文的方式体现出来。

二、国际习惯

国际习惯是不成文的，最古老、最原始的渊源。国际习惯的构成要素有两个：①物质要素（客观要素），即存在各国反复一致地从事某种行为的实践；②心理要素（主观要素），它要求上述的重复一致的行为模式被各国认为具有法律拘束力。

证明一项国际习惯的存在，必须从国际法主体的实践中寻找证据。一般应特别注意以下三个方面：①国家间的各种文书和外交实践；②国际组织和机构的各种文件，包括决议、判决等；③国家的国内立法、司法、行政实践和有关文件。

敏而好学：国际习惯可以来源于国内立法，但国内法不是国际法的渊源。

三、一般法律原则

“一般法律原则”是指各国法律体系中所共有的一些原则，如善意、禁止反言等。“一般法律原则”在国际司法实践中处于补充和辅助地位，很少被单独适用。

四、确立国际法原则的辅助方法

1. 司法判例。其包括国际法院的判例、其他国际司法机构和仲裁机构的判例、各国国内的司法判例等，这些均不能成为国际法的渊源。

2. 各国国际法权威学者的学说。例如，格劳秀斯的著作，曾对确立和阐明某些国际法规则帮助很大，但仍不能成为国际法的渊源。

3. 国际组织的决议。例如，联合国大会的一般决议或宣言，对于有关国际法规则的认识和建立也具有重要的意义和作用，但其不能成为国际法的渊源。

注意：条约通常仅对缔约国有约束力；习惯和一般法律原则对各国均有约束力；辅助资料不是国际法的渊源；有涉外因素的国内法不是国际法的渊源。

经典真题

甲、乙、丙、丁四国是海上邻国，2000年四国因位于其海域交界处的布鲁兰海域的划分产生了纠纷。同年，甲国进入该区域构建了石油平台，并提出了划界方案；2001年乙国立法机关通过法案，对该区域作出了划定；2002年丙、丁两国缔结划界协定，也对该区域进行划定。2004年某个在联合国拥有“普遍咨商地位”的非政府国际组织通过决议，提出了一个该区域的划定方案。上述各划定方案差异较大。根据国际法的相关原则和规则，下列哪一选项是正确的？（2008延/1/31）[1]

A. 甲国的行为不构成国际法中的先占，甲国的划界方案对其他国家没有拘束力

B. 乙国立法机构的法案具有涉外性，构成国际法的一部分，各方都应受其拘束

C. 丙、丁两国缔结的协定是国际条约，构成国际法的一部分，对各方均有拘束力

D. 上述非政府组织的决议，作为国际法的表现形式，对各方均有拘束力

解题要领

（1）先占的前提条件：无主地（注意：有争议的地和公共区域均不是无主地）、有效占领；

（2）条约：作为国际法的渊源，只约束缔约国、成文化；

（3）国际组织的决议：非国际法的渊源。

国际法的基本原则

一、国际法基本原则与强行法规则

（一）国际法基本原则的特征

国际法基本原则是国际法庞大规则体系中最核心和基础的规范。国际法基本原则具有以下特征：

1. 各国公认，普遍接受。
2. 适用于国际法律关系的所有领域，贯穿国际法的各个方面。
3. 构成国际法体系的基础。国际法基本原则若被破坏，整个国际法体系会被动摇和坍塌。

（二）国际法强行规则

国际法强行规则，是指在国际社会中被公认为必须绝对遵守和严格执行的法律规范，它不得被任意选择、违背或更改。

·总 结 国际法基本原则具有强行法的性质，但并不是所有的强行法规则都是国际

[1] A

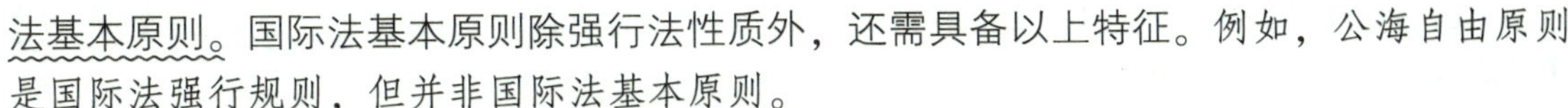

法基本原则。国际法基本原则除强行法性质外，还需具备以上特征。例如，公海自由原则是国际法强行规则，但并非国际法基本原则。

二、国际法基本原则的主要内容

（一）国家主权平等原则

其包括以下三方面：

1. 对内最高权。国家在国内行使最高统治权，包括立法、行政、司法各个方面，也包括国家的属地优越权和属人优越权。

2. 对外独立权。国家在与他国的交往和国际关系中，不受任何外国意志的左右，独立自主地处理自己的内外事务，包括选择社会制度、确定国家形式和法律、制定对外政策等。

3. 自保权。其包括国家在遭受外来侵略和武力攻击时进行单独或集体反击的自卫权，以及为防止侵略和武装攻击而建设国防的权利。

国际法上，对内最高权和对外独立权是主权的最基本特征和表现，即使主权的具体内容和范围随着社会的发展而不断发展变化。

总结 主权包括：对内最高权、对外独立权、自保权。主权是国家的根本属性：固有、平等、不可分割、神圣不可侵犯。任何国家都拥有主权，各国都有义务相互尊重主权。在国际合作中，国家基于自愿可以让渡一部分主权。

（二）不干涉内政原则

1. 内政

内政是一国主权范围内的事项，包括建立国家政权体制和建立社会、经济、教育、文化等制度，处理其立法、行政、司法事务，以及制定对外政策、开展对外交往等所有方面的措施和行动。内政一般以领土为基础，但内政的范围不与领土范围完全相对应。

注意：在领土范围内完成的事项不一定都是内政，不在领土范围内完成的事项也不一定都不是内政。

2. 干涉

这是指国家或政府间国际组织直接或间接地干预，或者以任何手段强迫他国接受自己的意志。

敏而好学：干涉内政的主体必须是国际法主体。个人、法人不构成干涉内政的主体。

[了解] 国家行使“保护的责任”（2012 年官方教材所增），具体内容如下：

（1）“保护的责任”引起国际社会的关注和讨论；

（2）主张国际社会对“失败国家”应采取对应行动；

（3）基于“保护的责任”论述中概念、依据、规则、程序、方式、机构、机制等方面未能达成一致，争论将继续；

（4）“保护的责任”不能成为干涉他国内政的借口和依据。

另外，要注意以下四点：

（1）对本国公民的保护责任，首先是本国政府；

（2）保护的责任仅限于四种严重的国际罪行：灭绝种族罪、战争罪、族裔清洗罪、危害人类罪；

（3）当本国政府不愿或不能行使保护的责任，方可适用；

（4）如果涉及使用武力或强力，还要有安理会授权。

理论延伸

▶《反外国制裁法》（2023年官方教材新增）

1.《反外国制裁法》是从国内法层面对不干涉内政原则的具体实施。

2. 反制措施的实施部门为国务院有关部门，且作出的决定为最终决定。

3. 反制措施的实施对象：①列入反制清单的个人、组织及其相关联者；②列入反制清单组织的高级管理人员或实际控制人；③由列入反制清单个人和组织实际控制或参与设立、运营的组织。

4. 反制措施：①不予签发签证、不准入境、注销签证或驱逐出境；②查封、扣押、冻结在我国境内的财产；③禁止或限制其在我国的有关交易、合作；④其他必要措施。

（三）不使用武力威胁或武力原则

不使用武力威胁或武力原则，是指各国不得以任何与联合国宪章或其他国际法原则所不允许的方式使用武力威胁或武力。

合法使用武力仅限于两种情况：

1. 国家对侵略行为进行的自卫行动。

敏而好学：自卫条件：正在遭受攻击、必要性、相称性。

2. 经联合国安理会授权的武力使用。

（四）和平解决国际争端原则

和平解决国际争端原则，是指国家间发生争端时，各国都必须采取和平方式予以解决，争端的当事国及其他国家应避免任何使争端或情势恶化的措施或行动。

禁止将武力或武力威胁的方式付诸任何争端的解决过程。

注意：国家间的争端必须采用和平方式解决。

（五）民族自决原则

民族自决原则，是指在帝国主义殖民统治和奴役下的被压迫民族具有自主决定自己的命运，摆脱殖民统治，建立民族独立国家的权利。

民族自决原则中殖民地民族的独立权的范围，只严格适用于殖民地民族的独立。对于一国国内民族的分离活动，民族自决原则没有为其提供任何国际法根据。

注意：此处民族自决原则的“独立权”仅适用于殖民统治之下的民族。

（六）善意履行国际义务原则

善意履行国际义务，是指一国对加入的条约应遵守，对国际习惯和一般法律原则应信守。

经典真题

2001年，甲国新政府上台后，推行新的经济政策和外交政策，在国内外引起强烈反应。

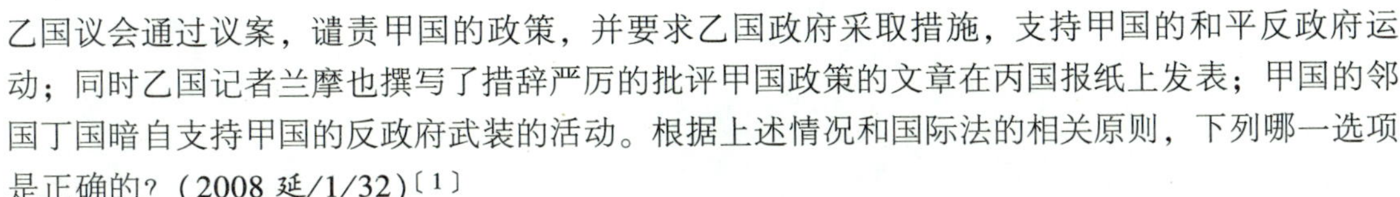

乙国议会通过议案，谴责甲国的政策，并要求乙国政府采取措施，支持甲国的和平反政府运动；同时乙国记者兰摩也撰写了措辞严厉的批评甲国政策的文章在丙国报纸上发表；甲国的邻国丁国暗自支持甲国的反政府武装的活动。根据上述情况和国际法的相关原则，下列哪一选项是正确的？（2008 延/1/32）[1]

A. 乙国记者的行为，涉嫌违反国际法

B. 乙国议会的法案一旦被执行，则涉嫌违反国际法

C. 丙国的行为涉嫌违反国际法

D. 丁国的行为不涉嫌违反国际法

解题要领

干涉内政的主体必须是国家或政府间国际组织，个人、法人不能成为干涉内政的主体。

经典案例

尼加拉瓜诉美国案

案情简介：

1983 年底和 1984 年初，美国派人在尼加拉瓜的布拉夫、科林托、桑提诺等港口附近布雷，范围包括尼加拉瓜的内水和领海。这种布雷活动严重威胁了尼加拉瓜的安全和航行，并已造成了重大的事故和损失。尼加拉瓜于 1984 年 4 月 9 日向国际法院提出请求书，指控美国在其境内对尼加拉瓜采取的军事和准军事行动，请求国际法院判定美国的行动构成非法使用武力和以武力相威胁干涉尼加拉瓜内政和侵犯尼加拉瓜主权的行为，请求法院责令美国立即停止上述行动并对尼加拉瓜及尼加拉瓜国民所受的损失给予赔偿，并请求国际法院指示临时保全措施。

国际法院于 1984 年 5~11 月对美国的初步反对主张进行审理，并于 11 月 26 日作出初步判决，判定国际法院对此案有管辖权。国际法院根据《国际法院规约》第 53 条对本案进行缺席审判，最后在 1986 年 6 月 27 日，对本案作出判决。

•国际法院判决

美国对尼加拉瓜非法使用武力，并干涉尼加拉瓜内政，因此美国有义务立即停止和抑制一切违反上述法律义务的行动，赔偿尼加拉瓜因美国违反习惯国际法义务所造成的损失，赔偿尼加拉瓜因美国违反 1956 年美尼《友好通商航海条约》义务所造成的损失。

•所涉考点

1. 一国的领土范围。

2. 国际法的基本原则，包括国家主权原则、不干涉内政原则、不得使用武力或武力相威胁原则等。

---

[1] B

专题03

国际法在国内的适用

一、国际法与国内法的关系

目前国际法中尚没有关于国内法与国际法关系的具体、统一、完整的规则。我们可以归纳出两种条约在国内适用的通行方式：转化和采纳。

1. “转化”

其要求所有条约内容都必须逐个经过相应的国内立法程序转化成为国内法，才能在国内适用（也称“间接适用”）。

2. “采纳”

或称“并入”，是指国家在原则上认为，该国缔结的所有条约，都可以在其国内具有国内法的地位（也称“直接适用”）。采用“并入”方式的国家，一般是在其宪法中作出这种“一揽子”规定。

注意：从国际法的角度，如果一国在国际法与国内法发生冲突时，优先适用其国内法造成其对国际法的违背，该国亦应对此承担相应的国家责任。

二、国际法在中国国内的适用

（一）民商事条约直接适用

《中华人民共和国民事诉讼法》第271条规定，中华人民共和国缔结或者参加的国际条约同本法有不同规定的，适用该国际条约的规定，但中华人民共和国声明保留的条款除外。

（二）民商事以外的：一般要经过转化才能适用

1. WTO协议：不能在中国法院直接适用，需转化适用。

2.《公民权利和政治权利国际公约》、《经济、社会及文化权利国际公约》和国际劳工公约适用于香港特别行政区的有关规定，需转化为香港特别行政区法律来予以实施。

（三）特殊领域：条约与国内法平行适用

平行适用是指条约和相关法律同时适用。例如：

1. 1961年《维也纳外交关系公约》（中国1975年加入）与1986年中国《外交特权与豁免条例》。

2. 1963年《维也纳领事关系公约》（中国1979年加入）与1990年中国《领事特权与豁免条例》。

注意：关于条约与国内法的平行适用应注意以下两点：①平行适用不是只适用国际条约而不适用国内立法，亦不是只适用国内立法而不适用国际条约，而是两者一起用；②中国司法实践有平行适用的先例。

经典真题

根据国际法有关规则和我国有关法律，当发生我国缔结且未作保留的条约条款与我国相关国内法规定不一致的情况时，下列哪一选项是正确的？(2007/1/32)〔1〕

A. 如条约属于民事范围，则由全国人民代表大会常务委员会确定何者优先适用

B. 如条约属于民事范围，则优先适用条约的规定

C. 如条约属于民事范围，则由法院根据具体案情，自由裁量，以公平原则确定优先适用

D. 我国缔结的任何未作保留的条约的条款与中国相关国内法的规定不一致时，都优先适用条约的规定

解题要领

（1）民商事领域的条约：直接适用；

（2）民商事领域以外的条约：转化适用。

---

〔1〕 B

第2讲 条约法

本讲导读

应试指导

条约由国际法主体缔结，认清条约的性质是掌握条约法律制度的基础。熟悉我国《民法典》合同编是学习和理解条约法的基础，但条约法的各项制度又与国内合同法规则有诸多不同，主要表现在条约的缔结、条约的效力、条约的保留、条约的解释、条约的终止和暂停施行、条约的修订等各方面。对条约各项规则的细致理解是本讲的重点和难点。

考点架构

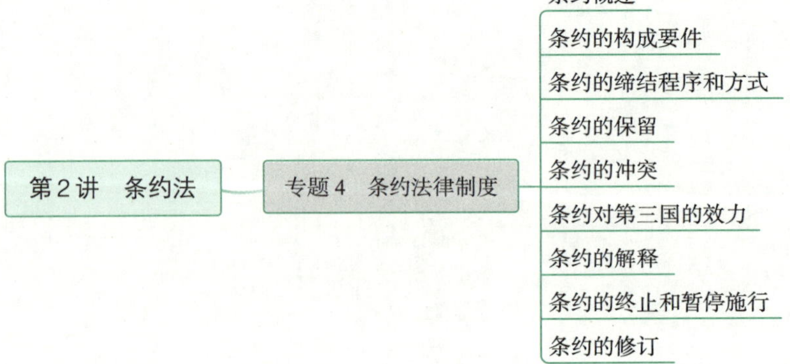

条约法律制度

一、条约概述（了解）

1. 条约的定义

条约，是指国家间所缔结的以国际法为准的国际书面协定。

2. 条约的特征

（1）条约在国际法主体间缔结。条约必须是国际法主体之间缔结的，即缔约者必须具备国际法主体资格。条约的缔约主体至少有 2 个，一个国家的单方面行为不能构成条约。例如，一国发表的声明、宣告等不构成条约。

（2）条约具有法律拘束力。条约规定了国际法主体间相互关系中国际法上的权利义务，具有法律拘束力。有些国际法主体间的国际文件，是对它们共同关心的国际问题表示共同的态度或政策，并无意就具体事项规定相互的国际法上的权利义务，或者在制定文件时即表示不认为该文件具有法律拘束力，这样的国际文书不是国际条约，尽管这类文件在国际关系上可能具有重大的政治意义，或具有道义上的力量。

（3）条约以国际法为准。条约的缔结程序和内容必须符合国际法的规则并且以国际法加以规范。

（4）条约的形式主要是书面的。实践中，口头条约在历史上和现代都有，并不因其非书面的形式而影响其法律效力。但是，由于口头条约不易证明，容易引起国际争端，因此，现代的绝大多数条约均采用书面的形式。基于这个现实，《维也纳条约法公约》仅对书面条约作出了规范。

（5）条约的名称在国际法上没有统一的用法。常用的条约名称包括公约、盟约、条约、宪章、专约、协约、议定书、最后文件、宣言、联合声明、换文、备忘录等。条约虽有不同的名称，但各种名称的条约在国际法的法律拘束力上没有本质不同。不同名称的条约在缔结的方式、程序和生效的形式上可能有所差别；至于条约的效力、执行和解释等方面，都适用同样的条约法规则。

二、条约的构成要件

一项书面条约，除必须具备条约文本，以及对条约的拘束力的接受等形式条件外，其有效性还须具备三个实质性条件：具有完全的缔约权；自由同意；符合强行法规则。

（一）具有完全的缔约权

1. 缔约能力

缔约能力也称缔约资格，是指国家和其他国际法主体拥有的合法缔结条约的能力。一般而言，非国际法主体没有普遍地合法缔结条约的资格。因此，主权国家拥有完整、全面

的缔约能力。国家内部的行政单位、地方政府一般不能与外国缔结条约，除非得到国家的授权。

2. 缔约权

缔约权即缔约代表的实质要求，依各国国内法产生。例如，美国的缔约权由总统和国会共同行使，日本的缔约权由政府内阁、国会及天皇共同行使。

《中华人民共和国缔结条约程序法》第3条规定："中华人民共和国国务院，即中央人民政府，同外国缔结条约和协定。中华人民共和国全国人民代表大会常务委员会决定同外国缔结的条约和重要协定的批准和废除。中华人民共和国主席根据全国人民代表大会常务委员会的决定，批准和废除同外国缔结的条约和重要协定。中华人民共和国外交部在国务院领导下管理同外国缔结条约和协定的具体事务。"

一般情况下，缔约机关和被授权缔约的代表不得超越对其缔约权的限制。对于缔约机关超越其国内法关于缔约权的限制所缔结的条约是否有效的问题，根据《维也纳条约法公约》第46条第1款、第47条的规定，一国不能以本国机关违反国内法关于缔约权限的规定而主张其所缔结的条约无效，除非这种违反国内法关于缔约权限规定的行为非常明显，涉及根本重要的国内法规则。对于被授权缔约的代表超越对其权限的特殊限制所缔结的条约，除非事先已将对这位谈判代表的权限的特殊限制通知其他谈判国，其本国不得以此作为其所缔结的条约无效的根据。

3. 全权证书

就缔约代表即全权代表的形式要求，一般要有全权证书。但是，国家元首、政府首脑和外交部长谈判缔约，或者使馆馆长议定派遣国和接受国之间的条约约文，或者国家向国际会议或国际组织或其机关之一派遣的代表，议定在该会议、组织或机关中的一个条约约文，由于他们所任职务，无须出具全权证书，仍被认为代表其国家。

注意1：五类正职出面时无须出具全权证书：①国家元首；②政府首脑；③外交部长；④使馆馆长；⑤一国派驻国际组织的代表。

注意2：《中华人民共和国缔结条约程序法》第6条第1款关于全权证书签署的规定：

（1）以中华人民共和国名义或者中华人民共和国政府名义缔结条约、协定，由外交部或者国务院有关部门报请国务院委派代表。代表的全权证书由国务院总理签署，也可以由外交部长签署。

（2）以中华人民共和国政府部门名义缔结协定，由部门首长委派代表。代表的授权证书由部门首长签署。部门首长签署以本部门名义缔结的协定，各方约定出具全权证书的，全权证书由国务院总理签署，也可以由外交部长签署。

（二）自由同意

缔约国自由地表示同意构成条约有效的基本条件之一。以下情况都不能被认为是自由同意：

1. 错误。这里所指的条约中错误，是指条约的必要根据的事实或情势错误。

2. 诈欺和贿赂。在谈判条约时，一方对另一方进行诈欺或对谈判代表进行贿赂，从而违反缔约国的自由同意，受诈欺或代表受贿赂的国家可以主张所缔结的条约无效。

3. 强迫。强迫包括对一国谈判代表的强迫和对国家的强迫。以强迫而缔结的条约自始无效。

（三）符合强行法规则

条约必须符合国际法强行规则。

首先，条约在缔结时与一般国际法强行规则相抵触者无效。其次，条约缔结后如遇新的强行规则产生，则与该规则相抵触者失效并终止。前者是自始无效，后者则是自与新的强行规则发生抵触时起失效。

总 结 条约的有效要件

1. 主体合格	国际法主体缔结：缔约权依国内法产生
2. 意思表示真实	自由同意：排除错误、诈欺、贿赂、强迫
3. 内容合法	符合国际法强行规则

注意：书面形式并非条约的生效要件。

经典真题

中国拟与甲国就有关贸易条约进行谈判。根据我国相关法律规定，下列哪一选项是正确的？（2010/1/32）[1]

A. 除另有约定，中国驻甲国大使参加该条约谈判，无须出具全权证书

B. 中国驻甲国大使必须有外交部长签署的全权证书方可参与谈判

C. 该条约在任何条件下均只能以中国和甲国两国的官方文字作准

D. 该条约在缔结后应由中国驻甲国大使向联合国秘书处登记

解题要领

（1）使馆馆长包括大使、公使和代办；

（2）条约本身会规定作准文本，且条约可以规定双方同意的第三国文字作准；

（3）根据《中华人民共和国缔结条约程序法》第17条第1款的规定，我国缔结的条约和协定由外交部按照《联合国宪章》的有关规定向联合国秘书处登记。

三、条约的缔结程序和方式

条约的缔结程序一般包括：约文的议定、约文的认证和表示同意受条约拘束。具体所采用的缔约方式和程序取决于缔约方的约定和选择。

（一）约文的议定

约文的议定包括缔约方为达成条约而进行的谈判、约文起草和草案的商定。

1. 谈判。条约文本的议定一般首先经过谈判。全权代表进行谈判缔结条约须具备全权证书。但是国家元首、政府首脑、外交部长、使馆馆长和一国派驻国际组织的代表五类正职出面无需出具全权证书。

[1] A

2. 草案。双边条约的起草，可由一方提出草案或双方共同起草。多边条约可由参加谈判的各国代表共同起草，也可通过设立专门机构起草。

3. 商定。各国代表会议讨论商定。

（二）约文的认证

约文的认证，是指谈判方确认共同同意该约文是正确的和作准的，应作为当事方之间拟缔结的条约约文。

认证一般采用的方式有：

1. 草签。由谈判代表将其姓氏或姓名的首字母签于条约约文下面，表示该约文不再更改。草签通常用于在约文议定后须经过一段时间才举行条约签署的情况。

敏而好学：草签非必经程序，无法律约束力。

2. 待核准的签署或暂签。此种签署是等待政府确认的签署，表示一种特殊的待定状态。如待核准的签署经该国确认，即发生正式签署的效力。

3. 签署。签署是指有权签署的人将其姓名签于条约约文之下。签署首先具有对约文认证的作用，是约文认证的一种方式。

4. 通过。当前国际实践中，多边公约的认证有时采取经有关各方代表会议通过的方式进行，即在公约草案拟定后，召开各国代表会议对草案进行讨论和修改，然后以表决或协商一致来通过约文。约文如获通过，一般不再被更改。

（三）同意接受条约拘束的表示

表示同意受条约的拘束是缔约程序中最关键的环节，其方式可由该条约规定或由有关各方约定。

实践中采用的主要方式有签署、批准、加入和接受等。

1. 签署。一国通过签署表示同意受条约的拘束，发生于下列情况：

（1）该条约规定签署有这种效果；

（2）各谈判国约定签署有这种效果；

（3）该国在其代表的全权证书中或在谈判过程中表示该国赋予签署这种效果。

敏而好学：一国签署一项条约并不表明立即受条约约束，要看条约是否赋予签署这样的法律效力。

2. 批准。批准有国内法和国际法上的两种含义。国内法上的批准，是指一国的权力机关依据该国国内法对条约的认可。国际法上的批准，是指一国同意受条约的拘束。国际法上的批准一般是通过交换或交存批准书来完成。

注意：是否批准及何时批准一项条约，由各国自行决定。国家没有必须批准其所签署的条约的义务。

3. 加入。加入，是指未对条约进行签署的国家表示同意受条约的拘束，成为条约当事方的一种方式。加入是国家确定同意受条约拘束的表示，因而加入一般不须再经批准。

敏而好学：一国可以加入一个已经生效的条约，也可以加入一个未生效的条约。

4. 接受和赞同。国家选择接受方式而不是加入或批准方式缔结条约的原因多是基于其国内法，其效果类似于国内法的加入和批准。

（四）《中华人民共和国缔结条约程序法》对条约批准、接受与加入的规定

<table>
<tr><td rowspan="3">1. 条约的批准</td><td>（1）审核</td><td colspan="2">国务院</td></tr>
<tr><td>（2）批准和废除</td><td colspan="2">①全国人民代表大会常务委员会决定
②主席根据上述决定签署</td></tr>
<tr><td>（3）办理交存批准书</td><td colspan="2">外交部办理手续，批准书由主席签署，外交部长副署</td></tr>
<tr><td>2. 条约的接受</td><td colspan="3">（1）审查：外交部或国务院有关部门会同外交部
（2）决定：国务院
（3）接受书签署与办理手续：外交部</td></tr>
<tr><td>3. 条约的加入</td><td colspan="2">（1）多边条约和重要协定：外交部或国务院有关部门会同外交部审查后，提出建议，报请国务院审核，国务院提请全国人民代表大会常务委员会作出决定（多边条约和重要协定包括：政治性条约，领土、边界条约、协定，有关司法协助、引渡的条约、协定，与中国法律有冲突的条约、协定，缔约各方约定要经批准的条约、协定等）
（2）加入除（1）之外的多边条约和协定：外交部或国务院有关部门会同外交部审查后，提出建议，报请国务院作出决定</td><td>加入书由外交部长签署，具体手续由外交部办理</td></tr>
<tr><td>4. 文本保存</td><td colspan="3">（1）以国家或者政府名义缔结：外交部
（2）以政府部门名义缔结：本部门</td></tr>
<tr><td>5. 条约的公布</td><td colspan="3">（1）条约和重要协定由全国人民代表大会常务委员会公报公布
（2）其他条约、协定的公布办法由国务院规定</td></tr>
</table>

经典真题

依据《中华人民共和国缔结条约程序法》及中国相关法律，下列哪些选项是正确的？(2015/1/76)[1]

A. 国务院总理与外交部长参加条约谈判，无需出具全权证书

B. 由于中国已签署《联合国国家及其财产管辖豁免公约》，该公约对我国具有拘束力

C. 中国缔结或参加的国际条约与中国国内法有冲突的，均优先适用国际条约

D. 经全国人大常委会决定批准或加入的条约和重要协定，由全国人大常委会公报公布

解题要领

（1）缔约代表的形式要求；

（2）《联合国国家及其财产管辖豁免公约》的性质；

（3）条约与国内法的关系；

（4）《中华人民共和国缔结条约程序法》中对条约批准和加入程序的规定。

（五）条约的登记

1. 任何联合国会员国缔结的一切条约应尽速在联合国秘书处登记，并由秘书处公布。

---

[1] AD

2. 未经登记的条约不得在联合国机关援引，但未经登记条约本身的法律效力并不受影响。

3. 我国缔结的条约和协定由外交部按照《联合国宪章》的有关规定向联合国秘书处登记。

四、条约的保留

（一）条约保留的概念

条约的保留，是指一国在签署、批准、接受、赞同或加入一个条约时所作的单方声明，无论措辞或名称如何，其目的在于排除或更改条约中某些规定对该国适用时的法律效果。

敏而好学：条约的保留只存在于开放式多边公约。

（二）不得提出条约保留的情形

根据《维也纳条约法公约》第19条的规定，下列情况下不得提出保留：

1. 条约规定禁止保留。例如，《联合国宪章》《世界贸易组织多边协议》均不允许成员方提出保留。

2. 条约准许特定的保留，而有关保留不在条约准许的保留范围内。

3. 保留与条约的目的和宗旨相违背。

敏而好学：并非所有的条约都可以提出保留。

经典真题

甲、乙、丙国同为一开放性多边条约缔约国，现丁国要求加入该条约。四国均为《维也纳条约法公约》缔约国。丁国对该条约中的一些条款提出保留，下列哪一判断是正确的？（2009/1/29）[1]

A. 对于丁国提出的保留，甲、乙、丙国必须接受

B. 丁国只能在该条约尚未生效时提出保留

C. 该条约对丁国生效后，丁国仍然可以提出保留

D. 丁国的加入可以在该条约生效之前或生效之后进行

解题要领

条约的保留可以针对已经生效的条约作出，也可以针对未生效的条约作出，但只能在条约尚未对本国生效时作出。

（三）条约保留的效果

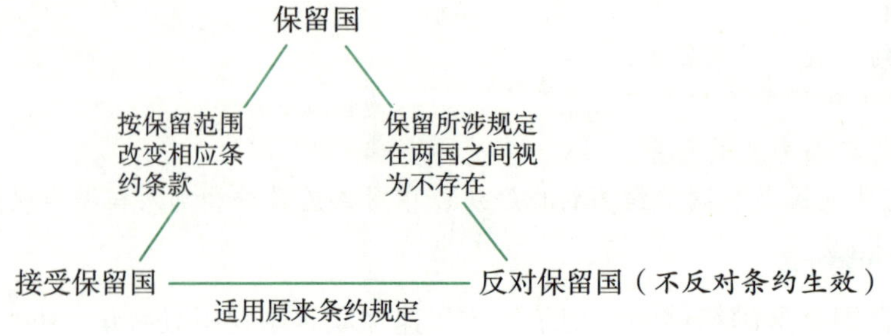

[1] D

1. 在保留国与接受保留国之间：适用保留后的规定。
2. 在保留国与反对保留国之间：保留所涉规定视为不存在。
3. 在未提出保留的国家之间：适用原来条约的规定。

经典案例

《防止及惩治灭绝种族公约》保留案

案情简介：

1948年12月9日，联合国大会通过了一项《防止及惩治灭绝种族公约》，截至1950年10月12日，在向联合国秘书长交存的关于该公约的19份批准书和加入书中，菲律宾的批准书和保加利亚的加入书均附有保留，而这些保留受到其他一些国家的反对。[1]

由于该公约对保留问题未作出任何规定，联合国秘书长根据惯例将保留情况通知各签字国。

由于根据一般的做法，保留必须在得到全体一致同意的情况下才可以被接受，否则被反对的国家就不能成为公约的当事国。秘书长将此情况通知保留受反对的国家，由此引起关于多边条约保留问题的争议。

联合国大会于1950年11月16日通过第478（V）号决议，请求国际法院就灭种罪公约保留的法律问题发表咨询意见。

·国际法院咨询意见

国际法院就该争议，作出以下咨询意见：

1. 一个国家在加入公约时提出并坚持一项保留，该保留受到一个或几个缔约国反对，但不是受其他国家反对，如果该保留符合公约的宗旨和目的，可以被认为是公约的当事国。在其他情况下，该国不能被视为该公约的当事国。

2. 如一个缔约国认为该保留不符合公约的宗旨和目的，反对该项保留，它可以认为保留国不是公约的当事国；如一个缔约国认为该保留符合公约的宗旨和目的，接受该项保留，它可以认为保留国是公约的当事国。

3. 国际法院认为，一个已签署公约但尚未批准公约的国家，其反对保留的效力取决于它的批准；在批准公约以前，它的反对只是一种态度的表示，没有法律效力。有权签署或加入公约但尚未签署或加入的国家，其反对当然是没有法律效力的。

4. 国际法院建议今后的多边条约应包含一个保留条款，并要求秘书长作为条约的登记人，不必考虑保留的效力，将保留通知一切国家，让各国在交换意见中自行决定其法律后果。

---

〔1〕 中国于1983年加入该公约，但对公约第9条，即“缔约国间关于公约的解释、适用或实施的争端……经争端一方请求，应提交国际法院”，予以保留。

所涉考点

1. 多边公约的保留制度，包括是否允许保留以及保留的法律后果。
2. 国际法院的咨询管辖权。

五、条约的冲突

（一）条约冲突的概念

条约的冲突，是指一国就同一事项先后参加的两个或几个条约的规定相互冲突。

（二）条约冲突的解决方法

1. 条约对解决冲突有规定的，适用条约本身关于解决条约冲突的规定。

［例1］《联合国宪章》第103条规定："联合国会员国在本宪章下之义务与其依任何其他国际协定所负之义务有冲突时，其在本宪章下之义务应居优先。"

［例2］1963年《维也纳领事关系公约》第73条第1款规定："本公约之规定不影响当事国间现行有效之其他国际协定。"可见，缔约国根据以前缔结的有关条约承担的义务优先于根据《维也纳领事关系公约》产生的义务。

2. 条约对解决冲突无规定的：

（1）先后就同一事项签订的两个条约的当事国完全相同，一般适用后约取代先约的原则。

（2）先后就同一事项签订的两个条约的当事国部分相同，部分不同时，在同为两条约当事国之间，适用后约优于先约的原则；在同为两条约当事国与仅为其中一条约的当事国之间，适用两国均为当事国的条约。

具体见下图：

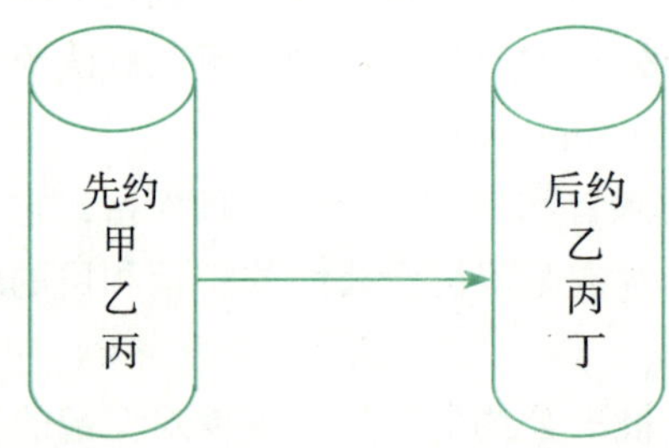

乙与丙之间：后约
甲与乙、甲与丙之间：先约
乙与丁、丙与丁之间：后约
甲与丁之间：无条约关系

经典真题

甲乙丙三国订有贸易条约。后甲乙两国又达成了新的贸易条约，其中许多规定与三国前述条约有冲突。新约中规定，旧约被新约取代。甲乙两国均为《维也纳条约法公约》的缔约国。根据条约法，下列判断哪一项是错误的？（2004/1/33）[1]

A. 旧约尚未失效

B. 新约不能完全取代旧约

C. 新约须经丙国承认方能生效

D. 丙国与甲乙两国间适用旧约

---

〔1〕 C

解题要领

(1) 在同为两条约当事国之间，后约优于先约；

(2) 在同为两条约当事国与仅为其中一条约的当事国之间，适用两国均为当事国的条约。

六、条约对第三国的效力

条约是缔约国为规定相互权利和义务关系根据国际法订立的协议，因此，条约只对缔约国有拘束力，而不能对非缔约国的第三国产生效力，这就是所谓"条约相对效力原则"。虽然条约相对效力原则是一项被普遍接受的国际法原则，但由于国家在国际关系中有着密切的联系，因此，实践中不可避免地存在条约对第三国产生权利和义务的情形。具体分以下两种情况：

1. 为第三国创设义务：必须经第三国以书面形式明示接受，才能对第三国产生义务。

2. 为第三国创设权利：第三国没有相反的意思表示，应推断其同意接受这项权利，而不必以书面形式明确表示接受。

注意：设定义务，需第三国书面明示接受；设定权利，第三国不反对即有效。

经典真题

嘉易河是穿越甲、乙、丙三国的一条跨国河流。1982年甲、乙两国订立条约，对嘉易河的航行事项作出了规定。其中特别规定给予非该河流沿岸国的丁国船舶在嘉易河中航行的权利，且规定该项权利非经丁国同意不得取消。事后，丙国向甲、乙、丁三国发出照会，表示接受该条约中给予丁国在嘉易河上航行权的规定。甲、乙、丙、丁四国都是《维也纳条约法公约》的缔约国。对此，下列哪项判断是正确的？(2006/1/33)[1]

A. 甲、乙两国可以随时通过修改条约的方式取消给予丁国的上述权利

B. 丙国可以随时以照会的方式，取消其承担的上述义务

C. 丁国不得拒绝接受上述权利

D. 丁国如果没有相反的表示，可以被推定为接受了上述权利

解题要领

(1) 取消第三国权利或为第三国负担义务，都必须经第三国同意；

(2) 给第三国创设权利，第三国不反对即视为接受。

七、条约的解释

(一) 条约解释的概念

条约的解释，是指对条约条文和规定的真实含义予以说明和澄清。

(二) 条约解释的一般规则

1. 根据通常含义和上下文。条约解释应按照条约用语在其上下文中的通常意义来解释。

2. 符合条约的目的和宗旨。解释条约要选择最符合其目的和宗旨的意义，而不能相反。

[1] D

3. 善意解释。应注意以下两点：

（1）原则上应作有效解释。

（2）若第三方解释，要求中立；若缔约国解释，应作有利于对方或不利于己方的解释。

（三）条约解释的辅助规则

1. 条约解释的补充资料。其包括条约的准备工作及缔约的情况在内，如谈判记录、历次草案、讨论纪要等，但是这些材料仅仅是作为上述解释方法的辅助和补充，本身不具有决定性。

2. 2种以上文字的条约的解释，应以作准文本为准。如在几个作准约文中发现意义有分歧，应适用上述一般规则。

敏而好学：条约本身可以规定哪个文本为作准文本。

经典真题

甲乙两国缔结某条约时，约定甲乙两国文字的文体同样为作准文本，并以第三种文字的文本作为参考文本。条约生效后，两国发现三个文体的某些用语有分歧：依乙国文字文本进行解释对甲国更加有利，而依据第三种语言文本进行解释，对乙国更有利。根据《维也纳条约法公约》，下列关于该条约的说法哪个是正确的？（2000/1/23）[1]

A. 甲乙两国应接受各自语言文本的拘束

B. 甲国可以仅根据乙国文本进行解释适用，因为该文本对其有利且为作准文本

C. 乙国可以根据第三种语言的文本进行解释适用，因为该文本为参考文本，不必考虑甲乙国语言文本

D. 由于三种文本用语有分歧，该条约无效

解题要领

（1）2种以上文字文本的解释，应以作准文本为准；

（2）作准文本应以条约规定为准，且条约不限于规定一个国家文本为作准文本。

八、条约的终止和暂停施行

（一）概念

条约的终止，是指一个有效的条约由于条约法规定的原因的出现，不再继续对当事方具有拘束力。

条约的暂停施行，是指由于法定原因的出现，一个有效条约所规定的权利和义务在一定时期内暂时对于当事方不具有拘束力。

（二）条约终止和暂停施行的原因

1. 条约本身规定。

2. 条约当事方共同的同意。

3. 单方解约和退约。在这种情况下，当事国必须提前12个月通知其废止或退出条约的意思。

---

[1] A

4. 条约履行完毕。

5. 条约因被代替而终止。

6. 条约履行不可能。

7. 条约当事方丧失国际人格。

8. 断绝外交关系或领事关系。断绝外交关系或领事关系使得以此种关系为适用条约必不可少的条件的条约终止。其他条约不受断绝外交关系或领事关系的影响。

9. 战争。此处战争导致的条约终止以本书第 8 讲“战争与武装冲突法”为准。

10. 一方重大违约

（1）双边条约当事方之一重大违约时，他方有权终止该条约，或全部或部分停止其施行；

（2）多边条约当事国一方有重大违约时，其他当事方有权以一致同意的方式，在这些当事方与违约方的关系上，或在全体条约当事方之间，全部或部分停止施行或终止该条约。

11. 情势变迁

“情势变迁”是“条约必守”的一个特殊例外，是指条约缔结后，出现了在缔结条约时不能预见的根本性变化的情况，缔约国可以终止或退出该条约。《维也纳条约法公约》对情势变迁原则的适用规定了严格的条件限制：

（1）缔约时的情势必须发生了不可预见的根本性变化；

（2）缔约时的情势构成当事国同意受条约拘束的必要根据；

（3）情势变迁的效果将根本改变依条约尚待履行的义务范围；

（4）确定边界的条约不适用情势变迁原则；

（5）如果情势的改变是由于一个缔约国违反条约义务或其他国际义务造成的，这个国家就不能援引情势变迁终止或废除有关条约。

注意：确定边界的条约不适用情势变迁原则。

（三）条约终止和暂停施行的后果

1. 解除各当事国继续履行条约的义务。

2. 不影响各当事国在该条约的终止前由于实施该条约所产生的任何权利、义务或法律情况。

注意：条约的终止和暂停施行无溯及力。

经典真题

菲德罗河是一条依次流经甲乙丙丁四国的多国河流。1966 年，甲乙丙丁四国就该河流的航行事项缔结条约，规定缔约国船舶可以在四国境内的该河流中通航。2005 年底，甲国新当选的政府宣布：因乙国政府未能按照条约的规定按时维修其境内航道标志，所以甲国不再受上述条约的拘束，任何外国船舶进入甲国境内的菲德罗河段，均须得到甲国政府的专门批准。自 2006 年起，甲国开始拦截和驱逐未经其批准而驶入甲国河段的乙丙丁国船舶，并发生多起扣船事件。对此，根据国际法的有关规则，下列表述正确的是：（2008/1/98）[1]

A. 由于乙国未能履行条约义务，因此，甲国有权终止该条约

〔1〕 BC

B. 若乙丙丁三国一致同意，可以终止该三国与甲国间的该条约关系

C. 若乙丙丁三国一致同意，可以终止该条约

D. 甲乙两国应分别就其上述未履行义务的行为，承担同等的国家责任

解题要领

（1）双边条约当事方之一重大违约时，他方有权终止该条约；

（2）多边条约当事国一方有重大违约时，其他当事方有权以一致同意的方式，在这些当事方与违约方的关系上，或在全体条约当事方之间，全部或部分停止施行或终止该条约。

经典案例

匈牙利诉捷克斯洛伐克案

案情简介：

1977年，匈牙利和捷克斯洛伐克签订《布达佩斯协定》，决定两国共同在多瑙河上修建盖巴斯科夫—拉基玛洛大坝，将河水截至两条运河后回注于多瑙河，其目的是利用河水发电。

1988年，匈牙利国会认定该河流的生态利益高于该项目的经济利益，因而命令政府重新评价该项目。匈牙利政府于1989年决定中止该项目的建设。然而斯洛伐克于1991年决定继续建设该项目，并单方面将近2/3的多瑙河水截引至其领土上。

由于这一决定不仅影响匈牙利的环境，而且对其经济也将带来重大影响，匈牙利政府于1992年2月对斯洛伐克的这一决定正式提出抗议。1992年4月欧共体出面调解无效。1992年5月，匈牙利单方面中止了1977年的协定。1992年10月，匈牙利向国际法院提出申请，请求国际法院裁决。1993年7月，匈牙利和斯洛伐克达成协议，决定要求国际法院进行裁决。

•国际法院判决

1.《布达佩斯协定》仍然有效，匈牙利无权在1989年推迟并最终终止《布达佩斯协定》工程和相关文件中应履行的国际义务。

2. 斯洛伐克无权实施改变多瑙河自然水流状态而造成环境灾难的方案。

3. 最终的解决方案必须是，彻底解决将一定水量放回多瑙河原河道，恢复多瑙河天然河道，重新设计具有抗地震、浮冰条件下可航行的大坝，保护“千岛地区”生态和区域供水。

4. 两国必须进行诚意的谈判，采取措施保证经双方同意修改后的《布达佩斯协定》的目标的实现；两国必须根据《布达佩斯协定》制订一个联合营运方案；两国必须互相赔偿因各自违约造成的损失。

•所涉考点

1. 条约终止的情形。

2. 情势变迁原则。

九、条约的修订

（一）概念

条约的修订，是指条约在缔结之后，缔约国在条约有效期内改变条约规定的行为。因为双边条约的修订在程序上与缔结条约的程序相同，因此条约的修订主要涉及多边条约。

（二）条约修订的后果

1. 条约修订后，凡有权成为条约当事国的国家，也应有权成为修订后条约的当事国。

2. 修订条约的协定对于是条约当事国而非该协定当事国的国家无拘束力。

3. 对于修订条约的协定生效后成为条约当事国的国家，如果该国没有相反的表示，应视为修订后条约的当事国；在该国与不受修订条约协定拘束的当事国之间，适用未修订的条约。

［例］1990 年，甲、乙、丙三国签订了条约，2000 年，该条约依据条约规定的程序进行了修订，形成了 2000 年修订版本。甲、乙两国接受了 2000 年修订版本，丙国认为修订版本的要求过高，拒绝接受修订版本。丁国在 2002 年加入了该公约，加入时对其受哪个文本约束没有作出相关意思表示。对此，特别注意以下三点：

（1）丙国拒绝接受 2000 年修订版本并不代表退出条约；

（2）丁国加入时未作意思表示，表明丁国既受 1990 年文本的约束，又受 2000 年修订版本的约束；

（3）丙国和丁国之间有条约关系，受 1990 年条约文本的约束。

模拟展望

甲、乙、丙三国是 2010 年某项国际条约的原始缔约国，2015 年，该项条约依据规定的程序进行了修订，形成 2015 年修订本。甲、乙两国接受了 2015 年修订本，丙国认为修订本的要求过高，拒绝接受修订本。2018 年，丁国加入了该条约，加入时对其受公约哪个文本约束没有作出任何意思表示。根据《维也纳条约法公约》的规定，下列判断正确的有：[1]

A. 丙国的行为构成退约，表明其退出了该项公约

B. 由于丁国加入时未作任何意思表示，公约 2015 年修订本将对其适用

C. 丙国有权拒绝接受 2015 年修订本，但其仍然是公约缔约国，受 2010 年文本的约束

D. 丙国和丁国之间应当适用 2010 年公约原始文本

解题要领

条约修订的法律后果，特别要注意以下两点：

（1）拒绝接受修正案的国家并不代表退约；

（2）拒绝接受修正案的国家和原始条约缔约国之间仍然有条约关系，适用原始条约。

---

［1］ BCD

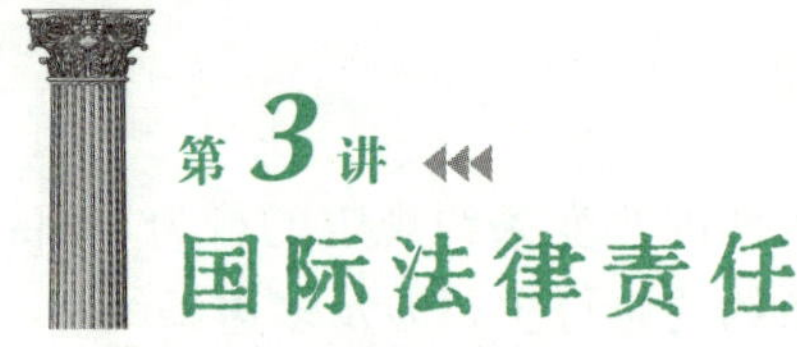

第3讲

国际法律责任

本讲导读

应试指导

本讲应掌握承担国际法律责任的两个主要国际法主体——国家和政府间国际组织的各项法律制度。难点在于与国家有关的各项制度，如国家管辖权、国家主权豁免、国际法上的承认和继承等。另外要熟悉联合国法律体系的内容，理解传统国际法律责任和国家责任制度的新发展。

考点架构

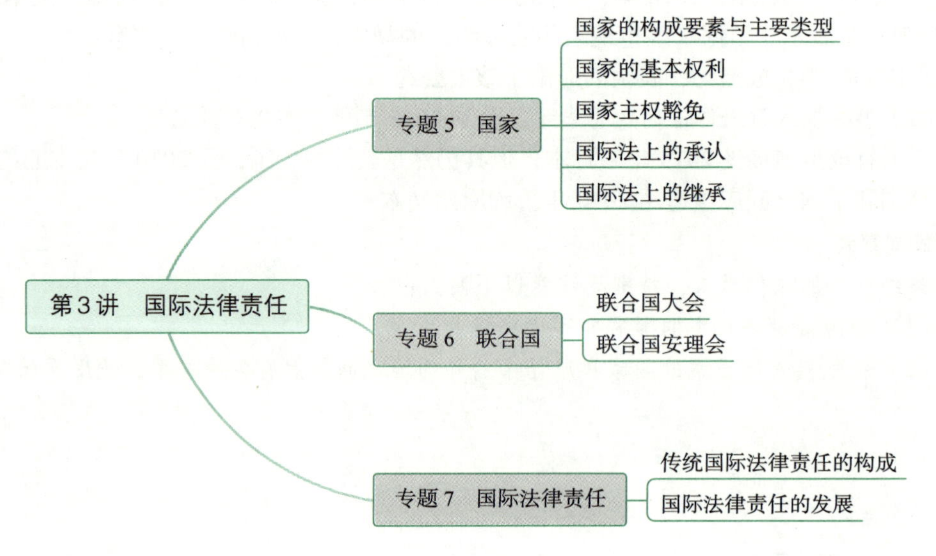

专题05 国　家

一、国家的构成要素与主要类型

（一）国家的构成要素

国家的构成要素：定居的居民；确定的领土；政府；主权

[了解] 国家有四个构成要素：

1. 定居的居民。对人口多少没有一定的要求，大小国家在国际法上都是平等的国家。

2. 确定的领土。这与领土大小无关，同时，“确定”的要求并非要求边界完全划定。

3. 政府

对于政府的形式并无特殊要求，只要对内实行统治，对外代表国家进行交往，即为有效统治的政府。

4. 主权

即对内的最高权和对外的独立权。主权作为国家固有的根本属性，是国家区别于其他实体的根本标志。

（二）现代国家的主要类型

国际法上，现代国家类型主要划分为单一国和复合国两类：

1. 单一国

单一国是由若干行政区域组成的统一的主权国家。它拥有单一的宪法，其人民拥有单一的国籍。

单一国由其中央政府行使最高的立法、司法和行政权力，统一处理国家的内外事务。各个行政区域都作为国家的地方单位接受中央政府的领导。

单一国是一个国际法主体，由中央政府代表国家参与国际关系，各地方区域都没有国际法主体地位。中国是单一制国家，香港、澳门、台湾本身不具有国际法的主体地位。

2. 复合国

复合国是 2 个或 2 个以上成员组成的国家或国家联合体，有联邦和邦联两种形式。

（1）联邦

联邦国家是指由 2 个或 2 个以上的成员单位根据联邦宪法组成的国家，是复合国中最主要、最典型的形式。联邦国家本身是国际法主体，其各成员单位没有国际法的主体地位。

（2）邦联

邦联是 2 个或 2 个以上主权国家由于特殊的目的根据条约组成的国家联合体。邦联的各成员是独立的主权国家，它们分别是国际法主体，而邦联本身不是国际法主体。

二、国家的基本权利

（一）独立权

独立权，是指国家依照自己的意志处理内外事务不受他国控制和干涉的权利。

（二）平等权

平等权，是指国家在参与国际法律关系时，具有平等的地位和法律人格。其主要表现在以下方面：

1. 国家在国际组织或国际会议中平等地享有代表权和投票权。
2. 国家平等地享有缔约权，国家不受非其缔结的条约拘束。
3. 国家平等地享有荣誉权，国家元首、国家代表及国家标志应受到尊重。
4. 国家之间没有管辖权，除非国际法特别规定或得到国家同意。

敏而好学：平等者之间无管辖权。

5. 外交位次或礼仪上的平等权。

（三）自保权

自保权，是指国家保卫自己存在和独立的权利。它分为国防权和自卫权两方面。

1. 国防权，是指国家在和平时期进行国防建设，防止外来侵略的权利。
2. 自卫权，是指当国家遭受外国武力攻击时，有权采取单独和集体的武力反击措施。

敏而好学：自卫权必须针对正在遭受的攻击，并且要注意必要性和相称性。

（四）管辖权

国家的管辖权，是指国家对特定的人、物和事件进行管理和处置的权利。它以国家主权为根据，又是国家主权的最直接体现和具体行使。各国在与其利益有关的人、物、事件方面，通常通过主张行使管辖的权利以保护自身利益。国家的管辖权有以下四类：

1. 属地管辖权

属地管辖权，又称属地优越权，是指国家对于其领土及其领土内的一切人、物和事件，都有进行管辖的权利，除非国际法另有规定。它有两方面的含义：

（1）以领土为对象，即国家对其领土各个部分及其资源的管辖权利；

（2）以领土为范围，强调国家对其领土范围内的一切人、物或事件的管辖权利。

注意：一国领土的范围，具体要注意以下三点：①一国驻外使领馆并非该国领土的自然延伸；②船旗国的船舶并非船旗国领土；③航空器登记国的航空器并非登记国领土。因此，一国对其驻外使领馆内部事务的管辖、船旗国对船舶内部事务的管辖、航空器登记国对航空器内部事务的管辖只能称为“类比属地管辖”，而非真正意义上的属地管辖。

2. 属人管辖权

属人管辖权，或称国籍管辖权，是指国家对于具有其国籍的人，具有管辖的权利，无论他们是在其领土范围内还是领土范围外。关于属人管辖权，应特别理解以下三点：

（1）属人管辖的对象为广义的，不仅包括具有该国国籍的自然人，还包括具有该国国籍的法人以及船舶、航空器或航天器等获得国籍的特定物。

（2）属人管辖既包括加害人国籍国对加害人的管辖，也包括受害人国籍国对受害人的保护。后者的典型例子为“外交保护”。

（3）对船舶、航空器、航天器等整个作为一个犯罪对象来管辖为属人管辖，但是船舶、航空器、航天器国籍国对船舶、航空器、航天器内部事务的管辖为类比属地管辖。

3. 保护性管辖权

保护性管辖权，是指国家对于在其领土范围以外从事严重侵害该国或其公民重大利益行为的外国人进行管辖的权利。

（1）保护性管辖权实施的条件

❶外国人；

❷行为发生在域外；

❸侵犯了该国或其公民重大利益，并且该行为根据行为地的法律同样构成应处刑罚的罪。

（2）保护性管辖权实施的方式

❶上述行为人进入该受害国境内被依法拘捕和管辖；

❷通过国家间对行为人的引渡实现受害国的管辖权。

经典真题

甲国人张某侵吞中国某国企驻甲国办事处的大量财产。根据中国和甲国的法律，张某的行为均认定为犯罪。中国与甲国没有司法协助协定。根据国际法相关规则，下列哪一选项是正确的？（2011/1/33）[1]

A. 张某进入中国境内时，中国有关机关可依法将其拘捕

B. 中国对张某侵吞财产案没有管辖权

C. 张某乘甲国商船逃至公海时，中国有权派员在公海将其缉拿

D. 甲国有义务将张某引渡给中国

解题要领

（1）保护性管辖权行使的三个前提条件：外国人、领域外、侵犯了该国或其公民的重大利益。

（2）保护性管辖权的实现方式：①行为人进入受害国被依法逮捕；②引渡。

（3）引渡是一国的权利而不是义务。

4. 普遍性管辖权

普遍性管辖权，是指根据国际法的规定，对于危害国际安全与和平及全人类利益的某些国际犯罪行为，不论行为人国籍及行为发生地，各国都有进行管辖的权利。

（1）适用罪行

目前，战争罪、破坏和平罪、违反人道罪、海盗罪等已被公认为国家普遍性管辖权的对象，灭绝种族、贩卖毒品、贩卖奴隶、种族隔离、实施酷刑、航空器劫持等行为也已被有关的国际条约确定为缔约国合作惩治的罪行。

---

〔1〕 A

（2）行使区域

除相关国家间有特别协议或国内法有特殊规定以外，国家的普遍性管辖权只能在本国管辖范围内或不属于任何国家管辖的区域行使。

［了解］由于各国适用的管辖权原则和规则不同，导致国家在主张和行使管辖权方面的重叠或对立。管辖权冲突的解决方式有：①通过国内立法规定；②通过多边国际公约划定；③通过国家间的双边条约协商调整。

三、国家主权豁免

（一）概念

国家主权豁免，是指国家的行为及其财产不受或免受他国国内法院的管辖。国家主权豁免是主权国家平等性和独立性的体现。实践中，国家主权豁免主要表现在司法豁免方面，具体包括管辖豁免、程序豁免与执行豁免。

注意：国家行为不包括国有企业的行为。

敏而好学：国家主权豁免的理论基础：平等者之间无管辖权。

模拟展望

中天公司为甲国的一家国有公司，该公司与乙国驻丙国的使馆签订了一份供应办公用品的合同。后由于使馆认为中天公司交货存在质量瑕疵，双方产生纠纷。根据国际法有关规则，下列选项正确的是：[1]

A. 乙国使馆可以就中天公司的违约行为向甲国法院提起诉讼

B. 中天公司的行为可以被间接地视为甲国的国家行为

C. 中天公司在丙国享有司法管辖豁免

D. 甲国需对交货存在的质量瑕疵承担国家责任

解题要领

国有企业的行为，不能归因于国家行为，不可以享受国家主权豁免，国家也不需要为国有企业承担相应法律责任。

（二）国家主权豁免的放弃

1. 概念

国家可以自愿就其某个方面或行为，放弃在外国法院的管辖豁免。但是这种放弃是国家的一种主权行为，必须是自愿、特定和明确的。特定要求放弃的行为是针对某一特定案件。

2. 放弃的方式

放弃的方式包括明示放弃和默示放弃两种：

（1）明示放弃，是指一国通过国际协定、书面合同、在法院发表的声明或在特定诉讼中提出的书面函件，明示同意另一国法院对某一事项或案件行使管辖。

（2）默示放弃，是指国家通过在外国法院的与特定诉讼直接有关的积极行为，表示接

［1］ A

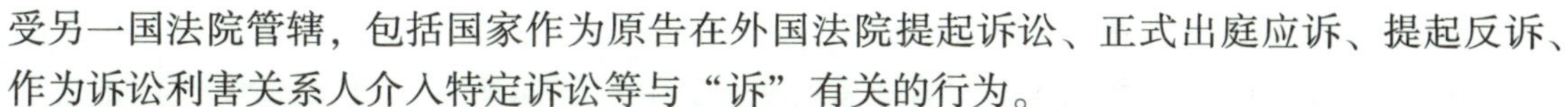

受另一国法院管辖，包括国家作为原告在外国法院提起诉讼、正式出庭应诉、提起反诉、作为诉讼利害关系人介入特定诉讼等与“诉”有关的行为。

需要特别注意的是，以下行为均不认为是默示放弃：

❶国家在外国领土范围内从事商业行为；

❷国家或其授权的代表为主张或重申国家的豁免权，对外国法院的管辖作出反应，出庭阐述立场或作证，或要求法院宣布判决或裁决无效；

❸一国同意适用另一国法律；

❹一国代表在另一国法院出庭作证；

❺一国未在另一国法院的诉讼中出庭等。

注意：国家出庭并不必然表明其放弃了豁免权。国家出庭如果进行与诉有关的行为，就表明国家默示放弃了其豁免权；但国家出庭阐述立场或作证，或要求法院宣布判决或裁决无效并不代表国家放弃了其豁免权。

经典真题

甲国某公司与乙国驻甲国使馆因办公设备合同产生纠纷，并诉诸甲国法院。根据相关国际法规则，下列哪些选项是正确的？（2014/1/75）[1]

A. 如合同中有适用甲国法律的条款，则表明乙国放弃了其管辖的豁免

B. 如乙国派代表出庭主张豁免，不意味着其默示接受了甲国的管辖

C. 如乙国在本案中提起了反诉，则是对管辖豁免的默示放弃

D. 如乙国曾接受过甲国法院的管辖，甲国法院即可管辖本案

解题要领

（1）国家豁免权的默示放弃方式；

（2）一国法院不能决定他国的豁免立场。

3. 管执分离原则

一国明示同意放弃管辖豁免并不等于同意放弃执行豁免。除非一国明示同意放弃执行豁免，或者该国已经拨出或专门指定某项财产用于清偿对方的请求，另一国法院不得在诉讼中对该国财产采取判决前的强制措施，如查封和扣押措施，亦不得采取判决后的强制措施，如查封、扣押和执行措施。

4. 国家豁免理论

国家豁免理论包括绝对豁免理论和相对豁免理论两种。

（1）绝对豁免理论，是指国家的一切行为，他国法院都不享有管辖权；

（2）相对豁免理论，主张将国家行为分为商业行为和非商业行为，认为国家的商业行为不应享有豁免权，非商业行为享有豁免权。

注意1：绝对豁免理论和相对豁免理论都坚持国家享有执行豁免，两种理论的差异在于管辖豁免层面。

注意2：2005年《联合国国家及其财产管辖豁免公约》采取了限制豁免主义的立

[1] BC

场，但该公约目前尚未生效。

注意3：《中华人民共和国外国国家豁免法》（自2024年1月1日起施行）也采纳了相对豁免主义的立场。

湖广铁路债券案

案情简介：

1911年，清政府为修建湖北至广东等地的铁路，向美、英、法、德等国的银行财团借款，签订了总值为600万英镑的借款合同。合同规定，上述外国银行以清政府名义在金融市场上发行债券，即“湖广铁路五厘利息递还英镑借款债券”，年息五厘，合同期限为40年。但该种债券从1938年起停付利息，1951年本金到期也未归还。一些美国人在市场上收购了这种债券。

1979年，美国公民杰克逊等人在美国阿拉巴马州地方法院对中华人民共和国提起诉讼，该法院受理此案并向中华人民共和国发出传票，要求中华人民共和国在收到传票20日内提出答辩，否则将作出缺席判决。

·法院判决

1982年9月1日，阿拉巴马州地方法院作出缺席裁判，判决中华人民共和国偿还原告41 313 038美元，外加利息和诉讼费等。

中国政府拒绝接受美国法院的判决，1983年8月12日，中国通过聘请当地律师特别出庭，提出撤销缺席判决和驳回起诉的动议。美国司法部和国务院向阿拉巴马州地方法院出具了美国利益声明书，表示支持中国的动议。

在此情况下，1984年2月，该法院重新开庭，以1976年《外国主权豁免法》不溯及既往为理由，裁定撤销上述判决；10月，判决驳回原告起诉。1986年7月，杰克逊等人不服，提出上诉，被上诉法院驳回。1987年3月，美国最高法院驳回原告复审此案的请求。

·所涉考点

1. 国家主权豁免。
2. 国际法上的继承。

理论延伸

▶ 2005年《联合国国家及其财产管辖豁免公约》的主要内容

1. 一国本身及其财产遵照《联合国国家及其财产管辖豁免公约》的规定有在另一国法院享有司法管辖豁免和财产执行豁免的权利。

2. 国家豁免的主体有四类：

（1）国家及其政府的各种机关；

（2）有权行使主权权力并以该身份行事的联邦国家的组成单位或国家政治区分单位；

（3）国家机构、部门或其他实体，但须它们有权行使并且实际在行使国家的主权权力；

（4）以国家代表身份行事的国家代表。

3. 国家豁免的放弃

（1）《联合国国家及其财产管辖豁免公约》规定的明示放弃方式有：①国际协定；②书面合同；③在法院发表的声明或在特定诉讼中提出的书面函件。

（2）《联合国国家及其财产管辖豁免公约》规定的默示放弃方式有：如果一国本身就该事项或案件在他国法院提起诉讼、介入诉讼或提起反诉，则不得在另一国法院中援引管辖豁免。

（3）《联合国国家及其财产管辖豁免公约》规定的不视为默示放弃的方式

❶一国同意适用另一国的法律；

❷一国仅为援引豁免或对诉讼中有待裁决的财产主张一项权利或利益之目的而介入诉讼；

❸一国代表在另一国法院出庭作证；

❹一国未在另一国法院的诉讼中出庭。

4. 国家司法管辖豁免的限制

（1）《联合国国家及其财产管辖豁免公约》规定，以下事项不得向另一国原应管辖的法院援引管辖豁免：①商业交易；②雇佣合同；③人身伤害和财产损害；④财产的所有、占有和使用；⑤知识产权和工业产权；⑥参加公司或其他集体机构；⑦国家拥有或经营的船舶。

不过，在上述第2~5项和上述第7项情势中，如有关国家间另有协议，被告国亦可主张管辖豁免。

（2）此外，《联合国国家及其财产管辖豁免公约》还规定，以下事项也不得向另一国原应管辖的法院援引管辖豁免：①仲裁协议的有效性、解释或适用；②仲裁程式；③裁决的确认或撤销。但仲裁协议另有规定者除外。

5. 国家财产的执行豁免

《联合国国家及其财产管辖豁免公约》规定，除非一国明示同意放弃执行豁免，或者该国已经拨出或专门指定某项财产用于清偿对方的请求，另一国法院不得在诉讼中对该国财产采取判决前的强制措施，如查封和扣押措施，亦不得采取判决后的强制措施，如查封、扣押和执行措施。同时，一国明示同意放弃管辖豁免，另一国亦不得基于此而认为该国已默示同意对其国家财产采取强制措施。

四、国际法上的承认

（一）概念

国际法上的承认，一般是指既存国家对于新国家、新政府或其他事态的出现，以一定的方式表示接受或同时表明愿意与其发展正常关系的单方面行为。

（二）承认的性质

1. 承认是单方面行为，它表明对事实的接受而不改变被承认者的性质。

2. 承认不是一项法律义务，是否作出承认主要出于政治考虑。但承认一经作出，将产生一定的法律效果，直接影响承认者和被承认者间的某些权利义务关系。

3. 承认有溯及既往的效力，可以追溯到新国家或新政府成立之时。

4. 承认从性质上分为法律承认和事实承认。

[了解] 划分法律承认和事实承认的基本点在于，承认者作出承认时，是将承认对象作为一种法律上的存在还是一种事实上的存在。我们通常所说的承认都是指法律承认。法律承认是认定被承认者作为法律上的正式人格的存在，表明承认者愿意与被承认者发展全面正常的关系，带来全面而广泛的法律效果。这种承认是正式和不可撤销的。事实承认主要存在于英美的外交实践中，它是为了处理既需要与某个对象进行某种交往又不愿或不宜与其进行全面正式交往的情况，产生的一种权宜做法。事实承认被认为是不完全、非正式和暂时性的，它随时可以撤销。

敏而好学：法律承认是正式的和不可撤销的；事实承认是暂时的、可以随时撤销的。

（三）承认的类型

1. 对新国家和新政府的承认

[了解] 新国家产生主要有四种情况：

（1）独立。这是指殖民地独立而建立起自己的新国家。

（2）合并。这是指 2 个或 2 个以上国家并为新国家。

（3）分立。这是指一国分解为 2 个或几个新国家，原来的国家不复存在。

（4）分离。这是指一国的一部分从该国分离出去而成立一个新国家，母国仍然存在。

对新国家的承认	概　念	其指既存国家对新国家出现这一事实的单方面宣告和认定。这种承认本身并不是新国家成为国际法主体的条件。
	后　果	①建交；②缔约；③尊重主权。
对新政府的承认	概　念	其指承认者对他国新政府出现所作出的一种单方面行为，表示愿意把该新政府作为其国家的代表，从而与其建立或保持正常关系。
	原　因	只有一国由于剧烈的社会革命或政变而产生的新政府才可能带来政府的承认问题。
	后　果	（1）遵循“有效统治原则”，即新政府应有效控制本国领土并行使国家权利； （2）对新政府的承认意味着对旧政府承认的撤销； （3）承认者必须尊重新政府拥有的作为国家合法代表的一切资格和权利，包括在国内外的其国家财产上的权利，在国际组织或国际会议中的代表权等。

注意 1：对新国家的承认是一种事实认可，不存在撤回问题。

注意 2：对新政府的承认意味着对旧政府承认的撤销。对中华人民共和国政府的承认属于对新政府的承认。

注意 3：国家承认和政府承认的区别在于是否涉及领土变更。

经典真题

甲乙二国建立正式外交关系数年后，因两国多次发生边境冲突，甲国宣布终止与乙国的外

交关系。根据国际法相关规则，下列哪一选项是正确的？（2010/1/29）[1]

A. 甲国终止与乙国的外交关系，并不影响乙国对甲国的承认

B. 甲国终止与乙国的外交关系，表明甲国不再承认乙国作为一个国家

C. 甲国主动与乙国断交，则乙国可以撤回其对甲国作为国家的承认

D. 乙国从未正式承认甲国为国家，建立外交关系属于事实上的承认

解题要领

（1）对新国家的承认是一种事实认可，不存在撤回问题，与是否建立外交关系无必然联系；

（2）建立外交关系属于法律承认。

2. 对交战团体和叛乱团体的承认

（1）对交战团体承认的条件

❶与政府形成全面武力敌对，形成内战状态；

❷控制相当大的领土并能有效管理；

❸遵守战争法规则。

（2）对叛乱团体的承认

对叛乱团体的承认，是指某一反政府的武力行动，还没有发展到内战的规模和程度，其他国家为了自身侨民、商务往来得到保护，有必要与该反政府团体保持一种联系，而作出的一种权宜行为。

对叛乱团体的承认是一种事实上的承认。

（3）承认的后果

❶承认国要保持中立。

❷交战团体在其控制区有义务保障承认国国家和侨民利益。

❸交战团体或叛乱团体自己承担国际责任，该国中央政府对其不承担国际责任；但该团体自己掌握国家政权，组建新政府，其叛乱期间的行为可由该新国家承担责任。

注意：交战团体、叛乱团体的一切行为均归因于自身，但并非一定归因于国家。

（四）承认的形式

国际法中并没有对承认的形式作出明确规定，国际实践中有明示和默示两种。

1. 明示承认	正式通知、函电、照会、声明等以明白的语言文字直接表达承认的意思。
2. 默示承认	（1）与承认对象建立正式的外交关系； （2）与承认对象缔结正式的政治性条约； （3）正式接受领事或正式投票支持参加仅对国家开放的政府间国际组织的行为。
3. 非承认行为	（1）共同参加多边国际会议或国际条约； （2）建立非官方或非完全外交性质的某种机构； （3）某些级别和范围的官员接触。

[1] A

五、国际法上的继承

国际法上的继承，是指在某些特定情况下，国际法上的权利义务由一个承受者转移给另一个承受者所发生的法律关系。国际法上继承包括国家继承、政府继承和国际组织的继承，其中最重要和基本的是国家继承。国家继承分为两大类：关于条约方面的继承和非条约事项的继承。

（一）条约的继承

条约继承的实质是在领土发生变更时，被继承国的条约对于继承国是否继续有效的问题。

1. 与领土有关的“非人身性条约”继承。例如，有关领土边界、河流交通、水利灌溉等条约，属于继承的范围。

2. 与国际法主体人格有关的所谓“人身性条约”以及政治性条约不继承。例如，和平友好、同盟互助、共同防御等条约，一般不予继承。

（二）条约以外事项的继承

1. 国家财产的继承

（1）不动产适用转属原则。财产一般随领土一并转移而转属或分别转属继承国。

（2）动产适用实际生存原则。主要是针对位于所涉领土以外的财产而言。凡是与所涉领土生存或活动有关的国家动产，不论其所处地理位置，都应转属继承国。

2. 国家档案的继承

在国际实践中，关于国家档案的继承，除了新独立国家的情况外，通常通过有关国家间协议来解决。如没有协议，一般将所涉领土有关的档案转属继承国。

敏而好学：不可分割档案的继承规则：继承国有权复制原始档案以保证档案的完整性，但无权要求原始档案归属国补偿。

3. 国家债务的继承

国家债务，是指一国对他国、国际组织或其他国际法主体所负担的任何财政义务。国家实践中，国家债务包括三类：

（1）国家债务，或称国债，是指国家作为借债主体借来用于国家的债务。这类债务继承。

（2）地方化债务，是指国家作为借债主体借来用于地方的债务。这类债务也继承。

（3）国家对外国法人或自然人所负之债。这类债务不继承。

注意1：债务的继承

（1）国家债务和地方化债务	予以继承
（2）地方债务、国家对私人之债和恶债	不予继承

注意2：地方债务，是指地方作为借债主体借来用于地方的债务。

经典真题

甲国与乙国1992年合并为一个新国家丙国。此时，丁国政府发现，原甲国中央政府、甲

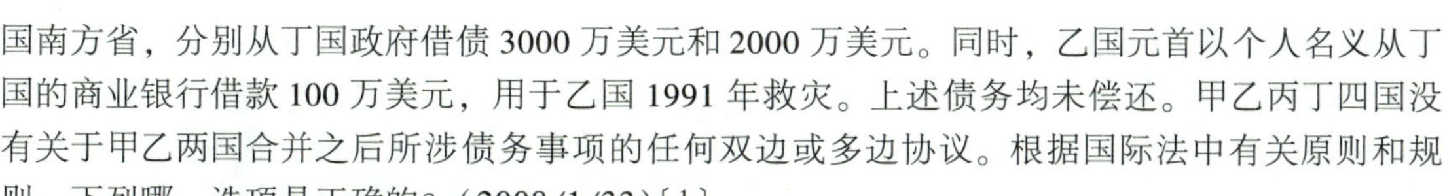

国南方省，分别从丁国政府借债 3000 万美元和 2000 万美元。同时，乙国元首以个人名义从丁国的商业银行借款 100 万美元，用于乙国 1991 年救灾。上述债务均未偿还。甲乙丙丁四国没有关于甲乙两国合并之后所涉债务事项的任何双边或多边协议。根据国际法中有关原则和规则，下列哪一选项是正确的？(2008/1/33)[1]

A. 随着一个新的国际法主体丙国的出现，上述债务均已自然消除

B. 甲国中央政府所借债务转属丙国政府承担

C. 甲国南方省所借债务转属丙国政府承担

D. 乙国元首所借债务转属丙国政府承担

解题要领

(1) 国家债务和地方化债务继承，但是这类债务同时要求借债的对象也必须是国际法主体；

(2) 地方债务不继承。

专题 06 联合国

联合国组织根据 1945 年在美国旧金山签订的《联合国宪章》成立。依据《联合国宪章》，联合国由联合国大会、联合国安理会、经济及社会理事会、托管理事会、秘书处、国际法院六大机构和 19 个专门机构组成。

被联合国接纳为新会员国的条件是：①被接纳的是一个爱好和平的国家。②其接受宪章规定的义务，愿意并能够履行宪章的义务。③经安理会推荐。申请国首先向秘书长提出申请，秘书长将其申请交由安理会，安理会审议并通过后向大会推荐。④获得大会准许。经大会审议并 2/3 多数通过。

一、联合国大会

（一）组成

大会由全体会员国组成，具有广泛的职权，可以讨论宪章范围内或联合国任何机关的任何问题，但安理会正在审议的除外。

（二）职权

大会不是一个立法机关，而主要是一个审议和建议机关。

（三）表决制度

1. 大会表决实行会员国一国一票制。

2. 对于一般问题（如选秘书长）的决议采取简单多数通过；对于重要问题的决议采取 2/3 多数通过。

[1] B

注意：重要问题包括：①与维持国际和平与安全相关的建议；②安全理事会、经社理事会和托管理事会中需经选举的理事国的选举；③新会员国接纳，会员国权利中止或开除会籍；④实施托管的问题；⑤联合国预算及会员国应缴费用的分摊；等等。

（四）决议效力

1. 大会对于联合国组织内部事务通过的决议对于会员国具有拘束力。
2. 对于其他一般事项作出的外部决议属于建议性质，不具有法律拘束力。

经典真题

联合国大会由全体会员国组成，具有广泛的职权。关于联合国大会，下列哪一选项是正确的？（2015/1/32）[1]

A. 其决议具有法律拘束力
B. 表决时安理会5个常任理事国的票数多于其他会员国
C. 大会是联合国的立法机关，2/3以上会员国同意才可以通过国际条约
D. 可以讨论《联合国宪章》范围内或联合国任何机关的任何问题，但安理会正在审议的除外

解题要领

（1）联合国大会非立法机关，只有建议和审议权；
（2）联合国大会对于一般问题简单多数（过半数）通过，重要问题2/3多数通过；
（3）联合国大会的内部决议对内部会员国有约束力，外部决议只有建议的性质。

二、联合国安理会

（一）组成

安理会由15个理事国组成，其中中、法、俄、英、美五国为常任理事国，其他理事国按照地域分配名额由大会选出，任期2年，不得连任。

（二）职权

安理会是联合国在维持国际和平与安全方面负主要责任的机关，也是联合国中唯一有权采取行动的机关。

敏而好学：此处行动包括非武力和武力。

（三）表决制度

根据《联合国宪章》的规定，安理会表决采取每一理事国一票。

1. 程序性事项。对于程序性事项决议的表决，9个同意票即可通过。
2. 非程序性事项（或称实质性事项）。对于非程序性事项决议的表决，要求包括全体常任理事国在内的9个同意票，此又称为“大国一致原则”，即任何一个常任理事国都享有否决权。

敏而好学：常任理事国的弃权或缺席不被视为否决，不影响决议的通过。

---

[1] D

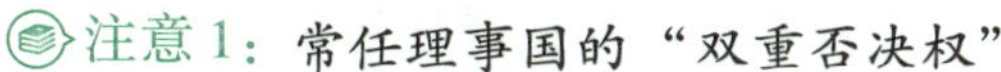

注意 1：常任理事国的“双重否决权”

(1) 当对于一个事项是否为程序性事项发生争议时，同样采取上述“大国一致”表决方式决定。因此，常任理事国享有否决权。

(2) 对非程序性事项进行表决，常任理事国享有否决权。一般来说，非程序性事项有：事关国际社会和平与安全的事项、相关规则的制定、安理会向大会推荐接纳新会员国或秘书长人选、建议中止会员国权利和开除会员国等。

注意 2：关于和平解决争端的决议，作为争端当事国的理事国不得投票。但是有关采取执行行动的决议，其可以投票，并且常任理事国可以行使否决权。

（四）决议效力

安理会的决议对当事国和所有成员国有法律拘束力。

理论延伸

1. 联合国的主要机关及专门机构

(1) 联合国六个主要机构

❶大会

大会由全体会员国组成，具有广泛的职权，可以讨论宪章范围内或联合国任何机关的任何问题，但安理会正在审议的除外。大会不是一个立法机关，而主要是一个审议和建议机关。2006 年 3 月 15 日，联合国大会通过决议，设立了人权理事会，作为大会的附属机构。

❷安全理事会

安理会是联合国在维持国际和平与安全方面负主要责任的机关，也是联合国中唯一有权采取行动的机关。安理会由 15 个理事国组成，其中中、法、俄、英、美五国为常任理事国。其他理事国按照地域分配名额由大会选出，任期 2 年，不得连任。安理会每年召开 2 次由理事国特派政府要员或代表参加的定期会议。此外，随时召开常驻代表参加的常会。

❸经济及社会理事会

经社理事会是在大会权力下负责协调联合国及各专门机构间经济社会工作的机关。经社理事会由联合国大会选出的 54 个理事国组成，理事国每届任期 3 年，可以连任。经社理事会每年举行 2 次常会，会期 1 个月。经社理事会的每个理事国有一个投票权，理事会决议采用简单多数表决制。

❹托管理事会

托管理事会是在大会权力下负责监督托管领土行政管理的机关。它由管理托管领土的联合国会员国、未管理托管领土的安理会常任理事国、由大会选举必要数额的其他非管理托管领土的会员国三类理事国组成。

❺国际法院

国际法院是联合国的司法机关，有关内容在第 7 讲中介绍。

❻秘书处

秘书处是联合国的常设行政管理机关，秘书长是联合国的行政首长，他由安理会推荐，并经大会简单多数票通过后委任，任期 5 年，可以连任。秘书处人员包括秘书长都是国际公务员，为联合国整体服务，向联合国负责，不得寻求和接受任何政府或联合国以外的任何其他机构的指示。

（2）联合国专门机构

联合国专门机构是根据特别协定同联合国建立固定关系，或根据联合国决定成立的负责特定领域事务的政府间国际组织。专门机构有其独立的法律地位，不是联合国的附属机构。它们按照自己的成立章程自主活动，与联合国的合作是通过与经社理事会的协商来协调完成。目前，正式与经社理事会签订协议的联合国专门机构有 17 个。国际原子能机构和世界贸易组织有时也被视为类似专门机构来考虑。

2. 联合国与国际非政府组织的联系机制

联合国经社理事会通过给予一些国际非政府组织“咨商地位”的方式建立联系，经社理事会给予国际非政府组织的咨商地位分为三种：

（1）普遍咨商地位，也称一类咨商地位。这一资格授予工作领域涵盖经社理事会管辖的大多数事务的国际非政府组织。

（2）特别咨商地位，也称二类咨商地位。该类资格授予在经社理事会活动的某些领域中具有专门能力的国际非政府组织。

（3）注册咨商地位，也称列入名册类。该资格授予那些对经社理事会的某一方面工作能够提供有用咨询的国际非政府组织。

国际法律责任

一、传统国际法律责任的构成

（一）国家不法行为的构成要件

1. 行为可归因于国家

下列行为，包括作为和不作为，被国际法认为是可以归因于国家的行为：

（1）国家机关的行为。不论该机关是立法、行政、司法或其他机关，或者行使的职务是对内或是对外，也不论其在国家结构中处于上级或下级地位。

（2）经授权行使政府权力的其他实体的行为。国家地方政治实体机关的行为，或经国内法授权行使政府权力的其他实体机关的行为，在该机关职权或授权范围内，是该国的国家行为。

（3）实际上代表国家行事的人的行为。

（4）别国或国际组织交与一国支配的机关的行为。一国或国际组织将某个机构交与另一国支配，则在行使该支配权范围内的行为，视为该支配国的国家行为。

（5）上述可归因于国家行为的国家机关和国家授权人员的行为，一般也包括他们以此种资格执行职务内事项时的越权或不法行为。

(6) 叛乱运动机关的行为。已经和正在组成新国家叛乱运动的行为，被视为已经或正在形成的新国家的行为。

(7) 一个行为可以归因于几个国家时，相关国家对于其各自相关的行为承担单独或共同的责任。

(8) 国家当局暂不存在时的行为。在一国发生内战、政变或被外国占领等情况下，可能出现政府当局瓦解或不能实际履行职务。此时，一个人或一群人：①在政府当局不存在或缺席；②同时需要行使政府权力要素；③事实上正在行使政府的权力要素。在三者均满足的条件下，该个人或一群人的行为应视为国际法上的国家行为。

2. 违背国际义务

对国际义务的违背，按照义务的性质又被分为对一般国际义务的违背和对于保护国际社会根本利益至关紧要的义务的违背，前者称为国际不法行为，后者称为国际罪行。

(二) 排除行为不法性的情况

国家违背义务的行为构成国家不法行为。在以下情况下，某些国家行为表面上是违背国际义务的行为，但其不法性可以被排除：①受害国同意且不违背国际强行法；②对抗与自卫，并且要适度；③不可抗力与偶然事故；④危难或紧急状态。

(三) 国际责任的形式

在国际实践中，行为国承担的国家责任依其不当行为的程度和其他具体情况，一般有以下一些方式：终止不当行为、恢复原状、赔偿、道歉、保证不再重犯、限制主权。其中，限制主权是国家责任中最严重的形式。

二、国际法律责任的发展

(一) 主体范围的突破

国际刑事责任中的“双罚原则”，既罚国家也罚个人。

“二战”以后进行的纽伦堡审判和东京审判，对于从事严重违反国际法的国际罪行的国家，在国家承担国家责任的同时，也追究了负有责任国家的领导人的个人刑事责任，即创立了国际刑事责任中的“双罚原则”。

(二) 客体范围的突破

1. 外空领域：绝对责任制度。由国家对外承担全部责任。

2. 核污染领域：双重责任制度。营运人先行赔偿，在营运人不足赔偿的情况下，国家承担补充责任。

经典真题

甲国某核电站因极强地震引发爆炸后，甲国政府依国内法批准将核电站含低浓度放射性物质的大量污水排入大海。乙国海域与甲国毗邻，均为《关于核损害的民事责任的维也纳公约》缔约国。下列哪一说法是正确的？（2011/1/32）[1]

---

[1] C

A. 甲国领土范围发生的事情属于甲国内政
B. 甲国排污应当得到国际海事组织同意
C. 甲国对排污的行为负有国际法律责任，乙国可通过协商与甲国共同解决排污问题
D. 根据“污染者付费”原则，只能由致害方，即该核电站所属电力公司承担全部责任

解题要领

（1）内政与领土范围不完全相对应；
（2）国家对核污染承担补充责任。

经典案例

执行联合国职务时遭受伤害赔偿案

案情简介：

1948年9月17日，联合国瑞典籍调解专员伯纳多特伯爵和法籍首席观察员塞雷上校在耶路撒冷的以色列控制区内遭到暗杀事件发生以后，联合国秘书长承担了对那些在联合国领取薪金或津贴的受害人支付适当赔偿的责任，同时将国家对联合国应负责任的问题提交联合国大会讨论。

大会鉴于会员国在这一问题上存在意见分歧，遂于同年12月3日通过决议，请求国际法院就下述问题发表咨询意见：

1. 如果联合国代表执行职务时，在涉及国家责任的情况下受到伤害，联合国作为一个组织是否有能力对应负责任的法律上的或事实上的政府提出国际请求，以便就以下损害取得应有的赔偿？

（1）联合国所受的损害

（2）受害人或经其授权的人员所受的损害

2. 如果对上述（2）损害的回答是肯定的，应如何协调联合国的行动与受害人国籍国所可能享有的此类权利之间的关系？

• 国际法院咨询意见

联合国应该行使和享有且事实上正在行使和享有的职能和权利，只能在它具有大部分国际人格和国际行为能力的基础上，才能得到解释，若其缺乏国际人格，就不能实现它的创建者的意图。所以联合国作为国际法主体，能够享有国际权利和负担国际义务，并有资格通过提起国际求偿来维护它的权利。

为了实现自身的宗旨和履行自身的职能，联合国必然要委派代表去执行任务。联合国代表执行联合国的职能就意味着联合国有权对其代表提供有限的保护，这种有限的保护即体现在国际求偿中，这是代表执行职务时必不可少的。因此，一旦损害发生，联合国应能要求责任国对其过错承担国际法律责任，特别应能就联合国代表因该国过错所可能遭受的损害获得赔偿。作为国际社会绝大多数成员的代表，联合国会员国有权依国际法创立一个具有客观的国际人格和国际求偿能力的实体（即联合国），因此，法院对问题一的上述见解同样适用于责任国属于非联合国会员国的情况。

关于如何协调联合国对其代表的职能保护权与该代表的国籍国对他的外交保护权的关系，不存在哪种权利当属优先的国际法则。联合国和有关国家应当从善意和常识出发来求得这一问题的解决，他们可以通过缔结一般性的条约或订立特别协定的方式来加以解决。联合国对其代表的保护行动的依据并不是受害人的国籍，而是他作为联合国代表的身份。因此，即使责任国是受害人的国籍国，也不影响联合国的国际求偿能力。

·所涉考点

1. 政府间国际组织（法律人格）。
2. 国际法律责任。

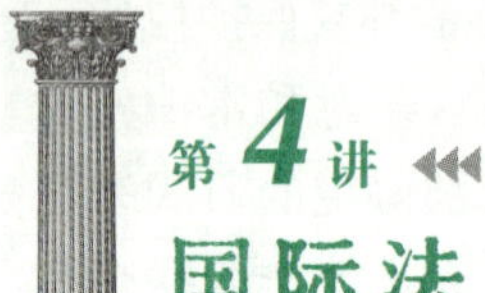

第4讲

国际法上的空间划分

本讲导读

应试指导

本讲应掌握国际法上各个区域的范围与相互联系。重点掌握领土主权的取得方式、海洋各部分区域的划分及相应法律制度、南北极、空气空间及外层空间的相应制度。另外，要了解国际环境保护的基本原则和相关法律制度。本讲是国际公法知识点最为密集的一个讲，考试重复率非常高，尤其是在海洋法和外层空间法部分。

考点架构

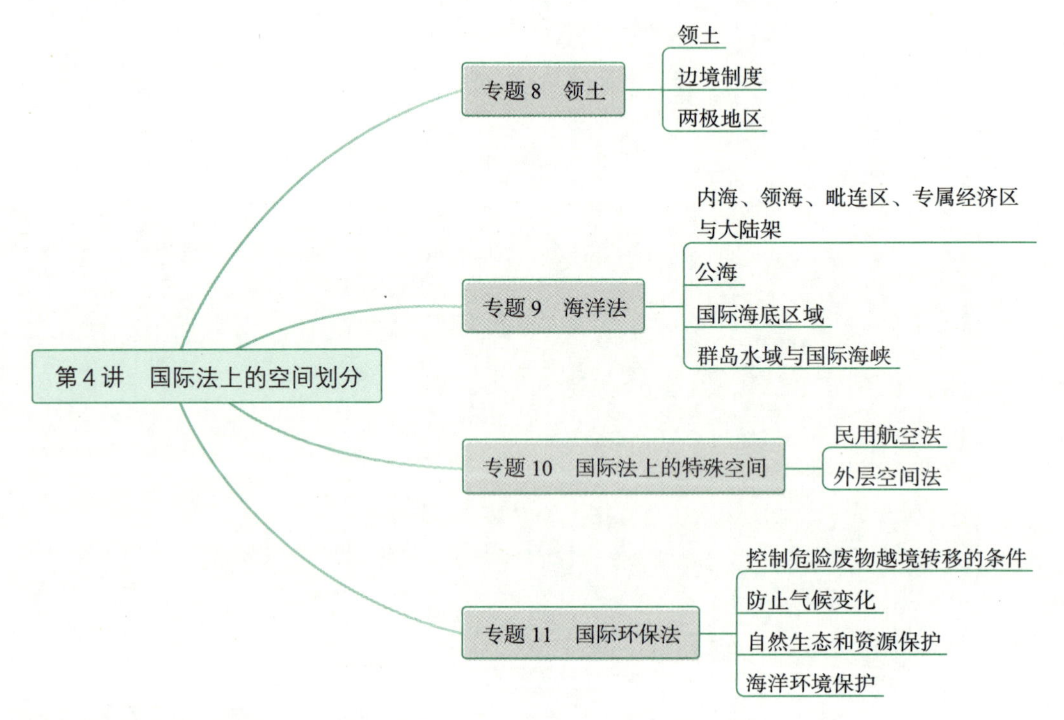

专题08 领　土

一、领土

（一）领土的组成部分

国家领土，是指国家主权支配和管辖下的地球的特定部分及附属的特定上空。它由领陆、领水、领空和底土四部分组成。

1. 领陆是国家主权管辖下的地球表面的陆地部分。领陆是国家领土最基本的部分，是领土其他部分的依附。世界上不存在没有领陆的国家。

2. 领水是国家主权管辖下的全部水域，包括内水和领海。内水与领海的区别在于：外国船舶未经允许不得进入内水，但可以在领海中享有无害通过权。

3. 领空是领陆和领水上方一定高度的空间。领空完全受国家主权的支配。它的高度界限国际法中尚没有确定。

4. 底土是领陆和领水下面的部分，理论上一直延伸到地心。国家对于底土及其中的资源拥有完全主权。

（二）传统的领土取得方式

1. 先占

先占，是指国家有意识地取得不在其他任何国家主权下土地的主权的行为。先占必须具备两个条件：

（1）先占的对象必须为无主地，即不属于任何国家的土地，或被原属国家明确抛弃。

（2）先占应为“有效占领”：首先，国家应具有取得该无主地主权的意思，并要公开地表现出来；其次，国家须对该地采取实际的控制，包括采取立法、司法、行政措施，建立机构，标示主权等适当的行动。

敏而好学：先占的两个前提条件：无主地+“有效占领”。

2. 时效

时效，是指由于国家公开地、不受干扰地、长期持续地占有他国领土，从而获得该领土的主权。但是，时效的适用历来争议很大。现在基本没有普遍适用意义。

敏而好学：中国不承认时效作为领土取得的一种合法方式。

3. 添附

添附包括自然添附和人工添附，是指由于自然形成或人造的新土地出现而使得国家领土增加。

（1）自然添附，包括河口三角洲、涨滩等；

（2）人工添附，如围海造田等，但是人工添附不能损害他国的利益。

注意：添附的有效要件：①必须在现有领土上添附；②添附不得损害其他国家的

利益。

4. 征服

征服，也称兼并，是指一国直接以武力占有他国领土的全部或部分，并将其纳入自己的版图从而取得该土地的主权。

注意：征服是以武力方式进行的，因此非法。

5. 割让

割让是一国根据条约将部分领土转移给另一国。割让分为强制割让和非强制割让。强制割让是一国通过武力以签订条约方式迫使他国进行领土割让，通常是战争或战争胁迫的结果。而非强制割让是国家自愿地通过条约将部分领土转移给他国，包括买卖、赠与及互换等。

注意：非强制割让合法，强制割让非法。

经典真题

亚金索地区是位于甲乙两国之间的一条山谷。18 世纪甲国公主出嫁乙国王子时，该山谷由甲国通过条约自愿割让给乙国。乙国将其纳入本国版图一直统治至今。2001 年，乙国发生内乱，反政府武装控制该山谷并宣布脱离乙国建立“亚金索国”。该主张遭到乙国政府的强烈反对，但得到甲国政府的支持和承认。根据国际法的有关规则，下列哪一选项是正确的?(2007/1/30)[1]

A. 国际法中的和平解决国际争端原则要求乙国政府在解决“亚金索国”问题时必须采取非武力的方式

B. 国际法中的民族自决原则为“亚金索国”的建立提供了充分的法律根据

C. 上述 18 世纪对该地区的割让行为在国际法上是有效的，该地区的领土主权目前应属于乙国

D. 甲国的承认，使得“亚金索国”满足了国际法上构成国家的各项要件

解题要领

（1）和平解决国际争端原则，是指在解决国家间争端时，各国必须采用和平方式；

（2）民族自决原则的前提条件是该民族处于“殖民”统治下；

（3）承认不改变被承认者的性质。

（三）现代的领土取得方式

1. 殖民地独立

殖民地独立，是指由于殖民地人民根据民族自决原则从前殖民国或宗主国独立出来，成立新国家或加入其他国家而带来的领土变更。

2. 公民投票

公民投票，是指有关国家在符合国际法原则的前提下，一般是根据有关条约或国内法规定，采取公民投票的方式，对某些有争议地区的归属进行表决，以各方都接受的表决结果决定领土的变更。实践中，公民投票方式的采用及其程序、范围和结果的性质等，都取决于相关国家国内法或有关国家间具体协议的规定。

---

[1] C

帕尔马斯岛仲裁案

案情简介：

帕尔马斯岛，或称“棉加斯岛”是一个单独的小岛，离荷属东印度最北的纳努萨岛约51海里，约在两地的中间，据说此岛原是西班牙人在16世纪发现的，自1677年以来，岛上的土著居民已根据建立宗主权的协议与荷属东印度公司联合，从此就成了荷属东印度的一部分。1898年美西战争后，西班牙在美西《巴黎和约》中同意将菲律宾群岛及附近岛屿割让给美国。和约笼统地把帕尔马斯岛也划在割让的范围，1906年，美国驻“棉加斯岛”的司令官李昂纳德·伍德将军在视察该岛时发现岛上悬挂荷兰国旗。美国政府便与荷兰政府交涉，由此引起美荷两国关于帕尔马斯岛主权的争端。

因谈判无效，美荷两国于1925年1月23日签订仲裁协议，同意将争端提交常设仲裁法院解决，双方同意选派常设仲裁法院院长、瑞士法学家马克斯·胡伯为独任仲裁人。

1. 西班牙在16世纪发现帕尔马斯岛所取得的是“初步权利”，没有为后来的行使实际权利所完成，此初步权利已因1677年的默认而丧失，因此荷兰长期以来在该岛建立了有效占领。

2. 由于西班牙没有取得帕尔马斯岛的主权，因此不能把它所没有的权利割让给美国。美国也无权因《巴黎和约》的割让而取得帕尔马斯岛的主权。荷兰对《巴黎和约》的无反应态度并不构成对此割让的默认。

3. “邻近性”没有法律根据。美国不能以帕尔马斯岛靠近菲律宾为理由而认为该岛与菲律宾群岛一起割让给美国。

综上，常设仲裁法院裁定帕尔马斯岛（棉加斯岛）是荷兰领土的一个部分。

所涉考点

有效占领与时效原则。

二、边境制度

（一）界标的维护

在已设界标边界线上，相邻国家对界标的维护负有共同责任。应使界标的位置、形状、型号和颜色符合边界文件中规定的一切要求。两国可以协议确定对全部界标的维护进行分工。双方都应采取必要措施防止界标被移动、损坏或灭失。若一方发现界标出现上述情况，应尽速通知另一方，在双方代表在场的情况下修复或重建。国家有责任对移动、损坏或毁灭界标的行为给予严厉惩罚。

（二）边境土地的使用

国家对本国边境地区土地的利用，不得使对方国家的利益遭受损害。

（三）界水的利用

界河是流经两国之间并作为两国领土分界线的河流。界河沿岸分属两个国家，其水域也由沿岸国进行划分，多以主航道或河道中心线为界。界河分属沿岸国家的部分为该国的领土，处于该国的主权之下，各国在所属水域行使管辖权。

界水的使用应注意以下四点：

1. 一国在使用界水时，不得损害邻国的利益，包括不得采取可能使河流枯竭或泛滥的措施，更不得单方故意使河水改道。

2. 渔民一般只能在界水的本国一侧捕鱼。

3. 相邻国家在界水上享有平等的航行权，船舶在航行时应该具有明显的国籍标志。除遇难或有其他特殊情况外，一方船舶未经允许不得在对方靠岸停泊。

4. 一方如欲在界水上建造工程设施，如桥梁、堤坝等，应取得另一方的同意。

（四）边境事件的处理

相邻国家通常通过协议，由双方代表成立处理边境地区事项的机构，专门处理上述边境和边民有关的问题，如偷渡、违章越界、损害界标等事项。对于一些重大的或未能解决的问题，则通过双方更高级别的外交机关进行交涉和处理。

（五）多国河流

多国河流是流经2个或2个以上国家领土的河流。多国河流仅对沿岸国船舶开放，主权归属流经国，但不得使河流改道或阻塞河流。

（六）国际河流

通过条约规定对所有国家开放航行的多国河流被称为国际河流。国际河流对所有国家船舶开放，各国有无害通过权，主权归属流经国。

注意：多国河流和国际河流均不属于全人类共同继承的财产，其主权均归属流经国。

经典真题

甲河是多国河流，乙河是国际河流。根据国际法相关规则，下列哪些选项是正确的？(2011/1/74)〔1〕

A. 甲河沿岸国对甲河流经本国的河段拥有主权

B. 甲河上游国家可对自己享有主权的河段进行改道工程，以解决自身缺水问题

C. 乙河对非沿岸国商船也开放

D. 乙河的国际河流性质决定了其属于人类共同的财产

解题要领

（1）多国河流与国际河流的主权均归属流经国；

（2）多国河流仅对沿岸国船舶开放，国际河流对所有国家船舶开放。

---

〔1〕 AC

隆端寺案

案情简介：

隆端古寺位于柬埔寨、泰国两国交界的扁担山山脉东部的一处高地上。为该寺及其周围地区的主权归属，柬、泰发生争端，争端源于 1904 年至 1908 年暹罗（泰国的旧称）与柬埔寨（当时系法国的“保护国”）的一项划界条约。

两国绘制边界地图时，暹罗政府没派员参加，委托法国工作人员完成地图。边界地图其中有一张关于扁担山山脉的地图标明隆端古寺在柬埔寨一边（地图作为备忘录成为条约的附件 1），然而这张地图表示出的边界线不在实际的分水岭线上，按实际的分水岭线，隆端古寺应在泰国一边。暹罗政府对此从未提出异议，直到 40 余年后才发现地图有误，其地方当局派兵进驻了寺院。

1953 年，柬埔寨独立后要求泰国撤走其武装力量，遭拒绝后向国际法院提起诉讼，主张对隆端古寺的主权。理由是，1907 年两国划界的地图标明该寺在柬埔寨境内。

•国际法院判决

地图起初因划界错误是没有拘束力的，但是这张地图送交暹罗政府后有关当局在较长时间内没有提出任何异议，构成默示承认。并且泰国继续使用并出版该份地图，且其中央当局的行为可以推定为接受了地图所标明的隆端古寺边界线。

因此国际法院作出如下判决：

1. 确认隆端古寺的主权属于柬埔寨并发生效力。

2. 泰国撤出它在该寺内及其周围的柬埔寨领土上驻扎的一切军事和警察力量，以及其他的守卫或驻守人员。

3. 泰国将自占领该寺庙以来运走的柬埔寨的一切雕塑艺术、石碑、古墓的散留物、砂岩模型和古陶器等恢复原状。

•所涉考点

条约划定边界的步骤。

理论延伸

▶ 条约划定边界的步骤

从形成来看，边界分为传统习惯边界和条约确定边界。传统习惯边界是有关国家在长期的历史演变中形成的，是双方对彼此行使管辖权所到之处的认可。以条约划定边界通常有三个步骤：

1. 签订边界条约。边界条约也称为母约，它规定边界的位置和基本走向。

2. 根据边界条约，联合实地勘界并树立界标。

3. 双方制定标界文件，包括边界地图、议定书、证书等。这些文件称为子约，经过双方核准后，边界正式划定。边界母约和子约一起构成完整的文件。

三、两极地区

（一）南极地区

1959 年，当时进行南极活动的 12 个主要国家，签署了《南极条约》，该条约于 1961 年生效。目前，以《南极条约》为基础，国际社会达成了一系列条约，构成南极法律制度，包括：《保护南极动植物议定措施》（1964 年）、《南极海豹保护公约》（1972 年）、《南极海洋生物资源养护公约》（1980 年）、《南极矿物资源活动管理公约》最后文件（1988 年）、《关于环境保护的南极条约议定书》（1991 年）。根据上述条约的规定，南极条约体系的内容主要包括：

1. 南极只用于和平目的。禁止建立军事设施、进行军事演习和武器试验，禁止核爆炸和放置核废料。但是为科学研究或其他和平目的使用军事人员或设施不被禁止。

2. 科学考察自由和科学合作。任何国家都有在南极进行科学考察的自由。同时各国应促进考察计划、人员和成果的交换和交流。

3. 冻结对南极的领土要求。包括：对南极领土不得提出新的或扩大现有要求；《南极条约》不构成对任何现有的对南极领土主张的支持或否定；条约有效期间进行的任何活动也不构成主张支持或否定对南极领土要求的基础。

4. 维持南极地区水域的公海制度。任何国家在南极地区根据国际法享有的对公海的权利不受损害或影响。

5. 保护南极环境与资源。在南极进行的任何活动不得破坏南极的环境或生态。

6. 建立南极协商会议。中国于 1983 年加入《南极条约》，1985 年成为《南极条约》协商会议的协商国。

（二）北极地区

除了《联合国海洋法公约》之外，目前与北极地区联系最密切的多边条约是《斯瓦尔巴条约》。该条约承认挪威对斯瓦尔巴群岛拥有主权，但各缔约国公民可以自由进出，并规定该地区“永远不得为战争的目的所利用”。该条约使斯瓦尔巴群岛成为北极地区第一个，也是唯一的一个非军事区。中国近年来积极进行了有关北极的科学考察活动，包括在斯瓦尔巴群岛修建了科考站。

经典真题

甲乙丙三国均为南极地区相关条约缔约国。甲国在加入条约前，曾对南极地区的某区域提出过领土要求。乙国在成为条约缔约国后，在南极建立了常年考察站。丙国利用自己靠近南极的地理优势，准备在南极大规模开发旅游。根据《南极条约》和相关制度，下列哪些判断是正确的？（2010/1/78）[1]

A. 甲国加入条约意味着其放弃或否定了对南极的领土要求

B. 甲国成为条约缔约国，表明其他缔约国对甲国主张南极领土权利的确认

C. 乙国上述在南极地区的活动，并不构成对南极地区提出领土主张的支持和证据

---

〔1〕 CD

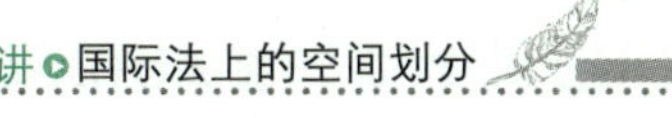

D. 丙国旅游开发不得对南极环境系统造成破坏

解题要领

(1) 南极领土要求冻结的确切含义；

(2) 南极条约体系的主要内容。

专题09 海洋法

海洋法是确立海洋区域的法律地位，规范各国在海洋活动中有关行为的国际法分支。海洋法规则中有许多是古老的习惯法规则，是在长期的国家海洋实践中形成的。目前，1982 年《联合国海洋法公约》被认为是最全面完整的海洋法法典。截至 2016 年，《联合国海洋法公约》缔约方共 168 个（包括 1 个国际组织——欧盟）。我国 1996 年批准该公约，成为缔约国。

《联合国海洋法公约》将海洋划分为内海、领海、毗连区、专属经济区、大陆架、国际航行海峡、群岛水域、公海、国际海底区域等区域，并规定了各个区域的不同法律制度。

一、内海、领海、毗连区、专属经济区与大陆架

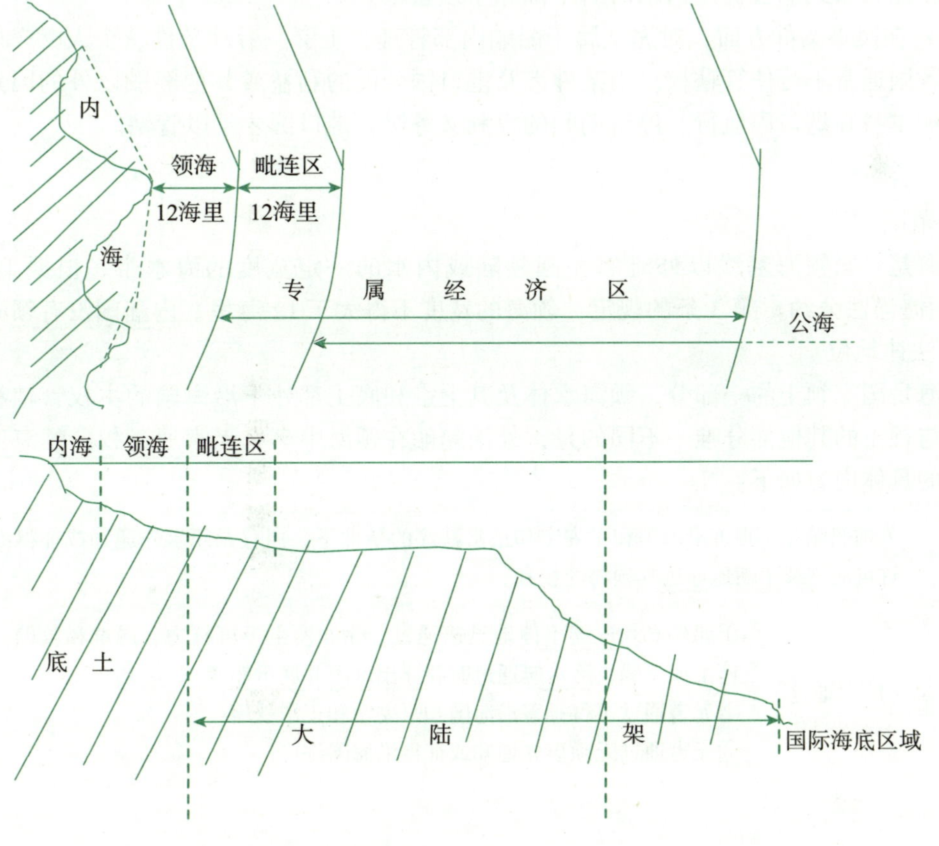

（一）内海

1. 范围

内海是一国领海基线以内的海域，包括内陆海、内海湾、内海峡和其他位于海岸与领海基线之间的海域。领海基线是一国领陆或内水与领海的分隔线，也是海洋法中划分其他海域的起算线。领海基线的划定可以有两种：

（1）正常基线，或称自然基线，是以落潮时海水退到离海岸最远的潮位线，即以低潮线作为基线。正常基线也是领陆与海水的自然分界线。

（2）直线基线是选取海岸或近海岛屿最外缘的若干适当基点，用直线连接而成的折线作为基线。

2. 法律地位

内海是一国的内水的一部分，沿海国对其具有同领陆一样的完全的排他的主权。国家对于内海及其资源拥有完全的支配管辖权利，一切外国船舶非经沿海国同意，不得进入其内海。

3. 管辖权

根据国家领土主权原则，国家对于位于其港口的外籍船舶具有管辖权，依国际法享有豁免权的军舰和政府公务船等除外。但是实践中，国家一般是在不介入船舶内部事件的基础上，采取沿岸国与船旗国管辖相结合的方法。

（1）在刑事管辖方面，通常只有对扰乱港口安宁、受害者为沿岸国或其国民、案情重大或船旗国领事或船长提出请求时沿岸国才予以管辖。

（2）在民事案件方面，对完全属于船舶内部管理、工资、劳动条件、个人财产权利等事项，各国通常不行使管辖权。当案件涉及港口国公民的利益或其他船舶以外的因素，或涉及船舶本身在港口内航行、停留期间的权利义务时，港口国才予以管辖。

（二）领海

1. 范围

领海是一国领海基线以外毗邻一国领陆或内水的一定宽度的海水带。根据 1982 年《联合国海洋法公约》第 3 条的规定，领海的宽度不得大于 12 海里。内陆国没有领海。

2. 法律地位

领海是国家领土的一部分，领海水体及其上空和底土都处于沿海国的主权管辖和支配之下。与领土的其他部分唯一不同的是，外国船舶在领海中享有无害通过权。领海无害通过制度的具体内容如下：

概　念	外国船舶在不损害沿海国和平安宁和正常秩序的条件下，拥有无须事先通知或征得沿海国许可而连续不断地通过其领海的权利。	
规　则	（1）“通过”	①船舶必须连续不停地迅速通过，除非发生不可抗力、遇难和救助，不得停泊或下锚，潜水艇通过时要浮出水面并展示船旗； ②无害通过不得损害沿海国和平安宁和正常秩序； ③无害通过无须事先通知或征得沿海国许可；

续表

规　则	（1）“通过”	④该制度只适用于船舶，不适用于飞机； ⑤沿海国可制定有关无害通过的法规，指定海道或分道航行，为国家安全，在必不可少时可在特定水域暂停无害通过。
	（2）“无害”	通过必须是无害的，有下列行为即为有害： ①武力威胁或使用武力、军事演习、搜集情报、进行危害国防安全的宣传； ②在船上起落或接载任何飞机或军事装置； ③违反沿海国有关法律规章，以及上下任何商品、货币或人员； ④故意和严重的污染行为； ⑤捕鱼、研究或测量、干扰沿海国通信系统； ⑥与通过没有关系的其他任何活动。

经典真题

甲国的一个航海航空爱好者组织“碧海蓝天协会”准备进行一次小型飞机“蓝天号”和赛艇“碧海号”的海上联合表演，计划涉及我国的领海和领海上空。对此，根据国际法的有关规则和我国的相关法律，下列哪些判断是正确的？（2002/1/58）[1]

A. “蓝天号”飞行表演如在我国领海上空进行，必须得到我国的允许

B. “碧海号”赛艇表演如果在我国领海中进行，必须得到我国的允许

C. “蓝天号”在前往表演空域途中，如果仅仅是以通过为目的，从而飞过我国的领海上空，则无须得到我国的许可

D. “碧海号”在前往表演海域的途中，如果仅仅是以通过为目的，从而穿越我国的领海，则无须得到我国的许可

解题要领

（1）无害通过只适用于船舶，不适用于飞机；

（2）“通过”的要求和“无害”的判断。

3. 管辖权

国家对领海中航行的外国船舶拥有管辖权。但国际实践中，除非特殊情形，国家此时一般不对外国船舶上人员的船上行为行使管辖权。根据《联合国海洋法公约》第27、28条的规定，对于通过领海的外国船舶的管辖，沿海国应遵行以下规则：

（1）关于刑事管辖，除以下情况以外，沿海国不对外国船舶上人员在船舶无害通过期间船上所犯行为行使管辖权：①罪行的后果及于沿海国；②罪行属于扰乱当地安宁或沿海国良好秩序的性质；③打击毒品所必需；④应船长、船旗国外交代表或领事请求（例如，经船长请求，沿海国采取措施前应通知船旗国外交代表或领事官员）。

（2）关于民事管辖，民事案件原则上不管，除非涉及沿海国利益。

（三）毗连区

根据《联合国海洋法公约》第33条的规定，毗连区的宽度从领海基线量起，不得超

---

〔1〕 ABD

过24海里。沿海国在毗连区对海关、财政、移民和卫生等特定事项行使某种管制权。

关于我国的领海和毗连区，1992年《领海及毗连区法》作出了规定，包括采取直线基线法，12海里领海宽度，12海里毗连区宽度。对于领海和毗连区的制度的内容，《领海及毗连区法》与《联合国海洋法公约》的规定基本一致，并在某些方面加以明确和具体化。对于外国军用船舶通过中国领海，该法要求须经中国政府批准。

（四）专属经济区

根据《联合国海洋法公约》第57条的规定，专属经济区是领海以外毗邻领海的一定宽度的水域，它从领海基线量起，不得超过200海里。

1. 沿海国在专属经济区的权利

（1）沿海国拥有以勘探、开发、养护和管理海床和底土及其上覆水域自然资源（不论为生物或非生物资源）为目的的主权权利，以及关于在该区域内从事经济性开发和勘探（如海水、风力利用等其他活动）的主权权利。

（2）沿海国对建造和使用人工岛屿和设施、海洋科学研究、海洋环境保护事项拥有管辖权。

（3）沿海国可以制定与公约规定一致的专属经济区法规，并可采取必要的措施以确保其法规得到遵守，包括登临、检查、逮捕和进行司法程序。

（4）在对于外国船舶违法行为采取措施时，还应遵行以下规则：

❶对于被捕的船只及其船员，在其提出适当的保证书或担保后，应迅速予以释放；

❷沿海国原则上不得对船员进行监禁或任何形式的体罚；

❸在逮捕或扣留外国船只时，沿海国应通过适当途径迅速通知船旗国。

2. 其他国家在专属经济区的权利

其他国家在这个区域享有航行和飞越、铺设海底电缆和管道的自由以及与此有关的其他合法活动的权利。

经典真题

甲国注册的渔船“踏浪号”应乙国注册的渔船“风行号”之邀，在乙国专属经济区进行捕鱼作业时，乙国海上执法船赶来制止，随后将“踏浪号”带回乙国港口。甲乙两国都是《联合国海洋法公约》的缔约国，且两国之间没有其他相关的协议。据此，根据海洋法的有关规则，下列哪些选项是正确的？（2008/1/78）[1]

A. 只要“踏浪号”向乙国有关部门提交适当保证书和担保，乙国必须迅速释放该船

B. 只要“踏浪号”向乙国有关部门提交适当保证书和担保，乙国必须迅速释放该船船员

C. 如果“踏浪号”未能向乙国有关部门及时提交适当担保，乙国有权对该船船长和船员处以3个月以下的监禁

D. 乙国有义务将该事项迅速通知甲国

解题要领

外国船舶侵犯沿海国专属经济区自然资源管辖权时，沿海国可采取以下措施：

〔1〕 ABD

（1）拘捕；

（2）对方提供担保时，应立即释放船舶及船员；

（3）原则上不得进行监禁或体罚。

（五）大陆架

根据《联合国海洋法公约》第 76 条的规定，沿海国的大陆架是指其领海以外依其陆地领土的全部自然延伸，扩展到大陆边外缘的海底区域的海床和底土。如果从领海基线量起到大陆边外缘的距离不足 200 海里，则扩展至 200 海里；如果超过 200 海里，则不得超出从领海基线量起 350 海里，或不超出 2500 米等深线 100 海里。

1. 沿海国在大陆架的权利

（1）沿海国为勘探大陆架和开发其自然资源的目的，对大陆架行使主权权利。这种权利是专属性的，任何人未经沿海国明示同意，都不得从事勘探和开发其大陆架的活动。

（2）沿海国拥有在其大陆架上建造使用人工岛屿和设施的专属权利和对这些人工设施的专属管辖权。

（3）沿海国开发 200 海里以外大陆架的非生物资源，应通过国际海底管理局并缴纳一定的费用或实物，发展中国家在某些条件下可以免缴。

需要注意的是，沿海国权利行使不得对其他国家的航行和其他合法权利构成侵害或造成不当干扰。

2. 其他国家在大陆架的权利

所有国家有权在其他国家的大陆架上铺设电缆和管道，但其线路的划定须经沿海国同意，并应顾及现有电缆和管道，不得加以损害。

我国于 1998 年颁布了《专属经济区和大陆架法》，对我国专属经济区的设立、专属经济区与大陆架的范围、相关制度等以国内法加以明确。

注意：沿海国在专属经济区的权利需要宣告，在大陆架的权利无需宣告。

经典真题

甲、乙两国签订天然气供应合同，天然气管道要经过丙、丁两国的专属经济区和大陆架，管道口要通过丁国的领海。已知四国均为《联合国海洋法公约》缔约国，下列哪一选项是正确的？（2023-回忆版）[1]

A. 天然气管道从海底延伸到地面上的路线规划，经过丙国土地的，需事先经丙国的同意

B. 甲、乙两国在丙国的专属经济区铺设海底管道，需要经过丙国的同意

C. 乙国铺设的管道在丙国的大陆架海底发生泄漏，乙国无需承担责任

D. 管道经过丙、丁两国的大陆架，需要经过丙、丁两国的同意

解题要领

（1）其他国家在沿海国专属经济区享有铺设海底电缆和管道的自由；

（2）所有国家有权在其他国家的大陆架上铺设海底电缆和管道，但其路线的划定须经沿海国同意，并应顾及现有电缆和管道，不得加以损害。

---

[1] A

经典案例

北海大陆架案

案情简介：

1966年，联邦德国与丹麦和荷兰之间就在北海的大陆架划界问题发生了争端。1963~1966年，北海5个沿岸国（英国、挪威、丹麦、荷兰、联邦德国）先后公布了本国关于大陆架的法令，并陆续进行了一系列双边划界活动。其中，联邦德国与荷兰、丹麦的大陆架划界拖得最久。虽然联邦德国在1964年12月1日与荷兰、在1965年6月9日与丹麦分别订有双边协定，但只解决了两国之间近海岸的部分大陆架分界线，即从海岸到海面25~30海里之处的分界线，主要适用等距离原则划出，而就这些点之外伸向北海中心的分界线则无法达成任何协议。产生僵局的原因是：丹麦和荷兰坚持整条边界线应采用1958年《大陆架公约》第6条规定的等距离原则划出。他们认为，不论德国与该公约的关系如何（德国不是该公约缔约国），德国有义务接受以“等距离原则”方法为基础的划界，因为该方法的使用不仅仅是一项条约义务，而且是习惯国际法的一项规则。而与此相反，德国认为，在习惯国际法中没有等距离线这样的原则，而且用这种方法划分北海大陆架疆界对它来说也是极不公平的。因为德国的海岸线是凹入的，从其两端划出的等距离线会交叉，这将使德国的大陆架成为一个小得不成比例的三角形。

1966年3月31日，荷兰与丹麦就它们之间的大陆架分界线达成协议。该分界线以等距离原则为基础，始于一条将英国的大陆架与北海东半部分离的疆界线上的一点，延伸至联邦德国海岸外的一点，这样就阻止了联邦德国将其大陆架延至北海中部与英国的大陆架界线相接。1967年2月，联邦德国分别同丹麦和荷兰订立特别协定，将划分大陆架的争端提交国际法院解决。这两个协议请求法院判定：“在划分属于这三个国家的北海大陆架的区域时应适用什么国际法原则和规则？……”并承诺在此之后按照法院指明的原则和规则划界。

·国际法院判决

法院在判决中首先拒绝了丹麦和荷兰提出的等距离原则是大陆架概念中所固有的原则的观点。法院不否认等距离法是一种简便的方法，但这并不足以使某种方法一变而为法律规则。如果不顾现实情况，硬要把等距离方法用于某些地理环境，那就有可能导致不公平。

法院同样驳回了荷兰和丹麦提出的另一项抗辩：“等距离原则”自公约制定以来就已经形成，但是在《大陆架公约》制定之时还不是习惯法规则。法院的论据主要有：有关的条款必须具创造规则的性质，从而能够被视为构成一项一般法律规则的基础。然而，《大陆架公约》第6条表述等距离条款的特殊形式，第6条与公约其他条款的关系都表明该原则没有满足上述条件。

法院认为，采用划界方法的一个先决条件是，按照公平原则，通过谈判，达成公平合理的协议。至于所涉及的区域究竟采用何种方法，单独使用一种方法还是几种方法同时并用，则应视具体情况而定。但有一条原则是毋庸置疑的，即任何国家的大陆架必须是陆地领土的自然延伸，而不得是侵占别国领土的自然延伸。这是因为沿海国对大陆架区域的权利是以它对陆地领土的主权为依据的。沿海国为了勘探和开发海床的自然资源对大陆架行使主权权利是由于大陆架的海底区域尽管为海水所覆盖，但构成陆地领土的自然延伸和继续，这是沿海国的固有权利。法院宣称，如果一特定的海底区域并不构成沿海国陆地领土的自然延伸，即使该区域可能比任何其他国家的领土更靠近沿海国，也不能被认为是属于该国的。

最终，法院认为，作为有关各方之间划界适用的国际法原则和规则应是：

1. 以协议划界，按照公平原则，考虑到所有有关情况，尽可能为各方保留构成其陆地领土自然延伸而进入海下的所有大陆架部分，并且不侵犯其他国家的陆地领土的自然延伸部分。

2. 在适用前项规定时，如果划界留有各方的重叠区域，应由他们按协议的比例划分，除非他们决定建立一项联合管辖、利用或开发他们之间相重叠的区域或任何部分的制度。

3. 在协商过程中，考虑的因素应包括：①有关各方海岸的一段结构，以及任何特别的或显著的海岸性质；②已知的或容易确定的大陆架区域的自然地质结构和自然资源；③合理的比例程度的因素，这种比例是划界按公平原则应给予沿海国大陆架区域的范围。

大陆架的范围及法律地位。

二、公海

（一）六大自由

1982 年《联合国海洋法公约》第 87 条规定的公海自由包括六项，即航行自由、飞越自由、铺设海底电缆和管道自由、捕鱼自由、建造人工岛屿和设施自由、科学研究自由。但也有一定限制，主要内容如下：

1. 航行制度。任何国家的船舶都可以悬挂其旗帜在公海中自由航行。任何国家不得对在公海中合法航行的别国船舶加以阻碍。

2. 捕鱼制度。各国都有权允许其公民在公海中捕鱼，在捕鱼中应遵守本国根据有关条约和协议承担的义务。

3. 铺设海底电缆和管道制度。所有国家都有权在公海铺设海底电缆和管道，但在铺设时，不应影响其他国家已铺设的电缆和管道，包括其正常使用和维修。

4. 建造人工岛屿及科学研究。各国有权在公海建造人工岛屿或设施，但应符合国际法的其他规则和有关国际标准。

（二）挂旗规则

在公海中航行的船舶必须在一国进行登记并悬挂该国国旗，而且在公海航行的船舶必须并且只能悬挂一国旗帜，悬挂两国或两国以上旗帜航行或视方便而换用旗帜的，可视为无国籍船舶。

注意：方便旗船舶与无国籍船舶不同。方便旗船舶，是指在船舶登记开放，或者宽松的国家进行登记，从而取得该国国籍，并悬挂该国国旗的船舶，它不是无国籍船舶。

（三）管辖权

1. 船旗国管辖

船旗国管辖，是指国家对于公海上悬挂其旗帜的船舶以及船舶上的人、物、事件的管辖。根据《联合国海洋法公约》的规定，除国际条约或本公约明文规定的例外情况，在公海上的船舶受其船旗国的专属管辖。这表明船舶内部事务，一般应遵行船旗国国内法。

2. 普遍管辖

公海上的普遍管辖权，是指各国对发生在公海的，被国际法认为是普遍管辖权对象的特定国际罪行或违反国际法的行为，行使管辖权。这类罪行或不法行为包括海盗、非法广播、贩奴和贩毒。

（四）管辖措施

临检和紧追是国家某种管辖权在公海上实施或实现的两种措施。

登临权（临检权）	（1）定义：一国军舰、军用飞机或其他得到正式授权、有清楚标志可识别的政府船舶或飞机，对公海上的外国船舶（军舰等享有豁免权的除外），有合理根据认为其从事不法情况时，拥有登船检查并采取相关措施的权利。 （2）主体：军舰、军用飞机或其他得到正式授权并有清楚标志可识别的政府船舶和飞机。 （3）对象：公海上的外国船舶（军舰等享有豁免权的除外）。 （4）适用情形：海盗、贩奴、非法广播；船舶无国籍；虽挂外国旗或拒不展示船旗，但事实上与登临军舰属同一国籍。 （5）后果：如错误登临，造成损失，登临国承担国际责任。
紧追权	（1）定义：沿海国拥有的对于违反其法规并从该国管辖范围内的海域向公海行驶的外国船舶进行追逐的权利。 （2）主体：同登临权。 （3）对象：违反本国法规，从本国管辖海域向公海行驶的外国船舶。 （4）规则：①始于：本国内水、领海、毗连区、专属经济区、大陆架、群岛水域；止于：他国领海。②先警告，再紧追。③在公海中可继续紧追，直至追上并依法采取措施，但必须连续不断。 （5）紧追原则上禁止使用武力。

经典真题

乙国军舰A发现甲国渔船在乙国领海走私，立即发出信号开始紧追，渔船随即逃跑。当A舰因机械故障被迫返航时，令乙国另一艘军舰B在渔船逃跑必经的某公海海域埋伏。A舰返航

半小时后，渔船出现在 B 舰埋伏的海域。依《联合国海洋法公约》及相关国际法规则，下列哪一选项是正确的？(2009/1/30)[1]

A. B 舰不能继续 A 舰的紧追

B. A 舰应从毗连区开始紧追，而不应从领海开始紧追

C. 为了紧追成功，B 舰不必发出信号即可对渔船实施紧追

D. 只要 B 舰发出信号，即可在公海继续对渔船紧追

解题要领

紧追的相关规则：

(1) 紧追的主体；

(2) 紧追的客体；

(3) 紧追开始的海域；

(4) 紧追终止的海域；

(5) 紧追的程序：先警告再紧追；

(6) 紧追必须连续不断；

(7) 紧追原则上不得使用武力。

经典案例

“塞加号”案

案情简介：

“塞加号”是一艘在圣文森特登记的油轮。1997 年 10 月 27 日，“塞加号”进入几内亚专属经济区，向 3 艘渔船供应汽油。10 月 28 日，“塞加号”跨过几内亚专属经济区的南界，遭到两艘几内亚海关巡逻艇的袭击，4 名船员受伤。约于 10 月 28 日晚 9 时，该船被带往几内亚首都克纳克里，两名重伤船员被准予离去，船长及其他船员继续被扣留。不久，几内亚当局在初审地方法院对“塞加号”船长提出刑事诉讼。12 月 17 日，初审法院判决“塞加号”船长犯了有关禁运、欺诈和逃税罪，并处以罚金，没收了作为支付担保的该船及其货物。1998 年 2 月 3 日，上诉法院维持了原判。

1997 年 11 月 13 日，圣文森特请求国际海洋法法庭按照《联合国海洋法公约》第 292 条迅速释放“塞加号”及其船员。12 月 4 日，法庭指定临时措施，命令几内亚在圣文森特提供合理的担保后迅速释放该船及其船员。1998 年 2 月 20 日，圣文森特和几内亚协议将争端提交法庭解决。

·国际海洋法法庭判决

1. 几内亚将其海关法适用于专属经济区，是违反《联合国海洋法公约》的。沿海国有权在其领海和毗连区内适用海关法律规章，在专属经济区，沿海国也有权对人工

[1] A

岛屿、设施和结构适用海关法律规章，但《联合国海洋法公约》没有授权沿海国可在专属经济区的任何其他部分适用其海关法。几内亚禁止在其专属经济区内向渔船供应汽油的行为不符合《联合国海洋法公约》第56、58条有关沿海国在专属经济区内权利的规定。因此，几内亚将其海关法适用于包括专属经济区之一部分的海关区，是违反《联合国海洋法公约》的。

2. 不符合紧追的条件

（1）紧追条件之一是沿海国当局须有"充分理由"认为外国船舶违反其按照《联合国海洋法公约》可适用的法律和规章。既然"塞加号"没有违反按照《联合国海洋法公约》可适用的几内亚法律和规章，扣押该船当然没有法律依据。

（2）几内亚提供的证据不足以证明其在追逐开始前发出了必要的视觉或听觉的停驶信号，并且在紧追过程中追逐船被召回构成了任何追逐的明显中断。因此，法庭判定几内亚在逮捕"塞加号"时违反了《联合国海洋法公约》行使紧追权的规定，侵犯了圣文森特的权利，应赔偿圣文森特所遭受的损失。

3. 对于使用武力，法庭认为，尽管《联合国海洋法公约》没有关于逮捕时使用武力的明文规定，但一般国际法要求，为捍卫权利或实施法律而使用武力，考虑到每一案件的具体情况应当是合理的和成比例的。人道主义的考虑也适用于海洋法。按照国际法的基本原则之一"禁止使用武力或武力相威胁原则"，即使武力不可避免时，也不得超出当时情况下合理的和必要的限度。因此，几内亚在登船前和登船后使用了过分的武力，并危及人命，这是违反国际法的。

• 所涉考点

1. 专属经济区。
2. 紧追权的行使条件。

三、国际海底区域

（一）划界范围

国际海底区域，是指国家管辖范围以外的海床、洋底及其底土，即国家领土、专属经济区及大陆架以外的海底及其底土。

国际海底区域是《联合国海洋法公约》确立的新的国际法概念和海洋区域。"区域"不影响其上覆水域及其水域上空的法律地位。

（二）制度

1. "区域"及其自然资源是全人类共同继承财产。任何国家不得对"区域"或其任何部分主张主权或行使主权权利，任何人不能将"区域"或其资源的任何部分据为己有。

2. 国际海底区域的开发制度

"区域"内资源开发采取"平行开发制"：一方面由海底局企业部进行；另一方面由缔约国有效控制的自然人或法人与海底局以合作的方式进行。

具体做法是：在"区域"内的一个矿区被勘探后，开发申请者向海底局提供两块价值

相当的矿址，海底局选择一块作为“保留区”，另一块作为“合同区”，与申请者签订合同进行开发。

模拟展望

甲国为《联合国海洋法公约》的成员国，也是联合国的会员国。亿鑫公司为甲国境内一国有公司，主要从事海洋石油资源的开发。2016 年，亿鑫公司在国际海底区域勘探出 50 平方海里的一个矿区。根据《联合国海洋法公约》的规定及国际法相关规则和实践，亿鑫公司的下列哪些做法违背国际法？[1]

A. 亿鑫公司可自主独立开发其所勘探的 50 平方海里的矿区

B. 亿鑫公司无权自主独立开发其所勘探的 50 平方海里的矿区，应将该矿区全部交与甲国开发

C. 亿鑫公司有权独立自主开发该 50 平方海里矿区，但甲国有权获得开发收益的一半

D. 亿鑫公司应将其勘探的 50 平方海里的矿区划分为价值相当的两块，国际海底局选择一块作为“保留区”，另一块作为“合同区”，由国际海底局与亿鑫公司签订合同进行开发

解题要领

国际海底区域“平行开发制”的含义。

四、群岛水域与国际海峡（2014 年大纲所增考点）

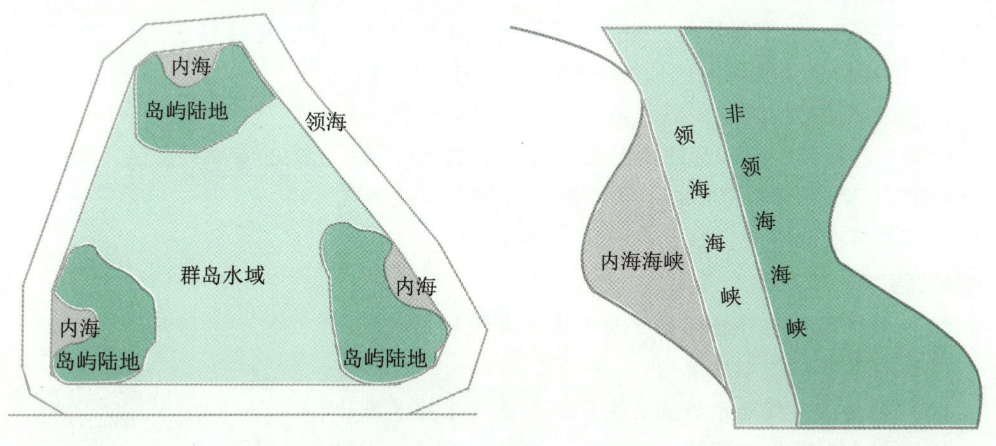

（一）群岛水域与国际海峡的比较

	群岛水域	用于国际通行的海峡
1. 范围	群岛基线所包围的内水之外的海域。	两端连接公海或专属经济区，构成世界航海的通道。
2. 性质和法律地位	群岛国对其群岛水域（包括上空及底土）拥有主权，但应尊重现有协定。	根据水域的地位，可分为内海海峡、领海海峡和非领海海峡。

[1] ABC

续表

	群岛水域	用于国际通行的海峡
3. 通过制度	（1）无害通过制度； （2）群岛海道通过制度（类似于过境通行制度）。	（1）过境通行制度； （2）公海自由航行制度； （3）无害通过制度； （4）特别协定制度。

注意1：群岛海道通过制度是例外，无害通过制度兜底适用。

注意2：过境通行制度是用于国际通行的海峡的主要通过制度，但不是唯一的通过制度。前述（2）~（4）为其例外。

［了解］**群岛基线的划定规则**

根据《联合国海洋法公约》第47条的规定，群岛基线划定应满足以下条件：

1. 基线应包括主要岛屿和一个区域。
2. 基线范围内包括环礁在内的陆地面积与水域面积之比应在1∶1到1∶9之间。
3. 基线超过100海里的线段最多不能超过基线总数的3%，最长以125海里为限。
4. 基线不能明显偏离群岛轮廓，不能将其他国家的领海与公海或专属经济区隔断。

经典真题

甲国是群岛国，乙国是甲国的隔海邻国，两国均为《联合国海洋法公约》的缔约国。根据相关国际法规则，下列哪一选项是正确的？（2014/1/33）[1]

A. 他国船舶通过甲国的群岛水域均须经过甲国的许可

B. 甲国为连接其相距较远的两岛屿，其群岛基线可隔断乙国的专属经济区

C. 甲国因已划定了群岛水域，则不能再划定专属经济区

D. 甲国对其群岛水域包括上空和底土拥有主权

解题要领

（1）他国船舶在群岛国的群岛水域享有无害通过权；

（2）群岛基线的划定规则；

（3）群岛国对群岛水域拥有主权，包括其上空及底土；

（4）群岛国可以有领海、毗连区、专属经济区、大陆架。

（二）过境通行制度

1. 概念	所有国家的船舶和飞机在位于公海或专属经济区一部分到公海或专属经济区另一部分之间的国际航行海峡中，都享有过境通行的权利。	
2. 规则	通行权	（1）连续不停、迅速通过； （2）包括自由航行和飞越。

［1］D

续表

2. 规则	具体规则	（1）禁止非法使用武力或威胁； （2）禁止从事与通过无关的任何活动； （3）禁止进行任何研究或测量活动； （4）遵守有关规则，遵守沿岸国法律和规章； （5）不得影响和改变海峡水域的法律地位和沿岸国其他方面的任何权利。

［了解］**用于国际通行海峡的特殊通过制度**

1. 适用公海自由通过的海峡是在该海峡中有公海或专属经济区的航道。

2. 适用无害通过的国际航行海峡，是由一国的大陆和该国的岛屿构成的海峡，且该岛向海一面的海域有一条在航行和水文特征方面同样方便地穿过公海或专属经济区的航道。

3. 特别协定制度，是指某些海峡的通过制度是由专门针对该海峡缔结的国际公约规定的，如黑海海峡、麦哲伦海峡等。

（三）过境通行与无害通过制度的区别

	过境通行	无害通过
1. 适用区域不同	主要适用于国际通行的海峡。	他国领海、群岛水域和两类用于国际通行的海峡。（他国领海和群岛水域的无害通过，主权国家可以为国家安全暂停实施；而国际通行的海峡不行）
2. 适用对象不同	适用于所有的船舶和飞机。	仅适用于外国船舶。
3. 通过的方式不同	不要求外国潜水艇通过时必须浮出水面并展示船旗。	要求外国潜水艇通过时必须浮出水面并展示船旗。
4. 权利特性上的差别	过境通行的船舶和飞机享有较充分的权利和自由，但也应尊重沿海国的主权和管辖权。（强调“过境权”）	外国船舶无害通过时要遵守《联合国海洋法公约》规定的较为严格的义务。（强调“无害义务”）

科孚海峡案

案情简介：

第二次世界大战结束后，驻扎在希腊的英国海军舰队经常在科孚海峡通过。科孚海峡在阿尔巴尼亚大陆和希腊的科孚岛之间，是地中海东部进入阿德里亚海的航道。阿尔巴尼亚认为这个海峡只是其沿岸的地方性海峡，外国军舰未经许可不能通过，英国军舰的通过构成侵犯其领土主权的行为。而英国认为该海峡是连接两面公

海的国际航道，任何船舶都可以自由通过。两国在这一问题上一直存在争执。1946年5月，英国海军部队派出两艘军舰通过海峡，受到阿尔巴尼亚炮击，幸未发生冲突。1946年10月22日，英国四艘军舰在海峡通过时，其中沙马勒斯号（The Saumares）在萨兰特湾外触到水雷，受到严重损害。事件发生后，英国政府在遭到阿尔巴尼亚政府拒绝后单方面进行扫雷活动。阿尔巴尼亚政府对此提出强烈抗议，谴责英国严重侵犯了其主权。

英国单方面向国际法院起诉，要求阿尔巴尼亚政府对1946年10月22日英国两艘军舰在科孚海峡触雷的事件承担责任。阿尔巴尼亚认为英国的单方面起诉是违反《国际法院规约》的，当时阿尔巴尼亚还不是联合国的会员国，也不是国际法院的当事国，认为国际法院对此没有管辖权。

·国际法院判决

1. 关于国际法院的管辖权问题

阿尔巴尼亚政府曾经写信给国际法院声称："英国的起诉方式不正当，但阿尔巴尼亚政府还是准备出庭应诉，接受国际法院对本案的管辖，但不能作为先例。"这表明阿尔巴尼亚政府默示接受了国际法院的管辖。

2. 关于阿尔巴尼亚政府的责任

肇事地点离阿尔巴尼亚海岸只有500公尺左右，布雷至少要2个到2个半钟头。从这个间接证据看来，如果有船在那儿布雷，阿尔巴尼亚政府不可能不知道。在此情形下，从海洋航行自由原则和人道主义出发，阿尔巴尼亚政府不对外国过往船舶公布和提出警告，应当对该事件的损失和伤亡负赔偿责任。

3. 关于国际通行海峡

"如果通过无害则各国有权派军舰通过连接两面公海和用于国际航行的海峡，而不用事先取得沿海国的许可。除国际条约另有规定外，沿海国无权在和平时期禁止在这样的海峡通过。"国际法院认为科孚海峡就是这样一种用于国际航行的海峡。因此，英国军舰1946年10月22日通过海峡的行动不构成对阿尔巴尼亚主权的破坏。但是英国军舰1946年11月13日在科孚海峡的扫雷活动，全体法官一致认为这是侵犯阿尔巴尼亚主权的行为。

根据以上理由，国际法院判决：①阿尔巴尼亚政府应对1946年10月22日在其领海上发生的水雷爆炸事件负责，应对事件造成的后果负赔偿责任；②英国军舰在10月22日通过海峡，没有侵犯阿尔巴尼亚的主权，但是英国军舰在11月13日在该海面的扫雷活动则构成侵犯阿尔巴尼亚主权的行为。

·所涉考点

用于国际航行的海峡。

国际法上的特殊空间

一、民用航空法

其包括三个部分：围绕《国际民用航空公约》（《芝加哥公约》）形成的国际民用航空基本制度；围绕《统一国际航空运输某些规则的公约》（《华沙公约》）形成的国际航空民事责任制度；围绕三个反劫机公约形成的国际民航安全制度。

（一）国际民用航空基本制度（围绕《芝加哥公约》形成）

1. 领空主权原则

（1）国家对其领空拥有完全的和排他的主权；

（2）对于非法入境的外国民用航空器，主权国家可以行使主权，要求其终止此类侵犯立即离境或要求其在指定地点降落等，但不得危及航空器内人员的生命和航空器的安全；

（3）国家保留国内航线专属权，一国为安全及军事需要有权在其领空中划定某些禁区。

2. 航空器国籍制度

公约的制度仅适用于民用航空器，而不适用于国家航空器。

民用航空器须在一国登记并因此而取得登记国国籍。在2个或2个以上国家重复进行的登记均被认为无效，但其登记可以由一国转移到另一国。航空器的登记国对航空器上的事件或事故拥有管辖权。

（二）国际航空民事责任制度（围绕《华沙公约》形成）

1929年在华沙签订的《华沙公约》，规定了国际民航活动中的损害赔偿责任制度。1955年（海牙）、1971年（危地马拉）、1975年（蒙特利尔）对该公约进行了修改。目前国际民航损害的责任的认定采取了推定过错原则。

（三）国际民航安全制度（围绕三个反劫机公约形成）

国际民航安全制度的三个反劫机公约包括1963年《关于在航空器内的犯罪和其它某些行为的公约》（《东京公约》）、1970年《关于制止非法劫持航空器的公约》（《海牙公约》）和1971年《关于制止危害民用航空安全的非法行为的公约》（《蒙特利尔公约》）。其主要内容如下：

1. 危害民用航空安全的行为包括危害“飞行中”或“使用中”的航空器安全。“飞行中”，是指航空器从装载完毕、其外部所有舱门都已关闭时开始，直到其任一外部舱门打开准备卸货时止。“使用中”，是指自地面或机组人员为某一飞行进行飞行前准备时起，到飞机降落后24小时内止。

2. 下列国家均拥有对于危害民航安全罪行的管辖权：①航空器登记国；②航空器降落地国，要求犯罪嫌疑人仍在航空器内；③承租人的营业地国或常住地国，要求航空器是不带机组的出租；④嫌疑人所在国；⑤嫌疑人国籍国或永久居所国；⑥犯罪行为发生地国；⑦罪行后果涉及国，包括受害人国籍国或永久居所国、后果涉及领土国、罪行危及其安全的国家；⑧根据本国法行使管辖权的其他国家。

3. 危害民航安全罪行是一种可引渡的罪行，但各国没有强制引渡的义务。如果国家决定不予引渡，则应在本国作为严重的普通刑事案件进行起诉，使此种行为受到惩处。

上述公约我国均已加入。

·总 结

1. 领空主权原则	(1) 飞行权 ①外国飞机非经允许，不得飞入 ②擅自飞入，主权国家有权责令其离去或命令其迫降 ③对民航客机，领空国在情况不明确之前不能擅自击落	
	(2) 国内航行专营权	
	(3) 领空立法权和空中禁区权	
2. 反劫机	“或起诉或引渡”	要么在当地起诉，要么引渡给请求国，不可以将其驱逐出境

经典真题

甲国发生内战，乙国拟派民航包机将其侨民接回，飞机需要飞越丙国领空。根据国际法相关规则，下列哪些选项是正确的？(2011/1/75)[1]

A. 乙国飞机因接其侨民，得自行飞越丙国领空

B. 乙国飞机未经甲国许可，不得飞入甲国领空

C. 乙国飞机未经允许飞越丙国领空，丙国有权要求其在指定地点降落

D. 丙国军机有权在警告后将未经许可飞越丙国领空的乙国飞机击落

解题要领

(1) 外国飞机不经允许，不得飞入主权国家的领空；

(2) 未经允许擅自飞入的，主权国家有权责令其离去或命令其迫降。

二、外层空间法

外层空间法的主要法律渊源是国际条约，包括1967年《关于各国探索和利用包括月球和其他天体在内外层空间活动的原则条约》(《外空条约》)、1968年《营救宇宙航行员、送回宇宙航行员和归还发射到外层空间的实体的协定》(《营救协定》)、1972年《空间物体造成损害的国际责任公约》(《责任公约》)、1975年《关于登记射入外层空间物体的公约》(《登记公约》)以及1979年《关于各国在月球和其他天体上活动的协定》(《月球协定》)等。

(一) 登记制度

1. 发射国应对其发射的空间物体进行登记，包括将该空间物体载入其所保存的适当

[1] BC

内容的国内登记册，同时在切实可行的范围内尽快将有关情报报告联合国秘书长，以便在其保存的总登记册里进行登记。

2. 空间物体若由2个以上发射国发射，应由其共同决定其中的一个国家进行登记。

3. 外空物体的登记国对该外空物体拥有所有权和管辖控制权。

4. 若登记国切实知道其所登记的物体已不复在轨道上存在，也应尽快通知联合国秘书长。

（二）营救制度

1. 援助：对获悉或发现在一国领土内的宇航员，领土国应立即采取一切可能的措施尽力营救宇航员并给予必要帮助。

2. 通知：各国在获悉或发现宇航员发生意外、遇难或紧急降落时，应立即通知其发射国及联合国秘书长。

3. 送还：对于发生意外的空间物体和宇航员，应送还其发射国。

（三）责任制度

1. 损害赔偿应由该物体的发射国承担。这里的发射国包括发射或促使发射空间物体的国家以及从其领土或设施发射空间物体的国家。“发射”包括未成功的发射在内。2个或2个以上的国家共同发射空间物体时，对所造成的损害应承担共同或单独的责任。

2. 责任承担的方式

发射国对其空间物体在地球表面或给飞行中的飞机造成的损害，应负有赔偿的绝对责任。发射国对于其空间物体在地球表面以外的其他任何地方，对其他国家的空间物体、所载人员或财产造成损害，负有赔偿的过错责任。

发射国的空间物体在地球表面以外的地方，对另一发射国的空间物体造成损害，并因此对第三国或第三国的自然人或法人造成损害时，如果是在第三国的地球表面或对飞行中的飞机造成损害，则前两国对第三国负绝对责任；如果是对地球表面以外的其他地方的第三国外空物体或所载人员财产造成损害，则前两国依各自的过错承担相应的责任。

总结 责任承担的方式

绝对责任	“空对地”
过错责任	“空对空”
绝对或过错责任	“空←→空”对地，前两国承担共同的绝对责任
	“空←→空”对空，前两国依各自的过错承担相应的责任

3. 《责任公约》在以下情况下不适用：该发射国的国民，以及在空间物体从发射至降落的任何阶段内参加操作的或者应发射国的邀请而留在紧接预定发射或回收区地带的外国国民。

注意：《责任公约》主要解决跨国损害赔偿问题。

经典真题

乙国与甲国航天企业达成协议，由甲国发射乙国研制的“星球一号”卫星。因发射失败卫星碎片降落到甲国境内，造成人员和财物损失。甲乙两国均为《空间物体造成损害的国际责

任公约》缔约国。下列选项正确的是：（2009/1/98）[1]

A. 如“星球一号”发射成功，发射国为技术保密可不向联合国办理登记

B. 因“星球一号”由甲国的非政府实体发射，甲国不承担国际责任

C. “星球一号”对甲国国民的损害不适用《责任公约》

D. 甲国和乙国对“星球一号”碎片造成的飞机损失承担绝对责任

解题要领

（1）外空物体应在发射国本国和联合国秘书长处进行双重登记；

（2）对于外空活动，国家对外承担绝对责任；

（3）《责任公约》只解决跨国损害赔偿问题。

理论延伸

1. 外空活动的主要原则

（1）共同利益原则；

（2）自由探索和利用原则；

（3）不得据为己有原则；

（4）和平利用原则；

（5）救援宇航员原则；

（6）外空物体登记和管辖原则；

（7）国际责任原则；

（8）保护空间环境原则；

（9）国际合作原则。

2. 《外空条约》对和平利用原则的规定

这包括对外空军事化的限制和禁止。根据《外空条约》第4条的规定，各缔约国不得在绕地球轨道放置任何携带核武器或任何其他类型大规模毁灭性武器的实体，不得在天体配置这种武器，也不得以任何其他方式在外层空间部署此种武器。各缔约国必须把月球和其他天体绝对用于和平目的。禁止在天体建立军事基地、设施和工事；禁止在天体试验任何类型的武器以及进行军事演习。

国际环保法

一、《控制危险废物越境转移及其处置巴塞尔公约》（《巴塞尔公约》）

《巴塞尔公约》对于列举在其附件中的危险废物的越境转移，规定了严格的条件：①必须在缔约国之间进行；②必须经进口国书面同意；③有无害环境的处置方法；④越境

[1] CD

转移必须有相关的保险、保证或担保。

二、防止气候变化的有效公约

其主要包括《联合国气候变化框架公约》、《京都议定书》和《巴黎协定》。公约确定了控制温室气体的排放、延缓全球变暖效应的基本方向，重申和体现了国际环境保护的基本原则，特别是共同但有区别的责任原则。

经典真题

甲乙两国是温室气体的排放大国，甲国为发达国家，乙国为发展中国家。根据国际环境法原则和规则，下列哪一选项是正确的？（2008/1/34）[1]

A. 甲国必须停止排放，乙国可以继续排放，因为温室气体效应主要是由发达国家多年排放积累造成的

B. 甲国可以继续排放，乙国必须停止排放，因为乙国生产效率较低，并且对于环境治理的措施和水平远远低于甲国

C. 甲乙两国的排放必须同等地被限制，包括排放量、排放成份标准、停止排放时间等各方面

D. 甲乙两国在此问题上都承担责任，包括进行合作，但在具体排量标准，停止排放时间等方面承担的义务应有所区别

解题要领

防止气候变化的基本原则为“共同但有区别的责任原则”。

（一）《京都议定书》规定的四种减排方式

1. “净排放量”。即从本国实际排放量中扣除森林所吸收的二氧化碳的数量。

2. “集团方式”。例如，将欧盟国家视为一个整体，可以采取内部平衡抵消，但在总体上完成减排量的方式。

3. “排放权交易”。即难以完成削减任务的国家，可以花钱从超额完成任务的国家买进超出的额度。

4. “绿色交易”。发达国家通过向发展中国家输出绿色技术，折抵温室气体排放量。

注意：排放权交易存在于发达国家之间，绿色交易存在于发达国家和发展中国家之间。

（二）《巴黎协定》（2016 年官方教材所增）

1. 开放签署时间	2016 年 4 月。
2. 生效时间	2016 年 11 月 4 日。
3. 主要内容	（1）坚持“共同但有区别的责任原则”，但强调“国家自主贡献”方式这一灵活减排机制； （2）重申 2℃全球温度升高控制目标，并制定了具体程序和机制。

[1] D

三、自然生态和资源保护

主要包括生物资源保护、世界文化和自然遗产保护两方面。

四、海洋环境保护

1. 防止来自船舶的污染

以《国际防止海上油污公约》和《国际防止船舶造成污染公约》为基础，确立了对船舶污染海洋的责任和管辖制度。

2. 防止向海洋倾倒废物

《防止倾倒废物及其他物质污染海洋的公约》采用了物质分类名单和许可证制度，将从船舶、航空器、平台等向海洋倾倒的废物分为：

（1）禁止倾倒的“黑名单”所列物质；

（2）需国家颁发“特别许可证”的“灰名单”所列物质；

（3）需得到“一般许可证”的“白名单”所列物质。

▶▶▶ 第 5 讲

国际法上的个人

本讲导读

应试指导

个人虽然不是国际法的主体，但与个人有关的国际法的各项制度在考试中却占据很重要的地位。国际法上有关个人的制度主要包括外国人待遇、国籍、出入境、引渡、外交保护、庇护等。其中，国籍、出入境、引渡属于常考点。另外，这部分还要掌握《国籍法》《出境入境管理法》《引渡法》这三部法规的重要内容。

考点架构

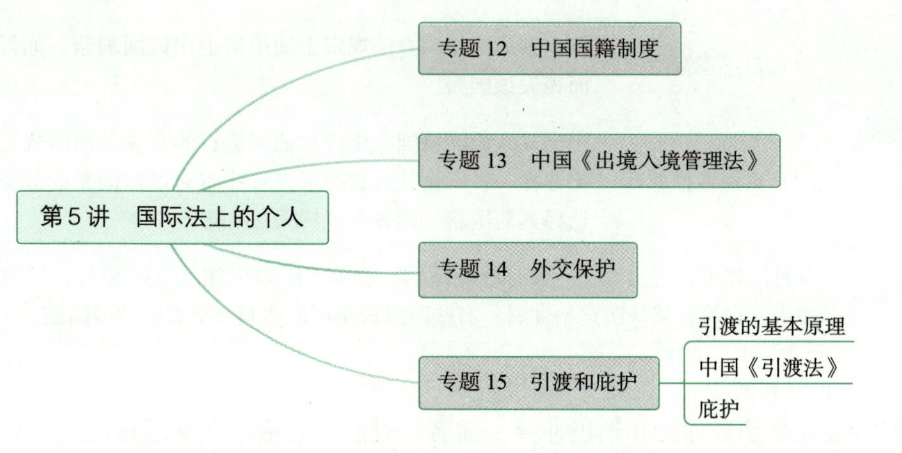

中国国籍制度

国籍，是指一个人属于某一个国家的公民或国民的法律资格。国籍在个人与国家之间建立了一种稳定的法律联系。基于这种联系，国家和个人之间存在一系列的权利义务关系。国家基于此联系对个人进行有关的管辖和保护，个人基于这种联系对国家享有特定的权利并承担相应的义务。

［了解］

1. 国籍的取得

<table>
<tr><td rowspan="4">因出生取得</td><td rowspan="2">（1）血统主义</td><td>以父亲国籍决定的单系血统主义。</td></tr>
<tr><td>以双亲任一方国籍决定的双系血统主义（基于男女平等，目前倾向于采取这种）。</td></tr>
<tr><td>（2）出生地主义</td><td>一个人出生时获得的国籍仅取决于其出生地，而不管其父母国籍情况如何。</td></tr>
<tr><td>（3）混合制原则</td><td>兼采血统主义和出生地主义。</td></tr>
<tr><td rowspan="3">因加入取得</td><td>（1）申请入籍（又称“归化”）</td><td>国家一般在年龄、职业、文化程度、财产状况、行为能力等方面都规定入籍必备的一定条件。</td></tr>
<tr><td rowspan="2">（2）由于法定事实的发生获得国籍</td><td>由于某种事实的发生，根据所涉国家的法律而获得该国国籍。</td></tr>
<tr><td>法定事实包括跨国婚姻、收养、取得住所、领土转移等各种情况。对于这些情况，各国的立法相差很大。</td></tr>
</table>

2. 国籍的丧失

<table>
<tr><td rowspan="2">自愿丧失</td><td>（1）自愿退籍</td><td>依据其原国籍国立法规定主动申请退出该国国籍，如得到批准从而丧失该国籍。</td></tr>
<tr><td>（2）自愿选择放弃</td><td>根据某人原国籍国立法或与他国签订的有关条约的规定，允许自愿选择一种国籍并且这种选择意味着对以前国籍的放弃，即如果选择其他国籍，则丧失了其原有国籍。</td></tr>
<tr><td>非自愿丧失</td><td colspan="2">某种法律事实的出现，一般有涉外婚姻、收养、已归化加入外国籍等，导致原国籍的丧失，在符合某些法定条件时，有些国家规定可依法剥夺个人的该国国籍。</td></tr>
</table>

3. 国籍冲突和解决

国籍冲突包括积极冲突和消极冲突。前者针对拥有双重或多重国籍的人，后者主要指无国籍人。国际实践中，一般采取的防止和消除国籍冲突的方式有两种：

（1）通过国内立法。

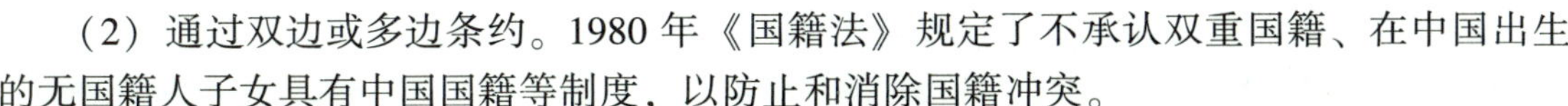

（2）通过双边或多边条约。1980年《国籍法》规定了不承认双重国籍、在中国出生的无国籍人子女具有中国国籍等制度，以防止和消除国籍冲突。

【重点法条整理】

《国籍法》的重要内容

1. 不承认双重国籍原则	中华人民共和国不承认中国公民具有双重国籍。	
2. 中国国籍因出生而取得	（1）具有中国国籍	①父母双方或一方为中国公民，本人出生在中国的； ②父母双方或一方为中国公民，本人出生在外国的； ③父母无国籍或国籍不明，定居在中国，本人出生在中国的。
	（2）不具有中国国籍	本人出生在外国，父母双方或一方为中国公民并定居在外国，本人出生时即具有外国国籍的。
3. 防止与消除无国籍原则	无国籍人可以申请加入中国国籍。父母无国籍或国籍不明，定居在中国，本人出生在中国的，具有中国国籍。	
4. 中国国籍的丧失	（1）自动丧失	定居外国的中国公民，自愿加入或取得外国国籍的。
	（2）申请后经批准丧失	中国公民具有下列条件之一的，可以经申请批准退出中国国籍：①外国人的近亲属；②定居在外国的；③有其他正当理由。申请退出中国国籍获得批准的，即丧失中国国籍。
	（3）不得申请退籍	国家工作人员和现役军人。
5. 自愿申请与审批相结合的原则	中国国籍的取得、丧失和恢复，除《国籍法》第9条规定的以外，必须办理申请手续。受理国籍申请的机关，在国内为当地市、县公安局，在国外为中国外交代表机关和领事机关。	
	加入、退出和恢复中国国籍的申请，由中华人民共和国公安部审批。经批准的，由公安部发给证书。	

注意：

1. 中国国籍的取得采用的是“血统为主，兼采出生地主义”原则。
2. 自动丧失中国国籍的条件有两个：

（1）定居外国；

（2）自愿加入或取得外国国籍。

经典真题

中国公民王某与甲国公民彼得于2013年结婚后定居甲国并在该国产下一子，取名彼得森。关于彼得森的国籍，下列哪些选项是正确的？（2015/1/75）[1]

A. 具有中国国籍，除非其出生时即具有甲国国籍

---

[1] AC

B. 可以同时拥有中国国籍与甲国国籍

C. 出生时是否具有甲国国籍，应由甲国法确定

D. 如出生时即具有甲国国籍，其将终生无法获得中国国籍

解题要领

中国国籍的取得方式：双系血统兼采出生地主义。

中国《出境入境管理法》

《出境入境管理法》[1] 共8章93条，对中国公民出境入境、外国人入境出境、外国人停留居留、交通运输工具出境入境边防检查、调查和遣返、法律责任等作了规定。该法特别对出入境管理机构、外国人入境、外国人停留居留、外国人出境作了详细规定。

特将该法的主要规定整理到下表：

【重点法条整理】

《出境入境管理法》的重要内容

1. 出入境管理机构	(1) 中国驻外使馆、领馆或者外交部委托的其他驻外机构		负责在境外签发外国人入境签证。
	(2) 出入境边防检查机关		负责实施出入境边防检查。
	(3) 县级以上地方人民政府公安机关及其出入境管理机构		负责外国人停留居留管理。
2. 关于签证	(1) 签证种类	外交签证	外交部规定签发范围和办法。
		礼遇签证	
		公务签证	
		普通签证	国务院规定签发办法。普通签证中增加规定“人才引进”类别，以吸引海外优秀人才。
	(2) 邀请函的出具单位或个人应对其真实性负责。		
	(3) 免办签证的情形 ①两国政府的互免签证协议中所涉人员； ②持有效外国人居留证件的； ③持联程客票搭乘国际航行的航空器、船舶、列车从中国过境前往第三国或地区，在		

〔1〕《出境入境管理法》于2012年6月30日由第十一届全国人民代表大会常务委员会第二十七次会议通过，自2013年7月1日起施行，此前适用的《外国人入境出境管理法》和《公民出境入境管理法》同时废止。

续表

2. 关于签证	中国境内停留不超过 24 小时且不离开口岸，或者在国务院批准的特定区域内停留不超过规定时限的； ④国务院规定可免办签证的其他情形。	
3. 外国人停留居留	（1）办理机构：居留地县级以上地方人民政府公安机关出入境管理机构	入境之日起 30 日内申请办理居留证件。
	（2）工作类居留证件有效期	90 日～5 年。
	（3）非工作类居留证件有效期	180 日～5 年。
4. 外国人出境	（1）遣送出境	自被遣送出境之日起 1～5 年内不准入境。
	（2）驱逐出境	自被驱逐出境之日起 10 年内不准入境。

经典真题

马萨是一名来华留学的甲国公民，依中国法律规定，下列哪些选项是正确的？（2017/1/76）[1]

A. 马萨入境中国时，如出入境边防检查机关不准其入境，可以不说明理由

B. 如马萨留学期间发现就业机会，即可兼职工作

C. 马萨留学期间在同学家中短期借住，应按规定向居住地的公安机关办理登记

D. 如马萨涉诉，则不得出境

解题要领

（1）外国人不准入境的情形；（《出境入境管理法》第 25 条第 1 款）

（2）外国人在中国境内就业的有关规定；（《出境入境管理法》第 41、43 条）

（3）外国人停留居留的管理；（《出境入境管理法》第 39 条）

（4）外国人不准出境的情形。（《出境入境管理法》第 28 条）

外交保护

一、概念

外交保护，是指一国国民在外国受到不法侵害，且依该外国法律程序得不到救济时，其国籍国可通过外交方式要求该外国进行救济或承担责任，以保护其国民或国家的权益的外交行动或其他和平解决手段。

[1] AC

二、性质

（一）属人管辖权的体现

根据国家主权原则，国家具有属人管辖权。外交保护主要是基于国家的属人管辖进行的，是国家属人管辖权的重要体现。

（二）外交保护是在国家之间进行的

当一国由于其公民的权利在外国被侵害而提出外交保护时，原来一国公民与该外国之间的事件转变为两个国家之间的事件。前者主要涉及外国人的法律地位问题，而后者多涉及国际责任问题。因此，外交保护制度本质上是处理国家间关系的制度。

（三）外交保护是国家的权利

虽然国家就其国内法来说，有保护其公民利益的职责，公民也可以向其国籍国请求保护，但是否向外国提出外交保护，是国家的权利。无论其国民是否作出请求，国家都可以根据有关情况作出行使或拒绝行使外交保护权的决定。

（四）外交保护的对象

外交保护的对象不仅包括自然人，还包括具有本国国籍的法人。

三、实施条件

国家行使外交保护权一般应符合三个条件：

1. 实际损害原则且损害归因于国家

一国国民权利受到侵害是由于其所在国的国家不当行为所致，也就是说，该侵害行为可以引起国家责任。如果损害仅仅涉及外国私人的行为，受害人所在国家不存在任何直接或间接责任，则不得行使外交保护权。

2. 国籍继续原则

受害人自受害行为发生起到外交保护结束的期间内，必须持续拥有保护国国籍。这被称为“国籍继续原则”。此外，近来在国际实践中，还提出了“国籍实际联系原则”，要求受害人和其国籍国之间具有实际的真正联系。

注意：对双重或多重国籍人的外交保护，由其实际国籍国行使。

模拟展望

诺特的国籍国为甲国，诺特本人长期在乙国居住并经营事业，但其家庭和事业方面一直与甲国相联系。二战期间，甲国战败，诺特为逃避其二战中的敌侨身份，申请了丙国（丙国为二战中立国）国籍。而乙国仍将诺特视为甲国人，将其逮捕并移交乙国当局扣押，同时没收了他在乙国的财产，并作出取消将其登记为丙国国民的行政决定。丙国以外交保护为由向国际法院提起诉讼。关于本案，根据国际法相关原则和规则，下列判断正确的有：[1]

A. 甲国和丙国作为诺特的国籍国均可以提起外交保护

---

〔1〕 BC

B. 丙国与诺特没有实际联系，遂丙国无权提起外交保护

C. 甲国为诺特的实际国籍国，满足一定条件可以提起外交保护

D. 甲国可以立即行使外交保护权

解题要领

对双重或多重国籍人的外交保护权，由其实际国籍国行使。

3. 用尽当地救济原则

在提出外交保护之前，受害人必须用尽当地法律规定的一切可以利用的救济办法，包括行政和司法救济手段。在这些手段用尽之后仍未得到合理救济时，才可以提出外交保护。此为“用尽当地救济原则”。

经典真题

甲国公民廖某在乙国投资一家服装商店，生意兴隆，引起一些从事服装经营的当地商人不满。一日，这些当地商人煽动纠集一批当地人，涌入廖某商店哄抢物品。廖某向当地警方报案。警察赶到后并未采取措施控制事态，而是袖手旁观。最终廖某商店被洗劫一空。根据国际法的有关规则，下列对此事件的哪些判断是正确的？(2006/1/77)[1]

A. 该哄抢行为可以直接视为乙国的国家行为

B. 甲国可以立即行使外交保护权

C. 乙国中央政府有义务调查处理肇事者，并追究当地警察的渎职行为

D. 廖某应首先诉诸乙国行政当局和司法机构，寻求救济

解题要领

外交保护提起的三个前提条件：

(1) 实际损害原则且损害归因于国家；

(2) 国籍继续原则；

(3) 用尽当地救济原则。

经典案例

诺特鲍姆案

案情简介：

在危地马拉（以下简称“危国”）长期居住并经营事业的德国人诺特鲍姆为逃避二战中的敌侨身份，申请了列支敦士登（以下简称“列国”）（二战中立国）国籍，但诺氏在家庭和事业方面一直与德国相联系，德国也是其商业活动和经济利益中心。而危国仍视其为德国人，将其逮捕并移交美国当局扣押，同时还没收了他在危国的财产，并作出取消将其登记为列国国民的行政决定。列国遂以外交保护为由向国际法院提起了诉讼。

[1] CD

·国际法院判决

法院认为，国籍要在国际上有效，一国以其赋予个人的国籍作为反对另一国、行使外交保护权的根据，则要求该国籍必须反映个人与国籍国之间的最密切的实际联系，若无这种联系，别国可以不承认这种国籍，并拒绝外交保护的请求。在本案中，相比之下，诺特鲍姆与列国的联系微乎其微，加入列国国籍是在二战爆发后，其逃避敌侨身份的目的昭然若揭。因此并不具备别国承认其国籍、接受对其外交保护的条件。基于上述分析，国际法院于1955年作出判决，驳回了列国的请求，支持危国的抗辩。

·所涉考点

外交保护实施条件中的国籍原则。

安巴蒂洛斯案

案情简介：

1919年7月17日，希腊国民尼科拉斯·尤斯塔赫·安巴蒂洛斯（以下简称“安巴蒂洛斯”）和英国政府签订了购买9艘蒸汽船的合同，这批船当时还在建造之中，总购价227.5万英镑。从1919年末到1920年中，英国向安巴蒂洛斯交付了7艘船，比原定日期稍迟了一些。由于当时货运费大大下降，安巴蒂洛斯得不到预期利润，无力交付全部购船费，只好把船只抵押给英国航运管理局。1921年，他因身负巨债，在伦敦的高级法院海事分院被控告。诉讼中，他特别强调，尽管购船合同上没有详细写明交船日期，但双方对此曾有过口头协议，由于英国方面延迟交货，使他受到了相当大的损失，但他没有请当时代表英国政府同他谈判的白利安·拉英市长出庭作证（因为他不能确定拉英市长会提供什么样的证明）。在其后的几年里，希腊政府通过行使外交保护权，代安巴蒂洛斯向英国政府提出索赔。1955年2月24日，英国政府和希腊政府签订了一个《仲裁协议》，约定成立一个由5名仲裁员组成的仲裁委员会解决此项争端。

·仲裁委员会裁决

仲裁委员会经过审理认为，安巴蒂洛斯尚未用尽当地法律救济方法，地方救济不仅包括法院和法庭，还包括国内法中规定的诉讼程序便利；在国家作为其国民的保护人在国际法庭提出请求前，被告国国内法规定的整个法律保护制度都应受到检验。1922年，在英国初审法院进行的诉讼中，安巴蒂洛斯没有请求重要的证人拉英出庭作证，这也是他未用尽适合于他的地方救济手段。仲裁委员会在1956年3月6日作出裁决，安巴蒂洛斯未用尽英国法上的救济手段，驳回希腊提出的800万英镑的赔偿要求。

·所涉考点

外交保护中的用尽当地救济原则。

巴塞罗那电车、电灯和电力有限公司案

案情简介：

巴塞罗那电车、电灯和电力有限公司（以下简称“巴塞罗那公司”）是一家控股公司，1911年成立于加拿大多伦多，其总部、账户及股份登记册均设在该市，该公司分别在加拿大和西班牙建立了许多附属公司。后巴塞罗那公司破产，随后其他附属公司的资产也被没收并出售。在上述宣告和执行破产的过程中，许多受到影响的公司和个人在西班牙法院起诉，请求撤销破产法令和有关的破产判决，但均未获得成功。与此同时，英国（代表居住在本国的巴塞罗那公司债券的持有人）、加拿大（代表巴塞罗那公司及作为其附属公司的埃布罗水力电力公司）、美国（代表本国在巴塞罗那公司中的利益）和比利时等国政府向国际法院提出请求书，指控西班牙国家机关的行为违反国际法，侵害了巴塞罗那公司的权利，要求国际法院责成西班牙政府负赔偿责任。1970年，国际法院对本案作出了判决。

• 国际法院判决

法院指出，本案实质问题的核心在于，确定比利时是否有权对作为加拿大法人的巴塞罗那公司中的本国股东因公司所在国西班牙针对该公司本身的有关措施而遭受的损害进行外交保护。由于国际法在国家对待公司和股东的权利问题上尚未确立任何明确的规则，但根据国际法的一般规则只授权公司的国籍国提出赔偿请求。尽管在公司股东自身的权利遭到侵害、公司已不存在、公司国籍国缺乏代表公司采取行动的能力或公司国籍国即为责任国等例外情况下，该公司股东的国籍国可以不受上述一般规则的限制，但本案中并不存在这些例外情况。最后，国际法院认为比利时无权代表本国股东向法院起诉，驳回了比利时的诉讼请求。

• 所涉考点

外交保护的对象不仅包括自然人，也包括法人。

理论延伸

法人外交保护的相关制度

《外交保护条款草案》专门针对法人的外交保护作出了一些规定，主要内容如下：

1. 公司国籍国

为对公司行使外交保护的目的，国籍国是指公司依照其法律成立的国家。然而，当公司受另一国或另外数国的国民控制，并在成立地国没有实质性商务活动，而且公司的管理总部和财务控制权均处于另一国时，那么该国应视为国籍国。

2. 公司的持续国籍

一国有权为从发生损害之日到正式提出求偿之日持续为该国或其被继承国国民的公司行使外交保护。如果在上述两个日期该公司都持有该国籍，则推定该国籍是持续的。

3. 一国对于在提出求偿后获得被求偿国国籍的公司不再享有为其行使外交保护的权利。

4. 尽管有上述的规定，一国继续有权为在发生损害之日为其国民，但由于损害的原因，按照成立地国法律终止存在的公司行使外交保护。

专题15 引渡和庇护

一、引渡的基本原理

（一）概念

引渡，是指一国将处于本国境内的被外国指控为犯罪或已经被判刑的人，应该外国的请求，送交该外国审判或处罚的一种国际刑事司法协助行为。引渡制度的设立是为了防止因各国刑法差异而使某种犯罪行为逍遥法外，导致法律漏洞。

（二）主体

引渡的主体是国家，引渡是国家之间进行的。在国际法中，国家一般没有引渡义务，因此引渡需要根据有关的引渡条约进行。当他国在没有引渡条约的情况下提出引渡时，一国可以自由裁量，包括根据其有关国内法或其他因素作出决定。

（三）对象

引渡的对象是被请求国指控为犯罪或被其判刑的人，可能是请求国人、被请求国人和第三国人。在国际实践中，除非有关引渡条约或国内法有特殊规定，一般各国有权拒绝引渡本国公民。（即“本国国民不引渡”）

（四）可引渡的罪行

“双重犯罪原则”和“政治犯不引渡”是被一般接受的原则。

1. 双重犯罪原则是指被请求引渡人的行为必须是请求国和被请求国的法律都认定的犯罪。

2. 政治犯不引渡原则中，关键是对政治犯罪的认定问题。实践中，认定政治犯罪的决定权属于被请求国。

国际法规定了一些不应视为政治犯罪的行为，包括：

（1）战争罪、反和平罪和反人类罪；

（2）种族灭绝或种族隔离罪行；

（3）非法劫持航空器；

（4）侵害包括外交代表在内的受国际保护人员罪行等。

（五）程序

引渡的程序一般根据引渡条约及有关国家的国内法规定进行。

（六）效果

1. 请求国只能就其请求引渡的特定犯罪行为对该被引渡人进行审判或处罚，即“罪名特定原则”。

2. 如果以其他罪名进行审判或将被引渡人转引给第三国，则一般应经原引出国的同意。

·总 结

1. 引渡是一个主权国家的权利，而不是义务。引渡的前提是条约。
2. 引渡的对象可能是请求国人、被请求国人和第三国人。
3. 引渡的四个基本原则

（1）本国国民不引渡；

（2）双重犯罪原则；

（3）政治犯不引渡；

（4）罪名特定原则。

4. 战争犯，种族灭绝、隔离犯，侵害外交代表，劫机等国际罪行不得视为政治犯罪。

经典真题

甲国公民施密特在乙国旅游期间，乙国应丙国要求将施密特扣留，之后丙国向乙国请求引渡施密特。根据国际法相关规则和实践，下列判断正确的有：（2019-回忆版）[1]

A. 如果施密特的行为同时违反乙、丙两国的法律，乙国可以引渡

B. 如果施密特的行为只违反丙国法律，乙国应当拒绝引渡

C. 因施密特为甲国公民，乙国无权将施密特引渡给丙国

D. 施密特是政治犯，乙国应当拒绝引渡

解题要领

引渡的四项基本原理。

二、中国《引渡法》

2000 年，我国颁布了《引渡法》，对有关引渡的问题作出了具体规定。另外，我国还与一些国家缔结了引渡条约或司法协助条约。

【重点法条整理】

《引渡法》的重要内容

1. 外国向我国请求引渡（被动引渡）	（1）必要条件	①引渡请求所指的行为，依照我国法律和请求国法律均构成犯罪。 ②为了提起刑事诉讼而请求引渡的，根据我国法律和请求国法律，对于引渡请求所指的犯罪均可判处 1 年以上有期徒刑或者其他更重的刑罚；为了执行刑罚而请求引渡的，在提出引渡请求时，被请求引渡人尚未服完的刑期至少为 6 个月。
	（2）应当拒绝引渡	①根据我国法律，被请求引渡人具有中国国籍的。 ②在收到引渡请求时，我国的司法机关对于引渡请求所指的犯罪已经作出生效判决，或者已经终止刑事诉讼程序的。

[1] ABD

续表

1. 外国向我国请求引渡（被动引渡）	（2）应当拒绝引渡	③因政治犯罪而请求引渡，或者我国已经给予被请求引渡人受庇护权利的。 ④被请求引渡人可能由于其种族、宗教、国籍、性别、政治见解或者身份等方面的原因而被提起刑事诉讼或者执行刑罚，或者被请求引渡人在司法程序中可能由于上述原因受到不公正待遇的。 ⑤根据我国或者请求国法律，引渡请求所指的犯罪纯属军事犯罪的。 ⑥根据我国或者请求国法律，在收到引渡请求时，由于犯罪已过追诉时效期限或者被请求引渡人已被赦免等原因，不应当追究被请求引渡人的刑事责任的。 ⑦被请求引渡人在请求国曾经遭受或者可能遭受酷刑或者其他残忍、不人道或者有辱人格的待遇或者处罚的。 ⑧请求国根据缺席判决提出引渡请求的。但请求国承诺在引渡后对被请求引渡人给予在其出庭的情况下进行重新审判机会的除外。
	（3）可以拒绝引渡	①我国对于引渡请求所指的犯罪具有刑事管辖权，并且对被请求引渡人正在进行刑事诉讼或者准备提起刑事诉讼的； ②由于被请求引渡人的年龄、健康等原因，根据人道主义原则不宜引渡的。
2. 我国向外国请求引渡（主动引渡）	被请求国就准予引渡附加条件，对于不损害我国主权、国家利益、公共利益的，可以由外交部代表我国政府向被请求国作出承诺。	
	对于限制追诉的承诺，由最高人民检察院决定；对于量刑的承诺，由最高人民法院决定。公安机关负责接收外国准予引渡的人以及与案件有关的财物。在对被引渡人追究刑事责任时，司法机关应当受所作出的承诺的约束。	

注意：中国《引渡法》在遵循引渡的四个基本原则的基础上，细化和补充了有关规定，如在不应引渡的情形中，增加了以下应当拒绝引渡的情形：

（1）我国已经作出生效判决或已经终止刑事诉讼程序的；

（2）被请求引渡人在请求国曾经遭受非人道对待或可能遭到不公正待遇的；

（3）军事犯罪；

（4）请求国根据缺席判决提出引渡请求的；等等。

经典真题

中国人高某在甲国探亲期间加入甲国国籍，回中国后健康不佳，也未申请退出中国国籍。后甲国因高某在该国的犯罪行为，向中国提出了引渡高某的请求，乙国针对高某在乙国实施的伤害乙国公民的行为，也向中国提出了引渡请求。依我国相关法律规定，下列哪一选项是正确的？（2009/1/32）[1]

---

[1] D

A. 如依中国法律和甲国法律均构成犯罪，即可准予引渡
B. 中国应按照收到引渡请求的先后确定引渡的优先顺序
C. 由于高某健康不佳，中国可以拒绝引渡
D. 中国应当拒绝引渡

解题要领

中国《引渡法》规定的应当拒绝引渡和可以拒绝引渡的情形。

经典案例

比利时诉塞内加尔案

案情简介：

乍得前总统哈布雷因 1990 年政变被迫流亡在塞内加尔。2000 年 1 月，一些乍得国民（现已归化比利时）在塞内加尔针对哈布雷提出指控，称直接向哈布雷负责的乍得秘密警察曾对他们实施酷刑。塞内加尔法院则以无管辖权为由拒绝管辖。

2005 年 9 月，比利时法官基于灭种罪、危害人类罪、战争罪、酷刑罪等罪名要求塞内加尔向其引渡哈布雷。塞内加尔经过考虑，决定自行审判，但在实质性地启动刑事审理程序之后，塞内加尔却又因经济困难只能暂停审理。

2009 年 2 月 19 日，比利时在国际法院提起了针对塞内加尔的诉讼。

• 国际法院判决

比利时主张：①塞内加尔没有将普遍管辖权纳入该国的法律体系内，违反了其基于《禁止酷刑和其他残忍、不人道或有辱人格的待遇或处罚公约》（《联合国反酷刑公约》）第 5 条项下的义务；②塞内加尔因没有以灭种罪、危害人类罪、战争罪、酷刑罪等罪名对哈布雷进行审判而违反了基于《联合国反酷刑公约》第 6、7 条项下的国际义务。塞内加尔不能以其经济困难或者存在其他困难为由排除其违反国际义务的行为的违法性。

因此，国际法院于 2012 年 7 月 20 日作出判决，要求塞内加尔必须对流亡于该国的前乍得总统哈布雷进行审判，否则应毫不拖延地将其引渡到比利时受审。

• 所涉考点

引渡。

三、庇护

（一）概念

庇护，是指一国对于遭到外国追诉或迫害而前来避难的外国人，准予其入境和居留，给予保护，并拒绝将其引渡给另一国的行为。

（二）性质

庇护是国家基于领土主权而引申出的权利。决定给予哪些人庇护是国家的权利。国家

通常没有必须给予庇护的义务。国家对庇护问题通常在有关的国内法中加以规定。

敏而好学：庇护是一国属地管辖权的体现，是主权国家的权利而不是义务。

（三）庇护与引渡的关系

庇护包括允许避难者在庇护国境内居留，对其进行保护或不对其进行相关的惩罚，并拒绝将其交给其他国家或递解出境。对尚不在庇护国领土内的避难者，庇护还包括准其入境。因此，不引渡并不等于庇护，国家可以在其境内对其给予相关的惩罚或将其驱逐出境。

（四）域外庇护

庇护是基于领土的行为。关于领土以外的庇护，或称为域外庇护，最常见的是利用国家在外国的外交或领事机构馆舍、船舶或飞机等场所进行的庇护。这种庇护是没有一般国际法根据的，采取这种行为将构成对避难者所在国属地管辖和属人管辖的双重侵犯。

敏而好学：国际法只承认领土庇护，不承认域外庇护。

（五）不得庇护的罪行

不得庇护的罪行包括：战争犯，种族灭绝、隔离犯，侵害外交代表，劫机。

经典真题

甲国1999年发生未遂军事政变，政变领导人朗曼逃到乙国。甲国法院缺席判决朗曼10年有期徒刑。甲乙两国之间没有相关的任何特别协议。根据国际法有关规则，下列哪一选项是正确的？（2007/1/29）[1]

A. 甲国法院判决生效后，甲国可派出军队进入乙国捉拿朗曼，执行判决

B. 乙国可以给予朗曼庇护

C. 乙国有义务给予朗曼庇护

D. 甲国法院的判决生效后，乙国有义务将朗曼逮捕并移交甲国

解题要领

（1）庇护是一国的权利而不是义务；

（2）外国法院判决的执行需通过国际司法协助行为完成。

模拟展望

中国人卡特在中国犯有严重贪污犯罪。2015年8月，卡特持假护照逃至甲国。2016年3月，中国向甲国提出了引渡卡特的请求。现已知中国和甲国均为《维也纳外交关系公约》缔约国，中国与甲国之间无双边引渡条约。根据国际法相关规则和实践，下列选项中不正确的有：[2]

A. 卡特在甲国为非法入境者

B. 甲国有义务将卡特引渡给中国

C. 若甲国同意引渡卡特，则由外交部负责接收卡特

---

〔1〕 B

〔2〕 BC

D. 甲国可以既不引渡卡特，也不给予卡特庇护

解题要领

（1）引渡和庇护都是一国的权利而非义务；

（2）引渡的接收机关是公安部。

经典案例

庇护权案（哈雅·德·拉·托雷案）

案情简介：

1948 年 10 月 3 日，秘鲁发生了一起未遂政变，该政变当天就被镇压下去了。秘鲁共和国总统下令取缔政变组织——美洲人民革命联盟，并发出逮捕令逮捕该联盟的领导人维克托·劳尔·和哈雅·德·拉·托雷（以下简称“托雷”）以便审判。托雷在事发 3 个月后，于 1949 年 1 月 3 日到哥伦比亚共和国驻秘鲁利马的大使馆请求避难。

哥伦比亚大使馆接受了他的请求并通知秘鲁政府：哥伦比亚根据 1928 年的《哈瓦那庇护公约》第 2 条给予托雷庇护，并认为根据 1933 年的《美洲国家关于政治庇护公约》第 2 条，秘鲁政府应给托雷安全离境证，让他安全出境。秘鲁政府认为托雷是刑事犯罪分子，无权享受庇护，更不可能获得安全离境的权利。两国在这些问题上不能取得一致的看法，为了明确庇护权的行使问题，两国于 1949 年 8 月 31 日签订特别协定《利马协定》，把争端提交国际法院解决。国际法院在 1950 年 11 月对此案进行审理，并于 1950 年 11 月 20 日作出判决。

·国际法院判决

1. 哥伦比亚单方面且以对秘鲁具有约束力的方式确定犯罪性质，援引的是《哈瓦那庇护公约》中关于引渡的条款——据其无法得出庇护时，一方可以单方面确定性质或者进行外交庇护的结论。从美洲习惯法上看，庇护时一方可以单方面确定性质或者进行外交庇护也没有成为一个习惯国际法。因此，哥伦比亚无权单方面且以对秘鲁具有约束力的方式确定犯罪性质。

2. 哥伦比亚要求秘鲁提供安全通行证，不符合《哈瓦那庇护公约》中规定领土国对避难者提供保证条款的情况，其无权提出该要求。因此，秘鲁政府没有义务发给避难者安全通行证。

3. 秘鲁主张托雷的犯罪是普通犯罪，然而秘鲁对其的唯一控告是武装叛乱，武装叛乱并不是一种普通犯罪，而是一种政治罪行。《哈瓦那庇护公约》不能确立一种犯有政治犯罪的人有权逃避他们本国管辖的法律制度。因此，法院驳回秘鲁关于托雷所犯（武装叛乱）为普通罪行的主张。

4. 关于域外庇护。国际法上承认的庇护为领土庇护，哥伦比亚大使馆给予托雷的庇护不符合领土庇护的条件，也不符合《美洲国家关于政治庇护公约》的条件，因此，哥伦比亚大使馆无权给予托雷庇护。

·所涉考点

1. 庇护的性质。
2. 域外庇护（外交庇护）的定性。

第6讲

外交关系与领事关系法

本讲导读

应试指导

本讲要掌握外交关系与领事关系的联系和区别、外交代表机关的各项制度，包括建立、组成、职务、特权与豁免等。重点和难点在于区分外交关系法中不同性质的机构和不同身份人员其权利义务的具体规定，区分外交特权豁免与领事特权豁免规则的不同之处。本讲中，使领馆馆舍的特权与豁免以及使领馆人员的特权与豁免制度考试重复率最高。

考点架构

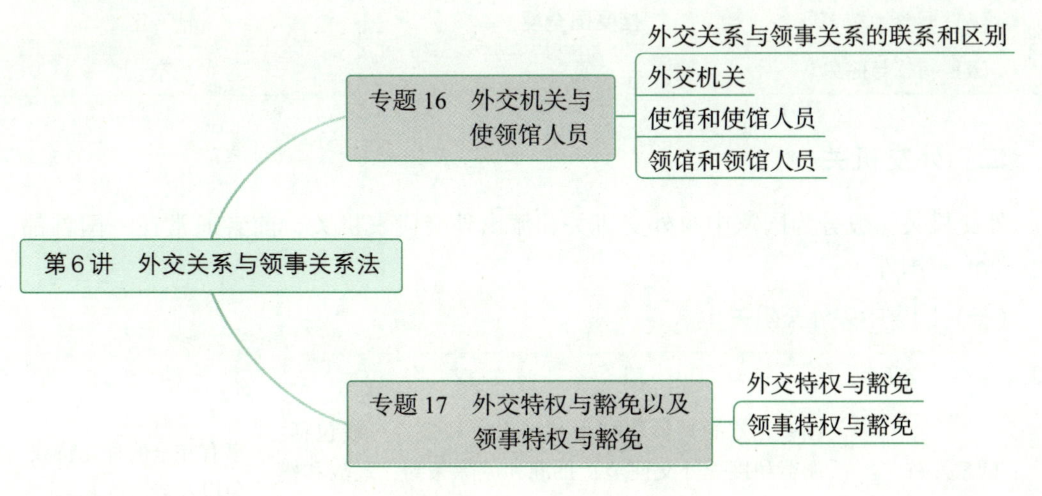

专题16

外交机关与使领馆人员

一、外交关系与领事关系的联系和区别

国际法上的外交，一般是指国家之间通过外交机关以访问、谈判、缔约、交涉、参加国际组织和国际会议等方式进行的交往活动。规范这种关系的国际法规则被称为外交关系法。它主要是外交程序、形式及相关制度的规范。1961 年《维也纳外交关系公约》将这些规则进行了系统的编纂和发展，包含了当今外交关系法的主要内容，包括外交关系的建立，外交代表机关派遣和接受的程序，外交代表机关的组成、等级及其职务，外交特权与豁免等。

领事关系，是指根据国家间协议，互派执行领事职务的常驻机构而形成的一种国家关系。1963 年《维也纳领事关系公约》对这些规则进行了系统的编纂，构成了当今领事关系法的主要内容。

下表将简述外交关系与领事关系的联系和区别：

类别		外交关系	领事关系
联系		（1）都属于国家对外关系范畴。 （2）根据协议建立，使馆馆长和领馆馆长都由派遣国国家或政府派遣。 （3）均受派遣国外交部领导。 （4）均为为执行外交政策而常驻国外的机构。 （5）除另有声明外，两国间同意建立外交关系亦即同意建立领事关系。但断绝外交关系并不当然断绝领事关系。	
区别	（1）交涉对象	接受国中央机关	接受国相关地方机构
	（2）职权范围	主管全局	商务、文化和侨民
	（3）职责地域	接受国全境	辖区
	（4）特权与豁免	宽	窄

二、外交机关

外交机关一般分为国家中央外交机关和派出外交代表机关，前者通常在一国首都，后者大都位于国外。

（一）国家中央外交机关

国家中央外交机关	职权	待遇
国家元首	国家元首的具体职权由其国内法规定，一般包括：派遣和接受外交使节；批准和废除条约；宣战和媾和；参加谈判、缔结条约；等等。	享有完全的外交特权与豁免以及最高的礼遇。

续表

国家中央外交机关	职　权	待　遇
中央政府	在对外关系活动中承担首要工作，享有广泛的职权，包括：①领导和制定对外政策；②进行对外谈判；③签订条约；④派出有关的对外代表；⑤协调和管理包括外交部门与政府其他部门的对外工作；等等。	享有完全的外交特权与豁免和相应的礼遇。
外交部门	其对外职权一般包括：①代表本国与外国进行联系和交涉；②领导和监督驻外外交代表机关的工作；③与外国的代表机构进行联系、谈判；④归口管理协调日常的国家对外事务；等等。	享有完全的外交特权与豁免。

注意：国家元首是国家对外关系中的最高代表，它既可以是个人也可以是集体。国家元首可能称国王、总统、最高主席团、最高委员会等。

（二）外交代表机关

一国的外交代表机关通常可以分为常驻外交代表机关和临时性外交代表机关两类。传统国际法中，常驻外交代表机关仅指一国派驻他国的外交机关，一般称为使馆；现代国际法中，其还包括一国派驻国际组织的常驻代表机关。临时性外交代表机关，又称特别使团，根据其任务又可分为事务性使团和礼节性使团两种。

<table>
<tr><td rowspan="5">外交代表机关</td><td rowspan="4">（1）常驻外交代表机关</td><td rowspan="3">①使馆</td><td>大使级</td></tr>
<tr><td>公使级</td></tr>
<tr><td>代办级</td></tr>
<tr><td colspan="2">②驻国际组织的常驻代表机关</td></tr>
<tr><td>（2）临时性外交代表机关（特别使团）</td><td colspan="2">①事务性使团
②礼节性使团</td></tr>
</table>

三、使馆和使馆人员

（一）使馆和外交代表

1. 使馆的建立

根据《维也纳外交关系公约》的规定，国家之间外交关系的建立应以双方协议进行。国家通过协议决定有关建交的事项，包括建立何种外交关系及如何设立使馆。

但是，在外交关系建立并互设使馆之后，由于某种原因，一国也可以单方面暂时关闭使馆，甚至断绝与另一国的外交关系。如果两国关系改善或恶化，任何一方都可以提出将已有的外交关系升格或降级，经另一方同意后实现。

2. 使馆的职务

根据《维也纳外交关系公约》的规定，使馆的职务主要有以下五项：

（1）代表。作为派遣国在接受国的代表，在处理派遣国和接受国间的交往事务中，全面代表派遣国。

（2）保护。在国际法许可的范围内，保护派遣国及其人民的各项利益。

（3）谈判和交涉。代表派遣国政府与接受国政府进行各项事务的谈判和交涉。

（4）调查和报告。可以以一切合法的手段，调查接受国的各种情况，并及时向派遣国作出报告。

（5）促进。促进派遣国和接受国之间的友好关系，发展两国政治、经济、文化各方面的合作。

此外，使馆经约定，还可以执行国际法允许的其他职务，如领事职务；经接受国同意，还可以受托保护未在接受国派有外交代表的第三国国家及其国民在接受国的利益。当然，对这种情况，接受国有权决定是否同意。

3. 使馆人员

使馆由使馆馆长、一般外交人员、行政技术人员及服务人员等组成。

<table>
<tr><td rowspan="2">外交人员</td><td>（1）馆长</td><td>①大使：元首向元首派遣的最高一级使节，享有最高礼遇；
②公使：元首向元首派遣的第二级使节，礼遇稍逊于大使；
③代办：外交部长向外交部长派遣的使节，与“临时代办”不同。</td></tr>
<tr><td>（2）一般外交人员</td><td>①参赞：协助馆长处理外交事务的高级别外交官；
②武官：作为武装力量代表，处理军事合作事务的外交官；
③外交秘书：分一、二、三等，按指示办理外交事务；
④随员：最低一级的外交官。</td></tr>
<tr><td>行政技术人员</td><td colspan="2">译员、工程师、行政主管、会计等，不是外交官。</td></tr>
<tr><td>服务人员</td><td colspan="2">司机、清洁工、修理工等，不是外交官。</td></tr>
</table>

注意1：代办与临时代办的区别

代办作为使馆馆长，是派遣国外交部长向接受国外交部长派遣的使节。临时代办是指当使馆馆长职位空缺或暂不能履行职务时，由使馆外交人员作为临时馆长代行职务。因此，代办与临时代办是不同的职务概念。

注意2：武官是作为武装力量的代表，专门处理有关军事合作事务的人员，并非所有的国家间都互派武官。

4. 外交代表的派遣

（1）“不受欢迎的人”或“不能接受的人”

对于派遣国的使馆馆长及外交人员，接受国可以随时不加解释地宣布其为“不受欢迎的人”；对于使馆的其他人员，接受国可以宣布其为“不能接受”。

对于被宣布为“不受欢迎的人”或“不能接受”的使馆人员，如果在其到达接受国境内以前被宣告，则接受国可以拒绝给予其签证或拒绝其入境；如果在其入境以后被宣告，则派遣国应酌情召回该人员或终止其使馆人员的职务。否则，接受国可以拒绝承认该人员为使馆人员，甚至令其限期离境。

（2）使馆人员的派遣

使馆人员由派遣国任命。一般人员都由派遣国直接派遣，但是派遣使馆馆长、武官、

领馆馆长、特别使团、不具有派遣国国籍的人员则必须经接受国同意。接受国可以拒绝接受其所不同意的任何派遣国使馆人员，并无须向派遣国说明理由。

（3）使馆和外交代表职务的开始与终止

使馆馆长到达接受国后，大使或公使将国书副本交给接受国外交部，约定正式递交国书的日期，然后按约定日期把国书正本递交接受国的国家元首。代办将其委任书递交给接受国的外交部长。递交国书是接受国确认使馆馆长身份，接受其履行职务的依据。

使馆馆长开始执行职务视为使馆职务的开始。馆长职务的开始一般按照双方协议或有关国家的国内法进行。按照我国的有关规定，使馆馆长正式递交国书的日期为其在华执行使馆职务的开始日期。除使馆馆长外，使馆的其他人员职务以其到达接受国担任使馆职务为开始。

敏而好学：使馆馆长自递交国书时职务开始，使馆的其他人员到任时职务自动开始。

注意：根据《维也纳外交关系公约》的规定，外交代表的职务遇有下列情形之一即告终止：①派遣国通知接受国其外交代表职务业已终止；②接受国通知派遣国称该国拒绝承认该外交代表为使馆人员；③派遣国与接受国断绝外交关系或暂时中断外交关系；④派遣国或接受国主体资格灭失。此外，因革命产生新政府等原因也会导致外交代表职务的终止。

（二）特别使团

1. 特别使团的派遣

派遣国需在事先通过外交途径或者其他双方同意或共同接受的途径取得接受国的同意。派遣同一特别使团前往2个或2个以上国家，应在分别征得每一个接受国的同意时说明此事。2个或2个以上国家派遣联合特别使团，应在征求该接受国的同意时说明此事。

2. 特别使团的职务

特别使团的职务由派遣国与接受国协议约定。特别使团到达后即开始执行职务。特别使团也适用接受国对使馆人员的“不受欢迎的人”和“不能接受”的制度。

3. 特别使团的外交特权与豁免

特别使团及其各类人员大体上分别享有《维也纳外交关系公约》中规定的使馆及其相应的各类人员的外交特权与豁免，但也有些不同。例如，特别使团的房舍不可侵犯，但在遇到火灾或其他严重的灾难而无法获得使团团长明确答复的情况下，接受国可以推定获得同意而进入房舍；使团外交人员的司法及行政豁免的例外中，比照使馆外交人员，又增加了有关人员公务以外使用车辆的交通肇事引起的诉讼，接受国可以管辖。

敏而好学：特别使团性质上是临时性外交代表机关，但特权与豁免却比照领馆和领事官员的特权与豁免。

经典真题

经乙国同意，甲国派特别使团与乙国进行特定外交任务谈判，甲国国民贝登和丙国国民奥马均为使团成员，下列哪些选项是正确的？（2009/1/79）[1]

---

〔1〕 BD

A. 甲国对奥马的任命需征得乙国同意，乙国一经同意则不可撤销此项同意

B. 甲国特别使团下榻的房舍遇到火灾而无法获得使团团长明确答复时，乙国可以推定获得同意进入房舍救火

C. 贝登在公务之外开车肇事被诉诸乙国法院，因贝登有豁免权乙国法院无权管辖

D. 特别使团也适用对使馆人员的“不受欢迎的人”的制度

解题要领

（1）特别使团的派遣必须征得接受国同意，且任命接受国的国民或第三国国民为代表或外交人员时，此项同意可以随时撤销；

（2）特别使团的人员性质是外交人员，但特权与豁免却比照领馆与领事官员的特权与豁免。

四、领馆和领馆人员

（一）领馆的设立

国家间达成协议建立领事关系的直接标志一般是设立领事机构，即领馆。根据《维也纳领事关系公约》的规定：

1. 领馆须经接受国同意始得在该国境内设立。

2. 领馆的设立地点、领馆类别及其辖区由派遣国与接受国商定。

3. 领馆设立的地点、领馆类别及其辖区确定后，派遣国须经接受国同意才能变更。

4. 总领馆或领馆如欲在本身所在地以外的地点设立副领馆或领事代理处，亦须经接受国同意。

5. 在原设领馆所在地以外开设办事处作为该领馆的一部分时，也须事先征得接受国的明示同意。

（二）领馆人员

领馆人员包括领馆馆长（总领事、领事、副领事、领事代理人四个等级），领事官员（职业领事和名誉领事），领事雇员（译员、速记员、办公室助理员、档案员等）和服务人员（司机、清洁工、传达人员等）。前两类属于领事官员，适用使馆外交人员“不受欢迎的人”制度。

（三）领馆人员的派任与职务终止

领馆馆长由派遣国委派，并由接受国承认准予执行职务。领馆馆长每次奉派任职，应由派遣国发给委任证书。在获接受国准许并被颁发领事证书后，领馆馆长方可执行职务。领事证书可以是特别颁发的专门文书，也可以是在领事委任书上予以批准确证。领馆其他人员的委派由派遣国自由决定。但若委派具有接受国国籍的人或第三国国民充任领馆馆员，须经接受国明示同意。

敏而好学：领馆馆长由接受国颁发领事证书表明职务开始，其他人员到任时职务自动开始。

注意：领馆人员职务终止一般有以下情况：①被派遣国召回；②领事证书被撤销；③接受国通知派遣国不再承认该员为领事馆人员，即被宣告为“不受欢迎的人”或“不能接受的人”；④领馆关闭或领事关系断绝；等等。

外交特权与豁免以及领事特权与豁免

一、外交特权与豁免

（一）使馆特权与豁免

根据《维也纳外交关系公约》的规定，使馆的特权与豁免包括：

1. 使馆馆舍不得侵犯。具体包括：

（1）接受国人员非经使馆馆长许可，不得进入使馆馆舍。即使是送达司法文书或遇火灾以及流行病发生，也不例外。

（2）接受国对使馆馆舍负有特殊的保护责任。

（3）使馆馆舍及设备，以及馆舍内其他财产与使馆交通工具免受搜查、征用、扣押或强制执行。

经典真题

2007 年，甲国国内不幸爆发某种流行传染病。据报，甲国驻乙国大使的官邸发现疑似患者。乙国卫生防疫人员迅速赶到该官邸外，做好处理患者准备工作。甲、乙两国都是《维也纳外交关系公约》的缔约国，且彼此间没有其他的相关协定。根据该公约规定，下列哪一选项是正确的？（2008 延/1/29）[1]

A. 由于官邸处于城市居民区，乙国卫生防疫人员可以立即进入官邸调查处理患者

B. 只要患者不是大使本人或其家属，乙国卫生防疫人员就可以进入官邸进行调查和处理工作

C. 如果未得到甲国大使的明确同意，乙国卫生防疫人员不得进入官邸进行调查和处理工作

D. 只要甲国大使没有明确反对，乙国卫生防疫人员就可以进入官邸进行调查和处理工作

解题要领

使馆馆舍绝对豁免，未经使馆馆长同意绝对不得进入，没有例外。

2. 使馆财产及档案不得侵犯。使馆的档案及文件无论何时何处，均不得侵犯，即使两国断交、使馆馆长长期或暂时撤退、发生武装冲突时也不例外。

3. 通讯自由。此项特权包括：

（1）接受国应允许使馆为一切公务目的自由通讯，并予保护。

（2）非经接受国同意不得装置、使用无线电发报机。

（3）使馆的来往公文不得侵犯。

（4）接受国对外交邮袋不得予以开拆或扣留，并应提供便利以保障迅速传递。外交邮

---

[1] C

袋的包裹须附有可资识别的外部标记，并以装载外交文件或公务用品为限。

（5）外交信差在执行职务时应受到接受国的保护。

（6）外交邮袋可托交预定在准许入境地点降落的商业飞机机长转递，但机长不能视为外交信差。

4. 使馆免纳捐税

使馆的捐税未免除的内容有：使馆馆舍免纳国家的、区域的或地方的捐税，如房地产税，但此项免除不包括为使馆提供的特定服务所收的费用，如水费、电费和清洁费等；使馆办理公务所收的规费及手续费免纳捐税；使馆的公务用品，如办公室家具、打字机、车辆等，免纳关税和其他课征，但储存、运送及类似服务费不在此列。

5. 使馆人员有行动和旅行自由

使馆人员在接受国应享有行动和旅行的自由，他们不仅为执行公务享有这项自由，而且私人的活动也是自由的。但这种自由受国际法的原则和接受国法律规定限制，如使馆人员不得擅自进入接受国法律禁止或限制进入的区域，不得进行间谍、颠覆等违法活动。

6. 使用派遣国的国家标志

使馆及其馆长有权在使馆馆舍及使馆馆长寓所以及交通工具上使用派遣国的国旗或国徽标志。

（二）外交人员的特权与豁免

1. 人身不可侵犯

外交人员的人身不可侵犯包含两方面的意义：

（1）接受国对外交人员的尊严应予尊重，不得侮辱其人格，不得对外交人员的人身实施搜查、逮捕或拘留，但不排除由于外交人员本人的挑衅行为而引起的他人正当防卫的实施；

（2）接受国有责任保护外交人员人身不受侵犯。

2. 寓所、财产和文书信件不可侵犯。

3. 管辖豁免

（1）刑事管辖豁免。外交人员享有完全的对接受国刑事管辖的豁免，即接受国的司法机关不得对其进行刑事审判和处罚。

（2）民事和行政管辖豁免。除下面的例外情况，接受国的法院不对外交人员进行民事管辖，包括不进行审判和处罚，也不采取强制执行措施。在行政管辖事项上，接受国对外交人员也给予一定的豁免，如免除外交人员的户籍和婚姻登记，对其违反行政法规的行为不实行行政制裁等。但以下情况例外：①外交人员在接受国境内私有不动产物权的诉讼；②外交人员以私人身份并不代表派遣国而作为遗嘱执行人、遗产管理人、继承人或受赠人之继承事项的诉讼；③外交人员在接受国内在公务范围以外所从事的专业或商务活动的诉讼；④外交人员主动起诉而引起的与该诉讼直接有关的反诉。

敏而好学：外交人员的管辖豁免并不等于责任豁免，有关的责任问题通过外交途径解决。

（3）外交人员免除完全的作证义务，不仅没有被迫在法律程序中作为证人出庭作证的义务，而且没有提供证词的义务。

4. 外交人员的特权和管辖豁免可以由其派遣国放弃，但这种放弃只能由派遣国明示作出，外交人员本身没有作出这种放弃的权利。

5. 外交人员享有某些方面的免税和免验权

（1）外交人员免除一切对人对物课征的国家的、区域的或地方的捐税。其中主要是免纳个人所得税和其他直接税。对通常计入商品或劳务价格内的间接税、在接受国境内私有不动产课征的捐税（除非该不动产是代表派遣国为使馆用途而拥有的）、遗产税、遗产取得税、继承税、自接受国境内获致的私人所得或投资课征的捐税、为提供特定服务所付的费用、不动产的登记费、法院手续费、抵押税及印花税等一般不在免除之列。

（2）外交人员或与之构成同一户口的家属的私人用品，包括其定居所用的物品在内免除一切关税及类似税费。外交人员的私人行李免受查验，但接受国当局有重大理由推定其中有非免税物品或有接受国法律禁止的进出口物品或检疫条例加以管制的物品等情况时，可在外交人员或其代理人在场时查验。

6. 外交人员特权与豁免的适用范围

（1）适用的人员范围

根据《维也纳外交关系公约》的规定，除使馆馆长及外交人员享有外交特权与豁免外，与外交人员构成同一户口的家属，如系非接受国国民，亦享有与外交人员相同的特权与豁免。使馆的行政技术人员及与其构成同一户口的家属，如非接受国国民且不在该国永久居留者，也享有外交人员享有的一般特权与豁免，但有一些限制和修改，包括：①其执行职务范围以外的行为不享有民事和行政管辖的豁免；②除其最初到任时所输入的物品外，不能免纳关税及其他课征；③其行李不免除海关查验。使馆的服务人员如非接受国国民且不在该国永久居留者，一般仅具有以下优遇：①就其执行公务行为享有豁免；②其受雇所得报酬免纳捐税；③免于适用接受国所施行的社会保险办法。

对于使馆人员家属、使馆行政技术人员、使馆服务人员的特权豁免，各国多通过双边协议或国内法加以明确规定。

（2）适用的时间范围

享有外交特权与豁免的人员，自其被接受国接受而进入接受国国境就任之时起，享有此等特权与豁免；其已在该国境内的，自其委派通知接受国外交部或两国另经商定之其他时刻开始享有。享有特权与豁免人员的职务如已终止，其上述特权与豁免通常是在该员离境之时或给予其离境的合理期间结束之时终止。即使两国有武装冲突发生，其特权与豁免也应继续有效至上述时间为止。如遇使馆人员死亡，其家属应继续享有其应享有的特权与豁免，直到给予其离境的合理期间结束时为止。

总 结

<table>
<tr><td rowspan="4">使馆馆舍</td><td rowspan="3">1. 馆舍不得侵犯</td><td>未经馆长许可不得进入使馆馆舍。</td></tr>
<tr><td>接受国有保护义务。</td></tr>
<tr><td>馆舍及财产免受搜查、征用、扣押或强制执行。</td></tr>
<tr><td>2. 档案不得侵犯</td><td>无论何时何地。</td></tr>
</table>

续表

<table>
<tr><td rowspan="6">使馆馆舍</td><td rowspan="3">3. 通讯自由</td><td colspan="3">非经接受国同意，不得安装或使用无线电发报机。</td></tr>
<tr><td colspan="3">外交信差：执行职务时，人身不可侵犯。</td></tr>
<tr><td colspan="3">外交邮袋：不得开拆或扣留；可交机长转递，但机长不视为外交信差。</td></tr>
<tr><td colspan="4">4. 使馆免纳捐税和部分关税。</td></tr>
<tr><td colspan="4">5. 使馆人员有行动和旅行自由。</td></tr>
<tr><td colspan="4">6. 使用国家标志。</td></tr>
<tr><td rowspan="12">使馆人员</td><td rowspan="2">1. 人身不可侵犯</td><td colspan="3">不得对外交人员搜查、逮捕或拘留。</td></tr>
<tr><td colspan="3">接受国有义务保护外交人员人身不受侵犯。</td></tr>
<tr><td colspan="4">2. 寓所、财产、文书信件不可侵犯。</td></tr>
<tr><td rowspan="7">3. 管辖豁免</td><td>刑　事</td><td colspan="2">完全豁免（接受国不得进行刑事审判和处罚）。</td></tr>
<tr><td rowspan="2">民　事</td><td>原　则</td><td>一般不对外交人员进行民事管辖。</td></tr>
<tr><td>例　外</td><td>（1）在接受国境内的私有不动产物权诉讼（但代表派遣国为使馆购置不动产除外）；
（2）以私人身份参与的继承诉讼；
（3）在接受国内在公务范围以外从事专业或商业活动引起的诉讼；
（4）外交人员主动起诉而引起的与该诉讼相关的反诉。</td></tr>
<tr><td>行　政</td><td colspan="2">免户籍和婚姻登记、违反行政法规的行为不受行政制裁等。</td></tr>
<tr><td>作证义务</td><td colspan="2">免除（出庭作证、提供证词）。</td></tr>
<tr><td rowspan="2">豁免放弃</td><td colspan="2">只能由派遣国放弃；明示放弃。</td></tr>
<tr><td colspan="2">管辖豁免的放弃，不视为对执行豁免的放弃。</td></tr>
<tr><td colspan="4">4. 某些方面免税和免验。</td></tr>
<tr><td colspan="4">5. 其他（免于缴纳社会保险、免于服兵役等）。</td></tr>
</table>

经典真题

甲乙丙三国均为《维也纳外交关系公约》缔约国。甲国汤姆长期旅居乙国，结识甲国驻乙国大使馆参赞杰克，二人在乙国与丙国汉斯发生争执并互殴，汉斯被打成重伤。后，杰克将汤姆秘匿于使馆休息室。关于事件的处理，下列哪一选项是正确的？（2012/1/32）[1]

A. 杰克行为已超出职务范围，乙国可对其进行逮捕

B. 该使馆休息室并非使馆工作专用部分，乙国警察有权进入逮捕汤姆

C. 如该案件在乙国涉及刑事诉讼，杰克无作证义务

D. 因该案发生在乙国，丙国法院无权对此进行管辖

[1] C

(1) 使馆馆舍绝对豁免;

(2) 外交人员的范围;

(3) 外交人员刑事管辖绝对豁免,其他相对豁免;

(4) 国际法上的保护性管辖与属人管辖。

二、领事特权与豁免

(一) 领馆馆舍的特权与豁免

1. 领馆馆舍不受侵犯

(1) 接受国人员非经领馆馆长或其指定人员或派遣国使馆馆长同意,不得进入领馆馆舍中专供领馆工作之用的部分。但遇火灾或其他灾害须迅速采取保护行动时,可以推定馆长已同意。

(2) 接受国负有特殊责任。

(3) 领馆馆舍、馆舍设备以及领馆的财产与交通工具,一般应免受任何方式的征用。如接受国确有征用的必要时,应采取一切可能步骤以免妨碍领馆执行职务,并应向派遣国作出迅速、充分及有效的补偿。

2. 领馆档案及文件不得侵犯。领馆的档案和文件无论何时,亦不论位于何处,均不得侵犯。

3. 通讯自由

接受国应允许并保护领馆为一切公务目的的自由通讯,包括:

(1) 领馆有权与派遣国政府及无论何处的该国使馆及其他领馆自由通讯,接受国对此不得干扰或阻碍。但装置及使用无线电发报机须经接受国许可。

(2) 领馆的来往公文不受侵犯。领馆的邮袋不得予以开拆或扣留,但如有重大理由,可在派遣国授权代表在场下开拆邮袋。若派遣国拒绝开拆,邮袋应退回原发送地。

(3) 领事信差在执行职务时,应受接受国保护,其人身不受侵犯,不受任何方式的逮捕或拘禁。

4. 行动自由

领馆人员在接受国境内有行动自由及旅行自由。但接受国为国家安全而禁止或限制进入的区域除外。

5. 免纳关税和捐税

领馆馆舍免纳国家、区域或地方性捐税;领馆执行职务所收的规费和手续费免除捐税;领馆的公务用品免除关税及其他课税,但储存、运送等服务费,以及因提供特定服务而应缴纳的费用不在免除之列。

6. 与派遣国国民通讯及联络的权利。此外,领馆还有使用派遣国的国旗、国徽等国家标志的特权。

(二) 领事官员的特权与豁免

[了解] 领事官员有职业的和名誉的两类。职业领事官员是由派遣国任命的专职从事领事事务的政府公务员,其不从事其他职业。名誉领事官员是执行领事职务的非专职官

员，一般是从接受国境内的本国侨民或接受国国民的商人或律师中聘任，执行某些领事职务。

职业领事的特权与豁免包括以下主要内容：

1. 人身不得侵犯

领事官员的人身自由受到一定程度的保护，包括接受国对领事官员不得予以逮捕候审或羁押候审，不得监禁或以其他方式拘束领事官员的人身自由，但犯有严重罪行或司法机关已裁判执行的除外。接受国有关当局对领事官员应予尊重，并采取适当的步骤防止其自由或尊严受到侵犯。

2. 管辖豁免

领事官员执行职务的行为，不受接受国的司法和行政管辖，但有以下例外：①因领事官员并未明示或默示以派遣国代表身份而订立契约所发生的诉讼；②第三者因车辆、船舶或航空器在接受国内所造成的意外事故而要求损害赔偿的诉讼；③领事官员主动起诉引起的与本诉直接有关的反诉，不享受豁免。

3. 作证义务

在与管辖相关的作证义务方面，领事享有一定的豁免。领事官员对其执行职务所涉及的事项没有作证或提供有关公文或文件的义务。除此之外领事官员不得拒绝作证。

4. 豁免放弃

上述特权和管辖豁免的放弃必须由派遣国明示作出，并以书面形式通知接受国。对民事或行政诉讼程序的管辖豁免的放弃，不得视为对司法判决执行的豁免的默示放弃。执行豁免的放弃也必须分别明确作出。

5. 某些方面的免税和免验

领事免纳一切对个人和物的课税，包括国家、区域和地方性捐税，但间接税、遗产税、服务费等不在免除之列。领事及其同户家属初到任所需物品和消费品免纳关税；领事行李免受查验，如有重大理由需要查验，应于领事或其家属在场时进行。

6. 其他

除上述特权外，领事还被免除外侨登记、居留证、工作证及社会保险办法的适用，免除个人劳务及捐献义务等。

总 结

领馆馆舍	1. 馆舍不得侵犯	未经馆长许可不得进入领馆工作区；如遇到火灾或其他灾害须采取保护时，可推定馆长同意。
		接受国有保护义务。
		馆舍及财产如有必要可征用，但应作出补偿。
	2. 档案不得侵犯	无论何时何地。
	3. 通讯自由	非经接受国同意，不得安装或使用无线电发报机。
		领馆邮袋：一般不得开拆或扣留，有重大理由可在派遣国代表在场下开拆；若派遣国拒绝，邮袋退回原发送地。

续表

<table>
<tr><td rowspan="4">领馆馆舍</td><td colspan="3">4. 领馆免纳捐税和部分关税。</td></tr>
<tr><td colspan="3">5. 领馆人员有行动和旅行自由。</td></tr>
<tr><td colspan="3">6. 与派遣国国民通讯及联络的权利。</td></tr>
<tr><td colspan="3">7. 使用国家标志。</td></tr>
<tr><td rowspan="9">领馆人员</td><td rowspan="2">1. 人身不可侵犯</td><td colspan="2">通常不得逮捕或拘留，但犯有严重罪行或司法机关已裁判执行的除外。</td></tr>
<tr><td colspan="2">接受国有义务保护外交人员人身不受侵犯。</td></tr>
<tr><td rowspan="5">2. 管辖豁免</td><td>原　　则</td><td>领事官员执行职务的行为，不受接受国司法和行政管辖。</td></tr>
<tr><td>民事豁免例外</td><td>（1）因领事官员未明示或默示以派遣国代表身份而订立契约所发生的诉讼；
（2）第三者因车辆、船舶或航空器在接受国内所造成的意外事故而要求损害赔偿的诉讼（交通肇事引起的损害赔偿诉讼）；
（3）主动起诉引起的与该诉讼相关的反诉。</td></tr>
<tr><td>作证义务</td><td>职务行为所涉事项豁免；非职务行为不享有豁免权，但如拒绝，不得强迫或制裁；不得妨碍领事职务的行使；录取证言应尽量在领事馆或领事官邸进行。</td></tr>
<tr><td rowspan="2">豁免放弃</td><td>只能由派遣国放弃；明示放弃。</td></tr>
<tr><td>管辖豁免的放弃，不视为对执行豁免的放弃。</td></tr>
<tr><td colspan="3">3. 某些方面免税和免验。</td></tr>
<tr><td colspan="3">4. 其他（免于接受社会保险等）。</td></tr>
</table>

经典真题

甲乙两国均为《维也纳领事关系公约》缔约国，阮某为甲国派驻乙国的领事官员。关于阮某的领事特权与豁免，下列哪一表述是正确的？（2013/1/32）[1]

A. 如犯有严重罪行，乙国可将其羁押

B. 不受乙国的司法和行政管辖

C. 在乙国免除作证义务

D. 在乙国免除缴纳遗产税的义务

解题要领

（1）对于领馆人员，通常不得逮捕或拘留，但犯有严重罪行或司法机关已裁判执行的除外；

（2）领馆人员的司法管辖、行政管辖、作证义务的特权与豁免都仅限于与职务有关的事项；

（3）领馆人员仅在某些方面免税，但遗产税、间接税等不可免。

---

[1] A

经典案例

逮捕令案

案情简介：

2000年4月11日，比利时布鲁塞尔初审法院一名调查法官认为，时任刚果民主共和国［以下简称“刚果（金）”］外交部长的阿卜杜拉耶·耶罗迪亚·恩多贝西（以下简称“耶罗迪亚”）在刚果（金）实施了严重违反1949年《日内瓦公约》及其附加议定书的罪行以及危害人类罪。比利时根据1993年6月16日《关于惩治严重违反1949年8月12日〈日内瓦公约〉及其第一和第二附加议定书的行为的法律》（以下简称《比利时法》）——该法于1999年2月10日经《关于惩治严重违反国际人道主义法的行为的法律》修正，认为对耶罗迪亚被指控的罪行应在比利时受到处罚。因此，对他发出了“缺席的国际逮捕令”，并通过国际刑警组织向全世界散发，要求相关国家对他进行拘捕并引渡给比利时追究其刑事责任。2000年10月17日，刚果（金）向国际法院提起诉讼，请求法院宣布比利时应当撤销上述国际逮捕令。

•国际法院判决

刚果（金）认为，比利时“仅依《比利时法》第7条的规定行使普遍管辖权”的行为，违反了《联合国宪章》第2条第1款规定的“联合国成员主权平等原则”。《比利时法》第5条“不承认他国在任外交部长的外交豁免权”的规定违反了国际习惯法所承认的“主权国家外长享有外交豁免权”的国际法规则。

国际法院认为，逮捕令发布的本身代表了比利时司法当局蓄意批准以战争罪和危害人类罪在比利时领土上逮捕一名外国现任外交部长的行为，虽然耶罗迪亚在正式访问比利时时没有受到逮捕，但是从逮捕令的目的和性质上看，这种逮捕令可执行的事实也是十分明显的，因此侵犯了刚果（金）外交部长基于国际法而享有的刑事管辖豁免权。

因此，国际法院判决：①比利时发布并散布逮捕令的行为，构成了对刚果（金）应承担的国际法义务的违反；②比利时应自行撤销逮捕令，并将该决定告知收到逮捕令的政府当局。

•所涉考点

外交人员的特权与豁免。

理论延伸

1. 领事特权与豁免的适用范围

（1）人员范围

为了执行领事职务工作的需要，职业领事任馆长的领馆的雇员及服务人员及其家属也

享有一定的特权与豁免。根据《维也纳领事关系公约》的规定，领事雇员的职务行为享有与领事官员相同的司法和行政管辖的豁免。领馆雇员和服务人员就其执行职务所涉及的事项无作证或提供有关来往公文或文件的义务，并有权拒绝以特定人身份就派遣国的法律提供证言。领馆雇员免纳初到任时的安家物品及个人消费品的关税以及储存、运送等类似服务费之外的课征。领事官员和雇员及他们的同户家属免除外侨登记和社会保险办法的适用；领事官员家属和领馆雇员及其家属免纳国家、区域或地方性捐税，但间接税和服务费不免除。服务人员就其服务的工资免纳捐税。领事官员的同户家属、领事雇员和服务人员及他们的同户家属免除个人劳务、公共服务和捐献等。

（2）时间范围

领馆人员自进入接受国国境前往就任之时起享有特权与豁免；其已在该国国境内的，自其就任领馆职务之时起开始享有。领馆人员的同户家属依其进入接受国国境时起，或自其成为领馆人员的家属之日起享有特权与豁免。领馆人员的职务如已终止，其本人的特权与豁免以及其同户家属的特权与豁免通常应于各该人员离开接受国国境时或其离境之合理期间终了时停止。即使有武装冲突发生，此特权与豁免也应继续有效至该时为止。领馆人员的同户家属于其不为家属时终止其特权与豁免。但是如其想在稍后合理期间内离开接受国国境，其特权与豁免应继续有效至其离境之时为止。如领馆人员死亡，其同户家属应继续享有其原有的特权与豁免至其离开接受国国境时或离境的合理期间终了时为止。

2. 我国的特别规定（需掌握）

我国是《维也纳外交关系公约》和《维也纳领事关系公约》的缔约国，并且于 1986 年和 1990 年分别颁布了《外交特权与豁免条例》及《领事特权与豁免条例》。两个条例的规定与两个公约的规定基本相同，在某些方面对特权豁免的规定，稍宽于公约的相关规定：

（1）根据《外交特权与豁免条例》第 22 条第 1 款第 2 项的规定，持我外交签证或与中国互免签证的国家的外交护照的人，也享有相应的外交特权与豁免。

（2）根据《领事特权与豁免条例》的规定，未经允许不得进入的领馆范围为整个领馆，而不限于领事公约规定的工作区域部分；领事官员的寓所、文书和信件以及财产有不受侵犯的特权，而《维也纳领事关系公约》对此未作规定；对于领事和行政技术人员的职务行为享有司法和行政管辖豁免的规定与公约一致，但同时还规定了领事官员执行职务以外的行为的管辖豁免，按照中国与外国签订的双边条约、协定或者根据对等原则办理。

（3）把享有特权与豁免的人员家属明确限定为“共同生活的配偶及未成年子女”。

（4）规定使领馆和其成员携带自用的枪支、子弹入出境，必须经中国政府批准，并且按照中国政府的有关规定办理。

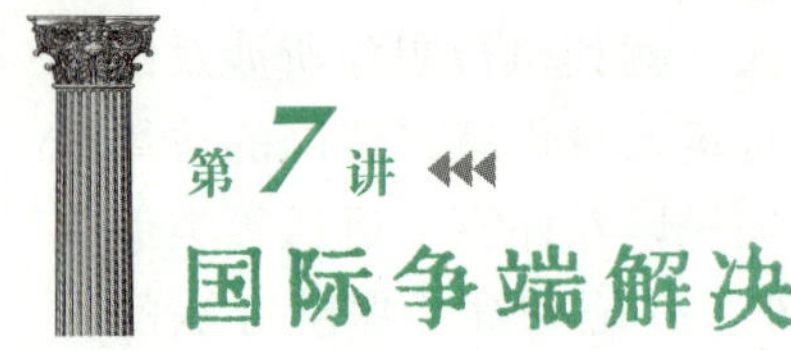

第7讲 国际争端解决

本讲导读

应试指导

本讲应了解解决国际争端的传统方式和当代国际法和平解决争端的各项方法，理解斡旋与调停、报复与反报、调查与和解的联系和区别。国际争端解决的法律方法主要有国际常设仲裁法院、国际法院、国际海洋法法庭三种，其中，国际法院的管辖权特点、规则和司法程序是考试的重点。

考点架构

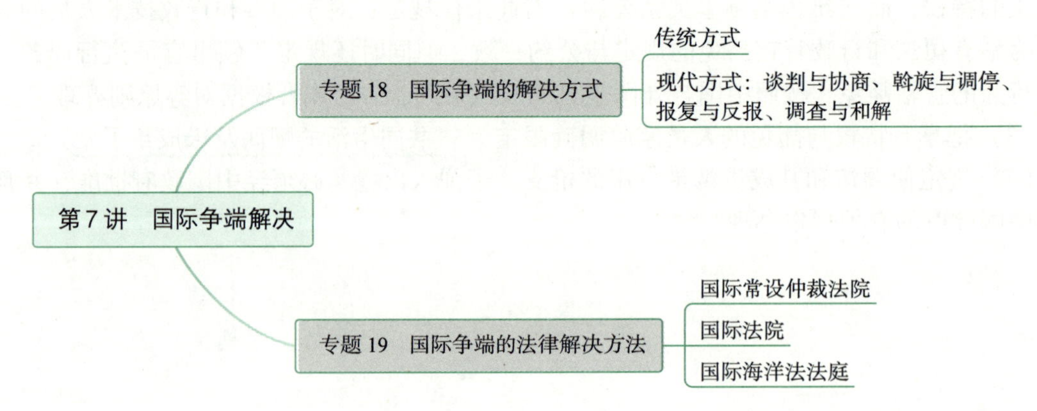

国际争端的解决方式

一、国际争端的特点和类型（了解）

（一）特点

1. 争端的主体主要是国家，争端涉及的利益或权利往往重大。

2. 争端往往包括多种因素，情况复杂。国际社会不存在超国家的裁决机构，国家在争端解决中仍起决定作用。

3. 争端解决受各种政治力量的制约和影响。

（二）类型

一般将国际争端分为政治性争端、法律性争端、事实性争端三种类型。上述分类只具有相对意义，主要作用在于采取不同的解决方法。实践中，许多争端往往是这三种类型的混合。

二、解决国际争端的传统方式

传统国际法将解决国际争端的方法分为强制性和非强制性两种。

（一）强制方法

强制方法，是指争端一方为使他方同意其所要求的对争端的解决和处理，而单方面采用的带有某些强制性的措施和方法。这些措施包括战争与非战争的武装行为，平时封锁、干涉、报复和反报等。

注意：报复与反报的区别

报复	针对对方国家的违反国际法（国际义务）的行为采取的对抗措施。报复可以采用多种方式，包括停止执行某些条约、扣押对方船只和财产、实行贸易禁运等。
反报	针对对方国家不礼貌、不友好、但并不违反国际义务的行为采取的对抗措施。如一国对于本国公民或侨民在他国受到的不公平或歧视性待遇进行反报，一国在贸易、航运、关税等问题上在他国遭到不平等待遇的反报，一国对其外交官被驻在国驱逐的反报。

（二）非强制方法

非强制方法，是指在争端各方自愿的基础上，解决国际争端的方法。它分为政治解决方法和法律解决方法。政治解决方法包括谈判、协商、斡旋、调停、调查、和解等。法律解决方法包括仲裁和法院解决。

这类方法在现代国际法中又被称为和平解决方法，是现代国际法所要求的解决国际争端的方法。

三、政治方法和国际组织解决国际争端

国际争端的政治解决方法是由有关国家通过外交途径进行的，因而也被称为外交方法。这类方法充分尊重了当事各方意愿，当事国始终拥有自由选择和裁量的权利。它适用于任何类型的争端解决，并且不影响当事国同时或今后采取其他解决争端的方法。

1. 谈判与协商

谈判，是指争端当事国就其争端直接进行交涉，交换意见以求解决的方式。谈判是解决国际争端的最基本方式。协商曾被作为谈判的一个部分和步骤，但当代也常常被作为一个独立的方法使用。

2. 斡旋与调停

注意斡旋与调停的区别：

斡　旋	第三方仅协助促成谈判或争端解决，不参加谈判也不提出解决争端的方案。
调　停	第三方提出解决方案，并直接参加或主持谈判以协助争端解决；调停方案无拘束力；调停人无进行调停的义务，对调停成败无任何义务和责任。

经典真题

根据国际法相关规则，关于国际争端解决方式，下列哪些表述是正确的？(2011/1/76)[1]

A. 甲乙两国就界河使用发生纠纷，丙国为支持甲国可出面进行武装干涉

B. 甲乙两国发生边界争端，丙国总统可出面进行调停

C. 甲乙两国可书面协议将两国的专属经济区争端提交联合国国际法院，国际法院对此争端拥有管辖权

D. 国际法院可就国际争端解决提出咨询意见，该意见具有法律拘束力

解题要领

(1) 武装干涉非法。

(2) 调停需第三方参加。

(3) 国际法院诉讼管辖权的主体仅限于国家，基于诉讼管辖权作出的判决对当事国有法律拘束力；而国际法院基于咨询管辖权作出的咨询意见无法律拘束力。

3. 调查与和解

调查，是指在涉及事实性问题的争端中，有关当事方同意将有关事实真相的调查交由第三方进行，以解决争端。调查需要争端当事方对采用调查方式订立专门协议，成立调查委员会，并就委员会的调查内容、组成、期限、权限等方面作出约定。调查委员会的任务限于查明事实，向各当事国提交调查结果报告，不对争端的是非曲直作出判定。报告的拘束力性质由当事国所订的协议决定，一般地，各国不必然承担对报告承认的义务。

和解，又称调解，是指争端当事国通过协议或其他商定的方式，将争端提交一个委员会；该委员会在对争端进行调查和评价，包括与当事国间的不断讨论后，提出包括事实澄

---

[1] BC

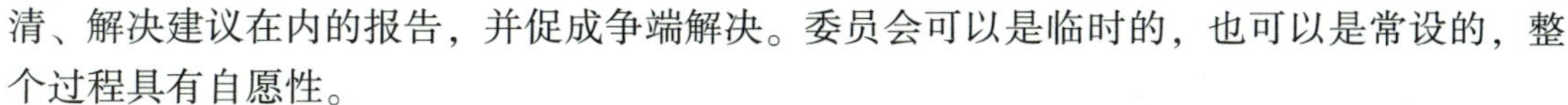

清、解决建议在内的报告，并促成争端解决。委员会可以是临时的，也可以是常设的，整个过程具有自愿性。

专题19 国际争端的法律解决方法

一、国际常设仲裁法院

国际常设仲裁法院是专门受理国家间仲裁案件的常设仲裁机构。它是根据 1899 年《和平解决国际争端公约》于 1900 年在海牙设立，由从事行政事务性工作的常设行政理事会和国际事务局以及一份“仲裁员名单”构成。

敏而好学：国际常设仲裁法院的当事主体是国家。

“仲裁员名单”，由缔约的每个国家各自遴选的 4 名精通国际法并享有崇高道德声誉的法学专家组成。各国提名不限于具有本国国籍的人。仲裁员可以连选连任，任期 6 年。

法院的仲裁程序。当事国将争端仲裁协议提交仲裁法院时，可以在仲裁员名单中各自选定 1~2 名仲裁员，再由这些选定的仲裁员选定首席仲裁员。仲裁一般经过书面程序和口头程序两个阶段。然后仲裁庭进行秘密评议并以多数票作出裁决。裁决为终局性的，但如果争端方对裁决的意义和范围不明，可以在裁决作出 3 个月内，请求仲裁庭作出解释。

模拟展望

甲、乙两国因某岛屿的归属问题，常年交战，积怨甚深。2014 年，甲、乙两国协议将该岛屿归属纠纷提交国际常设仲裁法院解决。关于国际常设仲裁法院的说法，以下选项正确的是：[1]

A. 国际常设仲裁法院属于国际法院的一个分支机构，当事人如对其作出的裁决不服，可以请求国际法院作出解释

B. 国际常设仲裁法院的当事人可以是国家、法人和自然人

C. 国际常设仲裁法院的“仲裁员名单”由各国提名的法学专家组成，且各国提名仅限于具有本国国籍的人

D. 国际常设仲裁法院的评议必须秘密进行

解题要领

国际常设仲裁法院的考点。

二、国际法院

国际法院是联合国的司法机关，也是当今最普遍、最重要的国际司法机构，是以法律方法解决国家间争端的主要机构。

---

[1] D

（一）国际法院的法官

1. 法院由 15 名法官组成

15 人中不得有 2 人为同一国家的国民。法官不代表任何国家，不能担任任何政治或行政职务，也不得从事任何其他职业性活动。法官不受任何政府的制约，也不受联合国机构的制约。法官在联合国大会和安理会中分别独立进行选举，只有在这两个机关同时都获得绝对多数票，方可当选。法官任期 9 年，可以连选连任。法院的院长和副院长从法官中选举产生。

敏而好学：国际法院法官的选举在安理会中是程序性事项。安理会常任理事国对法官选举没有否决权。

2. 专案法官

法官对于涉及其国籍国的案件，不适用回避制度，除非其就任法官前曾参与该案件。在法院受理案件时，如果一个当事国有本国籍的法官，他方当事人也可以选派一人作为“专案法官”，参加本案的审理。如果当事双方都没有本国籍的法官，则双方可各选派一名“专案法官”参与该案件的审理。这种临时的“专案法官”在该案审理中与正式法官具有完全平等的权利。

3. 书记处

书记处设书记官长、副书记官长和工作人员。正、副书记官长由法官提名并选举产生。书记处负责处理法院的文书、档案，日常工作和对外联系等。

（二）国际法院的管辖权

国际法院有诉讼管辖和咨询管辖两项职权。其中诉讼管辖是其最主要的职权。

1. 诉讼管辖权

法院在行使诉讼管辖权时，涉及“对人管辖”和“对事管辖”两个方面：

（1）对人管辖

国际法院的对人管辖，是指谁可以作为国际法院的诉讼当事方。根据《国际法院规约》的规定，有三类国家可以作为国际法院的诉讼当事国：

❶联合国的会员国；

❷非联合国的会员国，但为《国际法院规约》的当事国；

❸既非联合国的会员国，也非《国际法院规约》的当事国，但根据安理会决定的条件，预先向国际法院书记处交存一份声明，表示愿意接受国际法院管辖、保证执行法院判决及履行相关其他义务的国家。

敏而好学：国际组织、法人和个人都不能成为国际法院的诉讼当事国。

（2）对事管辖

国际法院的对事管辖权可由以下方式建立：

❶自愿管辖。对于任何争端，当事国都可以在争端发生后，达成协议，将争端提交国际法院解决。法院根据当事国各方的同意进行管辖。

❷协定管辖。在现行条约或协定中，规定各方同意将有关的争端提交国际法院解决。提交法院的争端及范围等可以通过在条约中设立专门条款加以规定，也可以在订立条约的同时，再订立专门的协定加以规定。

❸任择强制管辖。《国际法院规约》的当事国，可以通过发表声明，就具有下列性质

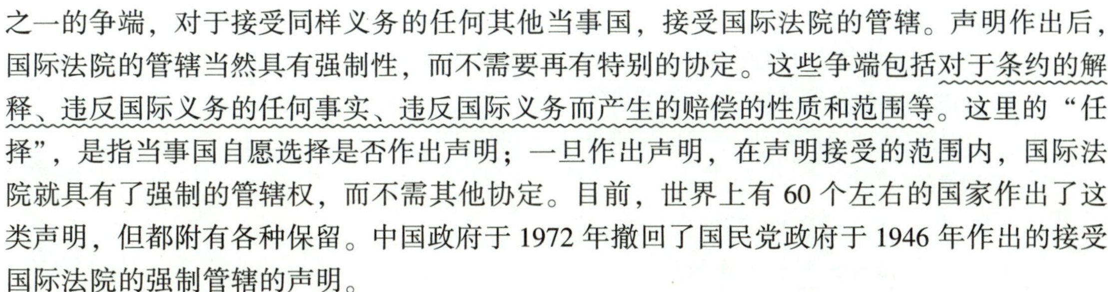

之一的争端，对于接受同样义务的任何其他当事国，接受国际法院的管辖。声明作出后，国际法院的管辖当然具有强制性，而不需要再有特别的协定。这些争端包括对于条约的解释、违反国际义务的任何事实、违反国际义务而产生的赔偿的性质和范围等。这里的“任择”，是指当事国自愿选择是否作出声明；一旦作出声明，在声明接受的范围内，国际法院就具有了强制的管辖权，而不需其他协定。目前，世界上有60个左右的国家作出了这类声明，但都附有各种保留。中国政府于1972年撤回了国民党政府于1946年作出的接受国际法院的强制管辖的声明。

［例］甲、乙两国对某条约的解释存在争议，两国均为联合国会员国。甲国曾经向国际法院书记处递交书面声明，表示接受国际法院的强制争端解决程序，乙国也曾经作出过这样的书面声明。现两国就条约解释问题产生争议，则一方可以直接把对方起诉至国际法院，而不需要另行订立协议。

2. 咨询管辖权

（1）咨询管辖权的主体

联合国大会及大会临时委员会、安理会、经社理事会、托管理事会要求复核行政法庭所作判决的申请委员会以及经大会授权的联合国专门机构或其他机构，可以就执行其职务中的任何法律问题请求国际法院发表咨询意见。

注意：任何国家、团体、个人，包括联合国秘书长，都无权请求国际法院提供咨询意见。

（2）咨询意见

法院作出的咨询意见虽然没有法律拘束力，但对于有关问题的解决以及国际法的发展都具有重要的影响。

（三）国际法院判决的执行

国际法院的判决是终局性的。判决一经作出，即对本案及本案当事国产生拘束力，当事国必须履行。如有一方拒不履行判决，他方得向安理会提出申诉，安理会可以作出有关建议或决定采取措施执行判决。1946年以来，除极个别的情况外，各国都服从了国际法院的判决，并忠实地执行了判决的内容。

敏而好学：国际法院的判决是终局性的，对本案及本案当事国产生拘束力，当事国必须履行。

当事国对判决的意义或范围发生争执时，可以请求国际法院作出解释。当事国在判决作出后，如发现能够影响判决的、决定性的且在诉讼过程中不可能获知的新事实，可申请法院复核判决。

经典真题

联合国国际法院是联合国的重要附属机构之一，联合国大会及安理会现欲推举具备甲国国籍的约翰为补选的国际法院法官。依据《联合国宪章》及相关国际法规则的规定，下列表述正确的有：(2022-回忆版)[1]

---

[1] AC

A. 约翰当选为国际法院法官后，审理涉及甲国的案件时不适用回避制度
B. 安理会就约翰是否能够当选为法官的表决的同意票需超出2/3
C. 约翰的提名由各国代表团提出
D. 约翰因常任理事国投否决票而不能当选为国际法院法官

解题要领

（1）国际法院法官的回避制度；
（2）国际法院法官的选举程序。

经典案例

英伊石油公司案

案情简介：

1933年4月，伊朗政府与英国一家私有公司——英伊石油公司签订一项协定，授予后者在伊朗境内开采石油的特许权。1951年3月到5月间，伊朗议会颁布若干法律，宣布对其境内的石油工业实行国有化，并规定了有关程序。

这些法律的实施引起了伊朗政府与英伊石油公司间的争端。英国政府支持该英国公司的主张，并以行使外交保护权的名义，于1951年5月26日以单方申请的形式在国际法院对伊朗提起诉讼。

• 国际法院判决

国际法院的管辖权只能建立在争端当事国同意的基础上，根据伊朗接受法院强制管辖权声明的文本，国际法院的管辖权限于有关在该声明发表后伊朗缔结的条约的争端。在本案中，为各当事国根据《国际法院规约》第36条第2款所作的接受法院强制管辖权的声明，即英国1940年2月28日的声明和伊朗1930年10月所作、1932年9月19日所批准的声明。

最后，国际法院以9票赞成、5票反对，作出国际法院对该案没有管辖权的判决，同时宣布终止此前发布的保全措施。

• 所涉考点

1. 条约的有效要件。
2. 国际法院对事管辖权的确立。
3. 外交保护的实施条件。

理论延伸

1. 国际法院的诉讼程序

（1）起诉

当事国向法院提交案件的方式因管辖依据的不同而异。自愿管辖时，当事国双方协商后提交特别协议；也有经当事国一方将案件提交法院后，得到他方认可形成协议，称为

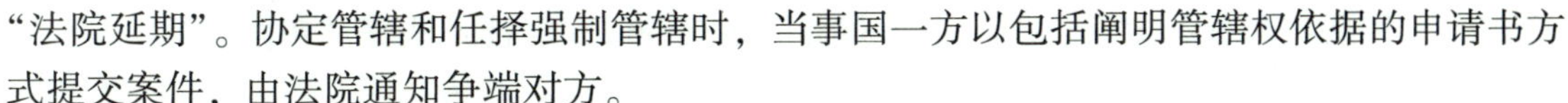

“法院延期”。协定管辖和任择强制管辖时，当事国一方以包括阐明管辖权依据的申请书方式提交案件，由法院通知争端对方。

（2）书面程序和口头程序

法院确定管辖权后，将命令争端各方限期提出诉状、辩护状或证据及其他文件资料。法院在审理中，还可命令争端方限期提交答辩状或复辩状等法律文书。

书面程序结束后，进行口头程序。法院可讯问代理人、证人、鉴定人、律师及其他有关人员。除法院另有决定或争端当事方另有要求外，口头程序应公开进行。

（3）附带程序

附带程序，或称特别程序，由法院在特定情况下采用。其包括初步反对主张、临时保全、参加诉讼或共同诉讼、中止诉讼等。

初步反对主张，是指当事国对于法院的管辖权或对请求方提请或参加诉讼权利的反对。反对是否成立由法院裁定。

临时保全，是指诉讼过程中，经当事国请求法院批准采取的必要和紧急措施，以保护争端方利益。其包括对某些行为的禁止、财产的冻结或扣押等。

参加诉讼或共同诉讼是指第三国参加诉讼。这又包括两种情况：①第三国认为案件诉讼可能影响其法律性质的利益，可以提出请求参加诉讼，由法院决定是否准许；②诉讼涉及条约解释时，诉讼当事国以外的该条约其他缔约国有参加诉讼的权利。如果参加了诉讼，法院判决中对该条约的解释同样对该参加国具有拘束力。

中止诉讼，是指在判决最后宣告前，争端各方已达成不再继续诉讼的协议，法院停止该诉讼。

2. 国际法院的判决

国际法院对所审理案件，除中止诉讼的情况外，都作出判决。在书面程序和口头程序后，法院法官进行秘密评议并起草判决书，通过三读后进行表决，表决时法官不得弃权。判决书以多数法官同意票通过。任何法官不论是否同意多数意见，都可以将其个人意见附于判决之后。个人意见实际上有两种：一种是同意判决的结论，但不同意判决所依据的理由，此为“个别意见”；另一种是既不同意判决结果也不同意判决所依据的理由，此为“反对意见”。

判决书在法院开庭宣读，并自宣布之日起对各当事国发生拘束力。

当事国可申请法院复核判决，复核程序与诉讼程序相同。申请复核至迟应于新事实发现后的6个月内，并在自判决之日起不超过10年内提出。

三、国际海洋法法庭

（一）性质

国际海洋法法庭是根据《联合国海洋法公约》设立的，它是在海洋活动领域的全球性国际司法机构。国际海洋法法庭的建立，不排除国际法院对海洋活动争端的管辖，争端当事国可以自愿选择将海洋争端交由哪个机构来审理。

（二）法官

法庭由21名法官组成。每个缔约国可以提出不超过2个法官候选人，在全体缔约国

会议上，用无记名投票方式选举产生。获得最多票者依次当选。法庭设在德国汉堡。

（三）诉讼当事人

关于法庭的对人管辖范围，根据《联合国海洋法公约》的规定，国际海洋法法庭的诉讼当事人可以是：①公约所有缔约国；②管理局和作为勘探和开发海底矿物资源合同人的自然人或法人；③规定将管辖权授予国际海洋法法庭的任何其他协定的当事者。《联合国海洋法公约》把自然人和法人作为诉讼当事方是因为根据《联合国海洋法公约》规定的"平行开发制"，与管理局签订合同开发国际海底矿产的各国自然人和法人可能成为有关海底开发争端的主体。但同时，《联合国海洋法公约》对当事人一方为自然人或法人的争端，在将争端提交国际海洋法法庭时，也作出了两项补充或限制：①规定"须用尽当地救济"；②自然人和法人的担保国或国籍国应邀参加司法程序。

敏而好学：国际海洋法法庭诉讼主体可以是国家、国际组织、自然人和法人。

（四）任择强制管辖

关于法庭管辖权的任择强制管辖性质，《联合国海洋法公约》规定，一国在签署、批准或加入本公约时，或在其后任何时间，可以自由用书面声明方式选择国际海洋法法庭的管辖。只有争端各方都选择了法庭程序，法庭才有管辖权。这与国际法院的任择强制管辖权是相似的。在承认法庭的管辖权的国家之间，争端各方可以用特别协定或以申请书方式提起诉讼。如果当事一方不出庭或对其案件不进行辩护，争端他方可请求法庭继续进行审理并作出判决。法庭判案适用《联合国海洋法公约》和其他与该公约不相抵触的国际法原则、规则。

敏而好学：任择强制管辖，是指只有争端各方都选择了国际海洋法法庭程序，法庭才有管辖权。

经典真题

甲国籍船舶"越海号"于某公海海域航行时，故意撞击公海海域正在执行捕鱼作业的中国渔船"越渔号"，致使"越渔号"船舶中一名渔民当场死亡，另有数名渔民受伤。后"越海号"船舶船长约翰于中国海南省某港口上岸治病时，渔民家属于海南省某中级人民法院提起刑事附带民事诉讼。现已知中国和甲国均为《联合国海洋法公约》的缔约国。据此，下列表述正确的有：（2022-回忆版）[1]

A. 本案刑事附带民事诉讼中的刑事部分，应当适用中国法

B. 关于两船碰撞的侵权赔偿责任，应适用《联合国海洋法公约》

C. 本案刑事附带民事诉讼中的刑事部分，可以由国际海洋法法庭管辖

D. 本案的民事赔偿部分，应当适用中国法

解题要领

（1）海事关系的法律适用；

（2）国际海洋法法庭的管辖权。

[1] AD

第8讲 战争与武装冲突法

本讲导读

应试指导

本讲应掌握战争开始和战争结束的法律标志，理解国际法对战争手段的限制规则、对战时平民及受难者保护的有关规则。难点在于对“区分原则”细节的掌握，以及目前国际刑事司法机构的基本运作机制，尤其是国际刑事法院的相关制度，它是最近几年的热点，在2013年司法考试中已经有个别选项涉及。

考点架构

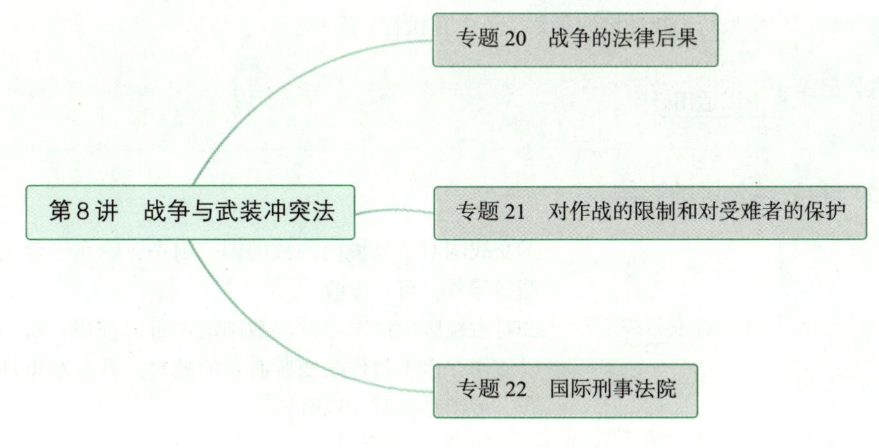

战争的法律后果

一、战争的开始及法律后果

战争的开始意味着交战国之间的关系从和平状态进入敌对的战争状态。战争的开始可以交战双方或一方的宣战为标志，也可因一方使用武力的行为被另一方、第三方或国际社会认为已构成战争行为而开始。宣战的方式通常有两种：一种是说明理由的宣战声明；另一种是附有条件的最后通牒。

敏而好学：战争的开始和结束均以明确的意思表示为标志。作为一种法律状态的战争，可能并没有实际的武装争斗发生。

战争开始将产生以下法律后果：

1. 交战国之间由和平转为战争状态。

2. 外交和领事关系断绝。战争开始后，交战国间的外交关系和领事关系一般自动断绝。

3. 经贸往来禁止。断绝经贸往来是战争开始后敌国之间通常采取的措施。一般地，交战国人民之间的贸易和商务往来是被禁止的，但对已履行的契约或已结算的债务则并不废除。

4. 条约关系受到影响。国际实践中，战争开始引起的条约关系的变化主要有三种情况：

(1) 仅以交战国为当事国的条约	①同盟条约、互助条约或和平友好条约，立即废止； ②一般的政治和经济类条约（如引渡条约、商务条约等），停止效力； ③边界条约、割让条约，继续维持。
(2) 交战国与非交战国为当事国的多边条约	①条约本身有明文规定的，从规定； ②普遍性的多边条约或有关卫生、医药的条约不因战争开始而终止，但其中与交战行为相冲突的条款，可中止执行。
(3) 涉及战争规范的条约	予以适用。

5. 对敌产和敌国公民的影响

对敌产的影响	(1) 对于公产	①交战国对于其境内的敌国国家财产，除属于使馆的财产档案等外，可予没收。 ②对占领区内属军事性的敌国动产可以征用；对不动产可以使用，但不得作改变所有者的处置；具有军事性的不动产，可于必要时予以破坏。
	(2) 对于私产	①对其境内的敌国私产可予以限制，但不得没收； ②对占领区内的敌国私产不应以任何方式干涉或没收，但对可供军事需要的财产可征用。

续表

对敌产的影响	（3）对于公私船舶及货物	可予以拿捕没收，从事探险、科学、宗教或慈善以及执行医院任务的除外。
	（4）公私航空器	可予以拿捕没收。
对敌国公民的影响	可实行各种限制，如进行敌侨登记、强制集中居住等。	

二、战争的结束（了解）

从国际实践看，战争的结束一般分两步，停止敌对行动和结束战争状态。敌对行动的停止不同于战争状态的结束。前者只是一种临时的、为实现最终和平所作出的过渡性安排；而后者则意味着交战问题的最终解决和彼此间和平状态的恢复。

1. 敌对行动的停止

（1）停战。停战，是指根据交战方之间签订的协议而停止军事行动。停战可以是全面的，也可以是局部的。停战可以有确定的期限，也可以不定期限。

（2）无条件投降。投降是战败国向战胜国降服。无条件投降，是指战败国只能按照战胜国规定的条件而自己不得附加任何其他条件的投降。

（3）停火与休战。停火与休战是目前经常使用的停止军事行动的方式。

2. 战争状态的结束

战争状态的结束，是交战各方停止战争行动，并全面解决了相关的政治、经济、领土和其他问题，从法律上结束战争状态，恢复彼此间的和平关系。实践中，结束战争状态的方式通常有以下三种：

（1）缔结和平条约。缔结和平条约是结束战争状态的最通常的方式。

（2）联合声明。交战国双方以发表联合声明的方式结束战争状态。“二战”后，中国与日本间战争状态的结束采用了这种方式。1972 年 9 月 29 日，中日两国发表联合声明，宣布结束两国间的战争状态，恢复正常的和平关系。

（3）单方面宣布结束战争。

3. 战争结束的法律后果

交战国之间的战争状态结束后，两国的关系恢复为正常的和平关系。相应的战争法的规则终止适用，在其国家关系中，恢复适用国际法中的平时法部分，恢复外交和领事关系，恢复经济贸易通商活动，因战争中止实施的条约恢复效力，取消对原交战国家或国民的财产及其他权利的限制等。

三、战时中立

战时中立，是指在战争时期，非交战国选择不参与战争、保持对交战双方不偏不倚的法律地位。

中立国在国际法上的权利义务主要包括以下一些内容：

（一）中立国的权利

1. 中立国的领土主权应得到交战国的尊重。

2. 中立国人员的权益应得到保护。

3. 中立国与交战国关系中的某些特殊权利。中立国有权与交战国的任一方保持正常的外交和商务关系。

（二）中立国的义务

其一般可以分为不作为的义务、防止的义务和容忍的义务三个方面：

1. 不作为的义务，是指中立国不得直接或间接地向任何交战国提供军事支持或帮助，包括不得提供军队、武器、给养、贷款或向交战国军队提供庇护场所等。

2. 防止的义务，是指中立国有义务采取一切可能的措施，防止交战国在其领土或其管辖范围内的区域从事战争，或利用其资源准备从事战争敌对行动以及与战争相关的行动，包括在该区域中征兵、备战、建立军事设施或捕获法庭、军队及军用装备过境等。

3. 容忍的义务，是指中立国须容忍交战国根据战争法对其国家和人民采取的有关措施，包括对其有关船舶的临检，对其从事非中立义务的船舶的拿捕审判、处罚或非常征用。

经典真题

甲、乙国发生战争，丙国发表声明表示恪守战时中立义务。对此，下列哪一做法不符合战争法？(2012/1/34)[1]

A.. 甲、乙战争开始后，除条约另有规定外，二国间商务条约停止效力

B. 甲、乙不得对其境内敌国人民的私产予以没收

C. 甲、乙交战期间，丙可与其任一方保持正常外交和商务关系

D. 甲、乙交战期间，丙同意甲通过自己的领土过境运输军用装备

解题要领

(1) 战争开始的法律后果；

(2) 战时中立国的基本义务是不作为、防止和容忍。

理论延伸

1. 海战和空战中的某些特别规则

所有陆战法规和惯例如果能够适用于海战和空战，都应该适用。

2. 商船的地位

根据1907年《关于战争开始时敌国商船地位公约》及其他相关的习惯国际法规则，战争状态下，敌国的商船一般可以成为被拿捕对象，但下列情况下除外：

(1) 在敌对行动开始时停泊于敌国港口的交战国的商船，应准其立即或在合理的期限内自由离去，并随带通行证直接开往其目的地港或指定的其他港口；

(2) 对在海上相遇的于战争开始前就已离开最后出发港并对战争毫无所知的敌国商船，不得予以没收，只能在战后予以归还的条件下才能无偿扣留，或在给予补偿的前提下予以征用或击毁；

---

[1] D

（3）上述情况所及的船上的敌货具有与船舶相似的地位，一般可连同商船一起或单独地予以扣留并在战后无偿归还，或予以有偿征用。

对作战的限制和对受难者的保护

一、对作战手段和方法的限制

限制作战手段和方法的国际法规则，也被称作战争法中的“海牙体系规则”。

（一）限制作战手段和方法的基本原则

1. “条约无规定”不解除当事国义务。战争与武装冲突法的原则、规则和制度，不仅存在于条约之中，而且还大量地表现为习惯国际法的形式，将约束所有国际法主体。

2. “军事必要”不解除当事国义务。交战各方必须遵守战争法规所加诸的义务，不得以“军事必要”来对抗和破坏战争法规规定的义务。

3. 区分对象原则。这种区分包括：①区分平民与军事人员；②区分武装部队中的战斗员与非战斗员；③区分有战斗能力的战斗员与丧失战斗能力的战争受难者；④区分军用物体与民用物体，以及区分民用目标与军事目标；等等。

4. 限制作战手段和方法原则。例如，禁止使用不分青红皂白的作战手段和方法；禁止使用大规模屠杀和毁灭人类的作战手段和方法；禁止使用滥杀滥伤、造成极度痛苦的作战手段和方法；禁止损害过分的攻击，以及使用引起过分伤害和不必要痛苦的作战手段和方法；等等。

（二）对作战手段和方法限制的主要内容

1. 禁止具有过分伤害力和滥杀滥伤作用的武器使用。具体包括：

（1）极度残酷的武器。

（2）有毒、化学和生物武器。

（3）核武器。除极度残酷的武器，有毒、化学和生物武器以外，核武器所具有的大规模杀伤性、长期的毒害及辐射效用以及难以对人员及目标区分打击等特性，使得从理论上讲，其无疑应该属于被禁止的武器和方法之列，但目前的国际法还未对核武器的禁止作出全面、明确的规定。

2. 禁止不分皂白的战争手段和作战方法。

3. 禁止改变环境的作战手段和方法。包括使用某种方法改变气候，引起地震、海啸，破坏自然界的生态平衡，破坏臭氧层等。

4. 禁止背信弃义的战争手段和作战方法。根据 1977 年《日内瓦四公约第一附加议定书》，以下行为构成背信弃义的情况：

（1）假装有在休战旗下谈判或投降的意图；

（2）假装因伤或因病而无能力；

（3）假装具有平民、非战斗员的身份；

（4）使用联合国或中立国家或其他非冲突各方的国家的记号、标志或制服而假装享有被保护的地位。

背信弃义与诈术不同。战争中的诈术是重要的制胜方式之一，是旨在迷惑对方或诱使对方作出轻率行为，同时又不违反任何适用于战争与武装冲突的国际法规则的行为，如使用伪装、假目标、假情报等。

二、对战时平民和战争受难者的保护

战时平民，是指处于战争或武装冲突状态中的和平居民。“战争受难者”包括战时的伤病员及战俘。

（一）战时平民的保护

交战国对其境内的敌国平民给予适当的保护，对占领区的对方的国民不能虐待，要维持当地的正常生活，不能强迫其作出损害其本国的行为。

1. 对本国境内的敌国平民

一般应允许其离境，不离境的，也应给其如下人道主义待遇：不攻击平民；不对平民的攻击实施报复；不得为保护某地点免遭攻击而将其安置于该地点；不得强迫其提供情报；禁止对平民实施酷刑和非医疗性实验；禁止将平民扣为人质或强迫军事劳役；只有出于安全的绝对必要，才能将敌国平民拘禁或安置于指定居所；对妇女、儿童的特殊保护。

2. 对占领区的敌国平民

占领区是指占领的敌国领土。军事占领只是对敌国领土的暂时占领，不导致主权变更或转移，敌国平民国籍不变，不承担对占领者的效忠义务。对占领区平民的人道主义待遇包括：维护其生活秩序；尊重其人格、尊严、家庭、宗教信仰；不得恐吓、侮辱、扣为人质、谋杀、实验等；不得武力驱逐；不得强迫其提供情报；不得强迫其服兵役；不得侵犯其正常粮食和医药供应；不得废除占领区现行法律，应维持当地原有法院、法官地位、法律制度。

（二）伤病员待遇

合法交战者在战争中丧失了战斗能力，并享受战俘待遇；其医疗也应受到应有的待遇。具体包括：

1. 无区别的人道主义待遇，不得基于性别、种族、宗教、政治见解等进行歧视。
2. 不得故意不给予医疗救助、照顾，不得故意造成其患传染病的危险。
3. 每次战斗后，冲突各方应尽力搜救伤病员，并登记其身份，通知其所属国。
4. 允许平民或团体搜救伤病员。

（三）对战俘的保护

战俘是指落入敌方手里的合法交战者。战俘的人格和尊严、生活和与其家庭的联络都应受到交战国的尊重。交战国不得虐待战俘。

除了基本人权待遇外，以下七点特殊之处需要注意：

1. 权利不得放弃：禁止战俘在任何情况下放弃公约规定的权利和待遇。

2. 不得为保护某地点免遭攻击而将其安置于该地点。

3. 不得将其扣为人质，禁止对其施以公众好奇的烦扰。

4. 战俘应保留其被俘时所享有的民事权利，个人非军用财物归其所有，金钱或贵重物品可由拘留国保管，但不得没收。

5. 准许其与家庭通讯和邮寄邮件。

6. 不得歧视，除因其军职等级、性别、健康、年龄及职业资格有所区别外，一律待遇平等。

7. 战事停止，立即释放并遣返，不得迟延。

经典真题

甲、乙两国因历史遗留问题爆发激烈的战争，其共同邻国丙国宣布其为战时中立国。依据海牙体系规则和相关国际法规则的规定，下列表述正确的是：（2022-回忆版）[1]

A. 甲国不可以没收乙国战俘随身携带的贵金属制品和装饰

B. 乙国在规定的闭馆期间届满后仍未离境的，甲国可以回收乙国驻甲国使馆馆舍的档案

C. 为缩短后勤补给时间、节约成本，甲国可以借用丙国的领土运送物资

D. 甲国外交人员自双方交战时起，其外交特权和豁免权自动终止

解题要领

（1）战争的后果；

（2）战时中立国的义务。

国际刑事法院

一、性质

1998 年 7 月，在罗马举行的建立国际刑事法院外交大会上，通过了《国际刑事法院罗马规约》。该规约已于 2002 年 7 月生效。根据规约的规定，国际刑事法院已于 2002 年 7 月成立，法院所在地为荷兰海牙。我国尚未成为规约缔约国。

敏而好学：国际刑事法院设立在海牙，独立于联合国。

根据《国际刑事法院罗马规约》及其相关文件的规定，国际刑事法院是一个常设的国际刑事司法机构，设有 18 位法官、1 个检察官办事处、1 个预审庭、1 个审判庭和 1 个上诉庭。2003 年 3 月，选出的国际刑事法院第一任法官已经就职。

二、管辖特点

国际刑事法院作为对各国国内司法制度的补充，其管辖范围限于灭绝种族罪、战争

[1] A

罪、危害人类罪、侵略罪等几大类；所管辖的犯罪行为的发生时间限于规约生效后。法院只追究个人的刑事责任，其最高刑罚为无期徒刑。

三、管辖权行使的条件

根据规约的规定，国际刑事法院可在符合下列条件之一的情况下行使管辖权：

1. 所涉的一方或多方是缔约国。
2. 被告人是缔约国国民。
3. 犯罪是在缔约国国境内实施的。
4. 一个国家虽然不是规约缔约国，但决定接受国际刑事法院对在其境内实施的或由其国民实施的一项具体犯罪的管辖。

敏而好学：国际刑事法院也可以管辖非缔约国罪行。

经典真题

甲国某航空公司国际航班在乙国领空被乙国某公民劫持，后乙国将该公民控制，并拒绝了甲国的引渡请求。两国均为1971年《关于制止危害民用航空安全的非法行为的公约》等三个国际民航安全公约缔约国。对此，下列哪一说法是正确的？(2013/1/33)[1]

A. 劫持未发生在甲国领空，甲国对此没有管辖权

B. 乙国有义务将其引渡到甲国

C. 乙国可不引渡，但应由本国进行刑事审判

D. 本案属国际犯罪，国际刑事法院可对其行使管辖权

解题要领

(1) 劫机属于受普遍管辖的罪行；

(2) 引渡是一国的权利而不是义务；

(3) 三个反劫机公约中规定了“或起诉或引渡”原则；

(4) 国际刑事法院管辖的罪行范围。

经典案例

检察官诉托马斯·戴伊洛·卢班加案

案情简介：

托马斯·戴伊洛·卢班加（以下简称“卢班加”）是“刚果爱国者联盟”（UPC）的创始人和首领，并曾担任该组织军事分支“刚果爱国解放组织”（FPLC）总指挥官。这两个组织活跃在刚果民主共和国［以下简称“刚果（金）”］东部的伊图里地区。从1999年开始，该地区因为土地和自然资源的分配而发生争端，并爆发了从2002年9月持续到2003年12月的武装冲突。包括上述两个组织的不同武装团体以及刚果（金）的邻国都参与了这场冲突。

[1] C

2004 年，国际刑事法院检察官办公室收到刚果（金）政府提交的犯罪情势并展开调查。卢班加被指控犯有战争罪，主要是在武装冲突中非法征募不满 15 周岁的未成年人以及利用不满 15 周岁的未成年人积极参加敌对行动，从而犯下了《国际刑事法院罗马规约》规定的罪行。

2007 年 6 月，案件完成预审程序，预审分庭确认，有实质的理由相信，在 2002 年 9 月至 2003 年 12 月的冲突中，UPC 和 FPLC 的指挥官卢班加在伊图里强行招募儿童入伍，其中包括不满 15 周岁的儿童；另有一些 15 周岁以下的儿童“自愿”加入或由其父母交给 UPC 和 FPLC。这些被招募的儿童接受高强度的军事训练后被送到前线进行战斗，有些在战斗中丧生；未满 15 周岁的儿童也被用来作为保镖，由 FPLC 指挥官使用。预审分庭还认为，有实质的理由相信，凭借其地位，卢班加对 UPC 和 FPLC 的政策和做法有事实上的控制。基于以上认定，预审分庭最后确定，有实质的理由相信卢班加犯下了检察官所指控的国际罪行，并于 2007 年将案件移交给国际刑事法院审判分庭进行审判。

• 国际刑事法院判决

国际刑事法院经审理认为：

1. 卢班加在征募 15 周岁以下的儿童参加作战行动的计划中起到重要作用。判决中，国际刑事法院审判分庭认定，卢班加是 UPC 和 FPLC 的首领，并且有证据表明他也同时担任其军队的总指挥官和政治领导人，在 UPC 和 FPLC 的所有行动中起着协调和控制的作用。审判分庭指出，卢班加被认定犯下了被指控的罪名，即征募未满 15 周岁的儿童并利用他们积极参与敌对行动。

2. 卢班加的行为构成了《国际刑事法院罗马规约》规定的战争罪。根据《国际刑事法院罗马规约》第 8 条第 1 款的规定，国际刑事法院对于战争罪，特别是对于作为一项计划或政策的一部分所实施的行为，或作为在大规模实施这些犯罪中所实施的行为，具有管辖权。规约将战争罪行分为国际性武装冲突中的战争罪行和非国际性武装冲突中的战争罪行两大类，一般认为，这两种不同性质的武装冲突中对于儿童的保护范围不应该有所区别。本案中涉及的“征募或利用儿童”这一行为，既适用于国际性武装冲突，又适用于非国际性武装冲突。对于该项罪行中“积极参加敌对行动”的理解，一般认为是指“就其目的而言，可能对敌对武装部队的人员和装备造成实际伤害的战争行为”。卢班加案件的判决体现了现代武装冲突法对于特殊群体——儿童的保护。而在武装冲突中必须停止使用儿童兵的立场也得到了越来越多的共识。

3. 个人应对战争罪承担刑事责任。个人对战争罪承担刑事责任已被国家和国际社会的实践确立为一项适用于国际性与非国际性武装冲突的习惯国际法规则。《国际刑事法院罗马规约》第 25 条也规定了个人刑事责任原则，在本案的判决中，审判分庭对卢班加适用了该条第 3 款第 1 项“单独、伙同他人、通过不论是否负刑事责任的另一人，实施这一犯罪”的规定，认定他应该对所犯的战争罪承担个人刑事责任。

2009 年 1 月，国际刑事法院审判分庭第一次开庭，检察官和被告双方的律师以及被害人代表均作了开庭陈述。2012 年 3 月 14 日，国际刑事法院作出判决，认定卢班加征募不满 15 周岁的未成年人以及利用不满 15 周岁的未成年人积极参加敌对行动的行为构成《国际刑事法院罗马规约》规定的罪行，其战争罪罪名成立，并需为此承担个人刑事责任。

·所涉考点

国际刑事法院。

理论延伸

战争犯罪的有关内容

1. 战争犯罪的罪名

根据《欧洲国际军事法庭宪章》（《纽伦堡宪章》）和《远东国际军事法庭宪章》的规定，战争犯罪包括以下三类：

（1）危害和平罪。该罪是指计划、准备、发动或实施侵略战争或违反国际条约、协定或保证之战争，或参与为实现任何上述行为的共同计划或同谋。

（2）战争罪。该罪是指违反战争法规与习惯的行为，此种违反应包括但并不限于对在所占领土内的平民之谋杀、虐待，出于使其从事奴隶劳役或任何其他目的的放逐，对战俘或海上人员之谋杀或虐待，杀害人质，劫掠公私财产，任意破坏城市、集镇或乡村，或从事非根据军事需要之破坏。

（3）违反人道罪。该罪是指在战争发生前或战争进行中，对任何居民之谋杀、灭绝、奴化、放逐及其他非人道行为，或基于任何政治、种族或信仰的原因所进行的迫害。

2. 纽伦堡审判和东京审判

纽伦堡审判，是指根据 1945 年《关于控诉和惩处欧洲轴心国主要战犯的协定》（《伦敦协定》）及其附件《纽伦堡宪章》成立的欧洲军事法庭（纽伦堡法庭），对“二战”中的德国主要战犯所进行的审判。

东京审判，是指由 1946 年远东盟军最高统帅部根据《远东国际军事法庭宪章》设置的远东国际军事法庭，对“二战”中的日本战犯进行的审判。

纽伦堡审判和东京审判开创了对战争犯罪通过国际司法机构进行追究的先例，其所确立的有关原则对于之后战争法乃至整个国际法的发展产生了深远的影响。

3. 联合国前南国际法庭和联合国卢旺达国际法庭

联合国前南国际法庭全称是“起诉应对 1991 年以来前南斯拉夫境内所犯的严重违反国际人道主义法行为负责的人的国际法庭”。它是根据联合国安理会的有关决议，于 1993 年 6 月在海牙成立的。

联合国卢旺达国际法庭是联合国安理会通过决议于 1994 年 11 月设立的。卢旺达国际法庭的性质与前南国际法庭相同，都是临时性的国际刑事司法机构。

02

第二编

国际私法

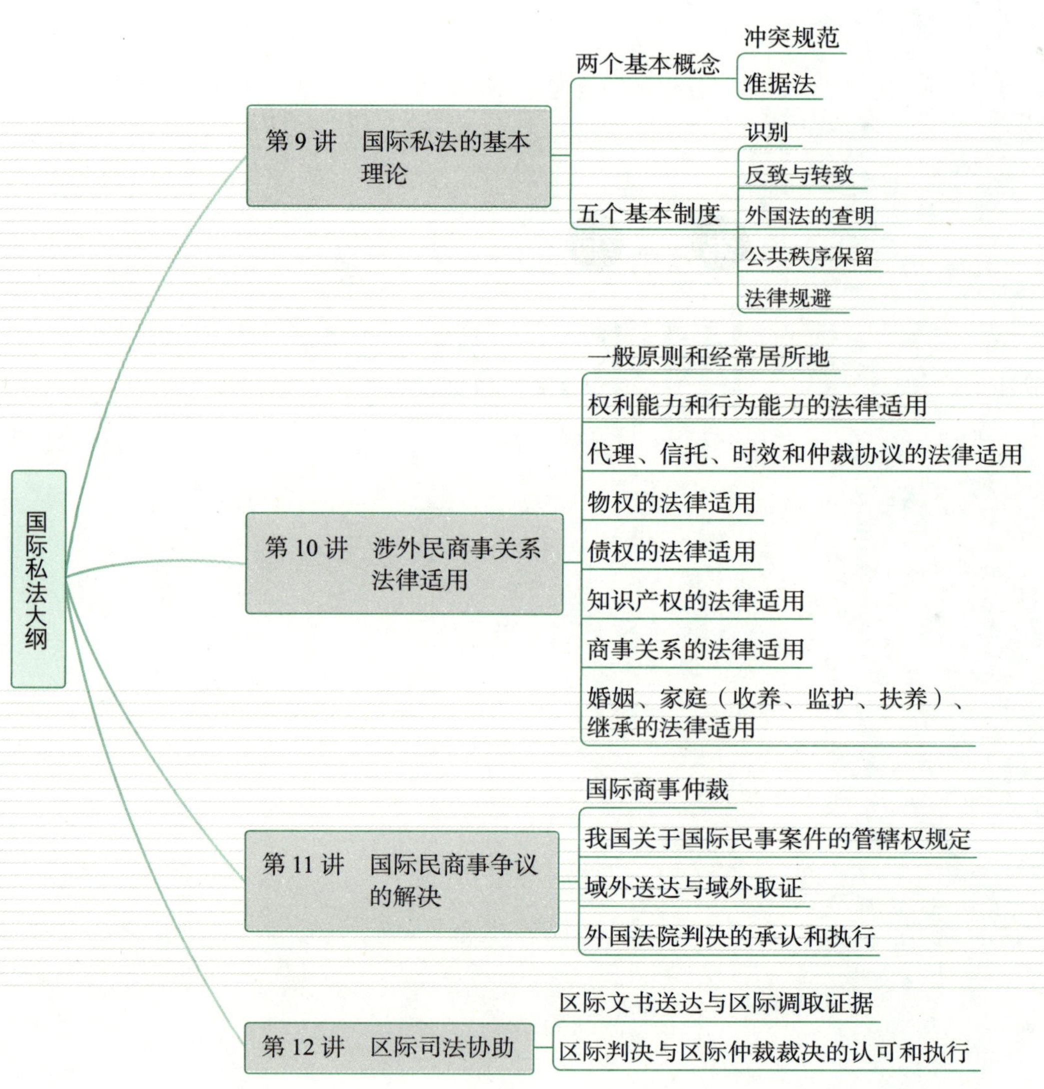
国际私法大纲
第9讲　国际私法的基本理论
两个基本概念
冲突规范
准据法
五个基本制度
识别
反致与转致
外国法的查明
公共秩序保留
法律规避
第10讲　涉外民商事关系法律适用
一般原则和经常居所地
权利能力和行为能力的法律适用
代理、信托、时效和仲裁协议的法律适用
物权的法律适用
债权的法律适用
知识产权的法律适用
商事关系的法律适用
婚姻、家庭（收养、监护、扶养）、继承的法律适用
第11讲　国际民商事争议的解决
国际商事仲裁
我国关于国际民事案件的管辖权规定
域外送达与域外取证
外国法院判决的承认和执行
第12讲　区际司法协助
区际文书送达与区际调取证据
区际判决与区际仲裁裁决的认可和执行

[基础铺垫]

国际私法概论

一、国际私法的概念

国际私法是以直接规范和间接规范相结合来调整平等主体之间的国际民商事法律关系，并解决国际民商事法律冲突的法律部门和法律学科。不同国家和地区及其学者，对国际私法有不同的称谓。一般来说，大陆法系国家及其学者比较普遍地使用“国际私法”或“私国际法”，而英、美等普通法系国家及其学者则更多地使用“冲突法”。

二、国际私法的调整对象

国际私法的调整对象就是具有国际因素的民商事法律关系，或称国际民商事法律关系，或称跨国民商事法律关系，或称国际私法关系。就一国而言，国际民商事法律关系可称为涉外民商事法律关系，也可简称为涉外民事关系，即具有涉外因素或外国因素的民商事法律关系。

最高人民法院于2012年12月10日通过了《最高人民法院关于适用〈中华人民共和国涉外民事关系法律适用法〉若干问题的解释（一）》（以下简称《涉外法律适用法解释（一）》），并于2020年12月23日对其进行了修正。该司法解释第1条明确规定，民事关系具有下列情形之一的，人民法院可以认定为涉外民事关系：①当事人一方或双方是外国公民、外国法人或者其他组织、无国籍人；②当事人一方或双方的经常居所地在中华人民共和国领域外；③标的物在中华人民共和国领域外；④产生、变更或者消灭民事关系的法律事实发生在中华人民共和国领域外；⑤可以认定为涉外民事关系的其他情形。

模拟展望

根据《涉外法律适用法解释（一）》的规定，下列在我国法院提起的诉讼中，构成涉外民事法律关系的有哪些？[1]

A. 中国公民向美国公民约翰逊转让其位于上海浦东的一处房产而产生的房屋买卖合同关系

B. 经常居所地在美国的中国公民尹峰与李晓娴因买卖一幅世界名画而产生的合同关系

C. 中国公民赵茗茗转让其位于海南三亚的度假别墅给中国公民何泽磊

D. 在公海上航行的中国籍船舶内发生的暴力抢劫事件

解题要领

判断民事法律关系为涉外民事法律关系的因素有四个：当事人、经常居所地、标的物、法律事实，有其中一个涉外因素即构成“涉外民事法律关系”。

三、国际私法的调整方法

（一）间接调整方法

间接调整方法，就是在有关的国内法或国际条约中规定某类国际民商事法律关系受何种法律调整或支配，而不直接规定如何调整国际民商事法律关系中当事人之间的实体权利与义务关系的一种方法。例如，我国《涉外民事关系法律适用法》（以下简称《涉外法律适用法》）第

[1] AB

36条规定："不动产物权，适用不动产所在地法律。"这一规定只指明涉及不动产物权时，由不动产所在地法来确定当事人的权利和义务，并没有直接规定当事人的权利和义务。这种方法是借助冲突规范来实现的，所以冲突规范是国际私法的特有规范，间接调整方法也是国际私法调整国际民商事法律关系的独特方法。

（二）直接调整方法

直接调整方法又称"实体规范"，是直接调整国际民商事法律关系当事人之间权利与义务关系的一种方法。例如，1980年《联合国国际货物销售合同公约》（以下简称《公约》），就是一个直接规定国际货物销售合同中当事人的权利与义务的实体法公约。用这个公约的实体规范来直接调整国际货物销售合同当事人的权利与义务关系，就是采用国际私法上所讲的直接调整方法。

四、国际私法的渊源

（一）国际法渊源

国际私法的渊源包括国际条约和国际惯例两方面。国际条约既含有关于外国人的民商事法律地位规范和调整国际民商事法律关系的实体规范，也含有冲突规范和有关国际诉讼程序与国际商事仲裁的规范。国际惯例既包括冲突法领域的惯例，也包括实体法领域的惯例。

（二）国内法渊源

国内法渊源主要包括国内立法、司法解释和国内判例。

五、国际私法的主体

国际私法的主体实际上是指国际民商事法律关系的主体，是指国际民商事法律关系中享有权利和承担义务的法律人格者。国际私法的主体主要有自然人和法人两种。

（一）自然人

自然人是国际私法的基本主体。自然人作为国际民商事法律关系的主体资格取决于其所具有的权利能力和行为能力。一般来说，一国的自然人只要按照其本国法律规定具有民事权利能力和民事行为能力，就可以在内国作为国际民商事法律关系的主体，从事国际民商事活动。各国立法和司法实践以及学者们对自然人的属人法有不同理解，主要有国籍国法、住所地法、经常居所地法等。

（二）法人

法人是拥有自主经营的财产，具有民事权利能力和民事行为能力，依法独立享有民事权利和承担民事义务的社会组织。

法人作为相对于自然人而言的另一种民商事法律关系的主体，具有以下三个特征：①法人是一种社会组织，这是法人与自然人的区别所在；②法人拥有自主经营的财产，这是法人进行民商事活动的物质基础；③法人能独立地享有民事权利和承担民事义务，这是法人以自己的名义从事民商事活动的法律保证。

按照大多数国家的立法和司法实践，确定法人属人法的依据有国籍、住所、经常居所地、登记地、主营业地等。

注意：中国法律对法人国籍、住所、经常居所地的认定规则

法人国籍	登记地（即注册地）
法人住所	主要办事机构所在地
法人经常居所地	主营业地（多个营业所的，以与纠纷有最密切联系的营业所为准）

第9讲
国际私法的基本理论

本讲导读

应试指导

本讲应在简要了解国际私法概念和国际私法主体的基础上，深入理解并掌握国际私法的两个基本概念（冲突规范、准据法）和五个基本制度（识别、反致与转致、外国法的查明、公共秩序保留、法律规避）。在2011年中国《涉外法律适用法》出台前，这部分内容在司法考试中很少涉及，但在这部法规出台后，每年均有真题涉及，而且是与新法的相关法条和司法解释结合起来考查的。

考点架构

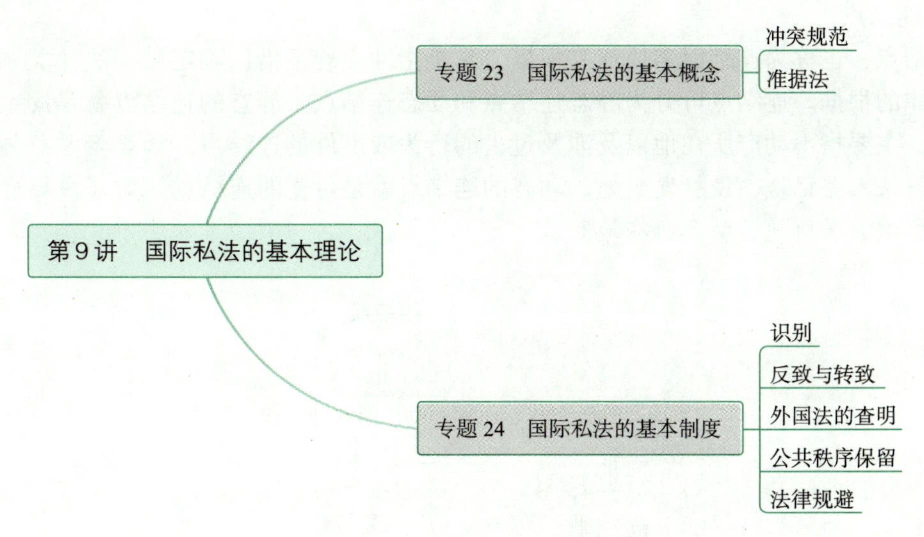

国际私法的基本概念

一、冲突规范

（一）概念

冲突规范，是指明某种国际民商事法律关系应适用何种法律的规范。例如，“不动产所有权适用不动产所在地法”就是一条冲突规范，它指明涉及不动产物权的法律关系应受不动产所在地的法律支配。

（二）特点

1. 冲突规范是法律适用规范。冲突规范仅指明某种国际民商事法律关系应适用何种法律，并不直接规定当事人的实体权利和义务，因而它既非实体规范，也非程序规范，而是法律适用规范。

2. 冲突规范是间接规范。冲突规范需要借助它所援用的实体规范来调整国际民商事法律关系，只能起间接调整作用。

3. 冲突规范是结构独特的法律规范。

（三）结构

冲突规范由三部分组成：范围、系属和连结点。

1. 范围。“范围”，或称“连接对象”，是指冲突规范所要调整的民商事法律关系或所要解决的法律问题。

2. 系属。“系属”或“冲突原则”，它规定冲突规范中“范围”所应适用的法律。

3. 连结点

连结点，也称为连结因素或连结根据，它是指冲突规范借以确定某一法律关系应适用什么法律的根据。连结点可分为静态连结点和动态连结点。静态的连结点就是固定不变的连结点，主要指不动产所在地以及涉及过去的行为或事件的连结点，如婚姻举行地、合同缔结地、法人登记地、侵权发生地。动态的连结点就是可变的连结点，如（主要有）国籍地、住所地、居所地、动产所在地等。

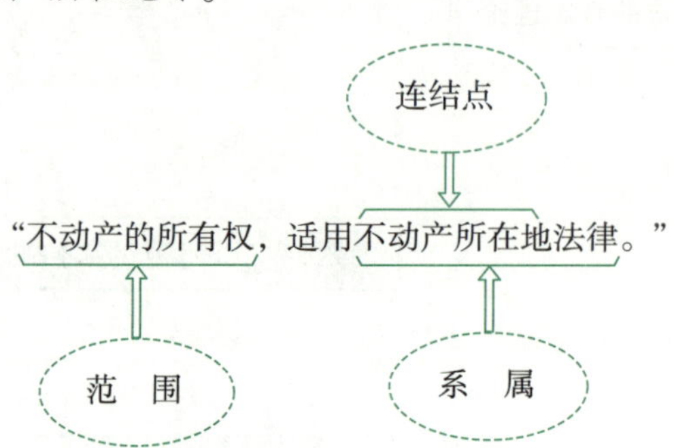

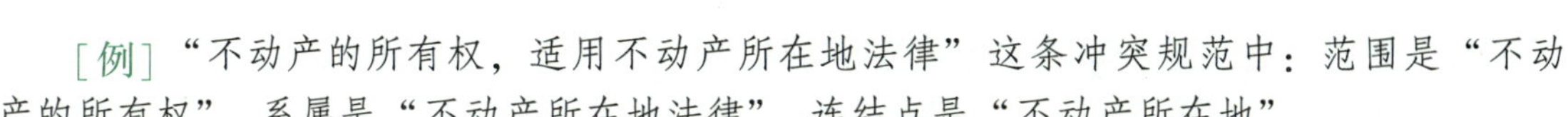

[例] “不动产的所有权，适用不动产所在地法律”这条冲突规范中：范围是“不动产的所有权”，系属是“不动产所在地法律”，连结点是“不动产所在地”。

(四) 类型

1. 单边冲突规范	**直接规定适用某国法律**。例如，“合营企业合同的订立、效力、解释、执行及其争议的解决，均应当适用中国的法律。”
2. 双边冲突规范	**并不直接规定适用内国法还是外国法，而是规定了一个可以推定适用的法律**。例如，“不动产的所有权，适用不动产所在地法律。”
3. 重叠适用的冲突规范	**规定了2个或2个以上可以适用的法律，并且要求同时适用**。例如，“收养的条件和手续，适用收养人和被收养人经常居所地法律。”
4. 选择适用的冲突规范	**规定了2个或2个以上可以适用的法律，选择其一予以适用**。 (1) **无条件选择适用的冲突规范：可供选择的法律中没有适用的先后顺序之分**。例如，“侵权行为的损害赔偿，适用侵权行为实施地法律或者侵权结果发生地法律。” (2) **有条件选择适用的冲突规范：可供选择的法律中，在适用时有先后顺序之分**。例如，“涉外合同的当事人可以选择处理合同争议所适用的法律……涉外合同的当事人没有选择的，适用与合同有最密切联系的国家的法律。”

注意：单边冲突规范和双边冲突规范的共同点是只有一个系属；重叠适用的冲突规范和选择适用的冲突规范的共同点是有2个或2个以上系属。

经典真题

《涉外民事关系法律适用法》规定：结婚条件，适用当事人共同经常居所地法律；没有共同经常居所地的，适用共同国籍国法律；没有共同国籍，在一方当事人经常居所地或者国籍国缔结婚姻的，适用婚姻缔结地法律。该规定属于下列哪一种冲突规范？（2011/1/38）[1]

A. 单边冲突规范　　B. 重叠适用的冲突规范

C. 无条件选择适用的冲突规范　　D. 有条件选择适用的冲突规范

解题要领

冲突规范的类型。

二、准据法

(一) 概念

准据法，是指经冲突规范指定用来具体确定当事人权利义务的实体法。

(二) 特点

1. 必须经冲突规范指定。
2. 是能够确定当事人权利义务的实体法。
3. 要结合案件的具体情况确定。

---

[1] D

注意：准据法是实体法，而且必须是经过冲突规范援引的实体法。

（三）区际法律冲突下准据法的确定

一个国家内部具有独特法律制度的地区被称为法域。区际法律冲突，就是在一个国家内部不同地区的法律制度之间的冲突，或者说，是一个国家内部不同法域之间的法律冲突。实践中，解决区际法律冲突有多种办法。

此处需要注意中国法律的规定——《涉外法律适用法》第6条规定："涉外民事关系适用外国法律，该国不同区域实施不同法律的，适用与该涉外民事关系有最密切联系区域的法律。"

经典真题

中国某法院受理一涉外民事案件后，依案情确定应当适用甲国法。但在查找甲国法时发现甲国不同州实施不同的法律。关于本案，法院应当采取下列哪一做法？（2011/1/39）[1]

A. 根据意思自治原则，由当事人协议决定适用甲国哪个州的法律

B. 直接适用甲国与该涉外民事关系有最密切联系的州法律

C. 首先适用甲国区际冲突法确定准据法，如甲国没有区际冲突法，适用中国法律

D. 首先适用甲国区际冲突法确定准据法，如甲国没有区际冲突法，适用与案件有最密切联系的州法律

解题要领

参见《涉外法律适用法》第6条的规定。

理论延伸

1. 人际法律冲突与准据法的确定

人际法律冲突，是指这种同一国家中适用于不同民族、种族、宗教（甚至不同教派）、部落或阶级成员的民商事法律之间在效力上的冲突，或者说是适用于不同成员集团的民商事法律之间的冲突。

在理论和实践中，通常的做法是由该外国的人际冲突法或人际私法确定。如果该外国没有人际冲突法，则适用与案件或当事人有最密切联系的法律。

2. 时际法律冲突与准据法的确定

国际私法上的时际法律冲突的发生主要有三种情况：

（1）法院地的冲突规范在国际民商事法律关系发生后发生了变更，这有可能是连结点发生了变化，也有可能是限定连结点的时间因素发生了变化，还有可能是上述两方面都发生了变化。这时需要确定适用什么时候的冲突规范去指定准据法。

（2）法院地的冲突规范未变，但其所指定的实体法发生了改变，这时需要确定是适用某一法律关系成立时的旧法还是适用已改变了的新法。

（3）法院地的冲突规范及其所指定的实体法均未发生改变，但有关当事人的国籍或住所，或动产的所在地等连结点发生了改变，这时需要确定是适用原来的连结点所指引的法

[1] B

律还是适用新的连结点所指引的法律。

对第 1、2 种情况的处理，一般由相关国家立法明确规定其是否有溯及力及溯及力的范围。

对第 3 种情况的处理，在实践中最为可取的做法是在立法时对冲突规范中的连结点加以时间上的限制。

国际私法的基本制度

一、识别

（一）概念

识别，又称为归类或定性，是指依据一定的法律概念，对有关案件事实或问题进行分类或定性，将其归入特定的法律范畴，从而确定应当适用的冲突规范。

有的普通法系国家的学者称之为“诉因的归类”。例如，是属于合同问题还是属于侵权问题，是属于结婚能力问题还是属于婚姻形式问题，是实体问题还是程序问题等。

定性也是对冲突规范本身的识别，即对冲突规范的范围或对象所使用的法律术语进行解释。例如，在各国法律中均有动产和不动产的划分，但它们对什么是动产、什么是不动产却有不同的理解，对这些问题的归类也属于定性。

（二）识别的依据

在国际私法理论和实践中，对依据什么法律进行定性的问题有不同的主张，主要包括法院地法定性说、准据法定性说、分析法学与比较法说、个案定性说等。我国采取法院地法定性说。

注意：《涉外法律适用法》第 8 条规定，涉外民事关系的定性，适用法院地法律。

（三）识别分割制

《涉外法律适用法解释（一）》第 11 条规定，案件涉及 2 个或者 2 个以上的涉外民事关系时，人民法院应当分别确定应当适用的法律。

经典真题

一对夫妇，夫为泰国人，妻为英国人。丈夫在中国逝世后，妻子要求中国法院判决丈夫在中国的遗产归其所有。判断妻子对其夫财产的权利是基于夫妻财产关系的权利还是妻子对丈夫的继承权利的问题在国际私法上被称为什么？（2002/1/20）[1]

A. 二级识别　　B. 识别

C. 法律适用　　D. 先决问题

---

〔1〕 B

解题要领

识别是对案件性质或事实的认定。

趣味案例

美国 Megan Tool 公司诉中国强峰公司案

案情简介：

中国强峰公司向美国 Megan Tool 公司发出商函，表明其需要购买美国生产的某类型机床一套，需要 Megan Tool 公司为其“办妥”。美国 Megan Tool 公司应其请求，购买机床一套并托运至中国。到达中国后，中国强峰公司清关提货，并将机床投入使用，但却没有向美国 Megan Tool 公司支付价款。Megan Tool 公司遂将强峰公司诉至苏州市中级人民法院。庭审中，Megan Tool 公司主张双方关系是买卖合同关系，而强峰公司则主张双方关系是委托代理关系。

• 判决结果

由于我国法律对涉外买卖合同关系和涉外委托代理关系的规定不同，为了正确适用法律，法院首先根据法院地即中国法律，对双方的关系性质进行识别。法院将双方关系识别为涉外买卖合同关系，并按涉外买卖合同应适用的法律作出判决。

• 所涉考点

识别。

二、反致与转致

（一）直接反致

直接反致，是指对某一案件，法院按照自己的冲突规范本应适用外国法或外域法，而该外国法或外域法的冲突规范却指定此种法律关系应适用法院地法，结果该法院适用了法院地法。

[例] 一位住所在葡萄牙的巴西人，死于葡萄牙，在葡萄牙留有遗产，葡萄牙法院对于其遗产的继承问题进行处理。按葡萄牙国际私法的规定，继承应适用其死亡时的属人法（国籍国法），即巴西法，而按巴西国际私法的规定，继承应适用其死亡时的住所地法，即葡萄牙法。结果葡萄牙法院适用了葡萄牙法。上述可见，反致最后导致法院地实体法的适用。

[图例] 直接反致：甲国⇌乙国

（二）转致

转致，是指对某一案件，甲国或甲地区法院根据本国或本地区的冲突规范指定应适用乙国或乙地区的法律，而乙国或乙地区的冲突规范指定应适用丙国或丙地区的法律，结果是甲国或甲地区的法院适用了丙国或丙地区的法律。

[例] 一位住所设在意大利的丹麦公民，在葡萄牙去世并在葡萄牙留有遗产。根据法

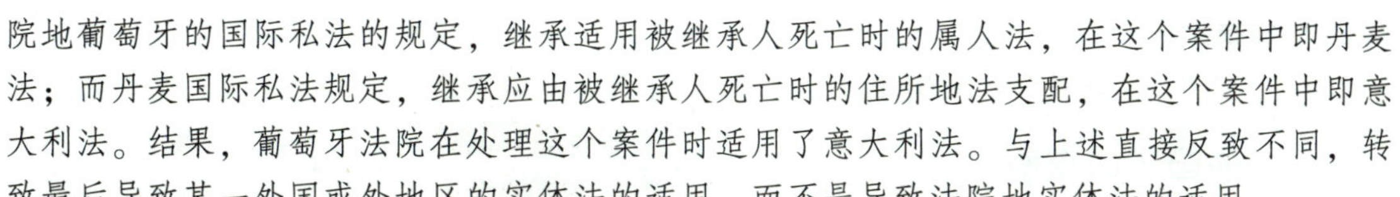

院地葡萄牙的国际私法的规定，继承适用被继承人死亡时的属人法，在这个案件中即丹麦法；而丹麦国际私法规定，继承应由被继承人死亡时的住所地法支配，在这个案件中即意大利法。结果，葡萄牙法院在处理这个案件时适用了意大利法。与上述直接反致不同，转致最后导致某一外国或外地区的实体法的适用，而不是导致法院地实体法的适用。

[图例] 转致：甲国⟶乙国⟶丙国

（三）间接反致

间接反致，是指对某一案件，甲国或甲地区的法院根据本国或本地区冲突规范的指定应适用乙国或乙地区的法律，但依乙国或乙地区的冲突规范的指定应适用丙国或丙地区的法律，而依丙国或丙地区的冲突规范的指定却应适用甲国或甲地区的法律，结果甲国或甲地区的法院适用了自己的实体法。

[例] 一位阿根廷公民在英国设有住所，死于英国，在日本遗留有不动产。后因该项不动产继承问题在日本法院涉诉。根据日本国际私法关于继承适用被继承人死亡时的属人法的规定，本应适用阿根廷法，但阿根廷国际私法规定，不论遗产的种类和场所，继承适用死者最后住所地法，又指向英国法，而英国的冲突规范却规定不动产继承应适用不动产所在地法即日本法。于是，日本法院接受这种间接反致，在处理该案时适用了自己的实体法。间接反致同直接反致一样，最后导致法院地实体法的适用。

[图例] 间接反致：甲国⟶乙国⟶丙国（丙国⟶甲国）

（四）包含直接反致的转致

对某一案件，甲国或甲地区法院根据本国或本地区冲突规范的指定应适用乙国或乙地区的法律，而乙国或乙地区的冲突规范指定应适用丙国或丙地区的法律，但丙国或丙地区的冲突规范反向指定应适用乙国或乙地区的法律，最后甲国或甲地区的法院适用乙国或乙地区的实体法律处理了案件。这种情形是转致的一种特殊情形。

[图例] 包含直接反致的转致：甲国⟶乙国⇄丙国

（五）中国法律对反致和转致的态度

中国不承认转致和反致制度。《涉外法律适用法》第9条规定："涉外民事关系适用的外国法律，不包括该国的法律适用法。"

经典真题

新加坡人艾森在中国某法院涉诉，其纠纷依中国法应适用新加坡法，依新加坡法应适用中国法。根据中国《涉外民事关系法律适用法》的规定，下列哪项判断是正确的？（2019-回忆版）[1]

A. 该纠纷应适用新加坡实体法

B. 该纠纷应适用中国实体法

C. 依最密切联系原则选择实体法

D. 因中国法和新加坡法冲突，法院应驳回起诉

---

[1] A

解题要领

中国不承认转致和反致制度。

三、外国法的查明

（一）概念

外国法的查明，是指一国法院根据本国冲突规范的指定应适用外国法时，如何查明该外国法的存在和内容。由于世界各国的法律千差万别，纷繁复杂，任何法官都不可能通晓世界各国的法律。因此，如依本国冲突规范的指定应适用外国法，就必须通过一定的方法来确定该外国法中有关规定的存在并了解其内容。

（二）中国关于外国法查明的规定

1. 查明途径

根据中国司法实践，对于应当适用的外国法律，可通过下列途径查明：

（1）由当事人提供；

（2）由与我国订立司法协助协定的缔约对方的中央机关提供；

（3）由我国驻该国使领馆提供；

（4）由该国驻我国使馆提供；

（5）由中外法律专家提供。

2018年7月1日施行的《最高人民法院关于设立国际商事法庭若干问题的规定》第8条第1款明确规定，国际商事法庭审理案件应当适用域外法律时，可以通过下列途径查明：①由当事人提供；②由中外法律专家提供；③由法律查明服务机构提供；④由国际商事专家委员提供；⑤由与我国订立司法协助协定的缔约对方的中央机关提供；⑥由我国驻该国使领馆提供；⑦由该国驻我国使馆提供；⑧其他合理途径。可以看出，该规定比以往的司法实践多了法律查明服务机构提供和国际商事专家委员提供两种方式。

2. 查明机构

我国《涉外法律适用法》第10条规定："涉外民事关系适用的外国法律，由人民法院、仲裁机构或者行政机关查明。当事人选择适用外国法律的，应当提供该国法律。不能查明外国法律或者该国法律没有规定的，适用中华人民共和国法律。"

注意：

（1）人民法院、仲裁机构或者行政机关查明应当依职权查明的涉外民事关系应适用的外国法律；

（2）当事人根据意思自治原则选择适用外国法，该外国法应当由当事人提供，法院不必依职权查明；

（3）不能查明外国法律或者该国法律没有规定的，适用中国法律。

3. 查明不能

关于外国法的不能查明问题，《涉外法律适用法解释（一）》也作出了详细规定。其第15条规定："人民法院通过由当事人提供、已对中华人民共和国生效的国际条约规定的途径、中外法律专家提供等合理途径仍不能获得外国法律的，可以认定为不能查明外国法律。根据涉外民事关系法律适用法第10条第1款的规定，当事人应当提供外国法律，其在人民法院

指定的合理期限内无正当理由未提供该外国法律的，可以认定为不能查明外国法律。”

敏而好学：不能查明外国法的，应适用中国法律，不能驳回当事人起诉。

《涉外法律适用法解释（一）》第 16 条进一步规定：“人民法院应当听取各方当事人对应当适用的外国法律的内容及其理解与适用的意见，当事人对该外国法律的内容及其理解与适用均无异议的，人民法院可以予以确认；当事人有异议的，由人民法院审查认定。”

经典真题

根据《涉外民事关系法律适用法》和司法解释，关于外国法律的查明问题，下列哪一表述是正确的？（2013/1/36）[1]

A. 行政机关无查明外国法律的义务

B. 查明过程中，法院应当听取各方当事人对应当适用的外国法律的内容及其理解与适用的意见

C. 无法通过中外法律专家提供的方式获得外国法律的，法院应认定为不能查明

D. 不能查明的，应视为相关当事人的诉讼请求无法律依据

解题要领

（1）外国法查明的机构；

（2）外国法查明的途径；

（3）外国法查明不能时的处理方法。

趣味案例

美国 Megan Tool 公司诉哈泼上海公司案

案情简介：

哈泼上海公司为了建造公司大厦，向美国 Megan Tool 公司借款 1 亿美元，双方签订借款合同，并在合同中约定适用英国法律以确定各方的权利义务以及解决争议。还款期间已过，但哈泼上海公司未还款，美国 Megan Tool 公司遂将哈泼上海公司诉至上海市第一中级人民法院。

• 判决结果

法院认为，依照《涉外法律适用法》的规定，涉外合同当事人可以选择处理合同争议所适用的法律。当事人选择适用外国法律的，应当提供该国法律。法院要求当事人提供选择适用的英国法律，并在美国 Megan Tool 公司提供英国法律之后，按照英国法律处理了该案。

• 所涉考点

外国法的查明。

[1] B

四、公共秩序保留

（一）概念

公共秩序，又称为公共政策，是指一国国家和社会的重大利益，或法律和道德的基本原则。

“公共秩序保留”，是指法院地国根据其冲突规范指向适用某外国法，而该外国法的适用将会违反法院地国的公共秩序时，限制或排除该外国法适用的制度。公共秩序保留作为国际私法上的一项制度，已被各国立法或司法实践所肯定。总的说来，在使用公共秩序制度排除外国法的适用方面，欧洲大陆国家使用得广泛而频繁。至于在英、美等普通法系国家，公共秩序制度则不具有那样重要的地位，英国以“公共政策”这一概念代替欧洲大陆国家所用的“公共秩序”概念。

敏而好学：公共秩序是指一国法律的基本原则和社会公共利益，不等于具体的法律规定。

［例1］一份国际货物买卖合同，一方当事人的营业地在中国，另外一方当事人营业地在美国。双方在合同中约定，如发生争议，将适用《美国统一商法典》的规定。之后，双方基于合同产生争议，案件起诉到中国某法院。中国法院受理后适用《美国统一商法典》，但在案件审理过程中发现《美国统一商法典》的某些规定与中国法关于合同的规定不一致。但这种情况下，中国法院不可以适用公共秩序保留制度。因为《美国统一商法典》和中国法的不同并没有违背中国的公共秩序。

［例2］一个中国人和一个外国人结婚。之后，双方当事人就结婚条件产生争议，案件起诉到中国法院。根据中国《涉外法律适用法》的规定，涉外婚姻当中的结婚条件首先要适用共同经常居所地的法律。假如双方的共同经常居所地是在某外国，而适用该外国法将违反中国一夫一妻的原则，此时即可以用公共秩序保留制度排除该外国法的适用，适用中国法。因为该外国法与中国法的不同违背了中国《民法典》婚姻家庭编的基本原则。

（二）中国关于公共秩序保留的规定

1. 公共秩序保留排除外国法的适用

我国《涉外法律适用法》第5条明确规定：“外国法律的适用将损害中华人民共和国社会公共利益的，适用中华人民共和国法律。”

但是，一国不能以公共秩序保留为由排除自己加入或缔结的国际条约。

敏而好学：根据中国法，公共秩序保留只能排除外国法，不能排除国际条约。

2. 排除外国法的后果

根据我国《涉外法律适用法》第5条的规定，排除外国法的后果为适用中国法。

（三）公共秩序保留与“直接适用的法”

1. 概念

“直接适用的法”是那些在国际民商事交往中，为了维护其国家和社会的重大利益，无须借助法律选择规范的指引而直接适用于国际民商事关系的强制性法律规范。

在法律适用领域，公共秩序保留发生在某一涉外民事关系根据法院地冲突规范的指引

应受某一外国法支配，但该外国法的适用将损害法院地公序良俗，从而排除该外国法的适用，转而适用法院地法的情形。而“直接适用的法”抛开法院地冲突规范的指引，直接适用于涉外民事关系。

2. 中国法律的规定

(1)《涉外法律适用法》第 4 条规定：“中华人民共和国法律对涉外民事关系有强制性规定的，直接适用该强制性规定。”

(2)《涉外法律适用法解释（一）》第 8 条规定，有下列情形之一，涉及中华人民共和国社会公共利益、当事人不能通过约定排除适用、无需通过冲突规范指引而直接适用于涉外民事关系的法律、行政法规的规定，人民法院应当认定为《涉外法律适用法》第 4 条规定的强制性规定：（劳食反外环）

❶涉及劳动者权益保护的；

❷涉及食品或公共卫生安全的；

❸涉及环境安全的；

❹涉及外汇管制等金融安全的；

❺涉及反垄断、反倾销的；

❻应当认定为强制性规定的其他情形。

经典真题

根据我国法律和司法解释，关于涉外民事关系适用的外国法律，下列说法正确的是：(2014/1/98)[1]

A. 不能查明外国法律，适用中国法律

B. 如果中国法有强制性规定，直接适用该强制性规定

C. 外国法律的适用将损害中方当事人利益的，适用中国法

D. 外国法包括该国法律适用法

解题要领

(1) 外国法查明不能，则适用中国法律；

(2) 中国法有强制性规定，则直接适用中国法的强制性规定；

(3) 外国法违反中国公共秩序，适用公共秩序保留制度，直接适用中国法；

(4) 中国司法实践不承认转致和反致，因此适用的外国法不包括外国的法律适用法。

趣味案例

缅甸赌场诉萧雅赌债案

案情简介：

中国公民萧雅在缅甸旅游期间，至缅甸一家赌场赌博，所带现金输完后向赌场

[1] AB

借款10万美元作为赌资。1小时后，萧雅将10万美元也输光，而且未偿还。缅甸赌场遂向中国法院提起诉讼，要求法院判令萧雅偿还借款。中国法律规定经营赌场是犯罪行为，但是缅甸法律允许开设赌场。中国法院对借款合同是否成立，以及合同的履行问题进行审查。

• 判决结果

中国法院认为本案中，借款合同是成立的。借款合同是在缅甸签订并在缅甸履行的，缅甸与该合同具有最密切联系，判断合同的效力应适用缅甸法，根据缅甸的法律，该借款合同具有效力。然而，缅甸政府允许开设赌场的法律与中国禁止开设赌场的法律相抵触，如果中国法院认定此债权债务成立，则与中国的公共秩序相抵触。所以法院根据公共秩序保留制度，排除缅甸法律在中国的效力，适用中国法，驳回了缅甸赌场的诉讼请求。

• 所涉考点

公共秩序保留。

五、法律规避

（一）概念

法律规避，是指国际民商事法律关系的当事人故意制造某种连结点，以避开本应适用的对其不利的法律，从而使对自己有利的法律得以适用的一种行为。

敏而好学：法律规避是一种个人行为，而公共秩序保留是一种国家机关的行为。

（二）构成要件

1. 从主观上讲，当事人规避某法律必须是出于故意。
2. 从规避的对象上讲，当事人规避的法律是当事人本应适用的法律。
3. 从行为方式上讲，当事人是通过改变连结点来实现法律规避的。
4. 从客观结果上讲，当事人的规避行为已经完成。

（三）中国关于法律规避的规定

1.《涉外法律适用法》第4条规定："中华人民共和国法律对涉外民事关系有强制性规定的，直接适用该强制性规定。"

2.《涉外法律适用法解释（一）》第9条规定："一方当事人故意制造涉外民事关系的连结点，规避中华人民共和国法律、行政法规的强制性规定的，人民法院应认定为不发生适用外国法律的效力。"

• 总　结　在中国司法实践中应注意：

（1）法律规避是指规避我国强制性或禁止性的法律，而非任何法律；

（2）当事人规避我国强制性或禁止性法律的行为无效，不发生适用外国法的效力，后果仍是适用中国法。

代孕案

案情简介：

无法生育的中国人路树鹏夫妇，为了能有自己的孩子，与日本女子潘某一起飞往美国德州休斯顿，在休斯顿签订了代孕合同。合同约定："路氏夫妇承担所有费用，由潘某为路氏夫妇代孕生子，产子后路氏夫妇支付潘某 100 万元人民币作为酬劳，相关纠纷适用合同签订地美国德州法律。"潘某产子后，路氏夫妇带走孩子，但是拒绝向潘某支付 100 万元酬劳，潘某遂将路氏夫妇诉至杭州市西湖区人民法院。

•判决结果

法院认为，虽然合同约定适用合同签订地法律即美国德州法律，按照美国德州法律，代孕合同有效。但是双方专门飞往美国，约定适用合同签订地法律即美国德州法律的动机显然是为了逃避中国法律禁止代孕的强制性规定，因而构成了法律规避，故判决合同中有关法律适用的约定属无效，驳回潘某的诉讼请求。

•所涉考点

法律规避。

理论延伸

▶ 法律规避与公共秩序保留

关于法律规避是一个独立的问题，还是公共秩序问题的一部分，对于这个问题，学者中有两种不同的意见：

1. 法律规避是一个独立的问题，不应与公共秩序问题混为一谈，虽然两者在结果上常常都是对外国法不予适用，但它们在性质上并不相同，因公共秩序而不适用外国法是着眼于外国法的适用与内国公共秩序相抵触，因法律规避而不适用外国法则是着眼于当事人的虚假行为。

2. 法律规避属于公共秩序问题的一部分。其理由是：在不适用外国法而适用内国法方面，两者同样都是为了维护内国法的权威。

在上述两种主张中，前一种主张占优势地位。其理由如下：

1. 法律规避和公共秩序问题产生的原因不同，前者是当事人故意制造或改变连结点的行为所造成的，而后者则是由于冲突规范所指向的外国法的内容及其适用与该冲突规范所属国的公共秩序有抵触而引起的。

2. 法律规避是一种个人行为，而运用公共秩序保留制度则是一种国家机关的行为。

3. 对当事人来讲，两者的后果也是不一样的，因公共秩序保留而不适用冲突规范所援用的外国法，当事人不需负任何法律上的责任；但由于否认法律规避的效力而不适用某一外国法时，当事人不仅未能达到企图适用某一外国法的目的，而且可能还要对其法律规避的行为负法律上的责任。

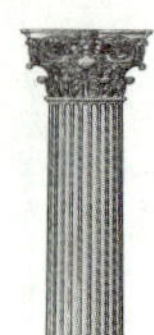

第10讲 涉外民商事关系法律适用

本讲导读

应试指导

本讲应重点掌握中国涉外民商事关系法律适用的若干规定，由于我国在此方面采用了民商分立的方式，本部分必须对相关法条进行准确清晰的记忆。具体必读的法律及司法解释有：中国《涉外法律适用法》《涉外法律适用法解释（一）》《海商法》《票据法》《民用航空法》中有关涉外商事关系的法律适用。本讲是国际私法重点考查的内容，在国际私法中占据一半甚至一半以上的分值。

考点架构

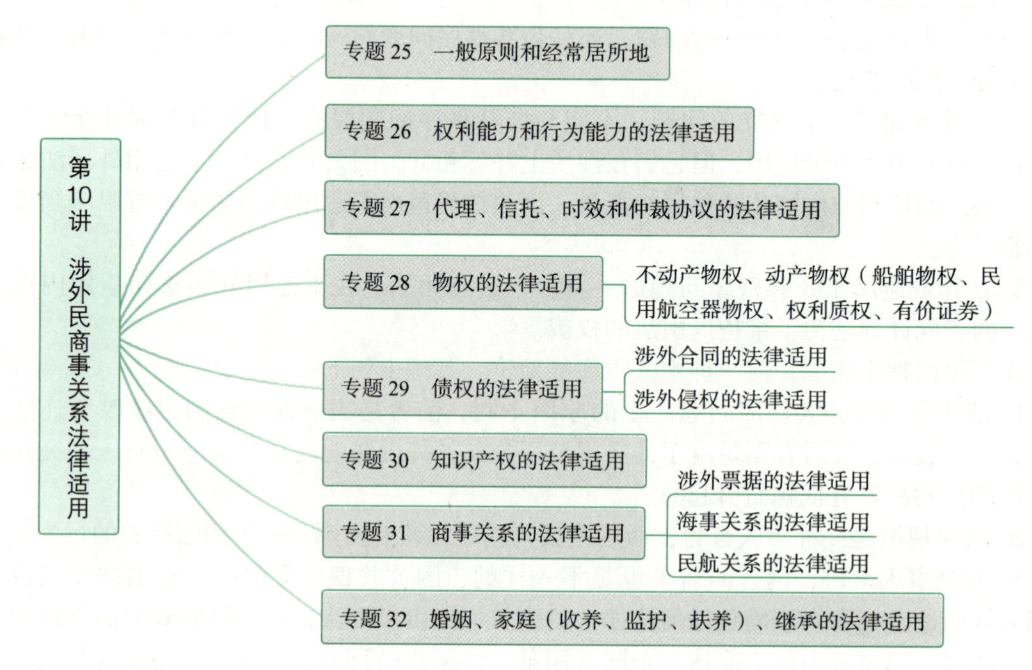

一般原则和经常居所地

一、一般原则

（一）法定为主、最密切联系为辅

涉外民事关系适用的法律，依照《涉外法律适用法》确定。其他法律对涉外民事关系法律适用另有特别规定的，依照其规定（特别法优于一般法）。《涉外法律适用法》和其他法律对涉外民事关系法律适用没有规定的，适用与该涉外民事关系有最密切联系的法律。

［例］票据债务人民事行为能力的法律适用应适用《票据法》，而不是《涉外法律适用法》。因为《票据法》相对于《涉外法律适用法》是特别法。

［重点法条］

《涉外法律适用法解释（一）》第 3 条［特别法优于一般法］ 涉外民事关系法律适用法与其他法律对同一涉外民事关系法律适用规定不一致的，适用涉外民事关系法律适用法的规定，但《中华人民共和国票据法》《中华人民共和国海商法》《中华人民共和国民用航空法》等商事领域法律的特别规定以及知识产权领域法律的特别规定除外。

涉外民事关系法律适用法对涉外民事关系的法律适用没有规定而其他法律有规定的，适用其他法律的规定。

（二）意思自治原则

当事人依照法律规定，可以明示选择涉外民事关系适用的法律。

注意：当事人选择法律时只需明示选择，但并不要求一定以书面的明示方式作出选择，可以口头方式也可以书面方式。

经典真题

甲国公民 A 与乙国公民 B 的经常居住地均在中国，双方就在丙国境内发生的侵权纠纷在中国法院提起诉讼。关于该案的法律适用，下列哪些选项是正确的？（2012/1/79）[1]

A. 如侵权行为发生后双方达成口头协议，就纠纷的法律适用做出了选择，应适用协议选择的法律

B. 如侵权行为发生后双方达成书面协议，就纠纷的法律适用做出了选择，应适用协议选择的法律

C. 如侵权行为发生后双方未选择纠纷适用的法律，应适用丙国法

D. 如侵权行为发生后双方未选择纠纷适用的法律，应适用中国法

解题要领

（1）一般侵权行为的法律适用规则，按以下顺序适用：

---

〔1〕 ABD

❶ 协议；

❷ 共同经常居所地；

❸ 侵权行为地。

（2）意思自治的形式并未要求一定以书面形式进行。

1. 只有法律允许当事人意思自治的，当事人选择法律才有效，且法律适用中的意思自治不受实际联系原则的限制。

[重点法条]

《涉外法律适用法解释（一）》

第4条［意思自治的法定性］ 中华人民共和国法律没有明确规定当事人可以选择涉外民事关系适用的法律，当事人选择适用法律的，人民法院应认定该选择无效。

第5条［意思自治可以突破实际联系］ 一方当事人以双方协议选择的法律与系争的涉外民事关系没有实际联系为由主张选择无效的，人民法院不予支持。

经典真题

甲国游客杰克于2015年6月在北京旅游时因过失导致北京居民孙某受重伤。现孙某在北京以杰克为被告提起侵权之诉。关于该侵权纠纷的法律适用，下列哪一选项是正确的？（2015/1/37）[1]

A. 因侵权行为发生在中国，应直接适用中国法

B. 如当事人在开庭前协议选择适用乙国法，应予支持，但当事人应向法院提供乙国法的内容

C. 因本案仅与中国、甲国有实际联系，当事人只能在中国法与甲国法中进行选择

D. 应在中国法与甲国法中选择适用更有利于孙某的法律

解题要领

（1）一般侵权行为的法律适用规则，按以下顺序适用：

❶ 协议；

❷ 共同经常居所地；

❸ 侵权行为地。

（2）意思自治原则的司法解释。

（3）外国法的查明。

2. 当事人意思自治的最晚时间为一审法庭辩论终结前，各方当事人援引相同法律且未提出法律适用异议的，视为已达成意思自治。

3. 国际条约（包括尚未对中国生效的）可以成为当事人意思自治的对象，但不得损害中国的社会公共利益，且不能违反我国法律的强制性规定。

（三）其他规定

1. 原则上无溯及力，但若涉外法律关系发生时尚无法律适用的相关规定，可参照适

[1] B

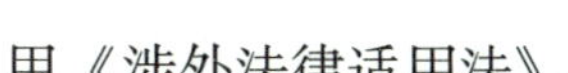

用《涉外法律适用法》。

2. 中国缔结或加入的民商事条约在我国原则上具有直接适用、优先适用的效力。

3. 中国法律或中国参加的国际条约无规定的，可以适用国际惯例。

趣味案例

美国 Megan Tool 公司诉上海哈泼公司案

案情简介：

美国 Megan Tool 公司向上海哈泼公司出租航空模型，用于哈泼公司在上海举办模拟航空活动，租期3个月，租金120万美金，合同约定哈泼公司在合同签订后1个月付款70%，活动结束后付清尾款，合同产生的争议按照美国法律解决。合同签订1个月后，哈泼公司没有给付70%的款项，美国 Megan Tool 公司追讨无果，将哈泼公司诉至上海市第一中级人民法院。

·判决结果

法院认为，当事人双方在合同中约定选择适用美国法律，没有损害我国的社会公共利益，且不违反我国法律的强制性规定，可以适用美国法律作为合同准据法。

·所涉考点

意思自治原则。

二、经常居所地的认定

（一）"经常居所地"的司法解释（《涉外法律适用法解释（一）》第13条）

自然人在涉外民事关系产生或者变更、终止时已经连续居住1年以上且作为其生活中心的地方，人民法院可以认定为《涉外法律适用法》规定的自然人的经常居所地，但就医、劳务派遣、公务等情形除外。

注意："经常居所地"是中国《涉外法律适用法》选择的常用连结点。因此，对经常居所地的认定非常重要。

经典真题

张某居住在深圳，2008年3月被深圳某公司劳务派遣到马来西亚工作，2010年6月回深圳，转而受雇于香港某公司，其间每周一到周五在香港上班，周五晚上回深圳与家人团聚。2012年1月，张某离职到北京治病，2013年6月回深圳，现居该地。依《涉外民事关系法律适用法》（不考虑该法生效日期的因素）和司法解释，关于张某经常居所地的认定，下列哪一表述是正确的？（2013/1/37）[1]

A. 2010年5月，在马来西亚

---

[1] D

B. 2011年12月，在香港

C. 2013年4月，在北京

D. 2008年3月至今，一直在深圳

解题要领

自然人在涉外民事关系产生或者变更、终止时已经连续居住1年以上且作为其生活中心的地方，人民法院可以认定为《涉外法律适用法》规定的自然人的经常居所地，但就医、劳务派遣、公务等情形除外。

理论延伸

▶ 五个相近的连结点（包括经常居所地）

1. 定居国：绿卡。

2. 住所：住所是指一人以久住的意思而居住的某一处所。

3. 居所：居所是指自然人暂时生活和进行民事活动的场所。

4. 经常居所地：海牙国际私法会议采用经常居所连结点。

5. 惯常居所地。《国际私法示范法》第61条规定，自然人以其有久居意愿的居住地为住所。无行为能力人和限制行为能力人以其法定代理人或者监护人的住所为住所。自然人的经常居住地为其惯常居所。（惯常居所地从口语化理解，等同于经常居所地）

（二）自然人经常居所地不明时的处理

自然人经常居所地不明的，适用其现在居所地法律。

（三）特殊情况下考虑“经常居所地”法律

1. 自然人具有2个以上国籍的，适用有经常居所的国籍国法律；在所有国籍国均无经常居所的，适用与其有最密切联系的国籍国法律。

2. 自然人无国籍或者国籍不明的，适用其经常居所地法律。

专题26 权利能力和行为能力的法律适用

一、自然人权利能力和行为能力的法律适用

（一）自然人民事权利能力

自然人民事权利能力，适用自然人经常居所地法律。

（二）自然人民事行为能力

1. 自然人的民事行为能力，适用自然人经常居所地法律。

2. 自然人从事民事活动，依照经常居所地法律为无民事行为能力，依照行为地法律为有民事行为能力的，适用行为地法律，但涉及婚姻、家庭、继承的除外。

趣味案例

荷兰公民约翰逊行为能力确认案

案情简介：

荷兰籍 21 岁男子约翰逊来中国旅游，看中一少数民族农户的民族服装一套，遂以随身携带的相机与农户互易。几小时后，约翰逊得知交易不划算，便返回农家要求取消互易，农户不允。约翰逊遂以自己不满 23 岁，按其本国法——荷兰法律（规定 23 岁才成年，不具有完全民事行为能力）规定不具有完全民事行为能力为由，诉至我国法院，要求确认合同无效。

• 判决结果

法院认为，虽然根据荷兰法律规定，约翰逊不具有民事行为能力，但是依其缔约行为地——中国的法律，其已经是成年人，具有完全民事行为能力，判决约翰逊的民事行为能力依其行为国——中国的法律确定，因此合同有效。

• 所涉考点

自然人民事行为能力的法律适用。

（三）自然人宣告失踪或者宣告死亡

自然人宣告失踪或者宣告死亡，适用自然人经常居所地法律。

经典真题

经常居住于中国的英国公民迈克，乘坐甲国某航空公司航班从甲国出发，前往中国，途经乙国领空时，飞机失去联系。若干年后，迈克的亲属向中国法院申请宣告其死亡。关于该案件应适用的法律，下列哪一选项是正确的？（2014/1/36）[1]

A. 中国法　　B. 英国法

C. 甲国法　　D. 乙国法

解题要领

自然人宣告死亡，适用自然人经常居所地法律。

（四）自然人人格权的内容

自然人人格权的内容，适用权利人经常居所地法律。

注意：自然人民事权利能力、民事行为能力、宣告失踪或宣告死亡、人格权等方面均适用自然人经常居所地法律。

二、法人民事权利能力、民事行为能力等

1. 法人及其分支机构的民事权利能力、民事行为能力、组织机构、股东权利义务等

[1] A

事项，适用登记地法律。

2. 法人的主营业地与登记地不一致的，可以适用主营业地法律。法人的经常居所地，为其主营业地。

注意1：法人的主营业地与登记地不一致的，可以适用主营业地法律，也可以适用登记地法律。

注意2：中国法律对法人国籍、住所、经常居所地的认定规则

法人国籍	登记地（即注册地）
法人住所	主要办事机构所在地
法人经常居所地	主营业地（多个营业所的，以与纠纷有最密切联系的营业所为准）

经典真题

韩国公民金某在新加坡注册成立一家公司，主营业地设在香港地区。依中国法律规定，下列哪些选项是正确的？（2016/1/77）[1]

A. 该公司为新加坡籍

B. 该公司拥有韩国与新加坡双重国籍

C. 该公司的股东权利义务适用中国内地法

D. 该公司的民事权利能力与行为能力可适用香港地区法或新加坡法

解题要领

（1）我国法人国籍认定的标准是依据注册地。

（2）法人及其分支机构的民事权利能力、民事行为能力、组织机构、股东权利义务等事项，适用登记地法律。法人的主营业地与登记地不一致的，可以适用主营业地法律。

专题27 代理、信托、时效和仲裁协议的法律适用

一、涉外代理的法律适用

涉外代理，首先允许当事人意思自治，当事人可以协议选择委托代理适用的法律。当事人无协议的：

1. 被代理人与代理人的民事关系，适用代理关系发生地法律。（代理的内部关系：即被代理人与代理人签订委托代理协议的地点）

2. 代理适用代理行为地法律。（代理的外部关系：即代理人与第三人发生民事关系的地点）

[1] AD

趣味案例

美国 Megan Tool 公司诉中国诚信房地产公司代理协议案

案情简介：

美国 Megan Tool 公司与中国广东诚信房地产公司（下称“诚信公司”）签订了一份代理协议，由美国 Megan Tool 公司作为诚信公司的代理人，为诚信公司在美国寻找买主购买诚信公司出售的位于广州的别墅。双方在代理协议中约定该协议适用中国法律。

后来美国 Megan Tool 公司因其收取佣金的要求得不到满足，便在广州市越秀区法院对诚信公司提起诉讼。被告诚信公司主张原告美国 Megan Tool 公司不能取得代理佣金，因为原告并未按美国法律的要求获得不动产代理人的许可证，故双方之间的代理关系不成立。

·判决结果

法院认为代理关系所适用的法律，以当事人意思自治优先；即适用中国法律，应根据中国法律来确定代理关系是否成立以及代理关系成立后双方的权利义务。法院认定双方的代理关系成立，判令诚信公司支付美国 Megan Tool 公司佣金。

·所涉考点

涉外代理关系的法律适用。

经典真题

中国甲公司欲收购 M 国乙公司，遂与 M 国丙律所驻北京代表处签订代理协议，委托 M 国丙律所在当地核实乙公司的信息，并依据核实后的信息对 M 国乙公司完成了收购。后甲公司发现 M 国丙律所提交的收购材料存在造假情形，遂于中国某法院对 M 国丙律所提起诉讼。已知各方当事人未就法律适用达成一致意见，依据《涉外民事关系法律适用法》以及相关法律规则的规定，下列说法正确的有：（2022-回忆版）[1]

A. 甲公司和 M 国丙律所的民事关系应当适用中国法

B. M 国丙律所代理核实乙公司信息的行为是否有效应当适用 M 国法律

C. 中国法院可以向 M 国丙律所驻北京代表处直接送达本案的法律文书

D. 如果中国法院依冲突规范指引适用 M 国法律，则甲公司和 M 国丙律所均有义务提供 M 国法律

解题要领

（1）涉外代理的法律适用；

（2）域外文书送达；

（3）外国法的查明。

---

[1] ABC

二、涉外信托的法律适用

涉外信托，首先允许当事人意思自治，当事人可以协议选择信托适用的法律。当事人无协议的，适用信托财产所在地法律或者信托关系发生地法律。

经典真题

新加坡公民王颖与顺捷国际信托公司在北京签订协议，将其在中国的财产交由该公司管理，并指定受益人为其幼子李力。在管理信托财产的过程中，王颖与顺捷公司发生纠纷，并诉至某人民法院。关于该信托纠纷的法律适用，下列哪些选项是正确的？（2017/1/77）[1]

A. 双方可协议选择适用瑞士法

B. 双方可协议选择适用新加坡法

C. 如双方未选择法律，法院应适用中国法

D. 如双方未选择法律，法院应在中国法与新加坡法中选择适用有利于保护李力利益的法律

解题要领

涉外信托纠纷的法律适用，参见《涉外法律适用法》第17条的规定。

三、诉讼时效的法律适用

诉讼时效，适用相关涉外民事关系应当适用的法律。此处的“相关”即指“冲突规范确定的民事法律关系的准据法”。这也表明，诉讼时效的准据法应与其所属的基础民商事法律关系的准据法一致。

经典真题

张星是在甲国留学的中国公民，李明是经常居所地在甲国的乙国公民。张星偷拍李明洗澡并在中国网站上传照片，李明遂将张星诉至中国某人民法院要求其赔偿精神损失。已知，按照甲国法该行为应当适用侵权人国籍国的法律，按照侵权人国籍国法应当适用法院地法律。关于本案，下列说法正确的有：（2022-回忆版）[2]

A. 本案的诉讼时效应当适用甲国法

B. 若当事人协议选择适用甲国法，则法院应当负责查明甲国法的内容

C. 应当适用被侵权人经常居所地法律

D. 本案当事人可以在一审法庭辩论终结前协议选择适用甲国法

解题要领

（1）诉讼时效的法律适用；

（2）自然人人格权的法律适用。

四、仲裁协议的法律适用

仲裁协议，首先允许当事人意思自治，当事人可以协议选择仲裁协议适用的法律。当

---

[1] ABC

[2] AC

事人无协议的，适用仲裁机构所在地法律或仲裁地法律。

注意：仲裁机构所在地（是指该仲裁机构的机构所在地）和仲裁地（是指最终仲裁该案件的地点）是两个概念，可能在一个国家，也可能不在一个国家。

[例] 中国上海哈泼公司与美国 Megan Tool 公司因双方合同中仲裁条款的效力问题在我国涉诉。双方在合同中约定仲裁机构为英国伦敦商会仲裁院，仲裁地为斯德哥尔摩，但对该仲裁条款应适用的法律未作约定。本案中，仲裁机构所在地在英国，仲裁地在瑞典。根据《涉外法律适用法》第18条的规定，仲裁协议的效力认定既可以适用英国法，也可以适用瑞典法。

专题28 物权的法律适用

一、不动产物权

不动产物权，适用不动产所在地法律。

趣味案例

尹峰诉黄影雁法国别墅案

案情简介：

中国公民尹峰将其位于法国的别墅送给其女友黄影雁（同为中国公民），后两人分手，尹峰主张虽然其将别墅送给了黄影雁，但是其与黄影雁均为中国公民，根据中国法律，不动产物权变动需经登记才生效，然而自己只是签了赠与合同，并没有去相关部门登记转让别墅的产权，别墅仍然属于自己，遂要求黄影雁归还别墅；黄影雁则主张，别墅位于法国，依据法国的规定，只要双方达成转让不动产的合意，无需登记，受让人即可取得物权（物权变动上实行债权意思主义），自己已经取得了别墅所有权，故拒绝返还别墅。尹峰将黄影雁诉至广州市越秀区人民法院，要求法院判令黄影雁返还其别墅。

•判决结果

越秀区人民法院认为，虽然原被告都是中国公民，但是别墅位于国外，遂此案属于涉外案件，根据《涉外法律适用法》第36条的规定，关于不动产的案件，适用不动产所在地法律，即法国的法律，而根据法国法律，黄影雁已经取得了别墅的所有权，遂驳回原告的诉讼请求。

•所涉考点

涉外不动产物权纠纷的法律适用。

二、动产物权

（一）一般动产物权

一般动产物权，当事人意思自治优先，当事人可以协议选择动产物权适用的法律。当事人无协议的，适用法律事实发生时动产所在地法律。

注意：法律事实发生时与法律事实发生纠纷时是两个概念。

“法律事实发生时”是指当事人取得动产物权之时。

“法律事实发生纠纷时”是指原告和被告产生物权纠纷之时，一般即是原告起诉被告之时。

[例] 中国公民丹妮于2019年暑期赴瑞士旅游，旅游期间至瑞士一家二手商店购买了一块二手手表。回国后，该二手手表的真正所有人瑞士公民马克将丹妮起诉至中国某法院，要求丹妮归还该手表。本案中，“法律事实发生时动产所在地”是指丹妮取得该手表物权时的地点，即瑞士。而“法律事实发生纠纷时动产所在地”是指马克起诉丹妮时手表的所在地，即中国。

经典真题

2014年1月，北京居民李某的一件珍贵首饰在家中失窃后被窃贼带至甲国。同年2月，甲国居民陈某在当地珠宝市场购得该首饰。2015年1月，在获悉陈某将该首饰带回北京拍卖的消息后，李某在北京某法院提起原物返还之诉。关于该首饰所有权的法律适用，下列哪一选项是正确的？(2015/1/36)[1]

A. 应适用中国法

B. 应适用甲国法

C. 如李某与陈某选择适用甲国法，不应支持

D. 如李某与陈某无法就法律选择达成一致，应适用甲国法

解题要领

参见《涉外法律适用法》第37条的规定。

（二）运输中的动产物权

运输中的动产物权，当事人意思自治优先，当事人可以协议选择运输中动产物权发生变更时适用的法律。当事人无协议的，适用运输目的地法律。

（三）船舶物权

1. 船舶所有权	适用船旗国法律。
2. 船舶抵押权	适用船旗国法律。船舶在光船租赁以前或光船租赁期间，设立船舶抵押权的，适用原船舶登记地的法律。
3. 船舶优先权	适用受理案件的法院所在地法律。

[1] D

注意：下列各项海事请求具有船舶优先权：

（1）船长、船员和在船上工作的其他在编人员根据劳动法律、行政法规或者劳动合同所产生的工资、其他劳动报酬、船员遣返费用和社会保险费用的给付请求；

（2）在船舶营运中发生的人身伤亡的赔偿请求；

（3）船舶吨税、引航费、港务费和其他港口规费的缴付请求；

（4）海难救助的救助款项的给付请求；

（5）船舶在营运中因侵权行为产生的财产赔偿请求。

［重点法条］

见专题31“商事关系的法律适用”。

（四）民用航空器物权

1. 航空器所有权	适用民用航空器国籍登记国法律。
2. 航空器抵押权	适用民用航空器国籍登记国法律。
3. 航空器优先权	适用受理案件的法院所在地法律。

［重点法条］

见专题31“商事关系的法律适用”。

（五）权利质权、有价证券

1. 权利质权，适用质权设立地法律。

2. 有价证券，适用有价证券权利实现地法律或者其他与该有价证券有最密切联系的法律。

经典真题

中国甲公司与英国乙公司签订了一份国际货物买卖合同，英国乙公司要求中国甲公司提供相应的履约担保。甲公司遂将其在中国境内对丙公司享有的应收账款债权出质给乙公司，后双方就该合同的履约问题发生纠纷诉至中国某人民法院。就该质权的法律适用，下列说法正确的是：（2022-回忆版）[1]

A. 甲公司和乙公司可协议选择适用中国法

B. 该纠纷应当适用质权实现地的法律或者与该质权有最密切联系地点的法律

C. 该质权应当适用英国法

D. 该质权应当适用中国法

解题要领

涉外质权的法律适用。

---

〔1〕 D

债权的法律适用

一、涉外合同的法律适用

（一）意思自治原则为主

涉外合同，一般当事人意思自治优先。

但以下合同不允许当事人意思自治，适用中华人民共和国法律：在中华人民共和国境内履行的中外合资经营企业合同、中外合作经营企业合同、中外合作勘探开发自然资源合同。

模拟展望

中国强峰公司是一家中美合资经营企业，该企业投资开发美国的一座矿山，该企业大股东均为中国公民。根据我国相关法律的规定，关于该合资经营企业合同的法律适用和管辖，下列选项不正确的有：[1]

A. 双方可以采用明示方式自由约定该合同所适用的法律

B. 该合同只能适用中国法律

C. 如出现争议，双方在一审法庭辩论终结前还可就法律适用进行选择

D. 双方当事人只能选择中国仲裁机构仲裁

解题要领

四个选项分别涉及：涉外合同的法律适用、意思自治原则的例外、意思自治原则的司法解释、涉外案件仲裁机构的选择。

（二）最密切联系原则为辅

当事人没有选择的，适用履行义务最能体现该合同特征的一方当事人经常居所地法律或者其他与该合同有最密切联系的法律。

注意：涉外合同的法律适用应以意思自治原则为首选，当然，意思自治必须在法律允许的范围内进行；最密切联系原则应为辅助，只有在当事人没有意思自治的前提下，才能用最密切联系原则。

［重点法条］

《民法典》第467条第2款［意思自治原则之例外］　在中华人民共和国境内履行的中外合资经营企业合同、中外合作经营企业合同、中外合作勘探开发自然资源合同，适用中华人民共和国法律。

（三）两类特殊合同的法律适用

1. 涉外消费者合同

（1）消费者合同，适用消费者经常居所地法律；

---

〔1〕 BD

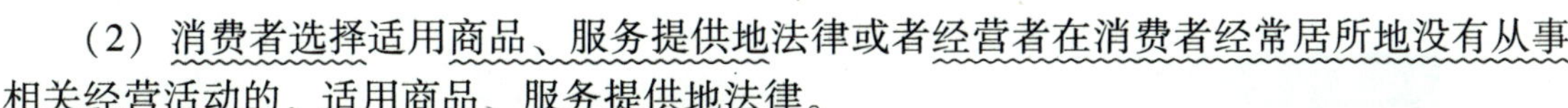

（2）消费者选择适用商品、服务提供地法律或者经营者在消费者经常居所地没有从事相关经营活动的，适用商品、服务提供地法律。

选择的顺序	（2）是（1）的例外，在具体案件中要先看有无（2）的情况，没有才适用（1）。
选择的主体	只能消费者选择，经营者不能选择。
选择的系属	消费者的选择不能突破实际联系，只能选择商品、服务提供地法律。

2. 涉外劳动合同

（1）劳动合同，适用劳动者工作地法律；难以确定劳动者工作地的，适用用人单位主营业地法律。

注意：劳动合同，不允许当事人意思自治。

（2）劳务派遣，可以适用劳务派出地法律。

注意：劳务派遣既可以适用劳务派出地法律，也可以适用劳动者工作地法律。

二、涉外侵权的法律适用

（一）一般侵权行为的法律适用

按以下顺序适用：

1. 协议优先。
2. 共同经常居所地法律。
3. 侵权行为地法律（侵权行为地包括侵权行为实施地和侵权结果发生地；如果两者不一致，由人民法院选择适用）。

［重点法条］

《涉外法律适用法》第 44 条［侵权责任］ 侵权责任，适用侵权行为地法律，但当事人有共同经常居所地的，适用共同经常居所地法律。侵权行为发生后，当事人协议选择适用法律的，按照其协议。

趣味案例

李晓娴诉约翰逊侵权案

案情简介：

已经在北京开餐厅 5 年的美国籍男子约翰逊开车出去兜风。路上因驾驶不慎撞伤一位女士李晓娴，约翰逊急忙开车送李晓娴去医院，并得知李晓娴是一位经常居所地在北京市朝阳区的中国籍公民。李晓娴 10 天后出院，但是约翰逊拒不赔偿李晓娴的医药费。李晓娴将约翰逊诉至北京市朝阳区人民法院。

• 判决结果

法院认为，因为双方没有关于法律适用的协议，便根据中国《涉外法律适用法》的规定，适用李晓娴和约翰逊的共同经常居所地（北京市朝阳区）法律即中国法律作为准据法，依据中国相关法律判决约翰逊赔偿李晓娴的医药费。

· 所涉考点

涉外一般侵权行为的法律适用。

（二）船舶碰撞侵权的法律适用

同一国籍的船舶	同一国籍的船舶，不论碰撞发生在何地，碰撞船舶之间的损害赔偿适用船旗国法律。
不同国籍的船舶	不同国籍的船舶在公海上发生碰撞的损害赔偿，适用受理案件的法院所在地法律。
	不同国籍的船舶在其他地方发生碰撞的损害赔偿，适用侵权行为地法律。
海事赔偿责任限制	海事赔偿责任限制，适用受理案件的法院所在地法律。

［重点法条］

见专题31“商事关系的法律适用”。

经典真题

某批中国货物由甲国货轮“盛京”号运送，提单中写明有关运输争议适用中国《海商法》。“盛京”号在公海航行时与乙国货轮“万寿”号相撞。两轮先后到达中国某港口后，“盛京”号船舶所有人在中国海事法院申请扣押了“万寿”号，并向法院起诉要求“万寿”号赔偿依其过失比例造成的撞碰损失。根据中国相关法律规定，下列选项正确的是：（2010/1/99）[1]

A. 碰撞损害赔偿应重叠适用两个船旗国的法律

B. “万寿”号与“盛京”号的碰撞争议应适用甲国法律

C. “万寿”号与“盛京”号的碰撞争议应适用中国法律

D. “盛京”号运输货物的合同应适用中国《海商法》

解题要领

船舶碰撞侵权的法律适用。

趣味案例

斯大林号货船与列宁号货船相撞案

案情简介：

2010年8月，一艘俄罗斯货船“斯大林号”停泊在我国渤海海域，等候进入天津港卸货，海上突然刮起八级大风，另一艘俄罗斯货船“列宁号”恰好驶过，两船相撞。两艘货船及其所载货物都受到不同程度的损失，双方就由此而引起的损害赔偿问题发生争议，但协商未果。“斯大林号”所属的轮船公司便将此案交由天津海事法院审理，要求法院判决“列宁号”赔偿由于操作不当而给“斯大林号”造成的经济损失。

［1］ CD

天津海事法院根据两艘货船的共同国籍国俄罗斯的法律，判决“列宁号”向“斯大林号”支付赔偿若干元。

所涉考点

船舶碰撞侵权的法律适用。

（三）民用航空器侵权

对地面第三人的损害赔偿	民用航空器对地面第三人的损害赔偿，适用侵权行为地法律。
在公海上空对水面第三人的损害赔偿	民用航空器在公海上空对水面第三人的损害赔偿，适用受理案件的法院所在地法律。

［重点法条］

见专题 31“商事关系的法律适用”。

经典真题

新加坡民用航空公司一架客机飞往印度尼西亚途中，因机上物体坠落使在公海上捕鱼的越南渔船受损。后该渔船开往中国港口修理，并就该飞机造成的损害赔偿诉诸我国法院。对于该案，依《中华人民共和国民用航空法》规定，法院应适用下列哪个国家的法律？(2005/1/39)[1]

A. 新加坡法律　　B. 印度尼西亚法律

C. 越南法律　　D. 中国法律

解题要领

民用航空器侵权的法律适用。

趣味案例

中国广东诚信房地产公司诉韩国大韩航空有限公司案

案情简介：

2013 年，被告的一架飞机坠毁于原告中国广东诚信房地产开发有限公司开发建设的沁春园小区，致使该地块的在建房屋以及工地相关财产受到不同程度损害，故原告向广州市天河区人民法院提起诉讼，要求被告赔偿其损失。

判决结果

根据我国法律规定，民用航空器对地面第三人的损害赔偿，适用侵权行为地法律。所以，法院适用我国法律，对该起民用航空器侵权案件进行了处理。

[1] D

• 所涉考点

民用航空器侵权的法律适用。

（四）网络侵犯人格权

通过网络或者采用其他方式侵害姓名权、肖像权、名誉权、隐私权等人格权的，适用被侵权人经常居所地法律。

（五）知识产权侵权

知识产权侵权首先协议优先，但只能协议选择法院地法律。无协议的，知识产权的侵权责任，适用被请求保护地法律。（详细内容见第30讲“知识产权的法律适用”）

（六）产品责任侵权

1. 产品责任，适用被侵权人经常居所地法律。

2. 被侵权人选择适用侵权人主营业地法律、损害发生地法律的，或者侵权人在被侵权人经常居所地没有从事相关经营活动的，适用侵权人主营业地法律或者损害发生地法律。

选择的顺序	2是1的例外，在具体案件中要先看有无2的情况，没有才适用1。
选择的主体	只能被侵权人选择，侵权人不能选择。
选择的系属	被侵权人的选择不能突破实际联系，只能选择侵权人主营业地法律或损害发生地法律。

（七）不当得利、无因管理之债的法律适用

按以下顺序适用：

1. 协议优先。
2. 共同经常居所地法律。
3. 不当得利、无因管理发生地法律。

[重点法条]

《涉外法律适用法》第47条［不当得利、无因管理］ 不当得利、无因管理，适用当事人协议选择适用的法律。当事人没有选择的，适用当事人共同经常居所地法律；没有共同经常居所地的，适用不当得利、无因管理发生地法律。

经典真题

中国人蒋某在韩国旅游期间生病晕倒，在韩国出差的日本人松本太郎将蒋某送入医院并垫付了医药费，蒋某未向松本太郎返还医药费，伤好后出院回国。松本太郎向上海某法院起诉蒋某，要求其偿还医药费。已知蒋某和松本太郎都定居上海，且双方没有选择产生纠纷时所适用的法律，法院解决本案应适用哪国法？（2019-回忆版）[1]

A. 日本法　　B. 中国法

C. 韩国法　　D. 最密切联系地的法律

[1] B

解题要领

参见《涉外法律适用法》第47条的规定。

专题30 知识产权的法律适用

涉外知识产权	法律适用
1. 知识产权的转让和许可使用	(1) 协议优先 (2) 无协议的，适用最密切联系地法律
2. 知识产权的归属和内容	适用被请求保护地法律
3. 知识产权的侵权责任	(1) 协议优先，但只能协议选择法院地法律 (2) 无协议的，知识产权的侵权责任，适用被请求保护地法律

注意：被请求保护地是指请求知识产权立法保护地，即原告起诉时请求知识产权立法保护的地方。被请求保护地与法院地是两个概念，可能在一个国家，也可能在两个国家。

[例1] 美国甲公司在中国申请了一项发明专利，中国乙公司未经甲公司批准在中国生产和销售其专利产品。本案中，被请求保护地为中国，法院地也为中国。

[例2] 美国甲公司在美国申请了一项发明专利，中国乙公司未经甲公司批准在中国生产其专利产品并将该产品销售至美国。本案中，被请求保护地为美国，法院地为中国。

经典真题

日本甲公司与中国枫叶公司签订专利权许可协议（协议约定适用日本法），授权中国枫叶公司在中国范围内销售的手机上安装日本甲公司拥有专利的某款APP。后中国枫叶公司未经日本甲公司的同意，在其销往越南的手机上也安装了该款APP。现日本甲公司在中国法院起诉中国枫叶公司违约并侵犯了其在越南获权的专利，下列判断正确的是：(2019-回忆版)[1]

A. 中国枫叶公司主营业地在中国，违约和侵权纠纷都应适用中国法

B. 违约纠纷应适用日本法

C. 侵权纠纷双方在开庭前可约定适用中国法

D. 侵权纠纷应适用日本法

解题要领

(1) 涉外知识产权转让和许可使用的法律适用规则：当事人可以协议选择知识产权转让和许可使用适用的法律；当事人没有选择的，适用《涉外法律适用法》对合同的有关规定。

[1] BC

(2) 涉外知识产权侵权责任的法律适用规则：知识产权的侵权责任，适用被请求保护地法律，当事人也可以在侵权行为发生后协议选择适用法院地法律。

趣味案例

涉外著作权纠纷案

案情简介：

中国公民佟子生、赵茗茗与美国人尹峰合著一本心理学著作，由中国某社科出版社用中文出版，合署了三人的姓名。后来佟子生与赵茗茗将该书译成英文，由中国某出版社转让给英国某出版社在英国出版。佟子生和赵茗茗在将书稿交给中国国内出版社时，由于疏忽而未在书稿上署美国作者尹峰的姓名。国内出版社由于疏忽也未注意，就交给英国出版社出版发行。该书英文版在英国出版以后，被去英国旅游的尹峰发现，尹峰找到英国出版社主张自己的权利。英国出版社称此稿系中国出版社转让，稿件署名中没有美国人尹峰的名字。于是，尹峰将中国某社科出版社起诉至中国法院主张其权利。

• 判决结果

法院认为，根据中国《涉外法律适用法》的规定，原告与被告之间并无关于侵权所应适用的法律的约定，事后可以协议选择我国法律作为准据法，但是双方没有进行协议，故应适用知识产权的被请求保护地的法律。被请求保护地是原告起诉时请求的知识产权立法保护地，尹峰起诉时请求中国著作权法对他进行保护，因此被请求保护地是中国，故应适用中国法律。

• 所涉考点

涉外知识产权侵权的法律适用。

专题31

商事关系的法律适用

一、涉外票据的法律适用

涉外票据种类	法律适用
1. 票据债务人民事行为能力	(1) 适用本国法为一般原则 (2) 特殊情况下适用行为地法律（票据债务人的民事行为能力，依照其本国法律为无民事行为能力或者为限制民事行为能力而依照行为地法律为完全民事行为能力的，适用行为地法律）

续表

涉外票据种类	法律适用
2. 票据行为方式	（1）票据行为适用行为地法律 （2）例外：支票出票时的记载事项，适用出票地法律，经当事人协议，也可适用付款地法律
3. 票据追索权行使期限	适用出票地法律
4. 持票人责任	适用付款地法律
5. 票据丧失时权利保全程序	适用付款地法律

注意 1：中国《涉外法律适用法》不包含涉外商事关系的法律适用规范，因此中国《票据法》第五章关于“涉外票据的法律适用”依然有效。

注意 2：票据行为是指出票、背书、承兑、付款、保证等。

注意 3：持票人责任包括票据的提示期限、有关拒绝证明的方式、出具拒绝证明的期限。

［重点法条］

《票据法》

第 94 条［涉外票据的法律适用］ 涉外票据的法律适用，依照本章的规定确定。

前款所称涉外票据，是指出票、背书、承兑、保证、付款等行为中，既有发生在中华人民共和国境内又有发生在中华人民共和国境外的票据。

第 95 条［条约与国内法的冲突］ 中华人民共和国缔结或者参加的国际条约同本法有不同规定的，适用国际条约的规定。但是，中华人民共和国声明保留的条款除外。

本法和中华人民共和国缔结或者参加的国际条约没有规定的，可以适用国际惯例。

第 96 条［票据债务人的民事行为能力］ 票据债务人的民事行为能力，适用其本国法律。

票据债务人的民事行为能力，依照其本国法律为无民事行为能力或者为限制民事行为能力而依照行为地法律为完全民事行为能力的，适用行为地法律。

第 97 条［出票］ 汇票、本票出票时的记载事项，适用出票地法律。

支票出票时的记载事项，适用出票地法律，经当事人协议，也可以适用付款地法律。

第 98 条［背书、承兑、付款、保证］ 票据的背书、承兑、付款和保证行为，适用行为地法律。

第 99 条［票据追索权的行使期限］ 票据追索权的行使期限，适用出票地法律。

第 100 条［持票人责任］ 票据的提示期限、有关拒绝证明的方式、出具拒绝证明的期限，适用付款地法律。

第 101 条［票据丧失时权利保全程序］ 票据丧失时，失票人请求保全票据权利的程序，适用付款地法律。

经典真题

德国甲公司在上海向越南乙公司出具汇票，汇票付款人为德国甲公司在上海的分支机构。越南乙公司在河内将汇票背书转让给了越南丙公司，丙公司财务不慎将汇票丢失，被经常居所地在广州的李先生拾得。现中国法院受理有关该汇票的纠纷。已知当事人未就法律选择达成协议，根据中国《涉外民事关系法律适用法》的规定，下列说法正确的有：(2022-回忆版)[1]

A. 乙公司对该汇票的背书行为，应当适用中国法

B. 丙公司对乙公司行使汇票追索权的期限，应当适用中国法

C. 李先生拾得汇票是否构成不当得利，应当适用越南法

D. 丙公司向法院申请保全汇票的程序，应当适用中国法

解题要领

(1) 涉外票据的法律适用；

(2) 涉外不当得利、无因管理之债的法律适用。

二、海事关系的法律适用

1. 海上货物运输合同	(1) 协议优先； (2) 无协议的，适用最密切联系地法律。
2. 船舶物权	(1) 一般适用船旗国法律。 (2) 两个例外：①船舶在光船租赁以前或者光船租赁期间，设立船舶抵押权的，适用原船舶登记地法律；②船舶优先权，适用受理案件的法院所在地法律。
3. 船舶碰撞侵权	(1) 同一国籍的船舶，不论碰撞发生于何地，碰撞船舶之间的损害赔偿适用船旗国法律。 (2) 不同国籍船舶在公海上发生碰撞的损害赔偿，适用受理案件的法院所在地法律；不同国籍船舶在其他地方发生碰撞的损害赔偿，适用侵权行为地法律。
4. 海事赔偿的责任限额	适用受理案件的法院所在地法律。
5. 共同海损理算	适用理算地法律。

注意：海事赔偿责任限额是指最高赔偿额度。

[重点法条]

《海商法》

第269条 [意思自治与最密切联系原则] 合同当事人可以选择合同适用的法律，法律另有规定的除外。合同当事人没有选择的，适用与合同有最密切联系的国家的法律。

第270条 [船舶所有权] 船舶所有权的取得、转让和消灭，适用船旗国法律。

第271条 [船舶抵押权] 船舶抵押权适用船旗国法律。

船舶在光船租赁以前或者光船租赁期间，设立船舶抵押权的，适用原船舶登记国的法律。

第272条 [船舶优先权] 船舶优先权，适用受理案件的法院所在地法律。

第273条 [船舶碰撞侵权] 船舶碰撞的损害赔偿，适用侵权行为地法律。

船舶在公海上发生碰撞的损害赔偿，适用受理案件的法院所在地法律。

---

[1] BCD

同一国籍的船舶，不论碰撞发生于何地，碰撞船舶之间的损害赔偿适用船旗国法律。

第 274 条 [共同海损理算] 共同海损理算，适用理算地法律。

第 275 条 [海事赔偿责任限制] 海事赔偿责任限制，适用受理案件的法院所在地法律。

第 276 条 [公共秩序保留] 依照本章规定适用外国法律或者国际惯例，不得违背中华人民共和国的社会公共利益。

三、民航关系的法律适用

1. 民用航空运输合同	（1）协议优先 （2）无协议的，适用最密切联系原则	
2. 民用航空器物权	（1）一般适用航空器登记国法律 （2）例外：民用航空器优先权适用受理案件的法院所在地法律	
3. 民用航空器侵权	（1）公海上空对水面第三人的损害赔偿	适用受理案件的法院所在地法律
	（2）其他地方侵权	适用侵权行为地法律

[重点法条]

《民用航空法》

第 185 条 [民用航空器所有权] 民用航空器所有权的取得、转让和消灭，适用民用航空器国籍登记国法律。

第 186 条 [民用航空器抵押权] 民用航空器抵押权适用民用航空器国籍登记国法律。

第 187 条 [民用航空器优先权] 民用航空器优先权适用受理案件的法院所在地法律。

第 188 条 [民用航空运输合同] 民用航空运输合同当事人可以选择合同适用的法律，但是法律另有规定的除外；合同当事人没有选择的，适用与合同有最密切联系的国家的法律。

第 189 条 [民用航空器侵权] 民用航空器对地面第三人的损害赔偿，适用侵权行为地法律。

民用航空器在公海上空对水面第三人的损害赔偿，适用受理案件的法院所在地法律。

婚姻、家庭（收养、监护、扶养）、继承的法律适用

一、涉外婚姻的法律适用

（一）涉外结婚

1. 结婚条件（结婚的实体要件）

按以下顺序适用：

（1）当事人共同经常居所地法律；

（2）共同国籍国法律；

（3）婚姻缔结地法律（条件：在一方当事人经常居所地或者国籍国缔结婚姻的）。

2. 结婚手续（结婚的程序要件）

符合婚姻缔结地法律、一方当事人经常居所地法律或一方国籍国法律的，均为有效。

经典真题

经常居所在汉堡的德国公民贝克与经常居所在上海的中国公民李某打算在中国结婚。关于贝克与李某结婚，依《涉外民事关系法律适用法》，下列哪一选项是正确的？（2016/1/37）[1]

A. 两人的婚龄适用中国法

B. 结婚的手续适用中国法

C. 结婚的所有事项均适用中国法

D. 结婚的条件同时适用中国法与德国法

解题要领

参见《涉外法律适用法》第21、22条的规定。

趣味案例

路树鹏和李晓娴结婚案

案情简介：

我国两公民——21岁的路树鹏和17岁的李晓娴青梅竹马，两人感情深厚，便到民政局登记结婚，却被告知未到法定婚龄，不予登记。为达到结婚的目的，两人到泰国旅游。按照泰国法律两人已经可以结婚，两人便在泰国按照泰国法律允许的宗教方式举行了结婚仪式，回国后便以夫妻名义共同生活。回国1年后，路树鹏不幸发生意外死亡。关于遗产继承问题，李晓娴与路树鹏的家属发生纠纷，路树鹏家属将李晓娴诉至法院，请求法院确认路树鹏与李晓娴的婚姻关系并未成立。

·法院判决

路树鹏和李晓娴虽然在泰国按照泰国法律结婚，但是两人均是我国公民，且共同经常居所地在中国。根据中国《涉外法律适用法》第21条的规定，结婚条件首先适用共同经常居所地法律，在本案中其共同经常居所地在中国。根据中国法律的规定，两人结婚条件不符合法律的规定，故判决结婚条件不成立。

·所涉考点

涉外结婚条件的法律适用。

（二）夫妻人身、财产关系

1. 夫妻人身关系

按以下顺序适用：

（1）共同经常居所地法律；

[1] A

（2）共同国籍国法律。

2. 夫妻财产关系

按以下顺序适用：

（1）协议优先（当事人只能在一方当事人经常居所地法律、国籍国法律或者主要财产所在地法律中作出选择）；

（2）无协议的，适用共同经常居所地法律；

（3）没有共同经常居所地的，适用共同国籍国法律。

经典真题

中国人李某（女）与甲国人金某（男）2011 年在乙国依照乙国法律登记结婚，婚后二人定居在北京。依《涉外民事关系法律适用法》，关于其夫妻关系的法律适用，下列哪些表述是正确的？（2013/1/77）[1]

A. 婚后李某是否应改从其丈夫姓氏的问题，适用甲国法

B. 双方是否应当同居的问题，适用中国法

C. 婚前财产的效力问题，适用乙国法

D. 婚姻存续期间双方取得的财产的处分问题，双方可选择适用甲国法

解题要领

参见《涉外法律适用法》第 23、24 条的规定。

（三）涉外离婚

1. 协议离婚

按以下顺序适用：

（1）协议优先（当事人只能在一方当事人经常居所地法律或者国籍国法律中作出选择）；

（2）无协议的，适用共同经常居所地法律；

（3）没有共同经常居所地的，适用共同国籍国法律；

（4）没有共同国籍的，适用办理离婚手续机构所在地法律。

2. 诉讼离婚

适用法院地法律。

（四）父母子女人身、财产关系

按以下顺序适用：

1. 共同经常居所地法律。

2. 没有共同经常居所地的，适用一方当事人经常居所地法律或者国籍国法律中有利于保护弱者权益的法律。

二、涉外家庭（收养、监护、扶养）的法律适用

（一）涉外收养的法律适用

1. 收养的条件和手续：适用收养人和被收养人经常居所地法律。

---

[1] BD

2. 收养的效力：适用收养时收养人经常居所地法律。

3. 收养关系的解除：适用收养时被收养人经常居所地法律或者法院地法律。

注意：《涉外法律适用法》第28条规定："收养的条件和手续，适用收养人和被收养人经常居所地法律。……"此属于重叠适用的冲突规范。

经典真题

经常居住于英国的法国籍夫妇甲和乙，想来华共同收养某儿童。对此，下列哪一说法是正确的？（2014/1/37）[1]

A. 甲、乙必须共同来华办理收养手续

B. 甲、乙应与送养人订立书面收养协议

C. 收养的条件应重叠适用中国法和法国法

D. 若发生收养效力纠纷，应适用中国法

解题要领

（1）《外国人在中华人民共和国收养子女登记办法》相关法条；

（2）收养的条件和手续、收养的效力，考查法律适用。

[大纲增加]《跨国收养方面保护儿童及合作公约》（1993年5月29日订于海牙，1995年5月1日生效，中国于2005年4月27日批准加入）（2017年所增，需掌握）

1. 适用范围	（1）惯常居住在一缔约国（原住国）的儿童在该国被惯常居住在另一缔约国（收养国）的夫妻或个人收养； （2）为在原住国或收养国进行此收养的目的，已经、正在或将要被移送到收养国的案件； （3）公约仅适用于产生永久的父母子女关系的收养。
2. 机构	（1）每一缔约国应指定一个中央机关，负责履行本公约赋予该机关的职责。（我国指定的中央机关是中华人民共和国民政部）
	（2）受委任机构应当： ①只能按照委任国主管机关所确定的条件和限制范围，追求非营利目标； ②由道德标准合格和在跨国收养领域受过培训或有过经验而能胜任其工作的人员指导，并配备此类人员； ③接受该国主管机关对其组成、业务和财务情况的监督。
	（3）一缔约国的受委任机构只有在两国主管机关授权的情况下，才可以在另一缔约国活动。
3. 程序要件	（1）如果收养国中央机关认为申请人符合条件并适宜收养，则应准备一份报告，内容包括申请人身份，其收养的合格性和适当性，其背景、家庭史和病史、社会环境、收养原因、负担跨国收养的能力以及他们适合照顾的儿童的特点； （2）收养国的中央机关应将此报告转交原住国的中央机关。

[1] B

续表

4. 收养的承认	(1) 儿童与其养父母之间法律上的父母子女关系； (2) 养父母对儿童的父母责任； (3) 儿童与其父亲或母亲之间先前存在的法律关系的终止，如果在发生收养的缔约国收养具有此种效力。
5. 一般规定	本公约不允许保留。

(二) 涉外监护的法律适用

涉外监护，适用一方当事人经常居所地法律或者国籍国法律中有利于保护被监护人权益的法律。

经典真题

中国公民王某将甲国公民米勒诉至某人民法院，请求判决两人离婚、分割夫妻财产并将幼子的监护权判决给她。王某与米勒的经常居所及主要财产均在上海，其幼子为甲国籍。关于本案的法律适用，下列哪些选项是正确的？(2017/1/78)[1]

A. 离婚事项，应适用中国法

B. 夫妻财产的分割，王某与米勒可选择适用中国法或甲国法

C. 监护权事项，在甲国法与中国法中选择适用有利于保护幼子利益的法律

D. 夫妻财产的分割与监护权事项均应适用中国法

解题要领

(1) 诉讼离婚适用法院地法。

(2) 夫妻财产关系，当事人可以协议选择适用一方当事人经常居所地法律、国籍国法律或者主要财产所在地法律。当事人没有选择的，适用共同经常居所地法律；没有共同经常居所地的，适用共同国籍国法律。

(3) 监护，适用一方当事人经常居所地法律或者国籍国法律中有利于保护被监护人权益的法律。

趣味案例

李晓娴诉约翰逊监护权案

案情简介：

2008 年，中国公民李晓娴与美国公民约翰逊在中国结婚，婚后在中国生育一子李小龙。2011 年约翰逊独自回美国居住。2012 年李晓娴以夫妻长期两地分居、感情淡漠为由，在中国法院提起诉讼离婚。约翰逊同意离婚，但是要求将小龙带回美国，由他抚养。李晓娴不同意。关于何人取得孩子的抚养权，双方产生争议。

[1] ABC

· 判决结果

法院认为李晓娴的国籍国法律——中国法律有利于保护其子小龙的权益，依据中国法律，对小龙监护权的归属进行判决。

· 所涉考点

涉外监护的法律适用。

（三）涉外扶养的法律适用

涉外扶养，适用一方当事人经常居所地法律、国籍国法律或者主要财产所在地法律中有利于保护被扶养人权益的法律。

（四）三类选择“有利于保护弱者权益的法律”

《涉外法律适用法》体现了“保护弱者权益的原则”。但在这部法律中，明确提出要选择“有利于保护弱者权益法律”的法条有三个：①父母子女人身、财产关系的法律适用；②涉外监护的法律适用；③涉外扶养的法律适用。

三者的异同如下：

	父母子女人身、财产关系	涉外监护	涉外扶养
区　别	只能在一方当事人经常居所地法律或者一方国籍国法律中选择		可以在一方当事人经常居所地法律、国籍国法律或者主要财产所在地法律中选择
共同点	（1）都要选择“有利于保护弱者权益”的法律 （2）都属于有条件选择适用的冲突规范		

三、涉外继承的法律适用

（一）法定继承的法律适用

1. 动产的法定继承，适用被继承人死亡时经常居所地法律。
2. 不动产的法定继承，适用不动产所在地法律。

经典真题

经常居所在上海的瑞士公民怀特未留遗嘱死亡，怀特在上海银行存有100万元人民币，在苏黎世银行存有10万欧元，且在上海与巴黎各有一套房产。现其继承人因遗产分割纠纷诉至上海某法院。依中国法律规定，下列哪些选项是正确的？（2016/1/78）[1]

A. 100万元人民币存款应适用中国法

B. 10万欧元存款应适用中国法

C. 上海的房产应适用中国法

D. 巴黎的房产应适用法国法

[1] ABCD

解题要领

参见《涉外法律适用法》第 31 条的规定。

趣味案例

中国公民何泽磊遗产继承纠纷案

案情简介：

何泽磊系中国公民，经常居所地在中国上海。2013 年，何泽磊在去澳大利亚探亲时去世。去世时何泽磊在澳大利亚有房屋两幢，在中国银行有存款及利息若干，在某投资公司有股票及股息若干。何泽磊生前未立遗嘱，配偶已亡，有两个儿子，一个住在中国，一个住在澳大利亚。何泽磊去世后两个儿子因遗产继承问题发生纠纷，诉至中国法院。

• 判决结果

中国法院认为：

1. 其对本案有管辖权：被继承人为中国公民，死亡时住所在中国，有遗产在中国，继承人中有一方住在中国。因继承遗产纠纷提起的诉讼由被继承人死亡时住所地或主要遗产所在地人民法院管辖。故中国法院对此案拥有管辖权。

2. 法院对于遗产采用区分制，根据我国相关法律的规定，认定何泽磊在中国的存款、投资及利息是动产，应适用被继承人死亡时经常居所地——中国法律处理；何泽磊在澳大利亚的两处房产是不动产，应适用不动产所在地澳大利亚的法律处理。

• 所涉考点

涉外继承的法律适用。

（二）遗嘱继承的法律适用

1. 遗嘱方式，符合遗嘱人立遗嘱时或者死亡时经常居所地法律、国籍国法律或者遗嘱行为地法律的，遗嘱均为成立。（五个独立的系属：①遗嘱人立遗嘱时经常居所地法；②遗嘱人立遗嘱时国籍国法；③遗嘱人死亡时经常居所地法；④遗嘱人死亡时国籍国法；⑤遗嘱行为地法）

2. 遗嘱效力，适用遗嘱人立遗嘱时或者死亡时经常居所地法律或者国籍国法律。（四个独立的系属：①遗嘱人立遗嘱时经常居所地法；②遗嘱人立遗嘱时国籍国法；③遗嘱人死亡时经常居所地法；④遗嘱人死亡时国籍国法）

注意：遗嘱行为地法只能认定遗嘱方式，不能认定遗嘱效力。

模拟展望

尹峰是美籍华人，长期居住于美国夏威夷。2010 年，尹峰在英国伦敦某医院治病期间订立了一项遗嘱。2013 年，尹峰回国定居。2015 年，尹峰病逝于其在中国广州的居所。尹峰的

子女就该项遗嘱产生争议诉诸中国某法院。下列说法正确的是：[1]

A. 如果尹峰立遗嘱的方式不符合中国法律的规定，即可认定该遗嘱不成立

B. 只要尹峰立遗嘱的方式符合中国法、美国法或英国法中的一个，即可认定该遗嘱成立

C. 只要尹峰的遗嘱符合中国法、美国法或英国法中的一个，该遗嘱即为有效

D. 该遗嘱必须同时符合中国法、英国法和美国法的规定才有效

解题要领

参见《涉外法律适用法》第32、33条的规定。

（三）遗产管理

遗产管理，适用遗产所在地法律。

（四）无人继承财产的归属

无人继承财产的归属，适用被继承人死亡时遗产所在地法律。

---

〔1〕 B

第11讲 国际民商事争议的解决

本讲导读

应试指导

国际民商事争议的解决包括协商、调解、仲裁与诉讼四种方式，本讲重点是要掌握国际商事仲裁和国际民事案件的管辖权。要熟练掌握如何认定仲裁协议的有效性、承认和执行外国仲裁裁决的条件、确定涉外民商事案件管辖权的规则、域外文书送达、域外调取证据与外国法院判决的承认和执行等内容。

考点架构

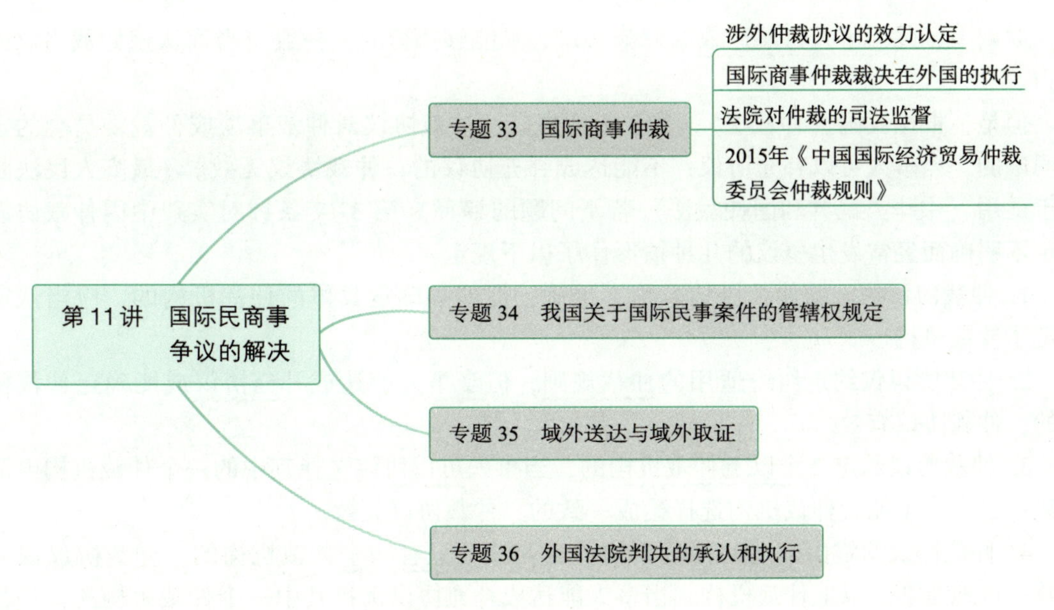

专题33

国际商事仲裁

仲裁，是指双方当事人在争议发生前或发生后达成协议，自愿将他们之间的争议交给他们共同选定的第三者居中评判是非，由该第三者依据法律或公平原则作出对双方当事人均有约束力裁决的一种解决争议的方式。国际商事仲裁是指含有国际因素或涉外因素的仲裁，是解决国际、跨国或涉外商事争议的仲裁，有时也称为国际经济贸易仲裁、涉外仲裁、国际仲裁或跨国仲裁。

一、涉外仲裁协议的效力认定

仲裁协议，是指双方当事人愿意将他们之间将来可能发生的争议或者已经发生的争议交付仲裁解决的一种协议。它可以表现为仲裁条款、仲裁协议书和信件、电报、电传、传真、电子数据交换和电子邮件等其他类型的仲裁协议。

（一）仲裁协议的内容

根据中国《仲裁法》第16条第2款的规定，一份有效的仲裁协议应当具有下列内容：①请求仲裁的意思表示；②仲裁事项；③选定的仲裁委员会。

根据中国《仲裁法》第17条的规定，有下列情形之一的，仲裁协议无效：①约定的仲裁事项超出法律规定的仲裁范围的；②无民事行为能力人或限制民事行为能力人订立的仲裁协议；③一方采取胁迫手段，迫使对方订立仲裁协议的。

（二）约定不明的仲裁协议效力认定

原则上，凡当事人自愿达成的仲裁协议，且能够执行的，一般应当确认该仲裁协议的效力。

但是，根据我国《仲裁法》第18条的规定，仲裁协议对仲裁事项或仲裁委员会约定不明确的，当事人可以补充协议；不能达成补充协议的，仲裁协议无效。《最高人民法院关于适用〈中华人民共和国仲裁法〉若干问题的解释》第3~7条针对实践中因仲裁协议约定不明确而经常发生争议的几种情形作了以下规定：

1. 仲裁协议约定的仲裁机构名称不准确，但能够确定具体的仲裁机构的，应当认定选定了仲裁机构。

2. 仲裁协议仅约定纠纷适用的仲裁规则，但当事人能达成补充协议或能确定仲裁机构的，仲裁协议有效。

3. 仲裁协议约定2个以上仲裁机构的，当事人可以协议选择其中的一个仲裁机构申请仲裁；当事人不能就仲裁机构选择达成一致的，仲裁协议无效。

4. 仲裁协议约定由某地的仲裁机构仲裁：该地只有一个仲裁机构的，仲裁协议视为有效；该地有2个以上仲裁机构，当事人能达成补充协议选择其中一个仲裁机构的，仲裁协议有效。

5. 当事人约定争议可以向仲裁机构申请仲裁也可以向人民法院起诉的，仲裁协议无效。但一方向仲裁机构申请仲裁，另一方未在仲裁庭首次开庭前提出异议的除外。

（三）仲裁协议认定机构

根据中国《仲裁法》第 20 条第 1 款的规定，当事人对仲裁协议的效力有异议的，可以请求仲裁委员会作出决定或者请求人民法院作出裁定。一方请求仲裁委员会作出决定，另一方请求人民法院作出裁定的，由人民法院裁定。

敏而好学：仲裁机构已经认定，当事人向法院申请确认仲裁协议效力或者申请撤销仲裁机构的决定的，人民法院不予受理。（一事不再理）

注意：在仲裁庭首次开庭前没有提出异议，而后向人民法院申请确认仲裁协议无效的，人民法院不予受理。

（四）仲裁协议的法律适用

当事人可以协议选择仲裁协议适用的法律；当事人没有选择的，适用仲裁机构所在地法律或者仲裁地法律。

经典真题

中国 A 公司与甲国 B 公司签订货物买卖合同，约定合同争议提交中国 C 仲裁委员会仲裁，仲裁地在中国，但对仲裁条款应适用的法律未作约定。后因货物质量问题双方发生纠纷，中国 A 公司依仲裁条款向 C 仲裁委提起仲裁，但 B 公司主张仲裁条款无效。根据我国相关法律规定，关于本案仲裁条款的效力审查问题，下列哪些判断是正确的？（2012/1/78）[1]

A. 对本案仲裁条款的效力，C 仲裁委无权认定，只有中国法院有权审查

B. 对本案仲裁条款的效力，如 A 公司请求 C 仲裁委作出决定，B 公司请求中国法院作出裁定的，由中国法院裁定

C. 对本案仲裁条款效力的审查，应适用中国法

D. 对本案仲裁条款效力的审查，应适用甲国法

解题要领

（1）仲裁协议效力的认定机构既可以是仲裁机构，也可以是法院。一方请求仲裁机构，一方请求法院的，由人民法院裁定。

（2）仲裁协议的法律适用规则：当事人可以协议选择仲裁协议适用的法律；当事人没有选择的，适用仲裁机构所在地法律或者仲裁地法律。

确认仲裁条款无效案

案情简介：

2010 年 5 月 15 日，中国强峰贸易有限公司请香港鼎丰公司托运 10 个集装箱的

---

[1] BC

货物，装于“伊丽莎白”号由香港运到广东云浮六都，香港鼎丰公司于2010年5月16日签发提单。该提单背面条款第2条规定：“所有因此提单产生的争议应按照中国法律在中国法院审理或在中国仲裁。”强峰贸易有限公司对该条款作为仲裁条款的效力有异议，认为该条款作为仲裁条款应属无效，申请法院裁定上述条款作为仲裁条款无效。

•判决结果

本案属涉外案件，当事人协议选择的准据法是中华人民共和国法律，故本案应适用中华人民共和国法律。依照《仲裁法》第18、20条和《民事诉讼法》第157条第1款第11项的规定，合议庭认为该仲裁协议无效。但根据《最高人民法院关于适用〈中华人民共和国仲裁法〉若干问题的解释》第4条的规定，如果当事人通过补充协议选择一个确定的仲裁机构，该仲裁协议亦有效。本案审理过程中，当事人并未达成补充协议，故法院最终认定该仲裁协议无效。

•所涉考点

仲裁协议的内容和效力认定。

理论延伸

1. “替代争议解决方式”

替代争议解决方式，是指司法诉讼以外的解决争议的各种方式的总称。替代争议解决方式主要包括：和解、协商、调解、仲裁、无约束力仲裁、调解仲裁、小型审判、借用法官、私人法官、附属法院的仲裁以及简易陪审团审判等。替代争议解决方式一般以当事人自愿为基础，当事人意思自治原则在替代争议解决方式中非常重要。替代争议解决方式由于具有形式多样、程序灵活和快捷、费用低廉等优点，越来越受到国际民商事争议当事人的青睐，是非常流行的解决争议方式。

2. 仲裁的类型

（1）国际仲裁

作为和平解决国家与国家之间争端的一种方法，国际仲裁系当国家之间发生争端时，当事国根据协议，把争端提交给它们自行选择的仲裁人处理，并相互约定遵守其裁决的争端解决方式。国际仲裁属于国际公法研究的范围。1900年设立于荷兰海牙的常设仲裁院，即属处理这类国际仲裁事务的国际机构。

（2）国内仲裁

这是各国以仲裁方式解决纯国内民商事争议的一种仲裁。国内仲裁不含有国际因素或涉外因素，许多国家通过国内立法对国内仲裁加以专门规定。例如，根据我国《仲裁法》的规定，我国已在直辖市、省、自治区政府所在地的市以及其他设区的市设立了大量的国内仲裁机构。国内仲裁属于国内法的研究范围。

（3）国际商事仲裁

它是指含有国际因素或涉外因素的仲裁，是解决国际、跨国或涉外商事争议的仲裁，

有时也称为国际经济贸易仲裁、涉外仲裁、国际仲裁、跨国仲裁。国际商事仲裁属于国际私法的研究范围。

二、国际商事仲裁裁决在外国的执行

1958 年《承认及执行外国仲裁裁决公约》(《纽约公约》)是目前国际上关于承认和执行外国仲裁裁决的最主要的公约。我国于 1986 年加入了该公约，该公约已于 1987 年 4 月 22 日对我国生效。

(一) 中国加入《纽约公约》的保留

仲裁裁决在外国的执行	(1)《纽约公约》成员国	依《纽约公约》(中国提出两个保留的法律后果)：①只承认仲裁地在缔约国内的裁决；②只承认商事仲裁裁决。
	(2) 非《纽约公约》的成员国	当事人向外国法院申请承认和执行，由该国法院根据有关司法协助条约或其本国法律裁定。

(二) 拒绝承认和执行的理由

1. 按照《纽约公约》第 5 条第 1 款的规定，凡外国仲裁裁决有下列情形之一时，被请求承认和执行的国家的主管机关可依被执行人的申请，拒绝承认和执行：

(1) 签订仲裁协议的当事人，根据对他们适用的法律，当时是处于某种无行为能力的情况下；或者根据仲裁协议所选定的准据法，或在未选定准据法时依据裁决地法，该仲裁协议无效。

(2) 被执行人未接到关于指派仲裁员或关于仲裁程序的适当通知，或者由于其他情况未能在案件中进行申辩。

(3) 裁决所处理的事项不是当事人交付仲裁的事项，或者被不包括在仲裁协议规定之内，或者超出了仲裁协议的范围。

(4) 仲裁庭的组成或仲裁程序与当事人之间的协议不符，或者当事人之间没有这种协议时，与仲裁地所在国法律不符。

(5) 裁决尚未发生法律效力，或者裁决已经由作出裁决的国家或根据其法律作出裁决的国家的主管机关撤销或停止执行。

注意：公约规定的拒绝承认和执行的理由是穷尽性的。

2. 按照《纽约公约》第 5 条第 2 款的规定，如果被请求承认和执行地国的主管机关依职权主动查明有下列情形之一时，也可以拒绝承认与执行：

(1) 依照执行地国的法律，争议事项不可以用仲裁的方式加以解决（例如，根据我国《仲裁法》第 3 条的规定，婚姻、收养、监护、扶养、继承纠纷以及依法应当由行政机关处理的行政争议不能用仲裁的方式加以解决）；

(2) 承认和执行该裁决违反承认和执行地国的公共政策。

经典真题

法国某公司依 1958 年联合国《承认及执行外国仲裁裁决公约》，请求中国法院承认与执行

一项国际商会国际仲裁院的裁决。依据该公约及中国相关司法解释，下列哪一表述是正确的？(2013/1/38)[1]

A. 法院应依职权主动审查该仲裁过程中是否存在仲裁程序与仲裁协议不符的情况
B. 该公约第5条规定的拒绝承认及执行外国仲裁裁决的理由是穷尽性的
C. 如该裁决内含有对仲裁协议范围以外事项的决定，法院应拒绝承认执行该裁决
D. 如该裁决所解决的争议属于侵权性质，法院应拒绝承认执行该裁决

解题要领

(1)《纽约公约》第5条；

(2) 中国加入《纽约公约》时的两项保留的后果是“中国只承认仲裁地在《纽约公约》缔约国境内作出的商事仲裁裁决”；

(3) 仲裁法的基本理论。

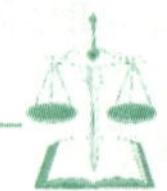

趣味案例

美国哈泼公司诉上海哈泼公司申请承认及执行外国仲裁裁决案

案情简介：

2014年8月18日，美国哈泼公司与上海市出版业协会签订了上海哈泼公司合作经营企业合同，成立了合作企业上海哈泼。合同签订后，上海哈泼严重违约。美国哈泼公司于2015年8月2日向瑞典斯德哥尔摩商会仲裁院提起仲裁申请，要求终止商标许可合同。2016年1月26日，仲裁庭作出裁决。据此，美国哈泼公司请求人民法院承认仲裁院的该项裁决，执行其中有关的裁决项。

上海哈泼公司辩称：该项仲裁裁决不应得到我国人民法院的承认及执行，理由主要为：①仲裁程序与双方仲裁条款的约定不符，属于《纽约公约》第5条第1款第（丁）项规定的的情形，商标许可合同第22条约定提起仲裁的前置条件是双方就合同争议经过45天的协商期，但美国哈泼公司在提出仲裁申请之前根本没有向上海哈泼公司发出任何要进行协商的通知，也没有协商的行为。与双方仲裁协议的约定不符。②仲裁裁决超裁。③仲裁庭的组成与仲裁地所在国法律不符。

• 判决结果

上海市第一中级人民法院认为：本案仲裁裁决系对双方当事人签订的商标许可合同产生纠纷而作出的裁决，该份合同中明确约定：如因本合同的解决或执行而产生争议，双方应尝试首先通过协商解决此项争议，如展开协商后45天内仍不能以上述方法解决争议，任何一方皆可将争议提交瑞典斯德哥尔摩商会仲裁院仲裁。本案中美国哈泼公司所举证据不足以证明其在提起仲裁前与上海哈泼公司进行了45天的协商。仲裁庭在

[1] B

当事人未经协商解决争议的情况下即接受美国哈泼公司的申请受理仲裁案件，与当事人间的仲裁协议不符，即本案仲裁裁决存在着仲裁程序与仲裁协议不符的情形，依据《纽约公约》第 5 条第 1 款第（丁）项的规定，该裁决不应得到我国人民法院的承认和执行。

• 所涉考点

《纽约公约》中拒绝承认和执行外国仲裁裁决的理由。

理论延伸

▷《纽约公约》申请承认和执行的程序

当事人依照 1958 年《纽约公约》规定的条件申请承认和执行外国仲裁裁决的，受理申请的人民法院决定予以承认和执行的，应在受理申请之日起 2 个月内作出裁定，如无特殊情况，应在裁定后 6 个月内执行完毕；决定不予承认和执行的，须按《最高人民法院关于人民法院处理与涉外仲裁及外国仲裁事项有关问题的通知》的有关规定，在裁定不予执行或者拒绝承认和执行之前，必须报请本辖区所属高级人民法院进行审查；如果高级人民法院同意不予执行或者拒绝承认和执行，应将其审查意见报最高人民法院。待最高人民法院答复后，方可裁定不予执行或者拒绝承认和执行。该审查意见应在受理申请之日起 2 个月内上报最高人民法院。

三、法院对仲裁的司法监督

（一）法院对三类仲裁裁决的监督

三类仲裁裁决：国内仲裁裁决、涉外仲裁裁决、外国仲裁裁决。

国内仲裁裁决	国内仲裁机构作出的没有涉外因素的裁决
涉外仲裁裁决	国内仲裁机构作出的有涉外因素的裁决
外国仲裁裁决	外国仲裁机构作出的裁决

• 总　结

1. 我国法院可以依法撤销国内仲裁裁决和涉外仲裁裁决，但不能撤销外国仲裁裁决，对外国仲裁裁决只能拒绝承认和执行。

2. 我国法院撤销国内仲裁裁决的理由与撤销涉外仲裁裁决的理由的异同：

（1）我国法院可以因实体问题撤销国内仲裁裁决，但不能因实体问题撤销涉外仲裁裁决；

（2）我国法院可以因仲裁员道德问题撤销国内仲裁裁决，但不能因仲裁员道德问题撤销涉外仲裁裁决；

（3）两者都可以因程序问题而被撤销。

经典真题

关于仲裁裁决的撤销，根据我国现行法律，下列哪一选项是正确的？（2008/1/38）[1]

A. 我国法院可根据我国法律撤销一项外国仲裁裁决

B. 我国法院撤销涉外仲裁裁决的法定理由之一是裁决事项超出仲裁协议范围

C. 撤销涉外仲裁裁决的法定理由和撤销国内仲裁裁决的法定理由相同

D. 对法院作出的不予执行仲裁裁决的裁定，当事人无权上诉

解题要领

（1）中国法院对外国仲裁裁决和涉外仲裁裁决的监督；

（2）当事人对法院监督结果的救济。

理论延伸

1. 我国法院撤销国内仲裁裁决的理由

根据我国《仲裁法》第58条第1款的规定，对于国内仲裁裁决，当事人提出证据证明裁决有下列情形之一的，可以向仲裁委员会所在地的中级人民法院申请撤销裁决：

（1）没有仲裁协议的；

（2）裁决的事项不属于仲裁协议的范围或者仲裁委员会无权仲裁的；

（3）仲裁庭的组成或者仲裁的程序违反法定程序的；

（4）裁决所根据的证据是伪造的；

（5）对方当事人隐瞒了足以影响公正裁决的证据的；

（6）仲裁员在仲裁该案时有索贿受贿，徇私舞弊，枉法裁决行为的。

2. 我国法院撤销涉外仲裁裁决的理由

根据《仲裁法》第70条的规定，对中华人民共和国仲裁机构作出的涉外裁决，当事人提出证据证明仲裁裁决有下列情形之一的，经人民法院组成合议庭审查核实，裁定撤销：

（1）当事人在合同中没有订有仲裁条款或者事后没有达成书面仲裁协议的；

（2）被申请人没有得到指定仲裁员或者进行仲裁程序的通知，或者由于其他不属于被申请人负责的原因未能陈述意见的；

（3）仲裁庭的组成或者仲裁的程序与仲裁规则不符的；

（4）裁决的事项不属于仲裁协议的范围或者仲裁机构无权仲裁的。

（二）最高人民法院《关于仲裁司法审查案件报核问题的有关规定》（2022年1月1日实施）和《关于审理仲裁司法审查案件若干问题的规定》（2018年1月1日实施）（2018年大纲所增）

案件范围	（1）申请确认仲裁协议效力案件； （2）申请执行我国内地仲裁机构的仲裁裁决案件； （3）申请撤销我国内地仲裁机构的仲裁裁决案件； （4）申请认可和执行香港特别行政区、澳门特别行政区、台湾地区仲裁裁决案件；

[1] B

续表

案件范围	(5) 申请承认和执行外国仲裁裁决案件; (6) 其他仲裁司法审查案件。	
管辖法院	涉外仲裁协议效力	仲裁协议约定的仲裁机构所在地、仲裁协议签订地、申请人住所地、被申请人住所地的中级人民法院或专门人民法院。
		涉及海事海商纠纷仲裁协议效力的案件，由仲裁协议约定的仲裁机构所在地、仲裁协议签订地、申请人住所地、被申请人住所地的海事法院管辖；上述地点无海事法院的，由就近的海事法院管辖。
	外国仲裁裁决的承认和执行	(1) 被申请人住所地或财产所在地中院; (2) 被申请人住所地及财产所在地均不在我国内地，由受理关联案件的法院或受理关联案件的仲裁机构所在地法院管辖。
多个法院管辖	申请人向 2 个以上有管辖权的人民法院提出申请的，由最先立案的人民法院管辖。	
审理方式	人民法院审查仲裁司法审查案件，应当组成合议庭并询问当事人。	
撤回申请	人民法院受理仲裁司法审查案件后，作出裁定前，申请人请求撤回申请的，裁定准许。	
涉外仲裁协议的法律适用	(1) 意思自治优先; (2) 仲裁机构所在地法律或仲裁地法律（当事人没有选择适用的法律，适用仲裁机构所在地的法律与适用仲裁地的法律将对仲裁协议的效力作出不同认定的，人民法院应当适用确认仲裁协议有效的法律）; (3) 当事人没有选择涉外仲裁协议适用的法律，也没有约定仲裁机构或者仲裁地，或者约定不明的，人民法院可以适用中华人民共和国法律认定该仲裁协议的效力。	
裁定效力	人民法院在仲裁司法审查案件中作出的裁定，除不予受理、驳回申请、管辖权异议的裁定外，一经送达即发生法律效力。当事人申请复议、提出上诉或者申请再审的，人民法院不予受理，但法律和司法解释另有规定的除外。(一裁终局)	
法院内部报告制度	适用范围	(1) 认定涉外仲裁协议无效; (2) 撤销或不予执行涉外仲裁裁决; (3) 不予承认和执行外国仲裁裁决。
	涉外（包括涉港澳台案件）	逐级上报最高院，决定权在最高院。
	无涉外因素案件	逐级上报高院，高院裁定（例外：当事人住所地跨省级行政区域，决定权在最高院）。

模拟展望

为提高对涉外仲裁及外国仲裁事项有关问题的裁判的一致性，最高人民法院建立了相关的法院内部报告制度。根据该制度，下列表述不正确的有:[1]

[1] BD

A. 受诉法院如决定拒绝执行一项外国仲裁裁决，应在作出相关裁定前依该制度履行上报手续；拒绝执行外国仲裁裁决的决定权由最高人民法院行使

B. 受诉法院如决定执行一项外国仲裁裁决，亦需依该制度履行上报手续

C. 该制度适用于对涉外仲裁裁决的撤销和重新仲裁的情形

D. 该制度不适用于认定涉及港澳台的合同中的仲裁条款无效的情形

解题要领

（1）人民法院对涉外仲裁作出否定性的结论，需要逐级上报；肯定性的结论，则无需上报。

（2）涉港、澳、台案件比照涉外案件处理。

四、2015年《中国国际经济贸易仲裁委员会仲裁规则》（2015年大纲所增）

1. 多份合同仲裁与合并仲裁		
（1）情形	多份合同仲裁。	合并仲裁。
（2）时间	当事人申请时（仲裁委受案前）。	仲裁委受案后（经一方当事人请求）。
（3）条件	以下条件需同时满足： ①多份合同系主从合同关系；或多份合同所涉当事人相同且法律关系性质相同。 ②争议源于同一交易或同一系列交易。 ③多份合同中的仲裁协议内容相同或相容。	以下条件符合之一即可： ①各案仲裁请求依据同一个仲裁协议提出； ②各案仲裁请求依据相同当事人之间多份相同或相容的仲裁协议提出，且各案的法律性质相同； ③各案仲裁请求依据相同或不相同当事人之间的多份相同或相容的仲裁协议提出，涉及的多份合同为主从合同关系； ④所有案件的当事人均同意合并仲裁。
（4）其他规定		①除非各方当事人另有约定，合并的仲裁案件应合并至最先开始仲裁程序的仲裁案件。 ②仲裁案件合并后，在仲裁庭组成之前，由仲裁委员会仲裁院就程序的进行作出决定；仲裁庭组成后，由仲裁庭就程序的进行作出决定。

2. 追加当事人	
（1）申请人	原仲裁程序的任何一方。
（2）申请时间	仲裁程序的任何阶段均可提出。
（3）决定权	贸仲委。
（4）被追加当事人的权利	①有权提出管辖权异议。 ②仲裁庭组成之前允许追加当事人的，被追加当事人有权参与选定仲裁员（包括首席仲裁员）的程序；仲裁庭组成之后允许追加当事人的，被追加当事人有权选择是否参与重新选定仲裁员的程序。 ③被追加当事人的答辩和反请求期，从其收到追加当事人仲裁通知后开始计算。

续表

3. 简易程序的适用	
（1）一般情形	争议金额不超过 500 万元。
（2）特殊情形	①争议金额超过人民币 500 万元，但一方当事人书面申请且另一方当事人书面同意； ②双方约定适用简易程序； ③没有争议金额或争议金额不明确的，由仲裁委员会根据案件的复杂程度、涉及利益的大小以及其他有关因素综合考虑决定是否适用简易程序。
4. 引入紧急仲裁员程序	
（1）申请救济	根据所适用的法律或当事人的约定，当事人可以依据《中国国际经济贸易仲裁委员会紧急仲裁员程序》（本规则附件三）向仲裁委员会仲裁院申请紧急性临时救济；
（2）决定救济	紧急仲裁员可以决定采取必要或适当的紧急性临时救济措施；
（3）约束力	紧急仲裁员的决定对双方当事人具有约束力。
5. 贸仲委香港仲裁中心管理仲裁案件的程序	
（1）管辖案件的范围	当事人约定将争议提交仲裁委员会香港仲裁中心仲裁，或约定将争议提交仲裁委员会在香港仲裁。
（2）仲裁地	香港，除非当事人另有约定。
（3）仲裁程序适用法	香港仲裁法。
（4）仲裁裁决	香港裁决，裁决书应加盖“中国国际经济贸易仲裁委员会香港仲裁中心”印章。
（5）管辖权异议	当事人对仲裁协议及/或仲裁案件管辖权的异议，应不晚于第一次实体答辩前提出。仲裁庭有权对仲裁协议的存在、效力以及仲裁案件的管辖权作出决定。
（6）仲裁员的选定或指定	①一般在仲裁委现行仲裁员名册中选定； ②但可以在仲裁员名册外选定； ③被选定的仲裁员应经仲裁委员会主任确认。
（7）临时措施和紧急救济	除非当事人另有约定，应一方当事人申请，仲裁庭有权决定采取适当的临时措施。

模拟展望

2015 年 6 月，上海尚达贸易有限公司与香港鼎峰集团签订了一份国际货物买卖合同，合同约定将争议提交中国国际经济贸易仲裁委员会香港仲裁中心，仲裁地在香港。假设双方未就仲裁规则及仲裁协议的法律适用作出约定。现双方因履行合同发生纠纷，根据《涉外法律适用法》及相关司法解释和 2015 年《中国国际经济贸易仲裁委员会仲裁规则》，下列判断错误的有：[1]

〔1〕 ABD

A. 若双方就仲裁协议的效力发生纠纷诉至内地法院，内地法院应适用内地法律来认定仲裁协议的效力

B. 中国国际经济贸易仲裁委员会香港仲裁中心应适用2015年《中国国际经济贸易仲裁委员会仲裁规则》来审理本案

C. 若本案当事人对该仲裁协议的效力有异议，应在第一次实体答辩前提出

D. 若香港鼎峰集团有转移资产的嫌疑，仲裁庭有权依据职权采取适当的紧急措施

解题要领

参见2015年《中国国际经济贸易仲裁委员会仲裁规则》的规定。

我国关于国际民事案件的管辖权规定

一、外国人在中国的民事诉讼地位

（一）以对等为条件的国民待遇原则

根据我国《民事诉讼法》第5条第1款的规定，外国人、无国籍人、外国企业和组织在我国法院起诉、应诉，同我国公民、法人和其他组织有同等的诉讼权利义务。这表明，依照我国法律的规定，在我国进行民事诉讼的外国当事人不能只承担诉讼义务而不享有诉讼权利，也不能只享有诉讼权利而不承担诉讼义务，尤其不能享有特权。

《民事诉讼法》第5条第2款进一步明确规定，外国法院对我国公民、法人和其他组织的民事诉讼权利加以限制的，我国法院对该国公民、企业和组织的民事诉讼权利，实行对等原则。因此，我国采取的是以对等为条件的国民待遇原则。

（二）司法豁免

根据《民事诉讼法》第272条的规定，对享有外交特权与豁免的外国人、外国组织或者国际组织提起的民事诉讼，应当依照我国有关法律和我国缔结或参加的国际条约的规定办理。这一规定涉及国家豁免、外交特权与豁免和国际组织豁免。

最高人民法院2007年5月22日下发《关于人民法院受理涉及特权与豁免的民事案件有关问题的通知》，决定对人民法院受理的涉及特权与豁免的案件建立报告制度。报告方式如下：凡以下列在中国享有特权与豁免的主体为被告、第三人向人民法院起诉的民事案件，人民法院应在决定受理之前，报请本辖区高级人民法院审查；高级人民法院同意受理的，应当将其审查意见报最高人民法院。在最高人民法院答复前，一律暂不受理。

1. 外国国家。
2. 外国驻中国使馆和使馆人员。
3. 外国驻中国领馆和领馆成员。
4. 途经中国的外国驻第三国的外交代表和与其共同生活的配偶及未成年子女。
5. 途经中国的外国驻第三国的领事官员和与其共同生活的配偶及未成年子女。

6. 持有中国外交签证或者持有外交护照（仅限互免签证的国家）来中国的外国官员。
7. 持有中国外交签证或者持有与中国互免签证国家外交护照的领事官员。
8. 来中国访问的外国国家元首、政府首脑、外交部长及其他具有同等身份的官员。
9. 来中国参加联合国及其专门机构召开的国际会议的外国代表。
10. 临时来中国的联合国及其专门机构的官员和专家。
11. 联合国系统组织驻中国的代表机构和人员。
12. 其他在中国享有特权与豁免的主体。

总 结 凡以在中国享有特权与豁免的主体为被告、第三人向人民法院起诉的民事案件，人民法院应在决定受理之前，报请本辖区高级人民法院审查；高级人民法院同意受理的，应当将其审查意见报最高人民法院。在最高人民法院答复前，一律暂不受理。

注意：上述通知仅限于被告、第三人，不包括原告。

经典真题

依据现行的司法解释，我国法院受理对在我国享有特权与豁免的主体起诉的民事案件，须按法院内部报告制度，报请最高人民法院批准。为此，下列表述正确的是：(2008/1/99)[1]

A. 在我国享有特权与豁免的主体若为民事案件中的第三人，该报告制度不适用
B. 若在我国享有特权与豁免的主体在我国从事商业活动，则对其作为被告的民事案件的受理无需适用上述报告制度
C. 对外国驻华使馆的外交官作为原告的民事案件，其受理不适用上述报告制度
D. 若被告是临时来华的联合国官员，则对其作为被告的有关的民事案件的受理不适用上述报告制度

解题要领

参见《最高人民法院关于人民法院受理涉及特权与豁免的民事案件有关问题的通知》的相关规定。

（三）对诉讼语言文字的特殊规定

我国法院在审理涉外民事案件时，应当使用我国通用的语言、文字。当事人要求提供翻译的，可以提供，但费用由当事人自己承担。

（四）外国当事人参加民事诉讼的若干规定

1. 提交材料及身份证明

（1）当事人提交的材料是外文的，应同时向人民法院提交中文翻译件；

（2）外国自然人应提交护照；

（3）外国企业或组织及其诉讼代理人，应提交身份证明，经所在国公证机关公证，并经中国驻该国使领馆认证。（对国籍是与中国没有建立外交关系的外国的当事人，其参加诉讼需经过与中国有外交关系的第三国认证并转交）

---

[1] C

外国自然人	提交护照等身份证件（无需履行公证、认证等证明手续）。	
外国企业或组织及其诉讼代理人	两份证明文件	（1）企业或组织的身份证明； （2）代表参与诉讼的人的身份证明。
	证明手续	（1）所在国与中国有外交关系：所在国公证机关公证→中国驻该国使领馆认证； （2）所在国与中国无外交关系：所在国公证机关公证→与中国有外交关系的第三国驻该国使领馆认证→中国驻该第三国使领馆认证； （3）条约约定的其他证明方式。

2. 外国当事人委托诉讼代理人的限制

（1）外国当事人可以委托本国人或本国律师以非律师身份担任诉讼代理人。

但也必须符合《民事诉讼法》第61条的规定："当事人、法定代理人可以委托1至2人作为诉讼代理人。下列人员可以被委托为诉讼代理人：①律师、基层法律服务工作者；②当事人的近亲属或者工作人员；③当事人所在社区、单位以及有关社会团体推荐的公民。"其结果会导致外国律师仅在符合《民事诉讼法》第61条第2款第2项或第3项规定时，才可以在中国以非律师身份代理民事诉讼。

（2）外国驻华使领馆官员，受本国公民的委托，也可以以个人名义担任诉讼代理人，但在诉讼中不享有外交或者领事特权与豁免。

（3）外国当事人需要委托律师以律师身份代理诉讼的，必须委托我国的律师。

（4）外国当事人不在中国领域内时，外国驻华使领馆官员可以以外交代表身份为其聘请中国律师或中国公民。（此种情况下外国驻华使领馆官员可以享有外交或者领事特权与豁免）

·总　结 外国当事人委托诉讼代理人的限制

委托律师并以律师身份参加	必须委托中国律师。
委托使领馆官员	（1）外国驻华使领馆官员，受本国公民的委托，也可以以个人名义担任诉讼代理人（无外交特权与豁免）； （2）外国驻华使领馆官员可以以外交代表身份为外国当事人聘请中国律师或中国公民（享有外交特权与豁免）。

3. 外国人出具授权委托书的手续

（1）在我国法院法官见证下签署授权委托书，无需履行其他证明手续。

（2）（除法院法官见证情况外）在中国境内签署授权委托书的，需经中国公证机关公证。

（3）在中国境外签署授权委托书的，需履行下列之一的证明手续：

❶所在国与中国有外交关系：所在国公证机关公证→中国驻该国使领馆认证；

❷所在国与中国无外交关系：所在国公证机关公证→与中国有外交关系的第三国驻该

国使领馆认证→中国驻该第三国使领馆认证；

❸条约约定的其他证明方式。

二、涉外民商事案件的管辖权

<table>
<tr><td rowspan="2">1. 普通地域管辖</td><td colspan="2">被告住所地、经常居住地在我国，由我国法院管辖。</td></tr>
<tr><td colspan="2">对不在我国领域内居住的人提起的有关身份关系的诉讼，由原告住所地或经常居住地法院管辖。</td></tr>
<tr><td>2. 特别地域管辖</td><td colspan="2">因涉外民事纠纷，对在中国领域内没有住所的被告提起除身份关系以外的诉讼，如果合同签订地、合同履行地、诉讼标的物所在地、可供扣押财产所在地、侵权行为地、代表机构住所地位于中国领域内，可以由合同签订地、合同履行地、诉讼标的物所在地、可供扣押财产所在地、侵权行为地、代表机构住所地法院管辖。</td></tr>
<tr><td rowspan="2">3. 专属管辖</td><td>民诉法（涉外编）规定</td><td>（1）因在中国领域内设立的法人或者其他组织的设立、解散、清算，以及该法人或者其他组织作出的决议的效力等纠纷提起的诉讼；
（2）因与在中国领域内审查授予的知识产权的有效性有关的纠纷提起的诉讼；
（3）因在中国领域内履行中外合资经营企业合同、中外合作经营企业合同、中外合作勘探开发自然资源合同发生纠纷提起的诉讼。</td></tr>
<tr><td>海事诉讼特别程序法规定</td><td>（1）因沿海港口作业纠纷提起的诉讼，由港口所在地海事法院管辖；
（2）因船舶排放、泄漏、倾倒油类或者其他有害物质，海上生产、作业或者拆船、修船作业造成海域污染损害提起的诉讼，由污染发生地、损害结果地或者采取预防污染措施地海事法院管辖；
（3）因在我国领域和有管辖权的海域履行的海洋勘探开发合同纠纷提起的诉讼，由合同履行地海事法院管辖。</td></tr>
<tr><td rowspan="2">4. 协议管辖</td><td>涉外普通协议管辖</td><td>2023 年修正的《民事诉讼法》第 277 条明确规定，涉外民事纠纷的当事人书面协议选择人民法院管辖的，可以由人民法院管辖。（取消了“实际联系原则”的限制）</td></tr>
<tr><td>海事特别协议管辖</td><td>海事纠纷的当事人都是外国人、无国籍人、外国企业或者组织，当事人书面协议选择我国海事法院管辖的，即使与纠纷有实际联系的地点不在我国领域内，我国海事法院对该纠纷也具有管辖权。</td></tr>
<tr><td>5. 默示接受管辖</td><td colspan="2">2023 年修正的《民事诉讼法》第 278 条规定，当事人未提出管辖异议，并应诉答辩或者提出反诉的，视为人民法院有管辖权。</td></tr>
<tr><td>6. 中国法院放弃管辖权的情形</td><td colspan="2">2023 年修正的《民事诉讼法》第 282 条第 1 款规定，人民法院受理的涉外民事案件，被告提出管辖异议，且同时有下列情形的，可以裁定驳回起诉，告知原告向更为方便的外国法院提起诉讼：
（1）案件争议的基本事实不是发生在中华人民共和国领域内，人民法院审理案件和当事人参加诉讼均明显不方便；</td></tr>
</table>

续表

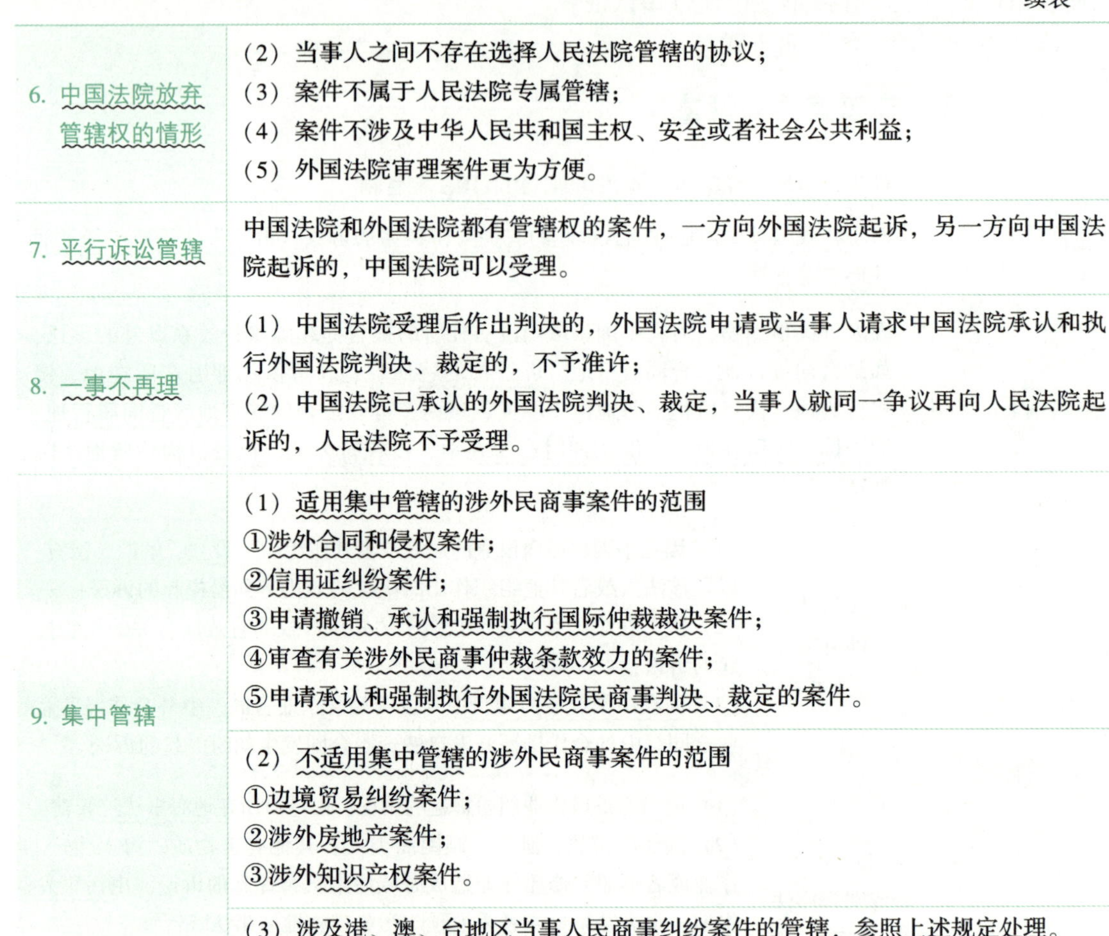

6. 中国法院放弃管辖权的情形	(2) 当事人之间不存在选择人民法院管辖的协议; (3) 案件不属于人民法院专属管辖; (4) 案件不涉及中华人民共和国主权、安全或者社会公共利益; (5) 外国法院审理案件更为方便。
7. 平行诉讼管辖	中国法院和外国法院都有管辖权的案件,一方向外国法院起诉,另一方向中国法院起诉的,中国法院可以受理。
8. 一事不再理	(1) 中国法院受理后作出判决的,外国法院申请或当事人请求中国法院承认和执行外国法院判决、裁定的,不予准许; (2) 中国法院已承认的外国法院判决、裁定,当事人就同一争议再向人民法院起诉的,人民法院不予受理。
9. 集中管辖	(1) 适用集中管辖的涉外民商事案件的范围 ①涉外合同和侵权案件; ②信用证纠纷案件; ③申请撤销、承认和强制执行国际仲裁裁决案件; ④审查有关涉外民商事仲裁条款效力的案件; ⑤申请承认和强制执行外国法院民商事判决、裁定的案件。
	(2) 不适用集中管辖的涉外民商事案件的范围 ①边境贸易纠纷案件; ②涉外房地产案件; ③涉外知识产权案件。
	(3) 涉及港、澳、台地区当事人民商事纠纷案件的管辖,参照上述规定处理。

注意:涉外民事案件的认定:当事人、经常居所地、标的物、法律事实等只要有一个具有涉外因素,即可认定为涉外民事案件。

经典真题

波兰甲公司和中国乙公司签订买卖合同,合同约定争议适用波兰法。后双方发生纠纷,中国乙公司在中国某法院起诉,下列哪些判断是正确的?(2019-回忆版)[1]

A. 甲乙公司应查明并提供波兰法

B. 若波兰甲公司对查明的法律表示异议,应由法院审查认定

C. 双方可以在一审法庭辩论终结前变更适用德国法

D. 若波兰甲公司认为本案由波兰法院管辖更为方便,中国法院应裁定撤诉

解题要领

(1) 外国法查明;

(2) 中国法院放弃管辖权的情形。

[1] ABC

趣味案例

中国强峰公司与路天远洋运输公司货运纠纷案

案情简介：

2013 年 11 月 28 日，中国路天远洋运输公司签发提单，提单记载托运人为中国强峰公司，装货港和接收地为中国大连，卸货港和交付地为美国巴尔的摩。提单背面条款第 29 条第 2 项规定了对美贸易条款：当本提单所记载的运输是开往或者驶离美国时，所有与该运输有关的纠纷必须且只能在美国纽约南区联邦法院提起诉讼和审理。除非本条款有其他规定，本提单项下的所有诉讼均适用美国法律。

2015 年 3 月 11 日，中国强峰公司向大连海事法院起诉称：中国路天远洋运输公司在目的港未按提单约定将货物交付给收货人，给其造成损失，请求判令中国路天远洋运输公司赔偿其损失等。中国路天远洋运输公司则提出管辖权异议，要求大连海事法院驳回中国强峰公司的起诉。

大连海事法院以“海上货物运输合同与提单所选择的美国纽约州没有实际联系”为由，裁定驳回中国路天远洋运输公司的管辖权异议申请。中国路天远洋运输公司不服一审裁定，向辽宁省高级人民法院提起上诉，请求撤销一审裁定，得到支持。

中国强峰公司申诉到最高人民法院。

•判决结果

《民事诉讼法》第 34 条（现为第 35 条）规定：“合同或者其他财产权益纠纷的当事人可以书面协议选择被告住所地、合同履行地、合同签订地、原告住所地、标的物所在地等与争议有实际联系的地点的人民法院管辖，但不得违反本法对级别管辖和专属管辖的规定。”最高人民法院认为，美国纽约南部地区既非提单签发地、运输始发地、目的地，也不是当事人住所地、登记营业地、标的物所在地，与本案争议没有实际联系。中国强峰公司关于涉案管辖条款不符合《民事诉讼法》第 34 条（现为第 35 条）有关实际联系规定的主张，具有事实及法律依据，本院予以支持。故本案中双方协议由纽约南部法院管辖的条款无效，所以中国法院对本案有管辖权。

•所涉考点

国际民事案件的管辖权规定。

三、《最高人民法院关于设立国际商事法庭若干问题的规定》（2019 年所增）

地　位	国际商事法庭是最高人民法院的常设审判机构。
受案范围	（1）当事人依照《民事诉讼法》第 34 条（现为第 35 条）的规定协议选择最高人民法院管辖且标的额为人民币 3 亿元以上的第一审国际商事案件； （2）高级人民法院对其所管辖的第一审国际商事案件，认为需要由最高人民法院审理并获准许的；

续表

受案范围	(3) 在全国有重大影响的第一审国际商事案件; (4) 依照《最高人民法院关于设立国际商事法庭若干问题的规定》第 14 条申请仲裁保全、申请撤销或者执行国际商事仲裁裁决的; (5) 最高人民法院认为应当由国际商事法庭审理的其他国际商事案件。
国际商事案件的认定	(1) 当事人一方或者双方是外国人、无国籍人、外国企业或者组织的; (2) 当事人一方或者双方的经常居所地在中华人民共和国领域外的; (3) 标的物在中华人民共和国领域外的; (4) 产生、变更或者消灭商事关系的法律事实发生在中华人民共和国领域外的。
审判组织	合议庭评议案件;少数服从多数原则;少数意见可以在裁判文书中载明。
适用法律	依照《涉外法律适用法》的规定确定争议适用的实体法律。
域外法律查明	(1) 由当事人提供; (2) 由中外法律专家提供; (3) 由法律查明服务机构提供; (4) 由国际商事专家委员提供; (5) 由与我国订立司法协助协定的缔约对方的中央机关提供; (6) 由我国驻该国使领馆提供; (7) 由该国驻我国使馆提供; (8) 其他合理途径。 通过上述途径提供的域外法律资料以及专家意见,应当依照法律规定在法庭上出示,并充分听取各方当事人的意见。
证据材料	域外证据,均应当庭质证。
	证据材料系英文且经对方当事人同意的,可以不提交中文翻译件。
	国际商事法庭调查收集证据以及组织质证,可以采用视听传输技术及其他信息网络方式。
"一站式"国际商事纠纷解决机制	最高人民法院组建国际商事专家委员会,并选定符合条件的国际商事调解机构、国际商事仲裁机构与国际商事法庭共同构建调解、仲裁、诉讼有机衔接的纠纷解决平台,形成"一站式"国际商事纠纷解决机制。
	当事人协议选择国际商事仲裁机构仲裁的,可以在申请仲裁前或者仲裁程序开始后,向国际商事法庭申请证据、财产或者行为保全。
	国际商事法庭作出的保全裁定,可以指定下级人民法院执行。
审级制度	一审终审;可以向最高院本部申请再审,但应另行组成合议庭。
为当事人提供诉讼便利	电子诉讼服务平台、审判流程信息公开平台、其他诉讼服务平台,支持通过网络方式立案、缴费、阅卷、证据交换、送达、开庭等。

经典真题

中国甲公司和美国乙公司签订 1 亿美元标的额的买卖合同,合同约定发生纠纷由国际商事

法庭管辖，以下表述不正确的是：（2019-回忆版）[1]

A. 国际商事法庭可以调解书结案

B. 国际商事法庭作出的判决，败诉方不能上诉

C. 若双方达成合意，国际商事法庭可以用英文进行案件的审理

D. 因为违反级别管辖，合同中选择国际商事法庭的约定无效

解题要领

《最高人民法院关于设立国际商事法庭若干问题的规定》

四、《最高人民法院关于涉外民商事案件管辖若干问题的规定》（2022 年 8 月 16 日通过，2023 年 1 月 1 日实施）（2023 年大纲增加）

基层法院	一审普通涉外民商事案件，法律、司法解释另有规定的除外。
中　院	（1）北京、天津、上海、江苏、浙江、福建、山东、广东、重庆辖区中院，标的额≥人民币 4000 万元； （2）河北、山西、内蒙古、辽宁、吉林、黑龙江、安徽、江西、河南、湖北、湖南、广西、海南、四川、贵州、云南、西藏、陕西、甘肃、青海、宁夏、新疆辖区中院，解放军各战区、总直属军事法院，新疆维吾尔自治区高院生产建设兵团分院所辖各中院，标的额≥人民币 2000 万元； （3）案情复杂或者一方当事人人数众多的涉外民商事案件； （4）其他在本辖区有重大影响的涉外民商事案件。
高　院	（1）标的额≥人民币 50 亿元或者其他在本辖区有重大影响的第一审涉外民商事案件； （2）高院认为必要的，经最高院批准，可以指定跨区域集中管辖。
其他事项	（1）涉港澳台民商事案件参照适用《最高人民法院关于涉外民商事案件管辖若干问题的规定》； （2）涉外海事海商纠纷、涉外知识产权纠纷、涉外生态环境损害赔偿纠纷及涉外环境民事公益诉讼，不适用《最高人民法院关于涉外民商事案件管辖若干问题的规定》。

专题 35 域外送达与域外取证

一、域外送达

（一）概念

域外送达，是指一国法院根据国际条约或本国法律或按照互惠原则将诉讼文书和非诉讼文书送交给居住在国外的当事人或其他诉讼参与人的行为。诉讼文书的送达是一种重要

[1] CD

的司法行为，是一国司法机关代表国家行使国家主权的表现，具有严格的属地性。因此，域外送达必须通过国际条约和国内法允许的途径送达。

（二）我国法院司法文书的境外送达

我国法院司法文书的境外送达即指我国法院向住所地在境外的当事人送达文书。根据《民事诉讼法》第283条的规定，有以下送达途径：

1. 条约途径。即依据中国和受送达人所在国缔结或共同参加的国际条约中规定的方式送达。

2. 外交途径。即通过我国外交部领事司向受送达人住所地外交部门转递。

注意：有条约关系的，应先依据条约送达；没有条约关系的，才可以通过外交途径进行。

3. 使领馆途径。即委托我国驻受送达人所在国的使领馆向我国公民送达。

注意：使领馆途径仅限于向本国公民送达。

4. 向受送达人本人、法定代表人、主要负责人送达（主要负责人包括该企业、组织的董事、监事、高级管理人员等）。

注意：向受送达人本人、法定代表人、主要负责人的送达仅限于受送达人本人、法定代表人、主要负责人在我国领域出现时，才可以直接向其送达。

5. 向受送达人在本案中委托的诉讼代理人送达。

6. 向独资企业、代表机构、分支机构送达，均无需授权；向业务代办人送达，需授权。

7. 留置送达

人民法院向在内地的受送达人本人、法定代表人、主要负责人、诉讼代理人、独资企业、代表机构、分支机构以及有权接受送达的业务代办人送达司法文书时，可以适用留置送达的方式。

注意：留置送达只适用于第4~6种送达方式。

8. 邮寄送达

应注意以下三点：

（1）受送达人所在国允许邮寄送达的，可以邮寄送达；

（2）邮寄送达的期限是3个月；

（3）自邮寄之日起满3个月，送达回证没有退回，但根据各种情况足以认定已经送达的，期间届满之日视为送达。

9. 能够确认受送达人收悉的电子方式送达，但受送达人所在国法律禁止的除外。

10. 公告送达。不能用上述方式送达的，可以公告送达，自公告之日起满60日，即视为送达。（一审采取公告方式的，二审可径行采取公告方式，但人民法院能够采取公告方式之外的其他方式送达的除外）

注意：公告送达是兜底的送达方式，它不可与其他送达方式并用。而上述的其他九种途径中，人民法院可以同时采取多种方式向受送达人进行送达。

模拟展望

某中国企业因与在境外设立的斯坦利公司的争议向我国法院提起诉讼。根据我国现行司法

解释的规定，关于向斯坦利公司有效送达司法文书的问题，下列哪些选项是正确的?[1]

A. 法院可向该公司设在中国的任何分支机构送达

B. 法院可向该公司设在中国的任何代表机构送达

C. 如该公司的主要负责人位于中国境内时，法院可向其送达

D. 法院可向该公司在中国的诉讼代理人送达

解题要领

(1) 受送达人本人、主要负责人、法定代表人在我国领域出现，可以直接送达。

(2) 向诉讼代理人、代表机构、分支机构送达，原则上无需授权；向业务代办人送达，需经授权。

(三) 外国法院司法文书向我国的送达

外国法院司法文书向我国的送达是指外国法院向住所地在中国的当事人送达文书。根据《民事诉讼法》第 294 条的规定，外国法院向住所地在中国的当事人送达文书只有以下三种途径：

1. 条约途径。即依照该外国和我国缔结或参加的条约所规定的途径送达。

2. 外交途径。即由该国驻华使馆将司法文书交中国外交部领事司转递。

敏而好学：有条约关系的，应先依据条约送达；没有条约关系的，才可以通过外交途径进行。

3. 使领馆途径。外国驻华使领馆可以向该国公民送达文书，但不得违反我国法律，并不得采取强制措施。

注意：我国不接受以下送达方式：①邮寄送达；②利害关系人送达；③外交人员或领事向非派遣国国民送达；④主管人员直接送达。

(四)《关于向国外送达民事或商事司法文书和司法外文书公约》(《海牙送达公约》)

1965 年《海牙送达公约》是目前影响最大的关于域外文书送达的国际公约，我国 1991 年加入该公约。根据该公约以及我国为执行该公约先后施行的两个司法解释，需要注意以下内容：

1.《海牙送达公约》规定的送达途径

图示如下：

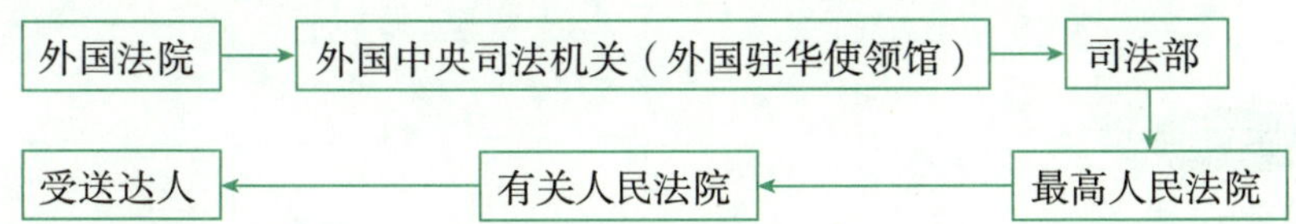

2. 拒绝送达的理由

(1) 被请求国认为执行请求将损害其主权或安全时才可拒绝执行；

(2) 被请求国认为该事项不属于司法机关职权范围。

3. 不能成为拒绝送达的理由

(1) 有关期限已过。

[1] ABCD

（2）专属管辖。

（3）被请求国法律不承认对该事项提起诉讼的权利。

（4）文书未附有中文译本。但受送达人有权以未附中文译本为由拒收。

注意：如文书未附有中文译本：①依据《海牙送达公约》的规定，我国法院不能拒绝送达；②依据中国《民事诉讼法》的规定，我国法院有权拒绝送达。

趣味案例

路树鹏诉美国 Megan Tool 公司专利权转让合同纠纷案

案情简介：

原告路树鹏诉称：2014 年 11 月 12 日，原告与被告美国 Megan Tool 公司在该公司的北京代表处，就原告享有专利权的“碟型超高速太空飞行器”实用新型专利的转让事宜签订了《专利权转让备忘录》。该备忘录签订后，由于被告原因导致转让没有成功。根据该备忘录第 6 条的约定，如果由于被告不尽责导致转让不成功，由被告承担原告的经济损失。故原告诉至法院，请求判决被告美国 Megan Tool 公司赔偿原告经济损失人民币 15 000 元并承担本案诉讼费。

美国 Megan Tool 公司的北京代表处登记的地址为中华人民共和国北京市海淀区苏州街 20 号银丰大厦 2 号楼 208 室。在审理期间，本院根据中华人民共和国有关法律的规定向被告美国 Megan Tool 公司的北京代表处送达起诉状副本及应诉手续，但在前述地址已不能查找到该代表处，现该代表处去向不明。因此，现须通过涉外送达方式向被告美国 Megan Tool 公司送达起诉状副本及应诉手续等诉讼文件，但原告路树鹏拒绝承担提供本案涉外送达所需的相关诉讼文件翻译文本的义务和执行相关程序。

• 判决结果

路树鹏作为本案原告，有义务提供符合要求的相关诉讼文件翻译文本，现由于路树鹏拒绝承担提供符合要求的相关诉讼文件翻译文本的义务，法院无法向被告美国 Megan Tool 公司送达起诉状副本及应诉手续等诉讼文件，致使本案诉讼无法继续进行，故法院依照《民事诉讼法》第 154 条（现为第 157 条）第 1 款第 3 项之规定，裁定驳回路树鹏的起诉。

• 所涉考点

涉外文书送达。

二、域外取证

（一）概念

域外取证，是指基于国际条约或互惠原则，被请求国协助请求国调查案情，获得或收集证据的活动。和域外送达一样，域外取证也是国家行使司法主权的行为，有严格的属地性。我国不仅在双边司法协助条约中对域外取证问题作了规定，而且还于 1997 年参加了

具有广泛影响的《关于从国外调取民事或商事证据的公约》（《海牙取证公约》）。

（二）主要方式

1. 代为取证	（1）应该以请求书方式进行，以条约为基础。 （2）每个国家应指定一个中央司法机关（司法部）。 （3）拒绝理由：①在执行国，该请求书的执行不属于司法机关的职权范围；②被请求国认为，请求书的执行将会损害其主权和安全。 （4）不能拒绝的情况：①被请求国对该案有专属管辖权；②被请求国法律不承认对该事项提起诉讼的权利。
2. 使领馆取证	我国允许，但只能向其本国公民取证，并不得采取强制措施。
3. 特派员取证	受诉法院委派专门的官员在外国调查取证。
4. 自行取证	外国当事人或诉讼代理人在我国境内自行取证。

注意 1：我国原则上不允许特派员取证和自行取证。

注意 2：2023 年修正的《民事诉讼法》（涉外编）还增加了两种取证方式：①即时通讯工具取证（前提：需经双方当事人同意）；②双方当事人同意的其他方式取证。

（三）《海牙取证公约》规定的取证途径

1. 外国向我国取证

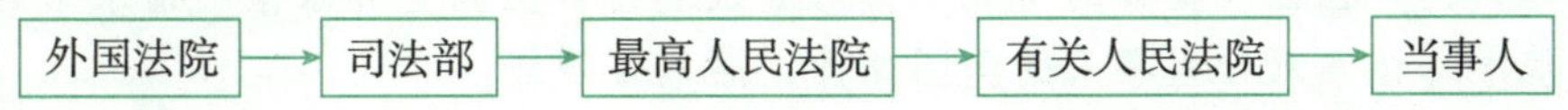

2. 我国向外国取证

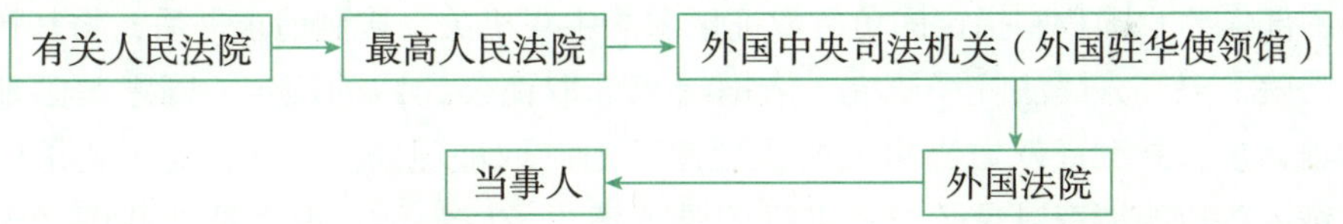

注意：相比《海牙送达公约》，《海牙取证公约》可以跳过请求方的中央司法机关。

经典真题

中国与甲国均为《关于从国外调取民事或商事证据的公约》的缔约国，现甲国法院因审理一民商事案件，需向中国请求调取证据。根据该公约及我国相关规定，下列哪一说法是正确的？（2014/1/39）[1]

A. 甲国法院可将请求书交中国司法部，请求代为取证

B. 中国不能以该请求书不属于司法机关职权范围为由拒绝执行

C. 甲国驻中国领事代表可在其执行职务范围内，向中国公民取证，必要时可采取强制措施

D. 甲国当事人可直接在中国向有关证人获取证人证言

解题要领

（1）代为取证中可以拒绝的理由和不能拒绝的理由；

---

［1］ A

(2) 使领馆取证只能向本国公民取证，并且不得采取强制措施；

(3) 我国不允许自行取证。

趣味案例

美国伊利诺伊州北部地区法院来华取证案

案情简介：

2012年12月14日，美国伊利诺伊州北部地区法院受理了美国Megan Tool公司诉美国哈泼公司案，该案原告诉被告使用虚假原产地证明非法从中国进口并销售碳钢管配件。该案涉及产品的原产地问题。2013年3月25日，该地区法院依1970年3月18日《海牙取证公约》的规定，向中华人民共和国司法部提出协助调查沈阳某容器厂与被告交易情况和相关证人证言的请求。在请求书中，该法院首先介绍了双方当事人的争讼事实，接着详细列举了请求举证的具体内容，包括但不局限于沈阳某容器厂的合同、发票、信用证、运输单证等进出口文件。请求取证的法官特别指出："本法官认为，根据中国对《海牙取证公约》的声明，上述文件与本案的主体具有直接且密切的联系。故本法官请求，将上述文件通过官方指定的官员交给我院。"此外，请求书请求在中方指定的时间和地点，按照中国法院规定的程序，传唤相关证人，并在证人宣誓的情况下，对证人进行口头调查并录像。请求书还要求中国法院准许该案双方当事人的美国律师出席取证现场。

• 判决结果

司法部作为我国政府指定的负责取证请求的中央机关，接到请求书后，将其转交最高人民法院。最高人民法院经研究，依据《海牙取证公约》的规定，同意美国地方法院的取证请求，并准许双方当事人的代理律师出席取证现场。但是，对于要求证人宣誓、对证人的口头调查以录像方式进行的录证请求予以拒绝，理由是"我国尚无有关规定，且无法操作"。

• 所涉考点

1. 域外取证的方式。
2. 代为取证的拒绝理由和不能拒绝的情况。

理论延伸

▷ 关于在我国领域外形成的证据的效力

对于在我国领域外形成的证据的效力，根据已于2019年10月14日修正（自2020年5月1日起施行）的《最高人民法院关于民事诉讼证据的若干规定》第16条的规定，当事人提供的公文书证系在中华人民共和国领域外形成的，该证据应当经所在国公证机关证明，或者履行中华人民共和国与该所在国订立的有关条约中规定的证明手续。中华人民共和国领域外形成的涉及身份关系的证据，应当经所在国公证机关证明并经中华人民共和国

驻该国使领馆认证，或者履行中华人民共和国与该所在国订立的有关条约中规定的证明手续。当事人向人民法院提供的证据是在香港、澳门、台湾地区形成的，应当履行相关的证明手续。《最高人民法院关于民事诉讼证据的若干规定》第 17 条还规定，当事人向人民法院提供外文书证或者外文说明资料，应当附有中文译本。

三、《最高人民法院关于依据国际公约和双边司法协助条约办理民商事案件司法文书送达和调查取证司法协助请求的规定》（2014 年大纲所增）

为正确适用有关国际公约和双边司法协助条约，依法办理民商事案件司法文书送达和调查取证请求，根据《中华人民共和国民事诉讼法》《关于向国外送达民事或商事司法文书和司法外文书的公约》（海牙送达公约）、《关于从国外调取民事或商事证据的公约》（海牙取证公约）和双边民事司法协助条约的规定，结合我国的司法实践，制定本规定。

第 1 条 人民法院应当根据便捷、高效的原则确定依据海牙送达公约、海牙取证公约，或者双边民事司法协助条约，对外提出民商事案件司法文书送达和调查取证请求。

第 2 条 人民法院协助外国办理民商事案件司法文书送达和调查取证请求，适用对等原则。

敏而好学：不再强调双边条约优先原则。

第 3 条 人民法院协助外国办理民商事案件司法文书送达和调查取证请求，应当进行审查。外国提出的司法协助请求，具有海牙送达公约、海牙取证公约或双边民事司法协助条约规定的拒绝提供协助的情形的，人民法院应当拒绝提供协助。

第 4 条 人民法院协助外国办理民商事案件司法文书送达和调查取证请求，应当按照民事诉讼法和相关司法解释规定的方式办理。

请求方要求按照请求书中列明的特殊方式办理的，如果该方式与我国法律不相抵触，且在实践中不存在无法办理或者办理困难的情形，应当按照该特殊方式办理。

第 5 条 人民法院委托外国送达民商事案件司法文书和进行民商事案件调查取证，需要提供译文的，应当委托中华人民共和国领域内的翻译机构进行翻译。

翻译件不加盖人民法院印章，但应由翻译机构或翻译人员签名或盖章证明译文与原文一致。

第 6 条 最高人民法院统一管理全国各级人民法院的国际司法协助工作。高级人民法院应当确定一个部门统一管理本辖区各级人民法院的国际司法协助工作并指定专人负责。中级人民法院、基层人民法院和有权受理涉外案件的专门法院，应当指定专人管理国际司法协助工作；有条件的，可以同时确定一个部门管理国际司法协助工作。

第 7 条 人民法院应当建立独立的国际司法协助登记制度。

第 8 条 人民法院应当建立国际司法协助档案制度。办理民商事案件司法文书送达的送达回证、送达证明在各个转递环节应当以适当方式保存。办理民商事案件调查取证的材料应当作为档案保存。

第 9 条 经最高人民法院授权的高级人民法院，可以依据海牙送达公约、海牙取证公约直接对外发出本辖区各级人民法院提出的民商事案件司法文书送达和调查取证请求。

第 10 条 通过外交途径办理民商事案件司法文书送达和调查取证，不适用本规定。

第 11 条 最高人民法院国际司法协助统一管理部门根据本规定制定实施细则。

第 12 条 最高人民法院以前所作的司法解释及规范性文件，凡与本规定不一致的，按本规定办理。

专题36

外国法院判决的承认和执行

一、中国关于外国法院判决承认和执行的规定

（一）提出方式

中国法院和外国法院作出的判决、裁定，要在对方国家得到承认和执行，可以采用以下两种方式：

1. 当事人提出：当事人可以直接向有管辖权的法院（我国为被执行人住所地或财产所在地中级法院）提出。

2. 法院提出：法院也可以按照条约的规定或互惠原则请求对方国家法院承认和执行。

敏而好学：如果申请中国法院承认和执行外国仲裁机构的仲裁裁决，程序的启动者只能是当事人，而不能是外国仲裁机构。

（二）申请或请求的审查

对于向中国法院申请或者请求承认和执行的外国法院判决、裁定，中国法院应依照中国缔结或者参加的国际条约，或者按照互惠原则进行审查。经审查，认为不违反中国法律的基本原则或者国家主权、安全、社会公共利益的，裁定承认其效力，需要执行的，发出执行令，依照有关规定执行；违反中国法律的基本原则或者国家主权、安全、社会公共利益的，不予承认和执行。

（三）承认和执行的条件

以下条件必须同时具备：

1. 该国与中国存在条约或互惠关系（离婚判决的承认无须此项条件）。

2. 判决已生效。

3. 原判决国法院必须有管辖权。

4. 审判程序公正。

5. 不与我国正在进行的或已经终结的诉讼相冲突。

6. 不违反中国公共秩序。

7. 外国法院判决、裁定为缺席判决、裁定的，申请人应当同时提交该外国法院已经合法传唤的证明文件，但判决、裁定已经对此予以明确说明的除外。

（四）不予承认和执行的救济

如中国对外国法院的判决不予承认和执行，当事人可以向我国法院起诉，由有管辖权的法院作出判决并予以执行。

（五）外国法院离婚判决的承认和执行

1. 法律依据

1990年《最高人民法院关于中国当事人向人民法院申请承认外国法院离婚判决效力

问题的批复》(已废止)、1991年《最高人民法院关于中国公民申请承认外国法院离婚判决程序问题的规定》(2020年最新修正)以及2000年《最高人民法院关于人民法院受理申请承认外国法院离婚判决案件有关问题的规定》(2020年最新修正)。

2. 核心内容

(1) 离婚判决的承认和执行不以双边司法协助协议或互惠关系为基础;

(2) 只承认和执行其外国判决中解除夫妻身份关系的内容。

注意:对外国法院的离婚判决,若依据条约和互惠的请求,符合条件的,承认和执行其全部;若依据我国司法解释提出请求,符合条件的,只承认和执行该外国判决中解除夫妻身份关系的内容。

经典真题

外国公民张女士与旅居该国的华侨王先生结婚,后因感情疏离,张女士向该国法院起诉离婚并获得对其有利的判决,包括解除夫妻关系,以及夫妻财产分割和子女抚养等内容。该外国与中国之间没有司法协助协定。张女士向中国法院申请承认该离婚判决,王先生随后在同一中国法院起诉与张女士离婚。根据我国法律和司法解释,下列哪一选项是错误的?(2008/1/40)[1]

A. 中国法院应依《最高人民法院关于中国公民申请承认外国法院离婚判决程序问题的规定》决定是否承认该判决中解除夫妻身份关系的内容

B. 中国法院应依前项司法解释决定是否执行该判决中解除夫妻身份关系之外的内容

C. 若张女士的申请被驳回,她就无权再提出承认该判决的申请,但可另行向中国法院起诉离婚

D. 中国法院不应受理王先生的离婚起诉

解题要领

涉外离婚判决的承认和执行。

二、《最高人民法院关于适用〈中华人民共和国民事诉讼法〉的解释》涉外编中对执行的相关规定(2015年大纲所增)

1. 申请人申请人民法院执行涉外仲裁裁决、外国仲裁裁决、外国法院判决时,必须提交证明无误的中文文本。

2. 财产保全与证据保全

(1) 财产保全:中国涉外仲裁机构当事人申请财产保全,经人民法院裁定保全的,应当责令申请人提供担保,申请人不提供担保的,裁定驳回申请;

(2) 证据保全:当事人申请证据保全,人民法院经审查认为无需提供担保的,申请人可以不提供担保。

3. 外国法院判决、裁定或外国仲裁机构裁决的承认和执行程序规定

(1) 承认和执行可以分别申请,也可以一并申请;

(2) 当事人仅申请承认而未同时申请执行的,申请执行的期间自人民法院对承认申请

---

[1] B

作出的裁定生效之日起重新计算；

（3）人民法院承认和执行外国法院作出的发生法律效力的判决、裁定或外国仲裁裁决案件的裁定，具有一裁终局的效力，且案件应当组成合议庭进行审查。

趣味案例

尹峰与赵茗茗离婚判决的承认

案情简介：

美籍华人尹峰系美国 Megan Tool 公司执行总裁，赵茗茗系美国莱斯大学新闻专业在读博士生。赵茗茗一次在家中突发高烧，被同在美国的邻居中国人李晓娴救助。李晓娴的丈夫约翰逊是美国当地人，平日嗜酒如命，酒后经常有暴力行为，他们育有5岁儿子李小龙。一日，约翰逊酒后暴力，李晓娴愤怒之下，持刀砍伤了约翰逊，随即警察逮捕了李晓娴，并作出监禁2年的刑罚。入狱前，李晓娴将李小龙托付给了赵茗茗。为了合法与约翰逊争夺李小龙的抚养权，赵茗茗请求尹峰与其假结婚。赵茗茗与尹峰约定假结婚期间为2年，期满两人将协议离婚，婚姻存续期间不发生实质夫妻关系。

2年约定期满，赵茗茗与尹峰协议离婚。根据美国法律，离婚需要拿到法院的判决书。尹峰欺骗赵茗茗法院判决书已送达，赵茗茗放心回国。赵茗茗回国后告知其初恋男友佟子生事情发生的经过，并请求上海市浦东新区人民法院承认和执行美国法院的离婚判决书。

•判决结果

上海市浦东新区人民法院经过审理认定，赵茗茗所持的美国离婚协议并未经过美国法院判决，而只是一份简单的离婚协议，故不予承认和执行该离婚协议，赵茗茗与尹峰的婚姻仍属于有效状态。

•所涉考点

承认和执行外国法院判决的前提条件。

理论延伸

1. 关于申请承认外国法院离婚判决中的程序问题

《最高人民法院关于中国公民申请承认外国法院离婚判决程序问题的规定》对此作出了比较详细的规定，主要有：

（1）适用范围

对与我国没有订立司法协助协议的外国法院作出的离婚判决，中国籍当事人可以根据本规定向人民法院申请承认该外国法院的离婚判决。对与我国有司法协助协议的外国法院作出的离婚判决，按照协议的规定申请承认。外国法院离婚判决中的夫妻财产分割、生活费负担、子女抚养方面判决的承认执行，不适用本规定。

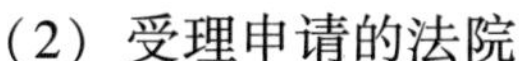

（2）受理申请的法院

申请由申请人住所地中级人民法院受理。申请人住所地与经常居住地不一致的，由经常居住地中级人民法院受理。申请人不在国内的，由申请人原国内住所地中级人民法院受理。

（3）拒绝承认的理由

外国法院的离婚判决具有下列情形之一的，不予承认：

❶判决尚未发生法律效力；

❷作出判决的外国法院对案件没有管辖权；

❸判决是在被告缺席且未得到合法传唤情况下作出的；

❹该当事人之间的离婚案件，我国法院正在审理或已作出判决，或者第三国法院对该当事人之间作出的离婚案件判决已为我国法院所承认；

❺判决违反我国法律的基本原则或者危害我国国家主权、安全和社会公共利益。

2. 关于外资非正常撤离中国相关利益方跨国追究与诉讼的问题

2008 年 11 月 19 日《外资非正常撤离中国相关利益方跨国追究与诉讼工作指引》的主要内容：

（1）外资非正常撤离事件发生后，中方当事人要及时向有关司法主管部门（法院或侦查机关）申请民商事或刑事案件立案。根据案件具体情况，各主管部门可根据各自系统内工作程序及我国和相应国家签订的《民商事司法协助条约》或《刑事司法协助条约》，通过条约规定的中央机关在本国向外方提出司法协助请求。请求外方向位于该国的诉讼当事人送达传票、起诉书等司法文书，调取相关证据，协助调查涉案人员和资金的下落，搜查扣押相关物品等。

（2）不履行正常清算义务给债权人造成损失的，根据《最高人民法院关于适用〈中华人民共和国公司法〉若干问题的规定（二）》的最新规定，作为有限责任公司的股东、股份有限公司的控股股东和董事以及公司实际控制人的外国企业或个人仍应承担相应民事责任，对公司债务承担连带清偿责任。

（3）中方当事人提起的民事诉讼在我国法院胜诉后，如败诉的外国当事人在中国无可供执行的财产，胜诉方可依据中国和相应国家签订的《民商事司法协助条约》的相关规定或依据败诉方在国外的财产所在地的法律，请求外国有管辖权的法院承认和执行中国法院的生效判决、裁定。

（4）我国与外国缔结的《民商事司法协助条约》相互赋予了对方国民与本国国民同等的诉讼权利。中方债权人可据此在已缔结条约的国家提起民事诉讼，有经济困难的我国公民在外诉讼，可根据所在国法律申请相应法律援助。

（5）对极少数恶意逃避欠缴，税额巨大，涉嫌犯罪的嫌疑人员，国家有关主管部门在立案后，可视具体案情通过条约规定的中央机关或外交渠道向犯罪嫌疑人逃往国提出引渡请求或刑事诉讼移转请求，以最大程度地确保犯罪嫌疑人受到法律追究。

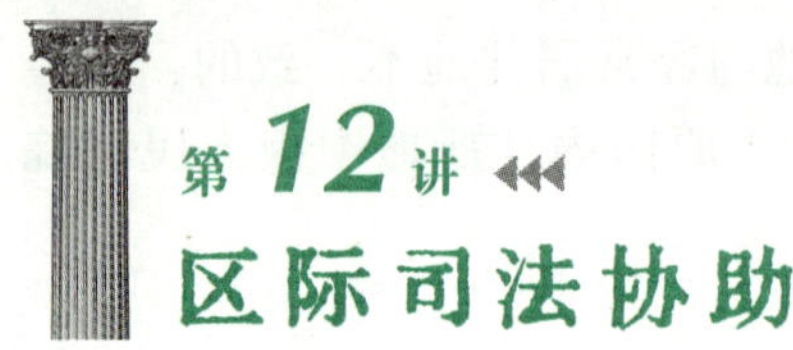

第12讲 区际司法协助

本讲导读

应试指导

我国属于“复合法域国家”，或称“多法域国家”，这种不同法域之间产生的法律冲突被称为区际法律冲突。本讲主要涉及中国内地与香港、澳门特别行政区以及我国台湾地区之间的送达和取证以及中国内地与香港、澳门特别行政区、我国台湾地区之间相互执行法院判决与仲裁裁决等问题。本讲应准确掌握各项区际司法协助安排的内容及相关规则。

考点架构

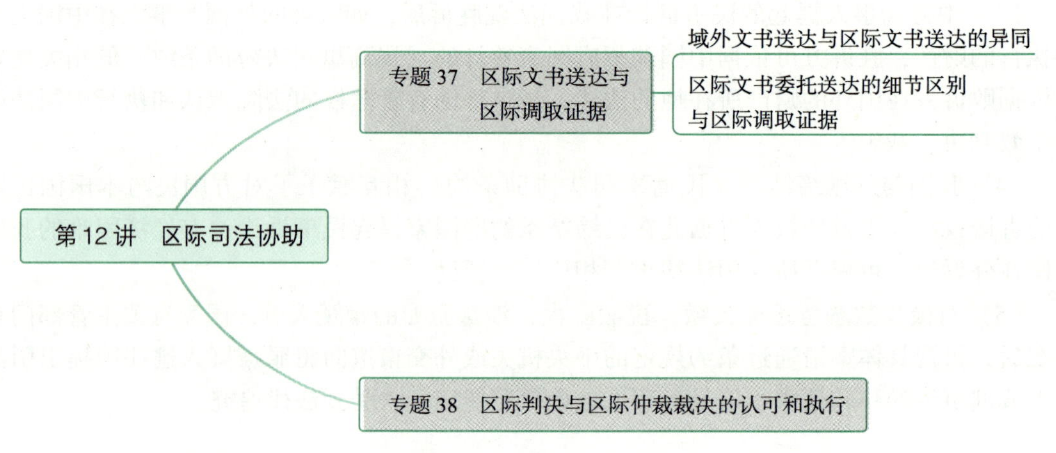

区际文书送达与区际调取证据

一、域外文书送达与区际文书送达的异同

1. 送达方式的异同	(1) 域外送达方式（10 种）	①国际条约；②外交途径；③使领馆；④独资企业、诉讼代理人、代表机构、分支机构；⑤业务代办人（经受送达人授权）；⑥邮寄（受送达人所在国法律允许，3 个月）；⑦公告（兜底方式，60 日）；⑧在我国领域出现的受送达人或其法定代表人、主要负责人；⑨电子方式（确认对方能够收悉）；⑩留置送达。
	(2) 区际送达方式（涉港、澳为 8 种，涉台为 9 种）	①域外送达的 10 种方式中，上述第 4～10 种方式也适用于向港、澳、台的送达； ②涉港、澳、台均可采用“委托送达”方式，但存在区别； ③涉台送达还可采用“指定代收人”方式。
2. 送达细节的总结	(1) 区际邮寄和公告送达：期间都是 3 个月。 (2) 域外邮寄送达：期间 3 个月；域外公告送达，期间 60 日。	

注意：国际条约、外交途径、使领馆送达不能适用于区际文书送达。

经典真题

香港地区甲公司与内地乙公司发生投资纠纷，乙公司诉诸某中级人民法院。陈某是甲公司法定代表人，张某是甲公司的诉讼代理人。关于该案的文书送达及法律适用，下列哪些选项是正确的？（2011/1/79）[1]

A. 如陈某在内地，受案法院必须通过上一级人民法院向其送达

B. 如甲公司在授权委托书中明确表明张某无权代为接收有关司法文书，则不能向其送达

C. 如甲公司在内地设有代表机构的，受案人民法院可直接向该代表机构送达

D. 同时采用公告送达和其他多种方式送达的，应当根据最先实现送达的方式确定送达日期

解题要领

（1）受送达人本人、法定代表人、主要负责人在内地出现，可以直接送达。

（2）向诉讼代理人、代表机构送达，原则上无需授权；向分支机构、业务代办人送达，原则上需经授权。

（3）公告送达是一种兜底的送达方式。

[1] BC

趣味案例

内地法院向香港当事人送达文书案

案情简介：

香港鼎丰公司与内地强峰公司签订了货物买卖合同，但在合同履行过程中由于金融危机和经营不善等原因，鼎丰公司未履行合同条款，导致内地的强峰公司一直没有收到货款，员工工资也一直拖欠。强峰公司多次与香港鼎丰公司进行沟通，希望鼎丰公司履行合同义务，但均无效果。强峰公司遂将鼎丰公司起诉至上海市第一中级人民法院。现上海市第一中级人民法院需要向被告送达有关诉讼文书，已知香港鼎丰公司在内地设有代表机构。

•判决结果

强峰公司向上海市第一中级人民法院提供了文书送达所需的相关文件和香港鼎丰公司的详细信息，但法院经调查发现香港鼎丰公司在内地设有代表机构，所以将文书送达给鼎丰公司在内地的代表机构。

•所涉考点

内地向港、澳、台送达文书的方式。

理论延伸

1.《最高人民法院关于涉港澳民商事案件司法文书送达问题若干规定》中的重点法条

第3条 作为受送达人的自然人或者企业、其他组织的法定代表人、主要负责人在内地的，人民法院可以直接向该自然人或者法定代表人、主要负责人送达。

第4条 除受送达人在授权委托书中明确表明其诉讼代理人无权代为接收有关司法文书外，其委托的诉讼代理人为有权代其接受送达的诉讼代理人，人民法院可以向该诉讼代理人送达。

第5条 受送达人在内地设立有代表机构的，人民法院可以直接向该代表机构送达。

受送达人在内地设立有分支机构或者业务代办人并授权其接受送达的，人民法院可以直接向该分支机构或者业务代办人送达。

第7条 人民法院向受送达人送达司法文书，可以邮寄送达。

邮寄送达时应附有送达回证。受送达人未在送达回证上签收但在邮件回执上签收的，视为送达，签收日期为送达日期。

自邮寄之日起满3个月，虽未收到送达与否的证明文件，但存在本规定第12条规定情形的，期间届满之日视为送达。

自邮寄之日起满3个月，如果未能收到送达与否的证明文件，且不存在本规定第12条规定情形的，视为未送达。

第8条 人民法院可以通过传真、电子邮件等能够确认收悉的其他适当方式向受送达人送达。

第 9 条 人民法院不能依照本规定上述方式送达的，可以公告送达。公告内容应当在内地和受送达人住所地公开发行的报刊上刊登，自公告之日起满 3 个月即视为送达。

第 10 条 除公告送达方式外，人民法院可以同时采取多种法定方式向受送达人送达。

采取多种方式送达的，应当根据最先实现送达的方式确定送达日期。

第 11 条 人民法院向在内地的受送达人或者受送达人的法定代表人、主要负责人、诉讼代理人、代表机构以及有权接受送达的分支机构、业务代办人送达司法文书，可以适用留置送达的方式。

第 12 条 受送达人未对人民法院送达的司法文书履行签收手续，但存在以下情形之一的，视为送达：

（一）受送达人向人民法院提及了所送达司法文书的内容；

（二）受送达人已经按照所送达司法文书的内容履行；

（三）其他可以确认已经送达的情形。

2.《最高人民法院关于内地与香港特别行政区法院相互委托送达民商事司法文书的安排》中的重点法条

第 2 条 双方委托送达司法文书，均须通过各高级人民法院和香港特别行政区高等法院进行。最高人民法院司法文书可以直接委托香港特别行政区高等法院送达。

第 3 条 委托方请求送达司法文书，须出具盖有其印章的委托书，并须在委托书中说明委托机关的名称、受送达人的姓名或者名称、详细地址及案件的性质。

委托书应当以中文文本提出。所附司法文书没有中文文本的，应当提供中文译本。以上文件一式两份。受送达人为 2 人以上的，每人一式两份。

受委托方如果认为委托书与本安排的规定不符，应当通知委托方，并说明对委托书的异议。必要时可以要求委托方补充材料。

第 4 条 不论司法文书中确定的出庭日期或者期限是否已过，受委托方均应送达。委托方应当尽量在合理期限内提出委托请求。

受委托方接到委托书后，应当及时完成送达，最迟不得超过自收到委托书之日起 2 个月。

第 5 条 送达司法文书后，内地人民法院应当出具送达回证；香港特别行政区法院应当出具送达证明书。出具送达回证和证明书，应当加盖法院印章。

受委托方无法送达的，应当在送达回证或者证明书上注明妨碍送达的原因、拒收事由和日期，并及时退回委托书及所附全部文书。

3.《最高人民法院关于涉台民事诉讼文书送达的若干规定》中的重点法条

第 3 条 人民法院向住所地在台湾地区的当事人送达民事诉讼文书，可以采用下列方式：

（一）受送达人居住在大陆的，直接送达。受送达人是自然人，本人不在的，可以交其同住成年家属签收；受送达人是法人或者其他组织的，应当由法人的法定代表人、其他组织的主要负责人或者该法人、组织负责收件的人签收。

受送达人不在大陆居住，但送达时在大陆的，可以直接送达。

（二）受送达人在大陆有诉讼代理人的，向诉讼代理人送达。受送达人在授权委托书中明确表明其诉讼代理人无权代为接收的除外。

（三）受送达人有指定代收人的，向代收人送达。

（四）受送达人在大陆有代表机构、分支机构、业务代办人的，向其代表机构或者经受送达人明确授权接受送达的分支机构、业务代办人送达。

（五）受送达人在台湾地区的地址明确的，可以邮寄送达。

（六）有明确的传真号码、电子信箱地址的，可以通过传真、电子邮件方式向受送达人送达。

（七）按照两岸认可的其他途径送达。

采用上述方式不能送达或者台湾地区的当事人下落不明的，公告送达。

第4条 采用本规定第3条第1款第1、2、3、4项方式送达的，由受送达人、诉讼代理人或者有权接受送达的人在送达回证上签收或者盖章，即为送达；拒绝签收或者盖章的，可以依法留置送达。

第5条 采用本规定第3条第1款第5项方式送达的，应当附有送达回证。受送达人未在送达回证上签收但在邮件回执上签收的，视为送达，签收日期为送达日期。

自邮寄之日起满3个月，如果未能收到送达与否的证明文件，且根据各种情况不足以认定已经送达的，视为未送达。

第9条 人民法院按照两岸认可的有关途径代为送达台湾地区法院的民事诉讼文书的，应当有台湾地区有关法院的委托函。

人民法院收到台湾地区有关法院的委托函后，经审查符合条件的，应当在收到委托函之日起2个月内完成送达。

民事诉讼文书中确定的出庭日期或者其他期限逾期的，受委托的人民法院亦应予送达。

4.《最高人民法院关于审理涉台民商事案件法律适用问题的规定》

第1条 人民法院审理涉台民商事案件，应当适用法律和司法解释的有关规定。

根据法律和司法解释中选择适用法律的规则，确定适用台湾地区民事法律的，人民法院予以适用。

第2条 台湾地区当事人在人民法院参与民事诉讼，与大陆当事人有同等的诉讼权利和义务，其合法权益受法律平等保护。

第3条 根据本规定确定适用有关法律违反国家法律的基本原则或者社会公共利益的，不予适用。

二、区际文书委托送达的细节区别与区际调取证据

	区际文书送达		区际调取证据	
	机　构	期　限	机　构	期　限
涉　港	内地高院⟷香港高等法院 内地最高法⟶香港高等法院	2个月	内地高院⟷香港政务司行政署 内地最高法⟶香港政务司行政署	6个月
涉　澳	内地高院⟷澳门终审法院 内地最高法⟷澳门终审法院 ↓ 包括其授权的内地部分中院和基层法院	2个月	内地高院⟷澳门终审法院 内地最高法⟷澳门终审法院 ↓ 包括其授权的内地部分中院和基层法院	3个月
涉　台	大陆高院⟷台湾地区有关法院	2个月	暂　无	暂　无

注意：区际调取证据：涉港、涉澳有委托取证的安排，程序上与委托送达一致，

但涉港时间为6个月，涉澳时间为3个月。涉港委托取证的安排为2017年大纲所增，具体内容见下表。

三、涉港调取证据的考点（2017年大纲所增）

1. 机构	内地高院⟷香港政务司行政署 内地最高法→香港政务司行政署
	内地人民法院委托香港特别行政区法院提取证据，应当提供加盖最高人民法院或者高级人民法院印章的委托书。
	香港特别行政区法院委托内地人民法院提取证据，应当提供加盖香港特别行政区高等法院印章的委托书。
2. 期限	自收到委托书之日起6个月。
3. 文本	委托书及所附相关材料应当以中文文本提出。
4. 用途	委托方获得的证据材料只能用于委托书所述的相关诉讼。
5. 取证方式	受委托方应当根据本辖区法律规定安排取证；委托方请求按照特殊方式提取证据的，如果受委托方认为不违反本辖区的法律规定，可以按照委托方请求的方式执行。
6. 要求取证到场规则	如果委托方请求其司法人员、有关当事人及其诉讼代理人（法律代表）在受委托方取证时到场，以及参与录取证言，受委托方可以按照其辖区内相关法律规定予以考虑批准；批准同意的，受委托方应当将取证时间、地点通知委托方联络机关。
7. 委托费用的承担	（1）受委托方因执行受托事项产生的一般性开支，由受委托方承担； （2）受委托方因执行受托事项产生的翻译费用、专家费用、鉴定费用、应委托方要求的特殊方式取证所产生的额外费用等非一般性开支，由委托方承担； （3）如果受委托方认为执行受托事项或会引起非一般性开支，应先与委托方协商，以决定是否继续执行受托事项。

模拟展望

南京市中级人民法院受理一涉港居间合同纠纷案件，案件审理过程中，原告强峰公司需要申请法院调取香港的有关证据。根据2017年3月1日生效的《最高人民法院关于内地与香港特别行政区法院就民商事案件相互委托提取证据的安排》的规定，下列说法不正确的有：[1]

A. 南京市中级人民法院可以直接将委托书递交香港高等法院

B. 香港高等法院为香港特区的联络机关

C. 香港特区的联络机关应当自委托书发出之日起6个月内完成受托事项

D. 香港特区的联络机关因执行受托事项而产生的翻译费由受托方承担

解题要领

涉港调取证据的考点。

---

〔1〕 ABCD

四、《最高人民法院关于修改〈关于内地与澳门特别行政区法院就民商事案件相互委托送达司法文书和调取证据的安排〉的决定》（2020年大纲所增）

1. 增加内地机构：最高院授权的部分中院和基层法院。

2. 增加新的取证方式：音视频取证（委托方请求+证人、鉴定人同意，受委托方可以协助安排）。

3. 细化若干条款：

（1）委托书及所附文件应先通过司法协助网络平台以电子方式转递；不能通过司法协助网络平台以电子方式转递的，采用邮寄方式。

（2）委托书上法院印章和法官签名具有同等效力。

（3）无法送达或取证时应及时退回委托书及所附全部文件。

模拟展望

内地中级法院审理一起涉及澳门特别行政区企业的商事案件，需委托澳门特别行政区法院进行司法协助。关于该司法协助事项，下列哪些表述是正确的？[1]

A. 该案件司法文书送达的委托，应通过该内地中级法院所属高级法院转交澳门特别行政区终审法院

B. 澳门特别行政区终审法院有权要求该内地中级法院就其中文文本的委托书提供葡萄牙语译本

C. 该内地中级法院可以请求澳门特别行政区法院协助调取与该案件有关的证据

D. 在受委托方法院执行委托调取证据时，该内地中级法院司法人员经过受委托方允许可以出席并直接向证人提问

解题要领

（1）《最高人民法院关于内地与澳门特别行政区法院就民商事案件相互委托送达司法文书和调取证据的安排》的相关规定；

（2）《最高人民法院关于修改〈关于内地与澳门特别行政区法院就民商事案件相互委托送达司法文书和调取证据的安排〉的决定》。

理论延伸

▶ 2020年修正的《最高人民法院关于内地与澳门特别行政区法院就民商事案件相互委托送达司法文书和调取证据的安排》中的重点法条

第2条 双方相互委托送达司法文书和调取证据，通过各高级人民法院和澳门特别行政区终审法院进行。最高人民法院与澳门特别行政区终审法院可以直接相互委托送达和调取证据。

经与澳门特别行政区终审法院协商，最高人民法院可以授权部分中级人民法院、基层人民法院与澳门特别行政区终审法院相互委托送达和调取证据。

---

〔1〕 CD

第5条 委托书应当以中文文本提出。所附司法文书及其他相关文件没有中文文本的，应当提供中文译本。

第6条 委托方法院应当在合理的期限内提出委托请求，以保证受委托方法院收到委托书后，及时完成受托事项。

受委托方法院应当优先处理受托事项。完成受托事项的期限，送达文书最迟不得超过自收到委托书之日起2个月，调取证据最迟不得超过自收到委托书之日起3个月。

第7条 受委托方法院应当根据本辖区法律规定执行受托事项。委托方法院请求按照特殊方式执行委托事项的，受委托方法院认为不违反本辖区的法律规定的，可以按照特殊方式执行。

第9条 受委托方法院收到委托书后，不得以其本辖区法律规定对委托方法院审理的该民商事案件享有专属管辖权或者不承认对该请求事项提起诉讼的权利为由，不予执行受托事项。

受委托方法院在执行受托事项时，发现该事项不属于法院职权范围，或者内地人民法院认为在内地执行该受托事项将违反其基本法律原则或社会公共利益，或者澳门特别行政区法院认为在澳门特别行政区执行该受托事项将违反其基本法律原则或公共秩序的，可以不予执行，但应当及时向委托方法院书面说明不予执行的原因。

第13条 不论委托方法院司法文书中确定的出庭日期或者期限是否已过，受委托方法院均应当送达。

专题38

区际判决与区际仲裁裁决的认可和执行

一、区际判决与区际仲裁裁决认可和执行的简单比对

	类别	涉港	涉澳	涉台
区际判决的认可和执行	依据	2019安排	2006安排	2015规定
	对象	民商事性质的案件、刑事案件中有关民事赔偿的生效判决。	民商事判决、内地劳动仲裁裁决、刑事案件中民事部分。	民事判决、裁定、和解笔录、调解笔录、支付命令等。
	管辖法院	内地：申请人住所地、被申请人住所地和财产所在地中级法院。	内地：被申请人住所地、经常居住地和财产所在地中级法院。	大陆地区：申请人住所地、经常居住地或者被申请人住所地、经常居住地、财产所在地中级法院或者专门法院。
		香港：高等法院。	澳门：中级法院认可，初级法院执行。	无规定

续表

<table>
<tr><th></th><th>类　别</th><th>涉　港</th><th>涉　澳</th><th>涉　台</th></tr>
<tr><td rowspan="2">区际判决的认可和执行</td><td>执行期限</td><td colspan="3">2年</td></tr>
<tr><td>两地法院是否都有管辖权</td><td>（是）同时分别申请执行，不超过总额。</td><td>（否）可以向一地申请执行，向另一地申请查封、扣押和冻结等。</td><td>无规定</td></tr>
<tr><td rowspan="5">区际仲裁裁决的认可和执行</td><td>依　据</td><td>2000安排
2020补充安排</td><td>2008安排</td><td>2015规定</td></tr>
<tr><td rowspan="2">管辖法院</td><td>内地：被申请人住所地或财产所在地中级法院。</td><td>内地：被申请人住所地、经常居住地或财产所在地中级法院。</td><td>申请人住所地、经常居住地或被申请人住所地、经常居住地、财产所在地中级法院或者专门法院。</td></tr>
<tr><td>香港：高等法院。</td><td>澳门：中级法院认可，初级法院执行。</td><td>无规定</td></tr>
<tr><td>执行期限</td><td colspan="3">2年</td></tr>
<tr><td>两地法院是否都有管辖权</td><td>（是）可以分别向两地法院申请。</td><td>（是）可以向两地法院申请，但仲裁地法院先执行清偿。</td><td>无规定</td></tr>
</table>

注意：两地法院是否都有管辖权是指内地的法院和香港或澳门法院是否同时都有管辖权，而不是指一地的2个或多个法院。

经典真题

上海甲公司作为卖方和澳门乙公司订立了一项钢材购销合同，约定有关合同的争议在中国内地仲裁。乙公司在内地和澳门均有营业机构。双方发生争议后，仲裁庭裁决乙公司对甲公司进行赔偿。乙公司未在规定的期限内履行仲裁裁决。关于甲公司对此采取的做法，下列哪些选项是正确的？（2008/1/81）[1]

A. 向内地有管辖权的中级人民法院申请执行该仲裁裁决

B. 向澳门特别行政区中级法院申请执行该仲裁裁决

C. 分别向内地有管辖权的中级人民法院和澳门特别行政区中级法院申请执行仲裁裁决

D. 向澳门特别行政区初级法院申请执行该仲裁裁决

解题要领

《最高人民法院关于内地与澳门特别行政区相互认可和执行仲裁裁决的安排》的相关规定。

〔1〕 ABC

二、《最高人民法院关于内地与香港特别行政区法院相互认可和执行婚姻家庭民事案件判决的安排》（2018年大纲所增）

<table>
<tr><td rowspan="3">管辖法院</td><td>内　地</td><td>申请人住所地、经常居住地或被申请人住所地、经常居住地、财产所在地中院。</td></tr>
<tr><td>香　港</td><td>香港区域法院。</td></tr>
<tr><td colspan="2">当事人向一地的2个以上有管辖权的法院提出申请的，由最先立案的法院管辖。</td></tr>
<tr><td>不予认可和执行的理由</td><td colspan="2">（1）根据原审法院地法律，被申请人未经合法传唤，或者虽经合法传唤但未获得合理的陈述、辩论机会的；
（2）判决是以欺诈方法取得的；
（3）被请求方法院受理相关诉讼后，请求方法院又受理就同一争议提起的诉讼并作出判决的；
（4）被请求方法院已经就同一争议作出判决，或者已经认可和执行其他国家和地区法院就同一争议所作出的判决的；
（5）明显违反内地或者香港特别行政区法律的基本原则或者社会公共利益的。</td></tr>
<tr><td>部分执行</td><td colspan="2">被请求方法院不能对判决的全部判项予以认可和执行时，可以认可和执行其中的部分判项。</td></tr>
<tr><td>期　限</td><td colspan="2">判决生效或规定的履行期届满后2年。</td></tr>
<tr><td>中文译本</td><td colspan="2">内地必须提供中文译本，香港特别行政区无要求。</td></tr>
<tr><td>管辖权</td><td colspan="2">两地法院同时有管辖权（但两地法院执行财产的总额不能超过判决数额）。</td></tr>
<tr><td rowspan="2">对法院认可与否裁定不服的救济</td><td>内　地</td><td>向上一级法院提起复议。</td></tr>
<tr><td>香　港</td><td>可以上诉。</td></tr>
</table>

模拟展望

根据《最高人民法院关于内地与香港特别行政区法院相互认可和执行婚姻家庭民事案件判决的安排》的规定，下列说法哪些是错误的？[1]

A. 该安排仅适用于内地人民法院或香港特别行政区法院在具有书面管辖协议的婚姻家庭民事案件中作出的需要执行的终审判决的认可和执行

B. 被请求方法院必须对判决的全部判项予以认可和执行

C. 申请人向内地和香港法院提交的文件没有中文文本的，均应提交证明无误的中文译本

D. 当事人对认可和执行与否的裁定不服的，在内地可以向上一级法院申请复议，在香港可依其法律规定提出上诉

解题要领

《最高人民法院关于内地与香港特别行政区法院相互认可和执行婚姻家庭民事案件判决的安排》。

---

〔1〕 ABC

三、《最高人民法院、香港特别行政区政府关于内地与香港特别行政区法院相互认可和执行民商事案件判决的安排》（2019年1月18日签署）（2019年大纲所增）

<table>
<tr><td rowspan="2">适用范围</td><td colspan="3">民商事性质的案件、刑事案件中有关民事赔偿的生效判决。</td></tr>
<tr><td>八类
不适用</td><td colspan="2">（1）内地人民法院审理的赡养、兄弟姐妹之间扶养、解除收养关系、成年人监护权、离婚后损害责任、同居关系析产案件，香港特别行政区法院审理的应否裁判分居的案件；
（2）继承案件、遗产管理或者分配的案件；
（3）内地人民法院审理的有关发明专利、实用新型专利侵权的案件，香港特别行政区法院审理的有关标准专利（包括原授专利）、短期专利侵权的案件，内地与香港特别行政区法院审理的有关确认标准必要专利许可费率的案件，以及有关本安排第5条未规定的知识产权案件；
（4）海洋环境污染、海事索赔责任限制、共同海损、紧急拖航和救助、船舶优先权、海上旅客运输案件；
（5）破产（清盘）案件；
（6）确定选民资格、宣告自然人失踪或者死亡、认定自然人限制或者无民事行为能力的案件；
（7）确认仲裁协议效力、撤销仲裁裁决案件；
（8）认可和执行其他国家和地区判决、仲裁裁决的案件。</td></tr>
<tr><td rowspan="2">对　象</td><td>内　地</td><td>判决、裁定、调解书、支付令，不包括保全裁定。</td><td>（1）第二审判决；
（2）依法不准上诉或者超过法定期限没有上诉的第一审判决；
（3）依照审判监督程序作出的上述判决。</td></tr>
<tr><td>香　港</td><td>判决、命令、判令、讼费评定证明书，不包括禁诉令、临时济助命令。</td><td>终审法院、高等法院上诉法庭及原讼法庭、区域法院以及劳资审裁处、土地审裁处、小额钱债审裁处、竞争事务审裁处作出的已经发生法律效力的判决。</td></tr>
<tr><td rowspan="3">管辖法院</td><td rowspan="2">内　地</td><td colspan="2">申请人住所地或被申请人住所地、财产所在地中级法院。</td></tr>
<tr><td colspan="2">申请人向2个以上有管辖权的法院提出申请的，由最先立案的法院管辖。</td></tr>
<tr><td>香　港</td><td colspan="2">香港高等法院。</td></tr>
<tr><td>不予认可和执行的理由</td><td>应当
不予认可</td><td colspan="2">（1）原审法院对有关诉讼的管辖不符合本安排第11条规定的；
（2）依据原审法院地法律，被申请人未经合法传唤，或者虽经合法传唤但未获得合理的陈述、辩论机会的；
（3）判决是以欺诈方法取得的；
（4）被请求方法院受理相关诉讼后，原审法院又受理就同一争议提起的诉讼并作出判决的；
（5）被请求方法院已经就同一争议作出判决，或者已经认可其他国家和地区就同一争议作出的判决的；</td></tr>
</table>

续表

不予认可和执行的理由	应当不予认可	(6) 被请求方已经就同一争议作出仲裁裁决，或者已经认可其他国家和地区就同一争议作出的仲裁裁决的； (7) 内地人民法院认为认可和执行香港特别行政区法院判决明显违反内地法律的基本原则或者社会公共利益，香港特别行政区法院认为认可和执行内地人民法院判决明显违反香港特别行政区法律的基本原则或者公共政策的，应当不予认可和执行。
	可以不予认可	申请认可和执行的判决，被申请人提供证据证明在原审法院进行的诉讼违反了当事人就同一争议订立的有效仲裁协议或者管辖协议的，被请求方法院审查核实后，可以不予认可和执行。
部分执行	被请求方法院不能认可和执行判决全部判项的，可以认可和执行其中的部分判项。	
期　　限	依据被请求方法律规定；均为判决生效或规定的履行期届满后 2 年。	
中文译本	内地必须提供中文译本，香港特别行政区无要求。	
管辖权	两地法院同时有管辖权（但两地法院执行财产的总额不能超过判决数额）。	
对法院认可与否裁定不服的救济	内　地	向上一级法院提起复议。
	香　港	可以上诉。

四、《最高人民法院关于内地与香港特别行政区法院就仲裁程序相互协助保全的安排》（2019 年 10 月 1 日生效）（2020 年大纲所增）

1. “保全”包括财产保全、证据保全、行为保全。

2. 本安排所称“香港仲裁程序”，应当以香港特别行政区为仲裁地，负责管理的机构或常设办事处的名单由香港特别行政区政府向最高人民法院提供，并经双方确认。

3. 管辖法院

(1) 内地：被申请人住所地、财产所在地或者证据所在地的内地中级人民法院；

(2) 香港：香港特别行政区高等法院。

注意：向内地人民法院提交的文件没有中文文本的，应当提交准确的中文译本。

4. 提供担保

(1) 内地人民法院可以要求申请人提供担保等；

(2) 香港特别行政区法院可以要求申请人作出承诺、就费用提供保证等。

5. 程序、救济方式：依被请求方法律规定。

五、《最高人民法院关于内地与澳门特别行政区就仲裁程序相互协助保全的安排》（2022 年大纲所增）

1. 本安排所指的“保全”，在内地包括财产保全、证据保全、行为保全；在澳门特别行政区包括为确保受威胁的权利得以实现而采取的保存或者预行措施。

2. 本安排所称“仲裁程序”，是指按照澳门特别行政区仲裁法规向澳门特别行政区仲裁机构提起的民商事仲裁程序。

3. 管辖法院

（1）内地：被申请人住所地、财产所在地或者证据所在地的内地中级人民法院；

（2）澳门：澳门特别行政区初级法院。

注意：向内地人民法院提交的文件没有中文文本的，应当提交中文译本；向澳门法院应当提交澳门特别行政区的其中一种正式语文的译本。

4. 提供担保

可以按照被请求方法律规定要求申请人提供担保。

5. 程序、救济方式、费用缴纳

依被请求方法律规定。

经典真题

内地甲公司和澳门乙公司签订一份买卖合同，约定适用 CFR 贸易术语。现甲公司与乙公司就合同履行发生纠纷，甲公司向澳门特别行政区申请仲裁。依据《最高人民法院关于内地与澳门特别行政区就仲裁程序相互协助保全的安排》以及内地与澳门特别行政区的相关区际司法协助协议的规定，下列判断正确的有：（2022-回忆版）[1]

A. 甲公司向澳门特别行政区法院申请财产保全，应当由澳门特别行政区初级法院管辖

B. 甲公司向内地人民法院申请证据保全，应当由内地中级人民法院管辖

C. 就该仲裁裁决的结果，甲公司可同时向内地人民法院和澳门地区法院申请承认和执行

D. 就该仲裁裁决的结果，若向澳门地区法院申请承认和执行，应由澳门特别行政区初级法院认可和执行

解题要领

（1）《最高人民法院关于内地与澳门特别行政区就仲裁程序相互协助保全的安排》；

（2）《最高人民法院关于内地与澳门特别行政区相互认可和执行仲裁裁决的安排》。

六、涉台判决与涉台仲裁裁决的认可和执行（2016 年大纲所增）

	涉台判决	涉台仲裁裁决
1. 依据	2015 年《最高人民法院关于认可和执行台湾地区法院民事判决的规定》。	2015 年《最高人民法院关于认可和执行台湾地区仲裁裁决的规定》。
2. 对象	民事判决、裁定、和解笔录、调解笔录、支付命令等。	仲裁判断、仲裁和解和仲裁调解（包括常设仲裁与临时仲裁）。
3. 一事不再理	（1）人民法院受理认可台湾地区法院民事判决的申请后，当事人就同一争议起诉的，不予受理； （2）一方当事人向人民法院起诉后，另一方当事人向人民法院申请认可的，对于认可的申请不予受理。	（1）人民法院受理认可台湾地区仲裁裁决的申请后，当事人就同一争议起诉的，不予受理； （2）当事人未申请认可，而是就同一争议向人民法院起诉的，亦不予受理，但仲裁协议无效的除外。

[1] ABC

续表

	涉台判决	涉台仲裁裁决
4. 平行管辖	案件虽经台湾地区有关法院判决，但当事人未申请认可，而是就同一争议向人民法院起诉的，应予受理。	无规定
5. 不予认可的情形	(1) 申请认可的民事判决，是在被申请人缺席又未经合法传唤或者在被申请人无诉讼行为能力又未得到适当代理的情况下作出的； (2) 案件系人民法院专属管辖的； (3) 案件双方当事人订有有效仲裁协议，且无放弃仲裁管辖情形的； (4) 案件系人民法院已作出判决或者中国大陆的仲裁庭已作出仲裁裁决的； (5) 香港特别行政区、澳门特别行政区或者外国的法院已就同一争议作出判决且已为人民法院所认可或者承认的； (6) 台湾地区、香港特别行政区、澳门特别行政区或者外国的仲裁庭已就同一争议作出仲裁裁决且已为人民法院所认可或者承认的； (7) 认可该民事判决将违反一个中国原则等国家法律的基本原则或者损害社会公共利益的。	(1) 仲裁协议一方当事人依对其适用的法律在订立仲裁协议时属于无行为能力的；或者依当事人约定的准据法，或当事人没有约定适用的准据法而依台湾地区仲裁规定，该仲裁协议无效的；或者当事人之间没有达成书面仲裁协议的，但申请认可台湾地区仲裁调解的除外。 (2) 被申请人未接到选任仲裁员或进行仲裁程序的适当通知，或者由于其他不可归责于被申请人的原因而未能陈述意见的。 (3) 裁决所处理的争议不是提交仲裁的争议，或者不在仲裁协议范围之内；或者裁决载有超出当事人提交仲裁范围的事项的决定，但裁决中超出提交仲裁范围的事项的决定与提交仲裁事项的决定可以分开的，裁决中关于提交仲裁事项的决定部分可以予以认可。 (4) 仲裁庭的组成或者仲裁程序违反当事人的约定，或者在当事人没有约定时与台湾地区仲裁规定不符的。 (5) 裁决对当事人尚无约束力，或者业经台湾地区法院撤销或者驳回执行申请的。 (6) 依据国家法律，该争议事项不能以仲裁解决的，或者认可该仲裁裁决将违反一个中国原则等国家法律的基本原则或损害社会公共利益的。
6. 裁定不予认可或者驳回申请的救济	一经送达即发生法律效力。但当事人不服的，可以自裁定送达之日起 10 日内向上一级人民法院申请复议，也可就同一争议向人民法院起诉。	一经送达即发生法律效力。无复议程序。但当事人可以根据双方重新达成的仲裁协议申请仲裁，也可以就同一争议向人民法院起诉。
7. 相同点	(1) 内地的管辖法院：申请人住所地、经常居住地或者被申请人住所地、经常居住地、财产所在地中级人民法院或者专门人民法院； (2) 裁定不予受理的救济：提起上诉； (3) 申请人撤回申请的：人民法院作出裁定前，申请人请求撤回申请的，可以裁定准许；	

续表

	涉台判决	涉台仲裁裁决
7. 相同点	(4) 调查取证：当事人申请法院或者法院依职权调查取证； (5) 保全措施：人民法院受理认可台湾地区判决或仲裁裁决的申请之前或者之后，申请人均可申请保全措施，具体按照《民事诉讼法》及相关司法解释的规定； (6) 仅申请认可未申请执行：申请执行的期间自人民法院对认可申请作出的裁定生效之日起重新计算； (7) 执行期限：2年。	

模拟展望

关于内地与台湾地区之间法院判决的认可，依2015年《最高人民法院关于认可和执行台湾地区法院民事判决的规定》的规定，下列选项正确的有：[1]

A. 当事人应当在判决生效后1年内申请人民法院认可

B. 案件虽经台湾地区有关法院判决，但当事人未申请认可，而是就同一争议向人民法院起诉的，应予受理

C. 人民法院作出的不予受理认可台湾地区法院判决的裁定，当事人不服的，可以提起上诉

D. 人民法院作出的不予认可台湾地区法院判决的裁定，一经送达即发生法律效力。但当事人不服的，可以向上一级法院申请复议

解题要领

参见2015年《最高人民法院关于认可和执行台湾地区法院民事判决的规定》的相关规定。

趣味案例

区际仲裁裁决的认可和执行
——香港鼎丰公司与内地强峰公司仲裁裁决执行案

案情简介：

香港鼎丰公司与内地强峰公司发生争议，并就争议事项提交中国国际经济贸易仲裁委员会（CIETAC），仲裁庭受理后，作出对香港鼎丰公司不利的裁决，鼎丰公司不服，向北京中院提出撤销裁决的申请。1997年1月23日，北京中院认为该裁决符合法律的规定，仲裁程序也符合仲裁规则的规定，驳回了申请人的申请。其后，鼎丰公司根据香港《仲裁条例》第44(2)(c)条的规定，以CIETAC仲裁庭指定的专家在内地进行设备鉴定时强峰公司有代理人在场，而鼎丰公司没有代理人在场，因此公司未能进行合理陈述为由，向香港区域法院申请拒绝执行CIETAC的仲裁裁决，但区域法院法官驳回了鼎丰公司的申请。鼎丰公司不服，提出上诉，香港

[1] BCD

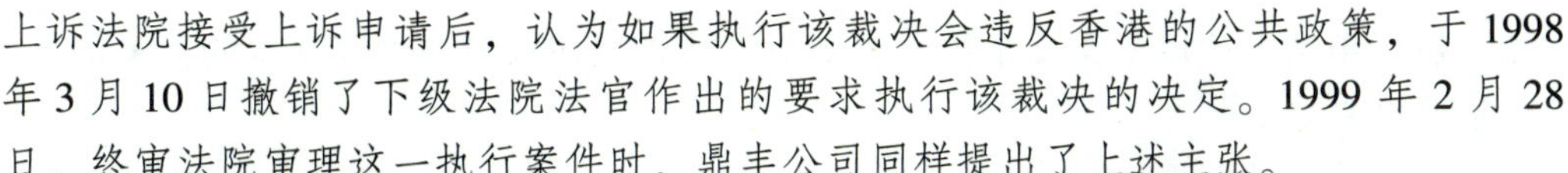

上诉法院接受上诉申请后，认为如果执行该裁决会违反香港的公共政策，于 1998 年 3 月 10 日撤销了下级法院法官作出的要求执行该裁决的决定。1999 年 2 月 28 日，终审法院审理这一执行案件时，鼎丰公司同样提出了上述主张。

•判决结果

终审法院法官推翻上诉法院决定，该裁决最终在香港获得执行。

•所涉考点

涉港仲裁裁决的认可和执行。

理论延伸

1.《最高人民法院关于内地与澳门特别行政区相互认可和执行民商事判决的安排》的要点

（1）适用范围。本安排适用于内地与澳门特别行政区民商事案件（在内地包括劳动争议案件，在澳门特别行政区包括劳动民事案件）判决的相互认可和执行，亦适用于刑事案件中有关民事损害赔偿的判决、裁定，但不适用于行政案件。

（2）管辖法院。内地有权受理认可和执行判决申请的法院为被申请人住所地、经常居住地或者财产所在地的中级人民法院；澳门特别行政区有权受理认可判决申请的法院为中级法院，有权执行的法院为初级法院。

（3）申请书应当用中文制作。所附司法文书及其相关文件未用中文制作的，应当提供中文译本。其中法院判决书未用中文制作的，应当提供由法院出具的中文译本。

（4）不予认可和执行的条件

❶根据被请求方的法律，判决所确认的事项属被请求方法院专属管辖；

❷在被请求方法院已存在相同诉讼，该诉讼先于待认可判决的诉讼提起，且被请求方法院具有管辖权；

❸被请求方法院已认可或者执行被请求方法院以外的法院或仲裁机构就相同诉讼作出的判决或仲裁裁决；

❹根据判决作出地的法律规定，败诉的当事人未得到合法传唤，或者无诉讼行为能力人未依法得到代理；

❺根据判决作出地的法律规定，申请认可和执行的判决尚未发生法律效力，或者因再审被裁定中止执行；

❻在内地认可和执行判决将违反内地法律的基本原则或者社会公共利益，在澳门特别行政区认可和执行判决将违反澳门特别行政区法律的基本原则或者公共秩序。

（5）一事不再理。同涉港区际判决的认可和执行中的处理办法。

（6）财产保全。法院受理认可和执行判决的申请之前或者之后，根据申请人的申请，可以对被申请人的财产采取保全措施。

2.《最高人民法院关于内地与香港特别行政区相互执行仲裁裁决的安排》的要点

（1）管辖法院：在内地指被申请人住所地或其财产所在地的中级人民法院；在香港指

高等法院。

（2）执行申请书应以中文文本提出，裁决书或仲裁协议没有中文文本的，申请人应提交正式证明的中文译本。

（3）不予执行的情形

❶仲裁协议当事人依对其适用的法律属于某种无行为能力的情形；或者该项仲裁协议依约定的准据法无效；或者未指明以何种法律为准时，依仲裁裁决地的法律是无效的。

❷被申请人未接到指派仲裁员的适当通知，或者因他故未能陈述意见的。

❸裁决所处理的争议不是交付仲裁的标的或者不在仲裁协议条款之内，或者裁决载有关于交付仲裁范围以外事项的决定的；但交付仲裁事项的决定可与未交付仲裁的事项划分时，裁决中关于交付仲裁事项的决定部分应当予以执行。

❹仲裁庭的组成或者仲裁庭程序与当事人之间的协议不符，或者在有关当事人没有这种协议时与仲裁地的法律不符的。

❺裁决对当事人尚无约束力，或者业经仲裁地的法院或者按仲裁地的法律撤销或停止执行的。

❻执行法院认定依执行地法律，争议事项不能以仲裁解决的，或者执行该仲裁裁决将违背法院地社会公共利益或公共政策的，则可不予执行该裁决。

3.《最高人民法院关于内地与澳门特别行政区相互认可和执行仲裁裁决的安排》的要点

（1）管辖法院。内地为申请人住所地、经常居住地或者财产所在地中院；澳门为中级法院，有权执行的法院为初级法院。

（2）申请文件必须有中文文本，没有中文文本的，申请人应当提交经正式证明的中文译本。

（3）财产保全。法院在受理认可和执行仲裁裁决申请之前或者之后，可以依当事人的申请，对被申请人的财产采取保全措施。

（4）不予认可的理由。同涉港安排。

4.《最高人民法院关于认可和执行台湾地区法院民事判决的规定》的重点法条

第2条 本规定所称台湾地区法院民事判决，包括台湾地区法院作出的生效民事判决、裁定、和解笔录、调解笔录、支付命令等。

申请认可台湾地区法院在刑事案件中作出的有关民事损害赔偿的生效判决、裁定、和解笔录的，适用本规定。

申请认可由台湾地区乡镇市调解委员会等出具并经台湾地区法院核定，与台湾地区法院生效民事判决具有同等效力的调解文书的，参照适用本规定。

第3条 申请人同时提出认可和执行台湾地区法院民事判决申请的，人民法院先按照认可程序进行审查，裁定认可后，由人民法院执行机构执行。

申请人直接申请执行的，人民法院应当告知其一并提交认可申请；坚持不申请认可的，裁定驳回其申请。

第4条 申请认可台湾地区法院民事判决的案件，由申请人住所地、经常居住地或者被申请人住所地、经常居住地、财产所在地中级人民法院或者专门人民法院受理。

申请人向 2 个以上有管辖权的人民法院申请认可的，由最先立案的人民法院管辖。

申请人向被申请人财产所在地人民法院申请认可的，应当提供财产存在的相关证据。

第 5 条 对申请认可台湾地区法院民事判决的案件，人民法院应当组成合议庭进行审查。

第 6 条 申请人委托他人代理申请认可台湾地区法院民事判决的，应当向人民法院提交由委托人签名或者盖章的授权委托书。

台湾地区、香港特别行政区、澳门特别行政区或者外国当事人签名或者盖章的授权委托书应当履行相关的公证、认证或者其他证明手续，但授权委托书在人民法院法官的见证下签署或者经中国大陆公证机关公证证明是在中国大陆签署的除外。

第 7 条 申请人申请认可台湾地区法院民事判决，应当提交申请书，并附有台湾地区有关法院民事判决文书和民事判决确定证明书的正本或者经证明无误的副本。台湾地区法院民事判决为缺席判决的，申请人应当同时提交台湾地区法院已经合法传唤当事人的证明文件，但判决已经对此予以明确说明的除外。

申请书应当记明以下事项：

（一）申请人和被申请人姓名、性别、年龄、职业、身份证件号码、住址（申请人或者被申请人为法人或者其他组织的，应当记明法人或者其他组织的名称、地址、法定代表人或者主要负责人姓名、职务）和通讯方式；

（二）请求和理由；

（三）申请认可的判决的执行情况；

（四）其他需要说明的情况。

第 8 条 对于符合本规定第 4 条和第 7 条规定条件的申请，人民法院应当在收到申请后 7 日内立案，并通知申请人和被申请人，同时将申请书送达被申请人；不符合本规定第 4 条和第 7 条规定条件的，应当在 7 日内裁定不予受理，同时说明不予受理的理由；申请人对裁定不服的，可以提起上诉。

第 9 条 申请人申请认可台湾地区法院民事判决，应当提供相关证明文件，以证明该判决真实并且已经生效。

申请人可以申请人民法院通过海峡两岸调查取证司法互助途径查明台湾地区法院民事判决的真实性和是否生效以及当事人得到合法传唤的证明文件；人民法院认为必要时，也可以就有关事项依职权通过海峡两岸司法互助途径向台湾地区请求调查取证。

第 10 条 人民法院受理认可台湾地区法院民事判决的申请之前或者之后，可以按照民事诉讼法及相关司法解释的规定，根据申请人的申请，裁定采取保全措施。

第 11 条 人民法院受理认可台湾地区法院民事判决的申请后，当事人就同一争议起诉的，不予受理。

一方当事人向人民法院起诉后，另一方当事人向人民法院申请认可的，对于认可的申请不予受理。

第 12 条 案件虽经台湾地区有关法院判决，但当事人未申请认可，而是就同一争议向人民法院起诉的，应予受理。

第 13 条 人民法院受理认可台湾地区法院民事判决的申请后，作出裁定前，申请人请求撤回申请的，可以裁定准许。

第 14 条 人民法院受理认可台湾地区法院民事判决的申请后，应当在立案之日起 6 个月内审结。有特殊情况需要延长的，报请上一级人民法院批准。

通过海峡两岸司法互助途径送达文书和调查取证的期间，不计入审查期限。

第 15 条 台湾地区法院民事判决具有下列情形之一的，裁定不予认可：

（一）申请认可的民事判决，是在被申请人缺席又未经合法传唤或者在被申请人无诉讼行为能力又未得到适当代理的情况下作出的；

（二）案件系人民法院专属管辖的；

（三）案件双方当事人订有有效仲裁协议，且无放弃仲裁管辖情形的；

（四）案件系人民法院已作出判决或者中国大陆的仲裁庭已作出仲裁裁决的；

（五）香港特别行政区、澳门特别行政区或者外国的法院已就同一争议作出判决且已为人民法院所认可或者承认的；

（六）台湾地区、香港特别行政区、澳门特别行政区或者外国的仲裁庭已就同一争议作出仲裁裁决且已为人民法院所认可或者承认的。

认可该民事判决将违反一个中国原则等国家法律的基本原则或者损害社会公共利益的，人民法院应当裁定不予认可。

第 16 条 人民法院经审查能够确认台湾地区法院民事判决真实并且已经生效，而且不具有本规定第 15 条所列情形的，裁定认可其效力；不能确认该民事判决的真实性或者已经生效的，裁定驳回申请人的申请。

裁定驳回申请的案件，申请人再次申请并符合受理条件的，人民法院应予受理。

第 17 条 经人民法院裁定认可的台湾地区法院民事判决，与人民法院作出的生效判决具有同等效力。

第 18 条 人民法院依据本规定第 15 条和第 16 条作出的裁定，一经送达即发生法律效力。

当事人对上述裁定不服的，可以自裁定送达之日起 10 日内向上一级人民法院申请复议。

第 19 条 对人民法院裁定不予认可的台湾地区法院民事判决，申请人再次提出申请的，人民法院不予受理，但申请人可以就同一争议向人民法院起诉。

第 20 条 申请人申请认可和执行台湾地区法院民事判决的期间，适用民事诉讼法第 239 条（*现为第 250 条*）的规定，但申请认可台湾地区法院有关身份关系的判决除外。

申请人仅申请认可而未同时申请执行的，申请执行的期间自人民法院对认可申请作出的裁定生效之日起重新计算。

第 21 条 人民法院在办理申请认可和执行台湾地区法院民事判决案件中作出的法律文书，应当依法送达案件当事人。

5.《最高人民法院关于认可和执行台湾地区仲裁裁决的规定》的重点法条

第 2 条 本规定所称台湾地区仲裁裁决是指，有关常设仲裁机构及临时仲裁庭在台湾地区按照台湾地区仲裁规定就有关民商事争议作出的仲裁裁决，包括仲裁判断、仲裁和解和仲裁调解。

第 3 条 申请人同时提出认可和执行台湾地区仲裁裁决申请的，人民法院先按照认可程序进行审查，裁定认可后，由人民法院执行机构执行。

申请人直接申请执行的，人民法院应当告知其一并提交认可申请；坚持不申请认可的，裁定驳回其申请。

第 4 条 申请认可台湾地区仲裁裁决的案件，由申请人住所地、经常居住地或者被申请人

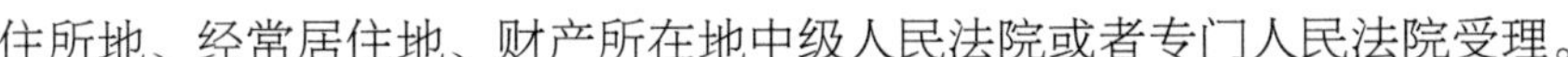

住所地、经常居住地、财产所在地中级人民法院或者专门人民法院受理。

申请人向 2 个以上有管辖权的人民法院申请认可的，由最先立案的人民法院管辖。

申请人向被申请人财产所在地人民法院申请认可的，应当提供财产存在的相关证据。

第 5 条 对申请认可台湾地区仲裁裁决的案件，人民法院应当组成合议庭进行审查。

第 6 条 申请人委托他人代理申请认可台湾地区仲裁裁决的，应当向人民法院提交由委托人签名或者盖章的授权委托书。

台湾地区、香港特别行政区、澳门特别行政区或者外国当事人签名或者盖章的授权委托书应当履行相关的公证、认证或者其他证明手续，但授权委托书在人民法院法官的见证下签署或者经中国大陆公证机关公证证明是在中国大陆签署的除外。

第 7 条 申请人申请认可台湾地区仲裁裁决，应当提交以下文件或者经证明无误的副本：

（一）申请书；

（二）仲裁协议；

（三）仲裁判断书、仲裁和解书或者仲裁调解书。

申请书应当记明以下事项：

（一）申请人和被申请人姓名、性别、年龄、职业、身份证件号码、住址（申请人或者被申请人为法人或者其他组织的，应当记明法人或者其他组织的名称、地址、法定代表人或者主要负责人姓名、职务）和通讯方式；

（二）申请认可的仲裁判断书、仲裁和解书或者仲裁调解书的案号或者识别资料和生效日期；

（三）请求和理由；

（四）被申请人财产所在地、财产状况及申请认可的仲裁裁决的执行情况；

（五）其他需要说明的情况。

第 8 条 对于符合本规定第 4 条和第 7 条规定条件的申请，人民法院应当在收到申请后 7 日内立案，并通知申请人和被申请人，同时将申请书送达被申请人；不符合本规定第 4 条和第 7 条规定条件的，应当在 7 日内裁定不予受理，同时说明不予受理的理由；申请人对裁定不服的，可以提起上诉。

第 9 条 申请人申请认可台湾地区仲裁裁决，应当提供相关证明文件，以证明该仲裁裁决的真实性。

申请人可以申请人民法院通过海峡两岸调查取证司法互助途径查明台湾地区仲裁裁决的真实性；人民法院认为必要时，也可以就有关事项依职权通过海峡两岸司法互助途径向台湾地区请求调查取证。

第 10 条 人民法院受理认可台湾地区仲裁裁决的申请之前或者之后，可以按照民事诉讼法及相关司法解释的规定，根据申请人的申请，裁定采取保全措施。

第 11 条 人民法院受理认可台湾地区仲裁裁决的申请后，当事人就同一争议起诉的，不予受理。

当事人未申请认可，而是就同一争议向人民法院起诉的，亦不予受理，但仲裁协议无效的除外。

第 12 条 人民法院受理认可台湾地区仲裁裁决的申请后，作出裁定前，申请人请求撤回申请的，可以裁定准许。

第13条 人民法院应当尽快审查认可台湾地区仲裁裁决的申请，决定予以认可的，应当在立案之日起2个月内作出裁定；决定不予认可或者驳回申请的，应当在作出决定前按有关规定自立案之日起2个月内上报最高人民法院。

通过海峡两岸司法互助途径送达文书和调查取证的期间，不计入审查期限。

第14条 对申请认可和执行的仲裁裁决，被申请人提出证据证明有下列情形之一的，经审查核实，人民法院裁定不予认可：

（一）仲裁协议一方当事人依对其适用的法律在订立仲裁协议时属于无行为能力的；或者依当事人约定的准据法，或当事人没有约定适用的准据法而依台湾地区仲裁规定，该仲裁协议无效的；或者当事人之间没有达成书面仲裁协议的，但申请认可台湾地区仲裁调解的除外。

（二）被申请人未接到选任仲裁员或进行仲裁程序的适当通知，或者由于其他不可归责于被申请人的原因而未能陈述意见的。

（三）裁决所处理的争议不是提交仲裁的争议，或者不在仲裁协议范围之内；或者裁决载有超出当事人提交仲裁范围的事项的决定，但裁决中超出提交仲裁范围的事项的决定与提交仲裁事项的决定可以分开的，裁决中关于提交仲裁事项的决定部分可以予以认可。

（四）仲裁庭的组成或者仲裁程序违反当事人的约定，或者在当事人没有约定时与台湾地区仲裁规定不符的。

（五）裁决对当事人尚无约束力，或者业经台湾地区法院撤销或者驳回执行申请的。

依据国家法律，该争议事项不能以仲裁解决的，或者认可该仲裁裁决将违反一个中国原则等国家法律的基本原则或损害社会公共利益的，人民法院应当裁定不予认可。

第15条 人民法院经审查能够确认台湾地区仲裁裁决真实，而且不具有本规定第14条所列情形的，裁定认可其效力；不能确认该仲裁裁决真实性的，裁定驳回申请。

裁定驳回申请的案件，申请人再次申请并符合受理条件的，人民法院应予受理。

第16条 人民法院依据本规定第14条和第15条作出的裁定，一经送达即发生法律效力。

第17条 一方当事人向人民法院申请认可或者执行台湾地区仲裁裁决，另一方当事人向台湾地区法院起诉撤销该仲裁裁决，被申请人申请中止认可或者执行并且提供充分担保的，人民法院应当中止认可或者执行程序。

申请中止认可或者执行的，应当向人民法院提供台湾地区法院已经受理撤销仲裁裁决案件的法律文书。

台湾地区法院撤销该仲裁裁决的，人民法院应当裁定不予认可或者裁定终结执行；台湾地区法院驳回撤销仲裁裁决请求的，人民法院应当恢复认可或者执行程序。

第18条 对人民法院裁定不予认可的台湾地区仲裁裁决，申请人再次提出申请的，人民法院不予受理。但当事人可以根据双方重新达成的仲裁协议申请仲裁，也可以就同一争议向人民法院起诉。

第19条 申请人申请认可和执行台湾地区仲裁裁决的期间，适用民事诉讼法第239条（现为第250条）的规定。

申请人仅申请认可而未同时申请执行的，申请执行的期间自人民法院对认可申请作出的裁定生效之日起重新计算。

第20条 人民法院在办理申请认可和执行台湾地区仲裁裁决案件中所作出的法律文书，应当依法送达案件当事人。

03

第三编

国际经济法

- 国际经济法大纲
  - 第 13 讲　国际贸易私法
    - 买卖关系：公约+惯例
    - 运输关系：三大规则（海牙、维斯比、汉堡）
    - 保险关系：三大主险承保范围+除外责任
    - 支付关系：两大支付方式（托收、信用证）
  - 第 14 讲　国际贸易公法
    - 外贸管理制度
      - 中国《对外贸易法》
      - 中国《出口管制法》
      - 贸易救济措施
        - 反倾销措施
        - 反补贴措施
        - 保障措施
    - WTO法
      - WTO概述
      - WTO主要法律制度
        - 关税与贸易总协定
        - 服务贸易总协定
        - WTO争端解决机制
  - 第 15 讲　国际知识产权法
    - 《巴黎公约》
    - 《伯尔尼公约》
    - 《与贸易有关的知识产权协议》
    - 技术转让法
  - 第 16 讲　国际投资法
    - 《与贸易有关的投资措施协议》
    - 《多边投资担保机构公约》
    - 《关于解决国家和他国国民之间投资争端公约》
  - 第 17 讲　国际融资法和国际税法
    - 国际贷款协议的种类及国际融资担保
    - 居民税收管辖权与来源地税收管辖权
    - 国际双重征税及其解决
    - 国际逃税、避税及其防止
  - 第 18 讲　海商法和国际经济法新领域
    - 《海商法》的适用范围和相关概念
    - 船舶担保物权类型及排序
    - 国际经济法新领域

［基础铺垫］

国际经济法概论

一、国际经济法的概念

国际经济法，是指调整国际经济关系的法律规范的总称。此处的国际经济关系是指广义的国际经济关系，不仅包括狭义的国际经济关系，还包括不同国家之间的个人、法人、国家、国际组织之间的经济关系。

二、国际经济法的调整范围

国际经济法调整的对象，既包括国际法上的经济关系，又包括国内法上的涉外经济关系；既有纵向的关系，又有横向的关系；既有公法的关系，又有私法的关系。具体如下：

1. 国际货物贸易的法律规范与制度	与国际货物买卖合同、国际货物运输与保险、国际支付与结算、进出口法律管制有关的法律规范与制度
2. 国际服务贸易的法律制度和法律规范	商业性服务、通讯服务、建筑服务、销售服务、教育服务、环境服务、金融服务、健康与社会服务、文化及体育服务、交通运输服务等有关的法律规范与制度
3. 国际投资的法律规范与制度	资本输出、资本输入、投资保护等有关的法律规范与制度
4. 国际知识产权保护的法律规范与制度	与工业产权的国际保护、著作权的国际保护、国际许可证贸易有关的法律规范与制度
5. 国际货币与金融的法律规范与制度	与国际货币、跨国银行、国际贷款、国际证券、国际融资担保、跨国银行的管制有关的法律规范与制度
6. 国际税收的法律规范与制度	与国际税收管辖权、国际双重征税和国际重叠征税、国际逃税与避税等有关的法律规范与制度
7. 国际经济组织的各种法律规范与制度	如世界贸易组织法律制度

三、国际经济法的主体

国际经济法的主体，是指在国际经济关系中能行使权利和承担义务的法律人格者。国际经济法的主体包括自然人、法人、国家和国际经济组织。

四、国际经济法的渊源

国际经济法的渊源，包括国际经济条约、国际商业惯例、联合国大会的规范性决议和国内立法。

（一）国际经济条约

国际经济条约是国际经济法的重要渊源。条约分为双边条约和多边条约，其中，多边国际经济条约是国际经济法最主要的渊源，其内容涉及国际贸易、国际投资、国际金融、知识产权国际保护等各个领域。

（二）国际商业惯例

国际商业惯例，是指在长期的国际经济交往中经过反复使用而形成的不成文的规则，如《国际贸易术语解释通则》《跟单信用证统一惯例》等。国际商业惯例属于任意性的规范，只有在当事人明示选择适用的情况下才对当事人有约束力。当事人也可以对其选择的商业惯例进行补充和修改。

（三）联合国大会的规范性决议

依传统国际法，国际组织并无立法权，国际组织通过的决议一般来说只具有建议的效力，并不对其成员国具有强制力。但是随着国际实践的发展，理论界已倾向于肯定大会决议的法律拘束力，特别是有些联大决议是旨在宣告国际法原则和规范的，应具有法律效力，且有的决议在国际实践中已逐渐被接受，成为各国在国际经济交往中应遵守的准则。

（四）国内立法

国内立法作为国际经济法的渊源，是指各国制定的关于调整涉外经济关系的法律规范文件，如一国的对外贸易法、外汇管制法、合同法、海商法、票据法、海关法等。此外，国内判例在普通法国家是重要的国际经济法的国内法渊源，但判例在我国不属于法律的渊源。

在我国，司法解释是指国家最高司法机关依法律的授权对司法实践中具体应用法律的问题进行的解释。由于此类解释对其他法院的审判活动具有约束力，因此，在我国已成为一种国际经济法的渊源。例如，《最高人民法院关于审理信用证纠纷案件若干问题的规定》即是我国法院在处理涉及信用证案件时的重要依据。

第13讲

国际贸易私法

本讲导读

应试指导

国际贸易私法是考试中的重点和难点，该讲需要考生在理解的基础上灵活掌握。本讲包括国际货物买卖法、海上货物运输法、海上货物运输保险法、国际贸易支付法。国际货物买卖法的重点在于1980年《公约》和《国际贸易术语解释通则》（《国际贸易术语解释通则（2020）》以下简称《2020年通则》），海上货物运输法的重点在于提单法律制度和承运人责任，海上货物运输保险法的重点在于三大主险及除外责任，国际贸易支付法的重点在于托收和信用证。本讲占据国际经济法的一半分值，考生必须熟练掌握。

考点架构

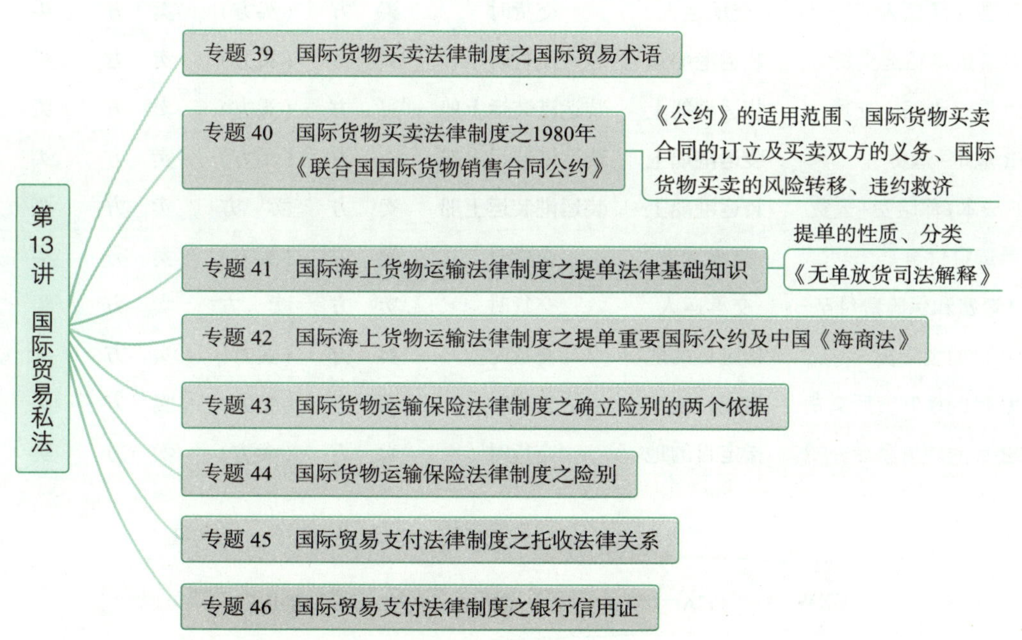

国际货物买卖法律制度之国际贸易术语

一、《国际贸易术语解释通则》概述

国际贸易术语是在国际贸易中逐渐形成的，表明在不同的交货条件下，买卖双方在交易中的费用、责任及风险划分等以英文缩写表示的专门用语。国际商会1936年编纂《国际贸易术语解释通则》，之后分别于1953年、1967年、1976年、1980年、1990年、2000年、2010年、2020年进行了八次修改。《2020年通则》（英文简称"Incoterms® 2020"）于2020年1月1日正式生效。新版本相对于《国际贸易术语解释通则（2010）》（以下简称《2010年通则》），无论在实质上还是形式上都有了一些变化，更加贴合国际贸易实践的新发展。

《2020年通则》与以往版本不是替代与被替代的关系，即以往版本的《国际贸易术语解释通则》并不失效，合同当事人仍可以选用以往版本中的术语。但是由于不同版本术语的权利义务不同，当事人在选择使用通则时应注意注明具体的修订年份。

二、《2020年通则》11个术语的基本情况

名　称	交货地点	风险转移	运　输	保　险	出口手续	进口手续
EXW 卖方工厂交货	卖方工厂	交货时	买　方	（买方）	买　方	买　方
FCA 货交承运人	交承运人	交货时	买　方	（买方）	卖　方	买　方
FAS 装运港船边交货	装运港船边	交货时	买　方	（买方）	卖　方	买　方
FOB 装运港船上交货	装运港船上	装运港装运上船	买　方	（买方）	卖　方	买　方
CFR 成本+运费	装运港船上	装运港装运上船	卖　方	（买方）	卖　方	买　方
CIF 成本+保险费+运费	装运港船上	装运港装运上船	卖　方	卖　方	卖　方	买　方
CPT 运费付至	交承运人	交货时	卖　方	（买方）	卖　方	买　方
CIP 运费和保险费付至	交承运人	交货时	卖　方	卖　方	卖　方	买　方
DAP 目的地交货	指定目的地	交货时	卖　方	（卖方）	卖　方	买　方
DPU 目的地卸货后交货	指定目的地	交货时	卖　方	（卖方）	卖　方	买　方
DDP 目的地完税后交货	指定目的地	交货时	卖　方	（卖方）	卖　方	卖　方

注意：

1. 国际贸易术语解释通则的性质是国际惯例，体现了任意性，具体表现为两点：

（1）必须经过当事人的选择才能适用；

（2）当事人选择时可以任意增加、修改、删除解释通则文本的规定。

2. 从 EXW 术语到 DDP 术语，卖方的责任越来越大，而买方的责任越来越小。

3.《2020年通则》的11个贸易术语中，只有 CIF 术语和 CIP 术语中卖方买保险是强制性义务，其他按照惯例，一般都是承担风险的一方买保险。

4. 进出口手续："卖出买进"除首尾。

5. 只有 FOB、CFR、CIF 在装运港装运上船时发生风险转移，其他的均在交货时发生风险转移。

6. 前两组（E、F）由买方安排运输，后两组（C、D）由卖方安排运输。

7. DAP：运到；DPU：运到+卸下；DDP：运到+卸下+完税。

8. 贸易术语后加地名的含义：（E、F）后加装运港（地）；（C、D）后加目的港（地）。

总结《2020年通则》的重要考查角度

角度A：进出口清关	卖出买进除首尾（EXW、DDP）
角度B：风险转移地点	（1）装运港船上风险：FOB、CFR、CIF （2）交货风险（其余均是）
角度C：安排投保	（1）CIF、CIP：卖方义务 （2）其他自愿
角度D：安排运输	（1）前两组（E、F）：买方 （2）后两组（C、D）：卖方
角度E：后跟地名含义	（1）E、F组：装港/装地：FOB 上海（上海是装货港） （2）C、D组：到港/到地：CFR/CIF 上海（上海是目的港）

经典真题

中国甲公司（卖方）与德国乙公司（买方）签订的国际货物买卖合同中使用了"CIP 汉堡"贸易术语。下列哪一种说法符合该贸易术语的要求？（2005/1/41）[1]

A. 货物应运至汉堡港

B. 货物风险自货交第一承运人时转移

C. 由甲公司负责办理进口手续

D. 甲公司订立多式联运运输合同，乙公司负责办理保险

解题要领

（1）CIP 贸易术语的风险转移时间是货交承运人。

（2）CIP 进出口手续办理的规则为"卖出买进除首尾"。

[1] B

（3）CIP 贸易术语由卖方安排运输，卖方购买保险。

（4）CIP 可以适用于任何运输方式，且后加地名为目的地或目的港。此处“CIP 汉堡”则表明货物应运至汉堡，而非汉堡港。

三、《2010 年通则》新增的两个贸易术语：DAP 和 DAT

DAP（目的地交货）	适用各种运输方式，运到	DAP 下卖方只需在指定目的地使货物处于买方控制之下，而无须承担卸货费
DAT（运输终端交货）	适用各种运输方式，运到-卸下	（1）清关手续：卖出买进 （2）风险转移：目的地（港）交货时 （3）交货：目的地（港）卸货并交由买方处置 （4）运输：卖方自付费用签订运输合同，将货物运至约定港口或目的地的指定运输终端 （5）保险：运输途中风险由卖方承担，故一般是卖方办保险

经典真题

中国甲公司向波兰乙公司出口一批电器，采用 DAP 术语，通过几个区段的国际铁路运输，承运人签发了铁路运单，货到目的地后发现有部分损坏。依相关国际惯例及《国际铁路货物联运协定》，下列哪些选项是正确的？（2016/1/80）[1]

A. 乙公司必须确定损失发生的区段，并只能向该区段的承运人索赔

B. 铁路运单是物权凭证，乙公司可通过转让运单转让货物

C. 甲公司在指定目的地运输终端将仍处于运输工具上的货物交由乙公司处置时，即完成交货

D. 各铁路区段的承运人应承担连带责任

解题要领

（1）DAP 贸易术语中卖方只需将货物运至目的地或目的港即可，不需要把货物从运输工具上卸下；

（2）铁路运单不代表货物所有权，不可转让；

（3）铁路运输中各区段承运人承担连带责任。

四、《2020 年通则》对《2010 年通则》的主要修改

1. DAT（Delivered at Terminal）改为 DPU（Delivered at Place Unloaded）：“运到+卸下”。强调了目的地可以是任何地方，而不仅仅是“运输终端”的事实，卖方必须确保其打算交货的地点是能够卸货的地点。

2. CIP 无约定，卖方应投保“一切险减除外责任”（最高险）；CIF 无约定，卖方应投保“平安险”（最低险）。

3. 在运输义务和费用中加入与安全有关的要求（费用由安排运输的一方承担）。

[1] CD

4. FCA术语增加“买卖双方可以约定买方指示其承运人在货物装运后向卖方签发已装船提单”。

5. FCA、DAP、DPU、DDP允许买方/卖方使用自己的运输工具。(《2010年通则》中规定的是“第三方承运人”)

模拟展望

根据《2020年通则》的规定，下列有关贸易术语的说法，不正确的有：[1]

A. 在CIP贸易术语安排之下，如双方未约定，则卖方应投保“平安险减除外责任”

B. 在FCA术语下，货物的运输应使用“第三方承运人”

C. 在运输义务和费用中加入与安全有关的要求，费用由受助方承担

D. DPU强调了目的地是“运输终端”的事实

解题要领

《2020年通则》对《2010年通则》的修改。

五、三个常用的贸易术语（FOB、CFR、CIF）的异同

	贸易术语	缩略语后港口名	价格构成	安排运输	投　保
不同点	FOB	装运港	交易成本	买　方	(买方)
	CFR	目的港	成+运	卖　方	(买方)
	CIF	目的港	成+运+保	卖　方	卖　方
共同点	(1) 风险转移的时间相同：装港货物置于船上 (2) 交货地点相同：装运港船上 (3) 进出口手续办理相同：卖方办出口，买方办进口 (4) 适用于相同的运输方式：海运和河运				

注意：

1. FOB下两个充分通知的义务：买方租船后给卖方充分通知；卖方交货时给买方充分通知。

2. CFR术语下充分通知的义务：卖方交货时给买方充分通知。

3. CIF术语下，如果买方没有特殊要求，卖方只有义务投保海运最低险（平安险）。

经典真题

中国甲公司向加拿大乙公司出口一批农产品，CFR价格条件。货装船后，乙公司因始终未收到甲公司的通知，未办理保险。部分货物在途中因海上风暴毁损。根据相关规则，下列哪一选项是正确的？(2014/1/41)[2]

A. 甲公司在装船后未给乙公司以充分的通知，造成乙公司漏保，因此损失应由甲公司承担

---

[1] ABCD

[2] A

B. 该批农产品的风险在装港船舷转移给乙公司

C. 乙公司有办理保险的义务，因此损失应由乙公司承担

D. 海上风暴属不可抗力，乙公司只能自行承担损失

解题要领

（1）CFR 术语下卖方在装船后应给买方以充分的通知；否则，因此而造成买方漏保引起的货物损失应由卖方承担。

（2）CFR 术语的风险转移时间为“装运港船上交货时”。

（3）CFR 术语无强制购买保险的义务。

理论延伸

1. FOB（船上交货）

FOB，全称 Free on Board，意为“船上交货（指定装运港）”，指卖方以在指定装运港将货物装上买方指定的船舶或通过取得已交付至船上货物的方式交货。该术语属于“装运合同”，主要运费应是由买方来承担的，对于卖方来说则是“主要运费未付”。

（1）交货：卖方必须在买方指定的装运港将货物置于买方指定的船舶上完成交货。

（2）双方义务

❶卖方义务：提供符合合同规定的货物及单证；办理出口手续；在装运港将货物装上买方指定的船舶并通知买方；承担货物在装运港船上交货前的风险和费用。

❷买方义务：支付货款并接受卖方提供的单证；办理进口手续；租船或订舱并将船名和装货地点及时间给予卖方充分通知；承担货物在装运港交货后的风险和费用。

在风险转移上，卖方承担装运港船上完成交货前货物灭失或损坏的一切风险。

2. CIF（成本、保险费加运费）

CIF，全称 Cost Insurance and Freight，意为“成本、保险费加运费（指定目的港）”，指在装运港船上交货。但是卖方须支付将货物运至指定目的港所需的运费，并办理运输中的保险，卖方仅需投保最低险别。此贸易术语适用于海运及内河运输。CIF 术语后标明的是卸货港的名称，如 CIF 大连，表明该批货物的卸货港是大连。

（1）交货：卖方必须在装运港，在约定日期或期限内，将货物交至船上。

（2）风险转移：货物的风险于卖方在装运港完成交货时，由卖方转移给买方。

（3）双方义务

❶卖方义务：提供符合合同规定的货物和单证；办理出口许可证及其他货物出口手续；订立运输合同，支付将货物运至指定目的港所需的运费；办理货物的保险并缴纳保险费；承担在装运港船上交货前的风险和费用。

❷买方义务：支付货款并接受卖方提供的单证；取得进口许可证并办理进口手续；承担在装运港船上交货后的风险和除运费和保险费以外的费用。

3. CFR（成本加运费）

CFR，全称 Cost and Freight，意为“成本加运费（指定目的港）”，指在装运港船上交货，卖方须支付将货物运至指定目的港所需的运费。但货物的风险是在装运港船上交货时转移的。该术语适合于海运或内河运输。CFR 术语与 CIF 术语相比，在价格构成中少了

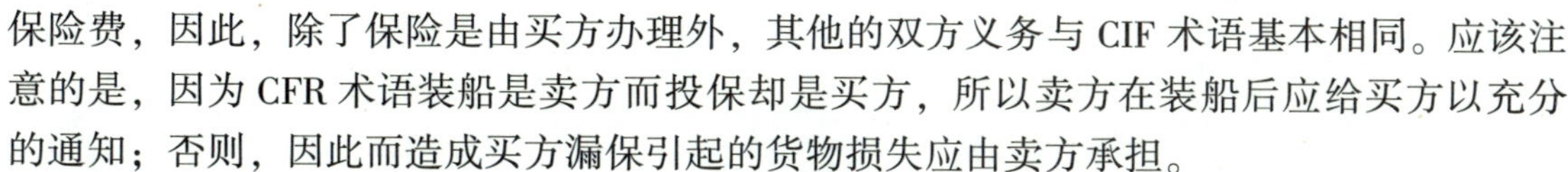

保险费，因此，除了保险是由买方办理外，其他的双方义务与 CIF 术语基本相同。应该注意的是，因为 CFR 术语装船是卖方而投保却是买方，所以卖方在装船后应给买方以充分的通知；否则，因此而造成买方漏保引起的货物损失应由卖方承担。

实务案例

中国强峰公司与美国 Megan Tool 公司关于风险转移争议案

案情简介：

中国强峰公司（买方）与美国 Megan Tool 公司（卖方）签订了两份购买柠檬酸的合同，价格条件为 CIF 深圳。两份合同的“商品名称、规格及包装”栏明确规定合同标的物为“无色结晶或结晶性粉末状柠檬酸”。第一份合同的货物抵达目的地后，买方发现存在结块现象，遂向卖方提出索赔，并称安排检验。卖方拒绝赔偿，并称结块是普遍的正常现象。检验机构出具检验报告，证明集装箱完好无损，而已取出的放在托盘上的货物，其中为数众多的袋内货物已结块，有些袋外还有干的棕色锈痕。第二份合同的货物存在同样情况。由于买方的客户坚持，买方不得不安排重磨和重新包装，因此要求卖方承担加工费用。但卖方认为，既然双方在合同中选择了 CIF 术语，就应当按照 CIF 术语中的风险转移原则来确定双方的风险承担问题。结块时货物已经越过装运港船上，因此此种风险应由买方承担，卖方不负赔偿责任。双方将此争议提交仲裁。

•裁决结果

仲裁庭认为，首先，根据两份合同的“商品名称、规格及包装”栏明确规定合同标的物为“无色结晶或结晶性粉末状柠檬酸”，因此卖方交付的柠檬酸有结块现象是不符合合同规定的；其次，卖方用《国际贸易术语解释通则》中关于 CIF 合同的风险转移问题来证明对货物结块的损失不承担责任的主张是不成立的。因为买方的申请是基于卖方交付的货物不符合合同的规定，因而只有证明柠檬酸结块系海运所致，才有助于确定风险转移并免除卖方的责任。但现已查明，集装箱完好无损，可以排除海运中发生意外的可能。因此，柠檬酸结块与风险转移无关；卖方所称由于货物已经放在仓库托盘上或已从目的港运往其他地方意味着买方已经接受并转售货物，从而卖方不承担义务的抗辩观点不能成立。只要申请人在合同规定的期限内通知卖方货物有损，并提出索赔，卖方的义务就不会因货物的移动而消失。综上，仲裁庭作出裁决：卖方应对所交柠檬酸结块承担责任，对买方的损失负赔偿责任。

•所涉考点

1. 《国际贸易术语解释通则》的适用。
2. CIF 贸易术语。

专题40

国际货物买卖法律制度之1980年《联合国国际货物销售合同公约》

《公约》于1988年正式生效。中国于1986年批准加入了该公约。截至2020年12月24日,《公约》成员国共96个。《公约》共101条，分四部分：第一部分是适用范围和总则；第二部分是合同的订立；第三部分是货物销售，包括卖方义务、买方义务、违约的补救及风险转移等内容；第四部分为最后条款，是关于公约的批准、生效、保留和退出的内容。

一、《公约》的适用范围

(一) 适用《公约》的货物销售合同

《公约》第1条第1款规定，本公约适用于营业地在不同国家的当事人之间所订立的货物销售合同：①如果这些国家是缔约国；或②如果国际私法规则导致适用某一缔约国的法律。此条包含下列内容：

1.《公约》适用于营业地位于不同缔约国的当事人之间订立的货物销售合同。

注意：《公约》采用营业地标准，而不考虑当事人的国籍。

2. 国际合同，通过冲突规范导致缔约国法律的适用的（可以保留）。

注意：我国加入《公约》时对这条作出了保留。

(二) 不适用《公约》的货物或销售

1.《公约》第2条规定，本公约不适用于以下的销售：

(1) 购供私人、家人或家庭使用的货物的销售，除非卖方在订立合同前任何时候或订立合同时不知道而且没有理由知道这些货物是购供任何这种使用。

[解析] 供私人或家庭使用的个人消费品合同属于消费合同，有消费者权益保护的问题，各国的规定差异较大且多数具有强制性，因此,《公约》排除适用。

(2) 经由拍卖的销售。

[解析] 其属于比较特别的情况。《公约》认为应当仍然由各国的国内法来管辖这类交易。

(3) 根据法律执行令状或其他令状的销售。

[解析] 其属于比较特别的情况。《公约》认为应当仍然由各国的国内法来管辖这类交易。

(4) 公债、股票、投资证券、流通票据或货币的销售。

[解析] 有些国家认为公债、股票、投资证券、流通票据、货币不是货物，它们不同于通常的国际贸易，具有明显的特殊性。

(5) 船舶、船只、气垫船或飞机的销售。

［解析］这类货物的交易必须履行登记过户的手续，而哪些需要登记、如何登记、哪些不需要登记，各国的规定有比较大的差别。因此，对于船舶和飞机的国际交易，《公约》不予适用。

（6）电力的销售。

［解析］电力也是因为该标的不可触及的特殊性。电力在一些国家中不视为货物，电力的国际销售所遇到的问题与一般货物的国际销售不同，因此，也被排除在《公约》的适用范围之外。

注意：《公约》调整的客体仅限于有形的动产。

2.《公约》第 3 条还排除了对绝大部分义务是供应劳力或其它服务的合同的适用。

如果合同是由买卖和劳务两部分组成，此时应判断《公约》的绝大部分义务是买卖还是劳务，具体分以下情况：

（1）绝大部分义务是提供服务的买卖（比如：①通过劳务合作方式进行的购买，如补偿贸易；②通过货物买卖方式进行的劳务合作，如技贸结合），《公约》不适用。

（2）绝大部分义务是提供货物的买卖，《公约》适用。

（3）如合同是由买卖和劳务两部分组成的，则《公约》只适用于买卖合同部分。

（三）《公约》未涉及的法律问题

《公约》并没有对所有涉及国际货物销售的法律问题均进行规定，仅限于因合同而产生的双方的权利义务关系问题。以下几个问题由于各国法律规定分歧较大，很难统一，因此，《公约》未涉及：①有关销售合同的效力或惯例的效力问题；②销售合同对所售出的货物的所有权转移问题；③卖方对货物引起的人身伤亡责任问题。

注意：合同的成立、风险转移、违约救济、买卖双方的权利义务，《公约》均有规定。

（四）《公约》适用的任意性

《公约》属于合同领域的国际公约，所以其适用具有任意性，主要表现为以下三点：

1. 双方可以通过约定排除对《公约》的适用。
2. 双方可以通过约定对《公约》的内容进行修改。
3. 如果双方没有通过约定排除《公约》的适用，又符合《公约》自动适用条件，则《公约》自动适用。

（五）我国加入《公约》时的保留

中国在核准《公约》时，曾提出了下列两项保留：合同形式保留和私法适用保留，但合同形式保留已经撤回。

"因国际私法规则扩大适用的保留"，这条允许通过国际私法的引用而使《公约》适用于非缔约国。我国在核准《公约》时对这条提出保留，即我国仅同意对双方的营业地所在国均为缔约国的当事人之间订立的国际货物销售合同适用《公约》。

经典真题

甲国公司（卖方）与乙国公司订立了国际货物买卖合同，FOB 价格条件，采用海上运输方式。甲乙两国均为《联合国国际货物销售合同公约》（简称《公约》）缔约国，下列哪一选

项是正确的？（2009/1/40）[1]

A. 货物的风险应自货物交第一承运人时转移

B. 因当事人已选择了贸易术语，《公约》整体不再适用该合同

C. 甲国公司应在装运港于约定日期或期限内将货物交至船上

D. 甲国公司在订立运输合同并装船后应及时通知乙国公司办理保险

解题要领

（1）FOB 风险转移时间为“装运港船上交货时”；

（2）贸易术语的选择与《公约》的适用是两回事；

（3）FOB 术语下由买方安排运输。

模拟展望

假设下列各公司国籍国均为 1980 年《公约》的缔约国，根据《公约》的规定，下列哪些情况不适用《公约》？[2]

A. 营业地位于不同国家的两公司之间订立的机床买卖合同

B. 营业地位于不同国家的两公司之间订立的咨询服务合同

C. 营业地位于不同国家的两公司之间订立的船舶买卖合同

D. 营业地位于不同国家的两公司之间订立的食糖买卖合同

解题要领

《公约》的适用范围采用“营业地标准”。

二、国际货物买卖合同的订立

国际货物买卖合同是当事人之间意思表示一致的结果。它一般要经过要约和承诺两个重要的法律步骤。对此，《公约》的内容与我国《民法典》的相关内容基本一致，此处比照我国《民法典》的规定处理即可。

（一）要约

要约，是指一方当事人以订立合同为目的向对方所作的意思表示。

1. 要约的构成要件

（1）向一个或一个以上特定的人提出订立合同的建议；

（2）要约的内容应十分确定；

（3）要约必须送达受要约人。

[例] 2008 年 8 月 11 日，中国甲公司向法国乙公司发出以 200 万元卖掉其大型设备的要约，有效期至 2008 年 9 月 1 日。

2. 要约的撤回与撤销

要约可以撤回，只要撤回要约的通知先于要约到达受要约人即可撤回要约；要约的撤销是指要约人在要约送达受要约人后取消要约的行为。

要约分为可撤销的要约和不可撤销的要约，对于不可撤销的要约，只有撤回的问题。

---

[1] C

[2] BC

根据《公约》第 16 条第 2 款的规定，要约在下列情况下不得撤销：①要约写明接受要约的期限或以其他方式表示要约是不可撤销的；②受要约人有理由信赖该项要约是不可撤销的，而且受要约人已本着对该要约的信赖行事。

3. 要约的失效：①过期；②要约人撤销；③受要约人实质性地改变要约条款。

（二）承诺

承诺，是指受要约人按照要约所规定的方式，对要约的内容表示同意的一种意思表示。要约一经承诺，合同即成立。承诺又被称为“接受”。

1. 承诺的有效要件

（1）承诺须由受要约人作出，且沉默不代表承诺；在某些情况下，受要约人也可能通过行为来表示同意。如当事人之间存在长期的贸易关系，发展到买方发出订单后，卖方不再回电确认，而是直接发货。这种发货的行为有判例认为也构成承诺。在特定的情况下，缄默和不行为与其他的因素合在一起，也可能构成承诺，如当事人事先专门作出了这方面的约定。

（2）承诺须在要约规定的有效期间内作出（预期的逾期承诺，原则上无效；非预期的逾期承诺，原则上有效）。

（3）承诺须与要约的内容一致。如果受要约人所表示的对要约的内容有变更（分为实质性变更与非实质性变更）即是反要约，或称为“还价”。反要约是对要约的拒绝，不能发生承诺的效力，它必须经原要约人承诺后才能成立合同。

《公约》第 19 条第 1、2 款对附条件的承诺进行了规定：

❶反要约的定义。对要约表示承诺但载有添加、限制或其他更改的答复，即为拒绝该项要约，并构成反要约。

❷含有非实质性地更改要约的答复，除非要约人在不过分迟延的期间内以口头或书面通知反对其间的差异外，仍构成承诺。如果要约人不作出此种反对，则合同的条件就以该项要约的条件以及承诺通知内所载的更改为准。

该条第 3 款对实质上的变更进行了规定：有关货物价格、付款、货物质量和数量、交货地点和时间、一方当事人对另一方当事人的赔偿责任范围或解决争端等的添加或不同条件，均视为在实质上变更要约的条件。

2. 承诺生效的时间

《公约》及我国均采用到达生效，英美法系以信件和电报方式作出的承诺采投邮生效。

3. 承诺的撤回

依《公约》第 22 条的规定，承诺可以撤回，只要撤回的通知能在承诺生效之前或与其同时送达要约人。

模拟展望

甲公司向乙公司发出要约，愿意以 200 万元价格卖掉其大型设备，该要约于 2018 年 6 月 6 日发出，于 2018 年 6 月 15 日到达乙公司。期间，乙公司风闻甲公司欲处理其大型设备，于 2018 年 6 月 14 日向甲公司发出要约表示愿意购进。依《公约》的规定，下列说法正确的是：[1]

---

〔1〕 D

A. 乙公司的行为构成承诺　　　　B. 甲、乙公司之间的合同关系成立

C. 乙公司的行为构成反要约　　　D. 甲、乙公司之间的合同关系不能成立

解题要领

(1) 要约自到达受要约人时生效；

(2) 承诺是对要约条款的全盘接受。

三、国际货物买卖双方的义务

<table>
<tr><td rowspan="6">卖方义务</td><td>1. 交付货物</td><td colspan="2">卖方有义务按照合同规定的时间、地点交付货物。</td></tr>
<tr><td>2. 交单</td><td colspan="2">卖方有义务按照合同规定的时间、地点和方式移交单据。</td></tr>
<tr><td>3. 质量担保</td><td colspan="2">卖方交付的货物必须与合同规定的数量、质量和规格相符，并须按照合同所规定的方式装箱或包装。</td></tr>
<tr><td rowspan="3">4. 权利担保</td><td>（1）所有权担保</td><td>卖方保证对其出售的货物享有完全的所有权，必须是第三方不能提出任何权利或要求的货物。</td></tr>
<tr><td rowspan="2">（2）知识产权担保</td><td>卖方所交付的货物，必须是第三方不能依据买方营业地或合同预期的货物销售或使用地的知识产权主张任何权利或要求的货物。</td></tr>
<tr><td>知识产权担保义务的免除：①买方在订立合同时已知道或不可能不知道此项权利或要求；②此项权利或要求的发生，是由于卖方要遵照买方所提供的技术图样、图案、款式或其他规格。</td></tr>
<tr><td rowspan="4">买方义务</td><td>1. 付款</td><td colspan="2">因付款方式不同而有所不同。</td></tr>
<tr><td rowspan="2">2. 接收货物</td><td>（1）采取一切理应采取的行动以便卖方交货</td><td rowspan="2">买方接收货物义务的免除：①卖方在规定的交货日期前提前交付货物；②卖方交付的货物数量大于合同规定，对于多交部分的货物，买方有权拒收。</td></tr>
<tr><td>（2）收取货物（否则承担扩大的损失）</td></tr>
<tr><td>3. 保全货物</td><td colspan="2">（1）寄存。有义务保全货物的当事人，可以将货物寄放于第三方仓库，由对方承担费用。
（2）出售。两种情形下应该出售货物：①货物容易变坏；②货物的保全牵涉不合理费用。保全义务人应将出售意图通知对方。</td></tr>
</table>

注意：买卖双方都有保全货物的义务，但条件不同：

(1) 卖方保全货物的条件是：买方没有支付货款或接收货物，而卖方仍拥有货物或控制着货物的处置权；

(2) 买方保全货物的条件是：买方已接收了货物，但打算退货。

经典真题

A公司和B公司于2011年5月20日签订合同，由A公司将一批平板电脑售卖给B公司。

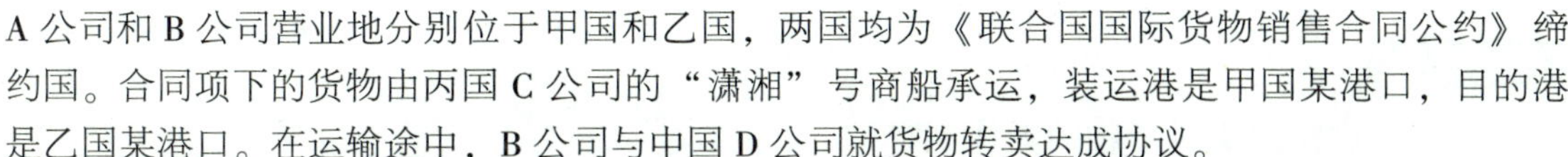

A 公司和 B 公司营业地分别位于甲国和乙国，两国均为《联合国国际货物销售合同公约》缔约国。合同项下的货物由丙国 C 公司的“潇湘”号商船承运，装运港是甲国某港口，目的港是乙国某港口。在运输途中，B 公司与中国 D 公司就货物转卖达成协议。

如货物运抵乙国后，乙国的 E 公司指控该批平板电脑侵犯其在乙国取得的专利权，致使货物遭乙国海关扣押，B 公司向 A 公司索赔。在下列选项中，A 公司无须承担责任的情形是：(2011/1/100)[1]

A. A 公司在订立合同时不知道这批货物可能依乙国法属侵权

B. B 公司在订立合同时知道这批货物存在第三者权利

C. A 公司是遵照 B 公司提供的技术图样和款式进行生产的

D. B 公司在订立合同后知道这批货物侵权但未在合理时间内及时通知 A 公司

解题要领

国际货物买卖合同下卖方对买方的知识产权担保义务的免除，总结为“买方明知，卖方免责”。

实务案例

中国强峰公司诉美国 Megan Tool 公司违反知识产权担保义务案

案情简介：

2015 年 5 月，中国强峰公司与美国 Megan Tool 公司签订了购买机床的合同，并在合同中约定这批机床将转销丹麦，并在丹麦使用。合同签订后，由于某种原因，这批机床并未转销到丹麦，而是转销到了比利时。一位比利时生产商发现该批机床的制造工艺侵犯了其两项专利权，故要求中国强峰公司停止在比利时销售这批机床，并要求损害赔偿。经调查，这批机床确实侵犯了比利时生产商在该国批准注册的两项专利，同时其中一项专利还在中国批准注册。中国强峰公司及时将此情况通知美国 Megan Tool 公司，并要求其承担违约责任。美国 Megan Tool 公司以其在订立合同时并不知道该批机床转销到比利时为由，拒绝承担违约责任。在协商未果的情况下，中国强峰公司在中国法院向美国 Megan Tool 公司提起违约之诉，并要求其赔偿损失。

• 法院判决

对既在比利时批准注册又在中国注册的这部分专利侵权，美国 Megan Tool 公司对其出售的机床侵犯了该项专利的行为应向中国强峰公司承担违约责任，并赔偿相应损失。对仅在比利时批准注册的专利侵权行为，美国 Megan Tool 公司不向中国强峰公司承担违约责任。

• 所涉考点

1. 1980 年《公约》的适用范围。

2. 国际货物买卖双方权利义务之卖方的知识产权担保义务。

---

[1] BCD

理论延伸

1.《公约》对交付货物的具体规定

（1）交货地点

❶当国际货物买卖合同涉及货物的运输，则交货地点即为货交第一承运人的地点；

❷如果合同指的是特定货物从特定存货中提取的或还在生产中未经特定化，而双方当事人在订立合同时已知道这些货物的特定地点，则卖方应在该地点交货；

❸在其他情况下，卖方应在其订立合同时的营业地交货。

（2）交货时间

❶如果合同规定有交货的日期，或从合同可以确定交货的日期，应在该日期交货；

❷如果合同规定有一段时间，或从合同可以确定一段时间，除非情况表明应由买方选定一个日期外，应在该段时间内任何时候交货；

❸在其他情况下，应在订立合同后一段合理时间内交货。

2.《公约》对质量担保的规定

合同没有对数量、质量、规格和包装作出明确规定的，应依下列默示担保规定：

（1）适用于通常使用目的。

（2）适用于特定目的。

（3）与样品或样式相同。

（4）在包装上的要求。通用方式装箱或包装，如果没有此种通用方式，则按照足以保全和保护货物的方式装箱或包装。

另外，《公约》还规定了在买方明知的情况下，卖方将免除质量担保责任。根据《公约》第35条第3款的规定，如果买方在订立合同时知道或者不可能不知道货物不符合同，卖方就无须按上述四项负不符合同的责任。在国际货物买卖中，有时买方已经知道了货物在品质上有缺陷，但由于急需该货物等原因，而同意以减价为条件接受货物，在这种情况下，一旦买方知道了货物缺陷的事实而接受货物，则卖方不承担对此种缺陷的品质担保责任。

3.《公约》对货物质量检验的规定

（1）买方应在实际可行的最短时间内检验货物或由他人检验货物；

（2）如果合同涉及货物的运输，检验可推迟到货物到达目的地后进行；

（3）如果货物在运输途中改运或买方须再发运货物，没有合理机会加以检验，而卖方在订立合同时已知道或理应知道这种改运或再发运的可能性，检验可推迟到货物到达新目的地后进行。

4.《公约》对买方支付货款义务的规定

（1）支付地点

合同约定优先，无约定的：

❶卖方营业地（即合同成立时卖方的营业地）为支付地，若有一个以上营业地时，依卖方与合同及合同的履行关系密切的营业地确定支付地；

❷如凭移交货物或单据支付货款，则移交货物或单据的地点为支付地。

（2）支付时间

合同约定优先，无约定的：

❶在卖方将货物或单据置于买方控制下时付款；

❷在买卖合同涉及运输时，在收到银行的付款通知时付款；

❸在买方没有机会检验货物前，可以拒绝支付货款。

四、国际货物买卖的风险转移

1. 合同中订有运输条款（卖方安排运输）	（1）如果运输条款规定卖方有义务在某一特定地点把货物交给承运人运输，则卖方履行义务后，风险转移给买方； （2）如果合同中没有指明交货地点，则卖方只要按规定把货物交给第一承运人，风险就转移给买方。
2. 在运输途中销售的货物	合同成立时风险转移。
3. 其他情况下（买方安排运输）	如果在卖方营业地交货，或在卖方营业地以外的地点交货，则风险从买方接收货物，或货物交由买方处置时起转移给买方。

注意 1：确定风险转移的目的是明确货物的毁损或灭失由谁承担。风险一旦由卖方转移给买方，则货物的毁损或灭失就由买方承担。

注意 2：风险转移与卖方违约的关系：货物的风险指的是货物因自然原因或意外事故所致的损坏或灭失的危险。如果货物的损坏或灭失是由于卖方违反合同所致，则依《公约》第 70 条的规定，买方仍然有权向卖方提出索赔，采取因此种违反合同而可以采取的各种补救办法。

经典真题

甲公司的营业所在甲国，乙公司的营业所在中国，甲国和中国均为《联合国国际货物销售合同公约》的当事国。甲公司将一批货物卖给乙公司，该批货物通过海运运输。货物运输途中，乙公司将货物转卖给了中国丙公司。根据该公约，下列哪些选项是正确的？（2012/1/80）[1]

A. 甲公司出售的货物，必须是第三方依中国知识产权不能主张任何权利的货物

B. 甲公司出售的货物，必须是第三方依中国或者甲国知识产权均不能主张任何权利的货物

C. 乙公司转售的货物，自双方合同成立时风险转移

D. 乙公司转售的货物，自乙公司向丙公司交付时风险转移

解题要领

（1）国际货物买卖合同中卖方对买方的知识产权担保义务仅限于“买方营业地、合同预知的货物销售或使用地”；

（2）运输途中货物的风险转移时间为“合同订立时”。

---

[1] AC

五、违约救济

（一）买卖双方违约救济的特殊规定

	违约类型	救济措施
1. 卖方违约时买方的救济措施	（1）不交货、少交货、迟交货	要求实际履行（条件：不得采取与该方法相抵触的救济方法），即买方可以规定一个合理的额外时间，让卖方履行其义务
	（2）交货不合格	①交付替代物（条件：货物与合同不符，构成根本违约）；②修理；③减价（不论货款是否已付）
	（3）卖方根本违约	解除合同
	（4）卖方在宽限期内没有交货或声明不交货	
2. 买方违约时卖方的救济措施	（1）不付款、不收货	要求实际履行（条件：不得采取与该方法相抵触的救济方法）
	（2）买方根本违约	解除合同
	（3）买方不在宽限期内履行义务或声明其将不履行	

注意：

1. 解除合同、实际履行、损害赔偿的救济方式买卖双方都可以适用。
2. 实际履行并非任何情况下都可以适用。
3. 以根本违约为前提的救济方式有两个：交付替代物、解除合同。

经典真题

甲公司（卖方）与乙公司订立了国际货物买卖合同。由于甲公司在履约中出现违反合同的情形，乙公司决定宣告合同无效，解除合同。依据《联合国国际货物销售合同公约》，下列哪些选项是正确的？（2010/1/86）[1]

A. 宣告合同无效意味着解除了甲乙两公司在合同中的义务

B. 宣告合同无效意味着解除了甲公司损害赔偿的责任

C. 双方在合同中约定的争议解决条款也因宣告合同无效而归于无效

D. 如甲公司应归还价款，它应同时支付相应的利息

解题要领

（1）宣告合同无效，则双方不需要继续履行合同项下的义务，但不解除损害赔偿的责任；

（2）合同中争议解决条款可以独立于合同而存在。

[1] AD

（二）适用于买卖双方的一般规定

《公约》规定了适用于买卖双方的一般规定，主要有中止合同、损害赔偿、支付利息、免责、解除合同的效果、货物保全等。

1. 预期违约时的救济方式

（1）中止履行

❶概念

当一方出现预期违约的情况时，根据《公约》第 71 条第 1 款的规定，另一方可以采取中止履行义务的措施。

❷中止履行义务的适用条件

a. 必须是被中止方当事人在履行合同的能力或信用方面存在严重缺陷；

b. 被中止方当事人必须在准备履行或履行合同的行为方面表明他将不能履行合同中的大部分重要义务。

❸中止履行义务的结束

根据《公约》第 71 条第 3 款的规定，中止可因被中止方当事人提供了履行合同义务的充分保证而结束。中止履行义务的一方当事人不论是在货物发运前还是发运后，都必须立即通知另一方当事人，如经另一方当事人对履行义务提供充分保证，则中止履行的一方必须继续履行义务。另外，中止也可以因中止方当事人解除合同而结束。

（2）解除合同

预期违约将构成根本违约时，另外一方当事人可以解除合同。如果时间许可，准备解除合同的一方应向对方发出合理通知，使其可以对履行义务提供充分保证。

2. 分批交付货物无效的处理

（1）在一方当事人不履行任何一批货物的义务构成对该批货物的根本违约时，另一方当事人可以对该批货物解除合同；

（2）如有充分理由断定对今后各批货物将会发生根本违约的情况，则可在一段合理时间内宣告合同今后无效，即解除合同对以后各批货物的效力；

（3）在买方宣告合同对任何一批货物的交付为无效，而各批货物又是相互依存的情况下，另一方当事人可以解除整个合同。

模拟展望

中国甲公司向德国一家生产商订购了一套设备，合同规定该设备分四批到货。前三批设备均按期按质到货，但在收到第四批设备时，发现有严重的质量问题。在这种情况下，甲公司依据《公约》的规定，做法错误的是：[1]

A. 甲公司有权宣告该批货物的交付行为无效，但无权解除整个合同

B. 甲公司有权要求生产商就该批设备承担违约责任

C. 甲公司有权将该批设备退还给生产商，要求其交付符合合同的设备

D. 甲公司不仅有权宣告该批设备的交付行为无效，也有权解除整个合同

---

〔1〕 A

解题要领

分批交货无效的处理。

3. 损害赔偿

(1) 一方当事人违约应负的损害赔偿额，应与另一方当事人因他违约而遭受的包括利润在内的损失额相等。

(2) 损害赔偿应以违约方能够预见的损失为限。

(3) 声称另一方违约的当事人，必须按情况采取合理措施，以减轻由于另一方违约而引起的损失。如果他不采取这种措施，则违约的一方可以要求从损害赔偿中扣除原可以减轻的损失数额。

4. 免责

(1) 免责的条件

❶不履行必须是由于当事人不能控制的障碍所致；

❷这种障碍是不履行一方在订立合同时不能预见的；

❸这种障碍是当事人不能避免或不能克服的。

(2) 免责的通知

不履行义务的一方必须将障碍及其对他履行义务能力的影响通知另一方。如果对方在不履行义务的一方已知道或理应知道此一障碍后一段合理时间仍未收到通知，则不履行义务的一方对由于对方未收到通知而造成的损害应负赔偿责任。

(3) 免责的后果

免责一方所免除的是对另一方损害赔偿的责任，但受损方依公约采取其他补救措施的权利不受影响。

5. 解除合同的效果

(1) 解除义务

合同一经解除，即解除了买卖双方在合同中的义务。但它并不解除违约一方损害赔偿的责任，及合同中有关解决争议和合同中有关双方在合同解除后的权利义务的规定。

(2) 归还货物

解除合同，要求买方必须按实际收到货物的原状归还货物。如买方归还的货物不具有交货时的使用价值，买方就丧失了解除合同或要求卖方交付替代货物的权利。

(3) 归还利益

解除合同后，买卖双方必须归还因接受履行所获得的收益，即卖方应归还所收取的货款的利息，买方应归还由于使用货物或转卖货物所得的收益。

6. 保全货物

《公约》第85~88条是关于保全货物的规定：

(1) 保全货物的概念

保全货物，是指在一方当事人违约，另一方当事人仍持有货物或控制货物的处置权时，该当事人有义务对他所持有的或控制的货物进行保全。保全货物的目的是减少违约一方当事人因违约而给自己带来的损失。

（2）履行保全货物义务的条件

买卖双方都有保全货物的义务，但条件不同：

❶卖方保全货物的条件是：买方没有支付货款或接收货物，而卖方仍拥有货物或控制着货物的处置权；

❷买方保全货物的条件是：买方已接收了货物，但打算退货。

（3）保全货物的方式

❶将货物寄放于仓库：有义务采取措施以保全货物的一方当事人，可以将货物寄放于第三方的仓库，由对方承担费用，但该费用应合理。

❷将易坏货物出售：对易于迅速变坏的货物保全会发生不合理费用的，可以出售货物，并应将出售货物的打算在可能的范围内通知对方。出售货物的一方可从出售货物的价款中扣除保全货物和销售货物发生的合理费用。

（三）买方解除合同权利丧失的情形

1. 对于迟延交货，买方没有在迟延交货后的一段合理时间内解除合同。

2. 对于其他情况的违约，在买方已经知道或应当知道后的一段合理时间内没有解除合同；或者当买方给予额外交付货物期限时，在该额外期限届满后的一段合理时间内没有解除合同；或者当卖方对自己的不履行义务向买方声明将在额外期限内进行补救，而该期限已经超过或买方不接受卖方补救的情况下，买方仍没有解除合同。

专题41

国际海上货物运输法律制度之提单法律基础知识

一、提单的性质

国际海上货物运输，是指由承运人将货物从一国港口运至另一国港口并由货方支付运费的运输。如上所述，国际海上运输具有运输量大、运输成本低的优点，同时又有运输速度慢、风险较大的缺点。国际海上货物运输依船舶经营方式的不同，可分为班轮运输、租船运输和国际多式联运。

班轮运输，是指由航运公司以固定的航线、固定的船期、固定的运费率、固定的挂靠港口组织，将托运人的件杂货运往目的地的运输。由于班轮运输的书面内容多以提单的形式表现出来，所以此种运输方式又被称为提单运输。提单是班轮运输中的重要法律文件。根据《联合国海上货物运输公约》（《汉堡规则》）第1条第7款的规定，提单，是指用以证明海上运输合同和由承运人接管或装载货物，以及承运人据以保证交付货物的单证。我国海商法也采用了《汉堡规则》有关提单的定义。

从上述定义中可以看出，提单具有下列法律特征：

（一）提单是海上运输合同的证明

就承运人与托运人之间的关系而言，提单是运输合同的证明。但在提单转让后，提单在承运人和受让人之间不仅是运输合同的证明，而且是运输合同本身。这表明提单已经突破了合同的相对性。如果货物在运输途中毁损，提单受让人即收货人可以自己的名义向承运人追偿。

（二）提单是承运人出具的接收货物的收据

提单是在承运人收到所交运的货物后向托运人签发的，其证明作用在托运人手中和托运人以外的第三方持有人手中的效力不同。提单在托运人手中时只是初步证据，如承运人有确实的证据证明其收到的货物与提单上的记载不符，则承运人可以向托运人提出异议。但提单在托运人将提单背书转让给第三人的情况下，对于提单受让人来说，提单就成了终结性的证据，承运人不得以此对抗提单的受让人。

（三）提单是承运人交付货物的凭证

正本提单是货物所有权的凭证，承运人在目的港有义务向正本提单持有人或合法受让人交货。正本提单持有人对在途货物有处分权，转让正本提单即意味着转让货物的所有权。

二、海运单

海运单是20世纪70年代以来，随着集装箱运输的发展，特别是在航程较短的运输中产生出来的一种运输单证。它是证明海上运输货物由承运人接管或装船，且承运人保证将货物交给指定的收货人的一种不可流通的书面运输单证。

海运单具有提单所具有的货物的收据和海上货物运输合同的书面证明的作用。但海运单不是货物的物权凭证，收货人提货时无须凭海运单，只需证明其身份即可。因而，海运单具有实现快速提货的优点。海运单不具有流通性，不能转让，因此，第三者在非法得到海运单时不能提取货物。

经典真题

海运单是20世纪70年代以来，随着集装箱运输的发展，特别是航程较短的运输中产生出来的一种运输单证。关于海运单，下列哪一选项是正确的？（2007/1/44）[1]

A. 海运单是一种可流通的书面运输单证

B. 海运单不具有证明海上运输合同存在的作用

C. 第三方以非法的方式取得海运单时无权提取货物

D. 海运单具有物权凭证的特征，收货人凭海运单提取货物

解题要领

海运单是货物的收据和运输合同的证明，但不具有物权凭证的作用。

三、提单的分类

（一）已装船提单与收货待运提单

根据提单签发时货物是否已装船可将提单分为已装船提单与收货待运提单，银行一般只接受已装船提单。

---

〔1〕 C

（二）记名提单、不记名提单与指示提单

根据收货人的抬头可将提单分为记名提单、不记名提单与指示提单。记名提单，是指提单正面载明收货人名称的提单。在这种情况下，承运人只能向该收货人交付货物。记名提单一般不能转让。不记名提单，是指提单正面未载明收货人名称的提单。这种提单的转让十分简便，无须背书，只要将提单交给受让人即可。指示提单，是指提单正面载明凭指示交付货物的提单。指示提单的转让必须经过背书。

敏而好学：记名提单不能转让，不记名提单无须背书即可转让，指示提单交付且背书方可转让。

（三）清洁提单与不清洁提单

根据提单有无不良批注可将提单分为清洁提单与不清洁提单。清洁提单，是指提单上未附加表明货物表面状况有缺陷的批注的提单。不清洁提单，是指在提单上批注有表明货物表面状况有缺陷的提单。银行一般拒绝接受不清洁提单。

理论延伸

1. 提单的另外两种分类

（1）根据运输方式可将提单分为直达提单、转船提单与联运提单。

直达提单，是指表明中途不经转船直接将货物运往目的地的提单。

转船提单，是指当货物的运输不是由一条船直接运到目的港，而是在中途需转换另一船舶运往目的港时，船方签发的包括全程的提单。

联运提单，是指货物由海运和另一种或 2 种以上不同方式，如海陆、海空、海陆空等方式，运输签发的提单。

（2）根据是否已付运费可将提单分为运费预付提单与运费到付提单。

运费预付提单，是指载明托运人在装货港已向承运人支付运费的提单。

运费到付提单，是指载明收货人在目的港提货时向承运人支付运费的提单。

2. 提单的内容

提单分正反两面，提单正面是提单记载的事项，提单背面为关于双方当事人权利和义务的实质性条款。

（1）提单正面的记载事项

关于提单正面的记载事项，各航运公司拟制的提单大致相同，一般包括下列各项：①承运人的名称和主营业所；②托运人的名称；③收货人的名称；④通知方；⑤船舶名称；⑥装货港和卸货港；⑦货物的品名、标志、包数或者件数、重量或者体积；⑧提单的签发日期、地点和份数；⑨运费的支付；⑩承运人或者其代表的签字。

（2）提单背面条款

海运提单的背面通常载有关于双方当事人权利和义务的条款。各种提单的格式条款虽不尽相同，但主要内容基本上是一致的：①管辖权和法律适用条款；②承运人责任条款；③承运人的免责条款；④承运人责任期间条款；⑤赔偿责任限额条款；⑥特殊货物条款；⑦留置权条款；⑧共同海损和新杰森条款；⑨双方有责碰撞条款。此外，提单中还有关于战争、检疫、冰冻、罢工、拥挤、转运等内容的条款。

Limited Liability Company
Fesco Integrated Transport

MULTIMODAL TRANSPORT
BILL OF LADING

FSC101FG1E7772WD

SHIPPER (Name and Full Address)
JIANGSU SKYRUN WUXI CO LTD
28/F , 88 XIANQIAN EAST STREET , WUXI ,
JIANGSU , CHINA
86-510-82308027

BILL OF LADING No. FITMV343726

FESCO Integrated Transport

ORIGINAL

CONSIGNEE (Non-Negotiable Unless Consigned to Order)
LIMITED LIABILITY COMPANY "EUROTRAKT GROUP"
PREDPORTOVAJA 8, OF. 119,
SANKT-PETERSBURG,196240, RUSSIA
INN/TAX ID: 7839486994
TEL,FAX +7 (812) 370 3353

NOTIFY PARTY (Name and Full Address)
SAME AS CONSIGNEE

ALSO NOTIFY (Name and Full Address/DOMESTIC ROUTING)
EXPORT INSTRUCTIONS/PIER-TERMINAL/ONFORWARD ROUTING
FROM POINT OF DESTINATION

INITIAL CARRIAGE (Mode)*	ON-CARRIAGE VOYAGE	SERVICE NAME	Fesco China Direct Line
PLACE OF RECEIPT*	PLACE OF DELIVERY* Moscow	BOOKING No.	SHA074421
EXPORT CARRIER (Vessel & Flag) FESCO DALNEGORSK	VOYAGE 803	QUOTE No.	
PORT OF LOADING Shanghai	PORT OF DISCHARGE Vladivostok	NUMBER OF ORIGINAL BILLS OF LADING	3 / THREE

BELOW PARTICULARS OF THE GOODS FURNISHED BY THE SHIPPER

MARKS AND NUMBERS	NUMBER OF PACKAGES	DESCRIPTION OF PACKAGES AND GOODS	WEIGHT (KGS)		MEASUREMENT (CBM)
			N.W.	G.W.	
FINCH INDUSTRIAL TOOLS KURS	1712 Cartons	WORK TOOLS 40HC/COC/TEMU 7079511 Seals: F6448398		23,569.0000	52.4500
TOTAL:	1712 Cartons	1 Container		23,569.0000	52.4500

CONTAINER DEMURRAGE/DETENTION FEE AT PLACE OF DELIVERY:
10 DAYS FREE PERIOD IS GRANTED FOR COC DRY CONTAINERS;
FROM 16TH TO 25TH DAY USD10/20', USD 15/40' USD 15/20'SPEC, USD 25/ 40'SPEC PER DAY;
FROM 26TH DAY - USD 15/20'DRY, USD 25/40'DRY, USD 25/20'SPEC, USD 35/40'SPEC PER DAY.
THE RATES ARE SUBJECT TO VAT IN ACCORDANCE WITH RUSSIAN LAW.

FCL/FCL
CYFOT

CARGO WEIGHT DECLARED WITHOUT ISO CONTAINER (TARE) WEIGHT
SHIPPER LOAD, COUNT, STOW & SEAL

FREIGHT + CHARGES	PREPAID	COLLECT
FREIGHT COLLECT		
TOTAL		
PLACE OF ISSUE: Shanghai		
DATE OF ISSUE: 16.07.2020		

The undersigned Ocean Carrier hereby acknowledges receipt on board of the sealed container or packages or other shipping units said to contain the Goods described above in apparent external good order and condition unless otherwise started. All particulars (weight, measure, marks, numbers, quantity, contents, value, etc) thereof being as stated by the Merchant but unknown to the Ocean Carrier.

In accepting this Bill of Lading the Merchant accepts and agrees that the receipt, custody, carriage and delivery of the goods is subject to all the terms and conditions set forth and incorporated by reference on this side and reverse hereof, whether written, stamped or printed.

The Ocean Carrier has signed the above mentioned number of originals of this Bill of Lading all of the same tenor and date, one of which being accomplished, the others to be void.

Signed as Carrier by:

Limited Liability Company Fesco Integrated Transport

*APPLICABLE ONLY WHEN USED AS A MULTIMODAL BILL OF LADING

1909782

3. 班轮运输

班轮运输，是指由航运公司以固定的航线、固定的船期、固定的运费率、固定的挂靠港口组织，将托运人的件杂货运往目的地的运输。由于班轮运输的书面内容多以提单的形式表现出来，所以此种运输方式又被称为提单运输。国际上调整提单运输的国际公约主要有三个，即 1924 年《统一提单的若干法律规则的国际公约》（《海牙规则》）、1968 年《修改统一提单的若干法律规则的国际公约的议定书》（《维斯比规则》）和 1978 年《汉堡规则》。

4. 多式联运单据

多式联运单据是多式联运合同的证明，是多式联运经营人收到货物的收据及凭其交货的凭证。多式联运单据应记载多式联运经营人的名称和地址、发货人及收货人的名称、多式联运经营人接管货物的地点和日期、交付货物的时间和地点、单据签发的时间和地点、货物的表面状况等事项。发货人应保证其在多式联运单据中提供的有关货物资料的准确性。随着物流运输行业的发展，仅适用于传统港至港运输的海运提单的使用率已呈下降的趋势，且由于出口商的不恰当使用，对海运提单的拒付率也居高不下。因此，《跟单信用证统一惯例》（UCP600）将多式联运单据放在所有运输单据条款之前，具有一定的希望更多使用多式联运单据的意愿。

四、《无单放货司法解释》

2009 年《最高人民法院关于审理无正本提单交付货物案件适用法律若干问题的规定》（以下简称《无单放货司法解释》）（2020 年修正）对一直有争议的承运人在无单放货情况下的责任属性等问题作出了明确的解释。《无单放货司法解释》在各方面都加重了承运人的责任。其主要内容如下：

（一）责任性质

1. 采用“竞合责任”的观点，正本提单持有人可以要求承运人承担违约责任或侵权责任。

2. 正本提单持有人可要求无正本提单交付货物的承运人与无正本提单提货人承担连带赔偿责任。

（二）责任限制

1. 承运人因无正本提单交付货物承担民事责任的，不得享受责任限制。

2. 关于赔偿范围，承运人因无正本提单交付货物造成正本提单持有人损失的赔偿额，依货物装船时的价值加运费和保险费（CIF 价）计算。

（三）责任免除

以下情况，承运人对无单放货不承担责任：

1. 承运人依照提单载明的卸货港所在地法律规定，必须将承运到港的货物交付给当地海关或者港口当局的。

2. 承运到港的货物超过法律规定期限无人向海关申报，被海关提取并依法变卖处理，或者法院依法裁定拍卖承运人留置的货物，承运人主张免除交付货物责任的。

3. 承运人签发一式数份正本提单，向最先提交正本提单的人交付货物后，其他持有相同正本提单的人要求承运人承担无正本提单交付货物民事责任的。

4. 承运人按照记名提单托运人的要求中止运输、返还货物、变更到达地或者将货物交给其他收货人的。

（四）诉讼时效

无论提单持有人是以违约之诉还是侵权之诉要求承运人承担无单放货的民事责任，时效期间均为 1 年。

经典真题

中国甲公司通过海运从某国进口一批服装，承运人为乙公司，提单收货人一栏写明“凭指示”。甲公司持正本提单到目的港提货时，发现货物已由丙公司以副本提单加保函提取。甲公司与丙公司达成了货款支付协议，但随后丙公司破产。甲公司无法获赔，转而向乙公司索赔。根据我国相关法律规定，关于本案，下列哪一选项是正确的？（2011/1/40）〔1〕

A. 本案中正本提单的转让无需背书

〔1〕 C

B. 货物是由丙公司提走的，故甲公司不能向乙公司索赔

C. 甲公司与丙公司虽已达成货款支付协议，但未得到赔付，不影响甲公司要求乙公司承担责任

D. 乙公司应当在责任限制的范围内承担因无单放货造成的损失

解题要领

《无单放货司法解释》

实务案例

香港鼎丰公司诉广东诚信船务代理公司、诚信纺织公司和深圳强峰公司无正本提单放货、提货纠纷案

案情简介：

2014年5月，香港鼎丰公司与深圳强峰公司签订了供应1908吨苏丹棉花的合同。2014年6月，强峰公司和诚信纺织公司签订了棉花加工合同。2014年7月，根据强峰公司的申请，中国银行深圳分行开出不可撤销跟单信用证，价格条件为CIF湛江。广东诚信船务代理公司是承运人在湛江港的代理人。2014年10月，鼎丰公司将开出的即期汇票和全套议付单证通过中国银行香港分行转交深圳分行，要求强峰公司支付货款，但强峰公司以单证与信用证规定不符而拒付货款。后鼎丰公司与强峰公司就货物质量及货款支付问题进行协商。最终双方就强峰公司先付60万美元及改为银行电汇支付协商一致。2015年3月，中国银行香港分行将信用证项下包括正本提单在内的全套议付单证退还鼎丰公司。2015年5月，鼎丰公司持正本提单向广东诚信船务代理公司提货时被告知，提单项下货物已被诚信纺织公司凭保函提走。鼎丰公司认为，强峰公司、广东诚信船务代理公司与诚信纺织公司的行为构成了对其提单货物所有权的侵犯，请求广州海事法院判令强峰公司、广东诚信船务代理公司向其交付提单项下苏丹棉花或赔偿全部货款及利息损失，诚信纺织公司负连带责任。

• 法院判决

广州海事法院经过审理认为，本案的事实涉及互相关联的三个法律关系：一是原告与被告广东诚信船务代理公司、诚信纺织公司和强峰公司之间的海上货物运输无正本提单放货、提货损害赔偿法律关系；二是原告与被告强峰公司之间的国际贸易合同法律关系；三是被告的行为相互作用，无单放货构成共同侵权，侵害了本案提单在当时作为物权凭证的法律地位。然而，原告作为提单合法持有人，在对货物享有绝对所有权的情况下，并未通过提单关系就强峰公司未付货款而提取货物的行为向三被告主张权利，而是以国际货物合同的卖方身份，与国际货物合同的买方强峰公司就货物质量及支付货款进行交涉，将货款支付方式由跟单信用证方式改为银行电汇，并以此方式接受了强峰公司支付的60万美元的货款。这一事实说明，原告在事后认同了被告无单放货的侵权行为，以及货物向强峰公司交付的事实，同时亦确认了强峰公司作为国际货

物合同的买方提取货物的合法性。尤其是原告与强峰公司协商改变货款支付方式，标志着提单不再具有物权凭证的效力，原告持有的提单只是运输合同的证明和交付货物的凭证。故原告依据不具有物权效力的提单，向广东诚信船务代理公司、诚信纺织公司和强峰公司索赔货款及利息损失的诉讼请求，法院不予支持。

·所涉考点

1. 提单的法律特征。
2. 无正本提单放货的法律责任。

专题 42

国际海上货物运输法律制度之提单重要国际公约及中国《海商法》

目前调整班轮运输的国际公约主要有三个，即《海牙规则》、《维斯比规则》和《汉堡规则》。中国未参加上述三个公约，但中国海商法在有关班轮运输的法律规定上是以海牙—维斯比体系为基础的，同时还吸收了《汉堡规则》的内容。

这三个公约与中国《海商法》的详细比对如下：

	《海牙规则》	《维斯比规则》	《汉堡规则》	中国《海商法》
免　责	航行过失+无过失免责		无过失免责	航行过失+无过失免责
责任基础	不完全的过失责任制		完全的过失责任制	不完全的过失责任制
责任期间	装到卸		接到交	集装箱：接到交 非集装箱：装到卸
责任限额	每件或每单位不得超过 100 英镑（但托运人有声明的除外）。	每件或每单位 666.67 SDR，或每公斤 2SDR，以高者为准。 明确了两点： （1）对承运人的索赔，以侵权或违约起诉，均可以适用责任限制； （2）承运人的雇用人或代理人也可享受责任限制。	每件或每单位 835 SDR，或每公斤 2.5 SDR，以高者为准。	每件或每单位 666.67SDR，或每公斤 2SDR，以高者为准。

续表

	《海牙规则》	《维斯比规则》	《汉堡规则》	中国《海商法》
关于延迟责任	无规定		承担责任。且责任限额为迟交货物应付运费的2.5倍，但不应超过总运费。	—
关于实际承运人	无规定		与承运人共负连带责任。	与承运人共负连带责任。
关于舱面货和活牲畜	无规定		适 用	(1) 关于活牲畜，根据《海商法》第52条的规定，在运输活动物时，只要承运人能证明其已履行了托运人有关运输活动物的特别要求，且活动物的损害或灭失是由于固有的特殊风险造成的，就可免除其损失赔偿责任。 (2) 关于舱面货，根据《海商法》第53条的规定，承运人依协议、惯例和有关法律、行政法规可以在舱面装载货物，且对因此种装载的特殊风险造成的损害或灭失不负赔偿责任。但承运人擅自决定在舱面装载货物的，应对由此造成的损失负赔偿责任。
关于保函	无规定		承认善意保函在托运人和承运人之间为有效。	《海商法》无明确规定，实践做法参照《汉堡规则》。
诉讼时效	1年（自交货之日或应交货之日起计算）。	1年，经协商可以延长；对第三者的追偿诉讼还有3个月的宽限期。	2年	1年；对第三者的追偿诉讼还有90日的宽限期。

除表格中比对的内容外，还应注意以下内容：

一、海运承运人最低限度的义务

以下两项义务是强制性的，在提单中解除或降低承运人的这两项义务的条款均属无效：

1. 承运人在开航前与开航时应保证船舶适航，具体包括：

（1）使船舶具有适航性；

（2）适当地配备船员、设备和船舶供应品；

（3）使货舱、冷藏舱和该船其他运载货物的部位适宜并能安全地收受、运送和保管货物。

2. 整个运输期间承运人有妥善管货的义务。

这个义务包括承运人应适当和谨慎地装载、操作、积载、运送、保管、照料和卸载所承运的货物。“积载”，是指承运人应适当地配载货物。对由于积载不当造成的损失，承运人应负责。“运送”，是指承运人应尽速、直接、安全地将货物运至目的地，不得进行不合理的绕航。

二、航行过失免责

航行过失免责，是指船长、船员、引水员或承运人的雇佣人在驾驶或管理船舶中的行为疏忽或不履行职责造成的货物损失，承运人可以免责。

经典真题

青田轮承运一批啤酒花从中国运往欧洲某港，货物投保了一切险，提单上的收货人一栏写明“凭指示”，因生产过程中水分过大，啤酒花到目的港时已变质。依《海牙规则》及相关保险规则，下列哪一选项是正确的？(2015/1/41)[1]

A. 承运人没有尽到途中管货的义务，应承担货物途中变质的赔偿责任

B. 因货物投保了一切险，保险人应承担货物变质的赔偿责任

C. 本提单可通过交付进行转让

D. 承运人对啤酒花的变质可以免责

解题要领

（1）《海牙规则》承运人免责事项为“航行过失免责+无过失免责”；

（2）货物的自然属性属于保险公司的除外责任；

（3）指示提单的转让规则为“背书+交付”。

三、提单与三种保函

保函，是指托运人为了换取清洁提单而向承运人出具保证赔偿承运人因此而造成的损失的书面文书。由于保函常常带有欺诈的意图，以往的惯例通常判保函无效。《汉堡规则》第一次在一定范围内承认了保函的效力。在实践中，常见的保函及认定规则分以下三种：

（一）换取清洁提单的保函

托运人为了换取清洁提单可向承运人出具保函，但保函只在托运人与承运人之间有效。如保函有欺诈意图，则保函无效，承运人应赔偿第三者的损失，且不能享受责任限制。

[例] 卖方需要交付买方 100 箱化工原料，卖方交付给承运人时其中 5 箱外包装有破损，但不影响使用。卖方为了获得承运人开具的清洁提单，给承运人出具了一份换取清洁

---

[1] D

提单的保函。换取清洁提单的保函在承运人和托运人之间有效。

总结 ①善意有效：只能约束承托双方，不能对抗收货人，先赔收货人再依保函向托运人索赔；②恶意无效：承运人明知货物表面有瑕疵仍接收保函签发清洁提单。

（二）副本提单加保函提货

如果保函善意，则为有效，但仅能约束出具保函的人和承运人。如果保函恶意，则为无效。

（三）换倒签、预借提单的保函

倒签提单，是指提单中注明的装船日期早于实际装船的日期。预借提单，是指当信用证规定的有效期即将届满，而货物还未装船时，托运人为了使提单上的装船日期与信用证规定的日期相符，要求承运人在货物装船前签发的已装船提单。

［例1］信用证规定装船日期为2020年5月1日，但货物于2020年5月10日才装上船，托运人为了获得与信用证要求一致的提单，在为承运人出具保函的前提下请求承运人倒签提单，将提单上的装船日期签至2020年5月1日以前。

预借提单与倒签提单一样，都是掩盖了货物的实际装船日期，从而避开了迟延交货的责任。在实践中，在信用证即将到期，而托运人又不能如期装船的情况下，正确的处理方法是要求修改信用证。

［例2］信用证规定装船日期为2020年5月1日，但5月1日已过，货物却没有装上船的任何迹象。托运人为了顺利到银行结汇，在为承运人出具保函的前提下请求承运人将提单先预借出来，签发一份2020年5月1日以前的已装船提单。

注意：倒签提单和预借提单均为违法行为，因此换取倒签、预借提单的保函均为恶意无效保函。

实务案例

江苏强峰公司与上海诚信货运、南美中国、南美轮船海上货物运输合同纠纷案

案情简介：

原告江苏强峰公司委托上海诚信货运从上海出运一批货物至智利。诚信货运接受委托后，于2015年5月12日签发提单，并就涉案运输向南美中国订舱。南美中国于同日代表南美轮船签发第二份提单。涉案货物出运后，原告向诚信货运支付了海运费1200美元，上述两套提单现均由原告持有。5月15日，承载涉案货物的船舶发生碰撞事故，造成货物全损。为此，原告请求法院判令三被告连带赔偿货物损失，并要求诚信货运向原告返还已支付的海运费。三被告均抗辩认为，涉案货损系由船员驾驶船舶过失导致的船舶碰撞造成，根据我国《海商法》的相关规定，承运人对此可予以免责。原告则认为，承运人主张免责的前提是证明承运船舶适航，但

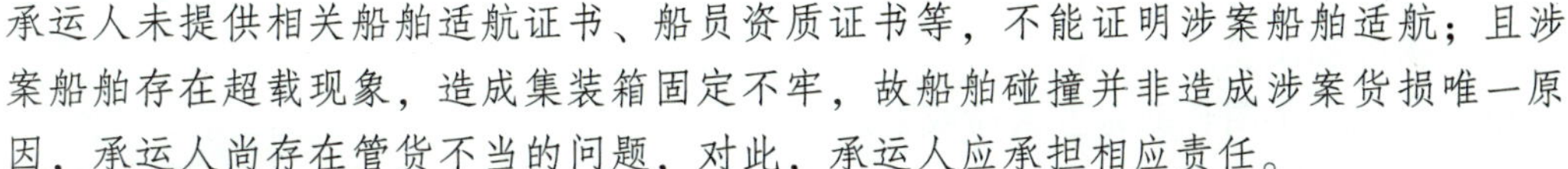
承运人未提供相关船舶适航证书、船员资质证书等，不能证明涉案船舶适航；且涉案船舶存在超载现象，造成集装箱固定不牢，故船舶碰撞并非造成涉案货损唯一原因，承运人尚存在管货不当的问题，对此，承运人应承担相应责任。

·法院判决

1. 关于涉案船舶是否适航。法院认为，职能部门在事故发生后对涉案船舶的船舶证书配备及船员配备情况进行了详细调查，出具的事故调查报告明确载明涉案船舶适航，所有船舶证书均在有效期内，且“船员配备和持证情况满足该船最低安全配员要求”，故法院认为承运人已履行使船舶适航的法定义务。

2. 关于造成涉案货损的原因。法院认为，职能部门在出具的事故调查报告中认定，涉案事故系“由于双方当事人为履行让路船和直航船责任、瞭望疏忽、未采取安全航速而造成的人为责任事故”，故因船员驾驶船舶过失造成的碰撞事故显然系涉案货损的直接原因。除了该原因，在原告未提供其他证据的情况下，本院对其关于承运人管货不当系造成货损原因之一的主张不予支持。

综上，本院认为，因船员驾驶船舶过失造成的船舶碰撞系导致涉案货损的直接且唯一的原因，该事故的发生与船舶适航与否并不存在因果关系，且承运人亦已举证证明船舶适航，故依据中国《海商法》第 51 条的相关规定，承运人对涉案货损不负赔偿责任。

·所涉考点

1. 海运承运人最低限度的义务。
2. 承运人航行过失免责。

理论延伸

1.《海牙规则》规定的承运人免责事项

根据《海牙规则》第 4 条第 2 款的规定，对由于下列原因引起或造成的货物的灭失或损害，承运人不负责任：

（1）船长、船员、引水员或承运人的雇佣人员，在驾驶或管理船舶中的行为疏忽或不履行职责。

（2）火灾，但由于承运人的实际过失或私谋所造成者除外。

（3）海上或其他可航水域的风险、危险或意外事故。

（4）天灾。

（5）战争行为。

（6）公敌行为。

（7）君主、统治者或人民的扣留或拘禁，或依法扣押。

（8）检疫限制。

（9）货物托运人或货主、其代理人或代表的行为或不行为。

（10）不论由于何种原因引起的局部或全面的罢工、关厂、停工或劳动力受到限制。

（11）暴乱和民变。

（12）救助或企图救助海上人命或财产。

（13）由于货物的固有瑕疵、性质或缺陷所造成的容积或重量的损失，或任何其他灭失或损害。

（14）包装不当。

（15）标志不清或不当。

（16）尽适当的谨慎所不能发现的潜在缺陷。

（17）不是由于承运人的实际过失或私谋，或是承运人的代理人或受雇人员的过失或疏忽所引起的任何其他原因；但是要求引用这条免责利益的人应负责举证，证明有关的灭失或损坏既非由于承运人的实际过失或私谋，亦非承运人的代理人或雇佣人员的过失或疏忽所造成。

2. 其他方式的国际货物运输

（1）国际航空货物运输

第一，航空运单。

航空运单，是指由承运人出具的证明承运人与托运人已订立了国际航空货物运输合同的运输单证。航空运单须由托运人或其代理和承运人或其代理签署后方能生效。航空运单与海运提单不同，它不是货物的物权凭证，因为航空运输速度快，没有必要通过转让单证来转移货物的所有权。在实际业务中，航空运单一般都印有“不可转让”字样。航空运单的作用有：①航空运单是运输合同的证明；②航空运单是承运人接收货物的证明；③航空运单是记载收货人应负担费用和代理费用的记载凭证；④航空运单是办理报关手续时的基本单证；⑤当承运人承办保险或托运人要求承运人代办保险时，航空运单即可用来作为保险证书。载有保险条款的航空运单又被称为红色航空运单。

第二，有关国际航空货物运输的国际公约。

涉及国际航空运输的国际公约被划分为芝加哥公约体系、华沙公约体系和航空刑法体系。其中涉及国际货物运输的是华沙公约体系。华沙公约体系以1929年《华沙公约》为核心，还包括修改《华沙公约》的1955年《海牙议定书》，1961年《统一非缔约承运人所办国际航空运输某些规则以补充华沙公约的公约》（《瓜达拉哈拉公约》），以及其后的修订或补充性文件，如1971年《危地马拉议定书》、1975年《蒙特利尔第一号附加议定书》《蒙特利尔第二号附加议定书》《蒙特利尔第三号附加议定书》《蒙特利尔第四号附加议定书》以及1999年《蒙特利尔公约》。其中，《华沙公约》是这一体系的核心。华沙体系主要规范私法行为。我国是《华沙公约》、《海牙议定书》及1999年《蒙特利尔公约》的参加国。

第三，《华沙公约》的主要内容

其一，承运人的责任期间。承运人应对货物在航空运输期间发生的因毁灭、遗失或损坏而产生的损失负责，不包括在航空站以外的任何陆运、海运或河运。另外，承运人还应对在航空运输中因延误而造成的货物的损失负责。

其二，承运人责任的免除与减轻

❶如承运人能证明他和他的代理人或雇用人为了避免损失，已经采取了一切必要的措

施，或不可能采取这种措施时，则承运人对货物的损失可不负责任；

❷如承运人证明损失的发生是由于驾驶中、航空器的操作中或航行中的过失引起的，并证明他和他的代理人已经在其他一切方面采取了必要的措施以避免损失时，则承运人对货物的损失可不负责任；

❸如承运人证明受害人自己的过失是造成损失的原因或原因之一，则法院可依法免除或减轻承运人的责任。

其三，承运人的责任限额。承运人对货物灭失、损害或延迟交货的责任，以每公斤250金法郎为限。但托运人特别声明的除外。

其四，诉讼时效。《华沙公约》规定的诉讼时效是自航空器到达目的地或应该到达之日起2年。

（2）国际铁路货物运输

关于国际铁路货物运输的公约主要有两个，即1961年《关于铁路货物运输的国际公约》（《国际货约》）和1951年《国际铁路货物联运协定》（《国际货协》），中国是《国际货协》的参加国。《国际货协》的主要内容如下：

❶运单	运单是铁路承运货物的凭证，也是铁路在终点向收货人核收有关费用和交付货物的依据。运单不具有物权凭证的作用，不能流通。
❷承运人的责任及责任期间	依《国际货协》的规定，按运单承运货物的铁路部门应对货物负连带责任。承运人的责任期间为从签发运单时起至终点交付货物时止。
❸承运人的留置权	依《国际货协》的规定，为了保证核收运输合同项下的一切费用，铁路当局对货物可行使留置权。
❹承运人的免责	主要包括：铁路不能预防和不能消除的情况；货物的自然性质引起的货损；货方的过失；铁路规章许可的敞车运送；承运时无法发现的包装缺点；发货人不正确地托运违禁品；规定标准内的途耗；等等。
❺承运人的赔偿责任	依《国际货协》的规定，铁路对货物损失的赔偿金额，在任何情况下，均不得超过货物全部灭失时的金额。
❻发货人和收货人的权利和义务	A. 支付运费的义务：发送国的运费由发货人支付。过境的运费可由发货人支付，也可由收货人支付。到达国的运费由收货人支付。 B. 收货人有收受货物的义务。 C. 变更合同的权利。依《国际货协》的规定，发货人可对运输合同作相应变更。
❼诉讼时效	依《国际货协》的规定，当事人依运输合同向铁路提出的赔偿请求和诉讼，以及铁路对发货人或收货人有关支付运费、罚款和赔偿损失的要求和诉讼应在9个月内提出；有关货物逾期的赔偿请求和诉讼应在2个月内提出。

（3）国际货物多式联运

国际货物多式联运，是指联运经营人以一张联运单据，通过2种以上的运输方式将货物从一个国家运至另一个国家的运输。1980年通过的《联合国国际货物多式联运公约》，目前尚未生效。该公约的主要内容有：

❶ 公约的适用范围	公约适用于两国境内各地之间的所有多式联运合同。
❷ 多式联运单据	多式联运单据是多式联运合同的证明，是多式联运经营人收到货物的收据及凭其交货的凭证。但当多式联运单据转给包括收货人在内的第三方时，该单据就成了最终证据。
❸ 多式联运经营人的责任期间	接收货物到交付货物的整个期间。
❹ 多式联运经营人的赔偿责任原则	公约在赔偿责任上采用了完全推定责任原则，即除非经营人证明其一方为避免事故的发生已采取了一切合理的措施；否则，即推定损坏是由经营人一方的过错所致，并由其承担赔偿责任。
❺ 多式联运经营人的赔偿责任限额	公约规定的两种赔偿限额分别适用于下列两种情况： A. 如在国际多式联运中包括了海运或内河运输，多式联运经营人的赔偿责任限额为每件 920SDR，或货物毛重每公斤 2. 75SDR，以较高者为准； B. 如在国际多式联运中未包括海运或内河运输，多式联运经营人的赔偿责任限额为毛重每公斤 8. 33SDR。 此外，因延迟交付造成损失的赔偿限额为延迟交付货物的应付运费的 2. 5 倍，但不得超过总运费。
❻ 索赔与诉讼时效	公约规定的诉讼时效为 2 年。但如果在货物交付之日或应交付之日起 6 个月内，没有提出书面索赔通知，则在此期限届满后即失去诉讼时效。
❼ 管辖	公约规定，原告可选择在下列地点之一的法院进行诉讼：被告主要营业所，如无主要营业所，则为被告的经常居所；订立多式联运合同的地点，且合同是通过被告在该地的营业所、分支或代理机构订立；接管国际多式联运货物的地点或交付货物的地点；多式联运合同中为此目的所指定并在多式联运单据中载明的任何其他地点。

国际货物运输保险法律制度之确立险别的两个依据

确立国际海上货物运输保险的依据有两个：风险和损失。

一、国际海上货物运输中的风险

国际海上货物运输中的风险分为海上风险和外来风险两大类：

（一）海上风险

海上风险，是指海上运输环境中固有的风险。根据是否可依人的意志转移，海上风险分为自然灾害和意外事故两类。

1. 自然灾害，是指不以人的意志为转移的自然力量所引起的灾害，如海啸、海上强热带风暴、海上雷电、海底火山爆发、飓风等。

2. 意外事故，是指在海上发生，如果恪尽注意就可以避免的事故，如船舶碰撞、触礁、搁浅等。

（二）外来风险

外来风险不要求必须在海运运输中发生，在其他运输环境也可能发生，具体分为三类：一般外来风险、特别外来风险和特殊外来风险。

1. 一般外来风险

包括偷窃、提货不着、淡水雨淋、短量、混杂玷污、渗漏、串味异味、受潮受热、包装破裂、钩损、锈损、碰损破碎等。

2. 特别外来风险

包括进口关税的增加、贸易禁运、检疫限制等政治、行政等因素导致的损失。

3. 特殊外来风险

包括战争和罢工两种。

二、国际海上货物运输中的损失

国际海上货物运输中的损失包括全部损失和部分损失两大类。

（一）全部损失

全部损失包括实际全损和推定全损两类。

1. 实际全损

实际全损，是指保险标的发生保险事故后灭失，或者受到严重损坏完全失去原有形体、效用，或者不能再归被保险人所拥有的损失状态。

2. 推定全损

推定全损，是指货物发生保险事故后，认为实际全损已经不可避免，或者为避免发生实际全损所需要支付的费用与继续将货物运抵目的地的费用之和超过保险价值的损失状态。例如，一艘船沉了，打捞费用比捞上来的收益还要高，此时保险标的即出现推定全损。

注意：推定全损属于全部损失，推定全损下有委付制度。

委付制度应注意以下三点：

（1）当保险标的出现推定全损时，被保险人可以选择按部分损失向保险人求偿或按全部损失求偿；

（2）当被保险人选择后者时，则由被保险人将保险标的权利转让给保险人，保险人赔付全部的保险金额；

（3）对于保险人来说，可以接受委付，也可以不接受委付。

经典真题

中国甲公司和英国乙公司签订 CFR 出口合同，货物分两批由丙公司安排运输。两批货物均投保平安险，以信用证方式支付。第一批货物由于遭受海上强热带风暴，部分货物落入海中；第二批货物到达港口后，经目的地防疫检验推定货物全损。依据《海牙规则》及相关国际

法规则的规定，下列表述不正确的有：（2022-回忆版）[1]

A. 承运人对第一批货物损失可免责，但就第二批货物因防疫检验导致的运输迟延应当承担责任

B. 保险公司应当对第一批货物的损失负责

C. 因第二批货物被推定全损，可通知银行止付

D. 乙公司可以将被推定全损的货物委付给保险公司，保险公司可以接受也可以不接受

解题要领

（1）承运人免责事项；

（2）平安险承保范围；

（3）委付制度。

（二）部分损失

部分损失包括共同海损和单独海损两类。“单独海损”，是指货物由于意外造成的部分损失。在部分损失中，除了共同海损的部分，剩余的均为单独海损。

注意：共同海损属于部分损失。具体内容见下文“（三）共同海损”。

（三）共同海损

1. 概念

“共同海损”，是指在同一海上航程中，船舶、货物和其他财产遭遇共同危险，为了共同安全，有意地和合理地采取措施所直接造成的特殊牺牲、支付的特殊费用。

2. 共同海损的构成要件

（1）船货共同危险；

（2）有意的措施；

（3）合理的措施。

3. 共同海损和单独海损的区别

	共同海损	单独海损
（1）海上危险	共同海损涉及的海上危险是共同的，必须涉及船舶及货物共同的安全	单独海损的危险只涉及船舶或货物中一方的利益
（2）有无人为因素	共同海损有人为的因素，是明知采取措施会导致标的的损失，但为共同的安全仍有意采取该措施而引起的损失	单独海损则纯粹是意外事故造成的标的的损失，无人为因素
（3）损失承担	共同海损的损失由于是为大家的利益而牺牲的，所以应由受益各方分摊	单独海损的损失则由单方来承担

4. 共同海损的法律后果

（1）运输法下——共同海损应当由获救财产的受益人进行分摊。共同海损的牺牲人同时也是受益人，也应一起参与分摊。

[1] ABC

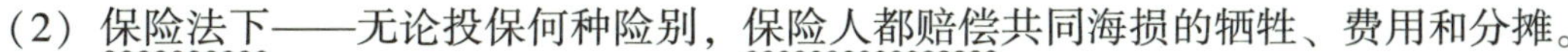

（2）保险法下——无论投保何种险别，保险人都赔偿共同海损的牺牲、费用和分摊。

注意：平安险也赔偿共同海损的损失，所以只要是共同海损，所有基本险都要赔。

经典真题

两批化妆品从韩国由大洋公司“清田”号货轮运到中国，适用《海牙规则》，货物投保了平安险。第一批货物因“清田”号过失与他船相碰致部分货物受损，第二批货物收货人在持正本提单提货时，发现已被他人提走。争议诉至中国某法院。根据相关规则及司法解释，下列哪些选项是正确的？（2014/1/81）[1]

A. 第一批货物受损虽由“清田”号过失碰撞所致，但承运人仍可免责

B. 碰撞导致第一批货物的损失属于保险公司赔偿的范围

C. 大洋公司应承担第二批货物无正本提单放货的责任，但可限制责任

D. 大洋公司对第二批货物的赔偿范围限于货物的价值加运费

解题要领

（1）《海牙规则》中对承运人免责事项为“航行过失免责+无过失免责”；

（2）平安险承保的范围为“海上风险造成的全部和部分损失，除去自然灾害导致的单独海损”；

（3）《无单放货司法解释》。

实务案例

“琴海”轮共同海损案

案情简介：

乙船公司“琴海”轮承运甲公司货物，自马来西亚槟城港运至中国北海港。“琴海”轮开往中国北海途中主机故障，之后船员立即投入抢修，但因条件所限，经两天多的抢修，仍无法修复主机。船舶发出求救信息，越南派出拖轮将“琴海”轮拖进金兰湾港。越方收取了拖轮费、救助费。由于能力及条件所限，在金兰湾仍然无法将主机修复。乙船公司请广州救捞局将“琴海”轮拖至中国北海，并支付了拖带费。

保险公司为甲公司的货物向乙船公司出具共同海损担保函，乙船公司委托中国贸促会海损理算处对“琴海”轮进行共同海损理算。根据该处出具的理算书，确认共同海损的船货各方分摊金额。甲公司和保险公司以共同海损事故是乙船公司不可免责过失造成为由拒绝分摊共同海损费用，乙船公司请求法院判令甲公司分摊该共同海损费用，保险公司承担连带责任。

• 法院判决

法院认为，本案为共同海损分摊纠纷。经调查证实，“琴海”轮在开航前和开航时

[1] AB

是不适航的。主机的故障是一个长期渐进的过程，明显是一个谨慎的专业人员以惯常方法检查船舶所能够发现的缺陷。由此非潜在缺陷而造成的船舶不适航，承运人不能免除赔偿责任。根据中国《海商法》第47条“承运人在船舶开航前和开航当时，应当谨慎处理，使船舶处于适航状态，妥善配备船员、装备船舶和配备供应品”的规定，由于原告不可免责的过失而导致的共同海损损失应由其自行承担，而不能将该损失转嫁给非过失方。被告以共同海损事故是原告不可免责的过失造成为由进行抗辩并拒绝分摊共同海损损失，符合法律规定，法院予以支持，驳回原告的请求。

共同海损的概念及其构成要件。

国际货物运输保险法律制度之险别

我国海上货物运输保险的主要险别包括基本险和附加险两大类。《中国人民保险公司海洋运输货物保险条款》中规定了各种险别承保的范围。

一、基本险

1. 平安险

平安险的英文意思为“单独海损不赔”。其责任范围主要包括：

（1）被保险货物在运输途中由于恶劣气候、雷电、海啸、地震、海底火山爆发等自然灾害造成的整批货物的全部损失或推定全损；

（2）由于运输工具遭受搁浅、触礁、沉没、互撞、与流冰或其他物体碰撞以及失火、爆炸等意外事故造成货物的全部或部分损失；

（3）在运输工具已经发生搁浅、触礁、沉没、焚毁等意外事故的情况下，货物在此前后又在海上遭受恶劣气候、雷电、海啸等自然灾害所造成的部分损失；

（4）在装卸或转运时由于一件或数件整件货物落海造成的全部或部分损失；

（5）被保险人对遭受承保责任内危险的货物采取抢救、防止或减少货损的措施而支付的合理费用，但以不超过该批被救货物的保险金额为限；

（6）运输工具遭遇海难后，在避难港由于卸货所引起的损失以及在中途港、避难港由于卸货、存仓以及运送货物所产生的特别费用；

（7）共同海损的牺牲、分摊和救助费用；

（8）运输合同中订有“船舶互撞责任”条款，根据该条款规定应由货方偿还船方的损失。

2. 水渍险

该险的责任范围除平安险的各项责任外，还负责被保险货物由于恶劣气候、雷电、海

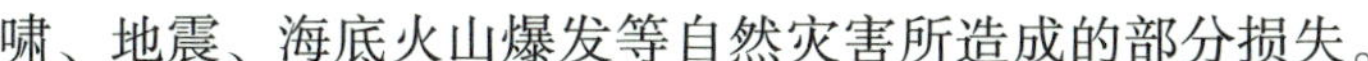

啸、地震、海底火山爆发等自然灾害所造成的部分损失。

3. 一切险

该险的责任范围除包括水渍险的各项责任外，还负责赔偿被保险货物在运输途中由于外来原因所致的全部或部分损失。一般外来原因，是指偷窃、提货不着、淡水雨淋、短量、混杂、玷污、渗漏、串味异味、受潮受热、包装破裂、钩损、碰损破碎、锈损等原因。

注意：平安险下，由自然灾害造成的货物单独海损不赔，但是由自然灾害造成的货物共同海损要赔。

二、附加险

1. 一般附加险

一般附加险承保各种外来原因造成的货物全损或部分损失。附加险别不能单独承保，它必须附于主险项下。一般附加险包括：①偷窃、提货不着险；②淡水雨淋险；③短量险；④混杂、玷污险；⑤渗漏险；⑥碰损、破碎险；⑦串味异味险；⑧受潮受热险；⑨钩损险；⑩包装破裂险；⑪锈损险。

2. 特别附加险

特别附加险，是指必须附属于主要险别项下，对因特殊风险造成的保险标的的损失负赔偿责任的附加险。特别附加险与一般附加险的区别在于：一般附加险属于一切险的范围，保了一切险，就不必再附加任何一般附加险；而特别附加险所承保的责任已超出了一切险的范围。特别附加险包括：①交货不到险；②进口关税险；③舱面险；④拒收险；⑤黄曲霉素险；⑥出口货物到香港或澳门存仓火险。

3. 特殊附加险

特殊附加险包括海洋运输货物战争险和货物运输罢工险。

总 结 各种险别承保范围

基本险别	(1) 平安险	承保海上风险造成的全部和部分损失，但是单纯由于自然灾害造成的单独海损不赔。
	(2) 水渍险	承保海上风险造成的全部和部分损失。
	(3) 一切险	水渍险+11 种一般附加险。
附加险别	(1) 一般附加险：11 种； (2) 特别附加险：6 种； (3) 特殊附加险：战争险和罢工险。	

注意：附加险不可以单独投保。

三、我国海洋运输货物保险的责任期间

保险期限，是指保险人承担对习惯住所地赔偿责任的期间。《中国人民保险公司海洋运输货物保险条款》主要是“仓至仓条款”，该条款规定保险人的责任自被保险货物运离保险单所载明的起运地仓库开始，到货物运达保险单载明的目的地收货人的最后仓库时为止。

四、我国海洋运输货物保险的除外责任

除外责任，是指保险单中规定的保险人不负责赔偿的习惯住所地损失。中国人民保险公司海洋运输货物保险的除外责任包括：

1. 被保险人的故意行为或过失所造成的损失。
2. 属于发货人责任引起的损失。
3. 在保险责任开始前，被保险货物已存在的品质不良或数量短差所造成的损失。
4. 被保险货物的自然损耗、本质缺陷、特性以及市价跌落、运输延迟引起的损失和费用。
5. 习惯住所地战争险条款和货物运输罢工险条款规定的责任范围和除外责任。

经典真题

中国甲公司与某国乙公司签订茶叶出口合同，并投保水渍险，议定由丙公司"天然"号货轮承运。下列哪些选项属于保险公司应赔偿范围？(2011/1/80)[1]

A. 运输中因茶叶串味等外来原因造成货损

B. 运输中因"天然"号过失与另一轮船相撞造成货损

C. 运输延迟造成货损

D. 运输中因遭遇台风造成部分货损

解题要领

(1) 水渍险的承保范围为"海上风险造成的全部和部分损失"；

(2) 运输延迟属于保险公司的除外责任，由承运人承担。

五、《海洋运输货物保险条款》中规定的索赔时效

中国人民保险公司《海洋运输货物保险条款》中规定向保险人索赔的时间为2年，从被保险货物在最后卸货港全部卸离运输工具后起算。

实务案例

棕榈油平安险责任范围争议案

案情简介：

2015年1月，广西粮油公司与香港鼎丰公司签订了一份买卖合同，购买2000吨棕榈油，价格条件为CFR越南鸿基港。3月7日，鼎丰公司和香港路天船务公司签订租船合同，租用"玛丽"轮将上述货物从马来西亚运至越南。3月24日，船舶代理签发了提单，记载的承运人是太平洋贸易国际公司。

4月6日，粮油公司就上述货物运输向中国平安保险股份有限公司（以下简称"平安公司"）投保，险别为平安险，保险金额为1200万元。"玛丽"轮没有在预

[1] BD

期时间抵达卸货港。经调查证实，该轮非法悬挂伯利兹国旗，太平洋贸易国际公司未进行合法注册登记，在其联络通讯中注明的办公地址找不到这家公司，船东提供了虚假的地址和不真实的船舶注册登记情况，货物已被其窃取，船舶可能被凿沉或拆掉。粮油公司在向平安公司索赔遭拒后，向广州海事法院提起诉讼，请求法院判令平安公司赔偿其保险金额 1200 万元及利息。

• 法院判决

法院经审理认为，海运欺诈造成货物的灭失不属于中国人民保险公司 1981 年《海洋运输货物保险条款》平安险的承保范围，不属于本案保险合同约定的保险事故，平安公司无须赔偿。据此判决，驳回粮油公司的诉讼请求。

• 所涉考点

1. 习惯住所地保险中确立险别的两个依据。
2. 平安险的承保范围。

国际贸易支付法律制度之托收法律关系

一、托收的概念

托收，是指由银行依委托人的指示处理单据，向付款人收取货款或承兑、交付单据或按其他条件交付单据的结算方式。在托收方式下，信用工具的传递与资金的转移方向相反，因此托收是一种逆汇法。在托收付款下，付款人是否付款是依其商业信用，银行并不承担责任。银行所起的作用仅是一种代理收款作用。

敏而好学：托收是一种商业信用。

二、托收的基本程序

（一）托收的当事人

托收方式通常有四方当事人，即委托人（卖方）、付款人（买方）、托收行和代收行。

（二）托收的流程

1. 委托人（卖方）向其所在地银行提出托收申请，填写托收指示书。卖方通常会开出买方为付款人的汇票。

2. 托收行（卖方所在地银行）接受申请后，委托其在买方的往来银行（代收行）代为办理收款事宜。

3. 代收行向买方作付款提示或承兑提示，在付款人付款后通知托收行，托收行即向卖方付款。如付款人拒付，则由代收行通知托收行，再由托收行通知卖方。

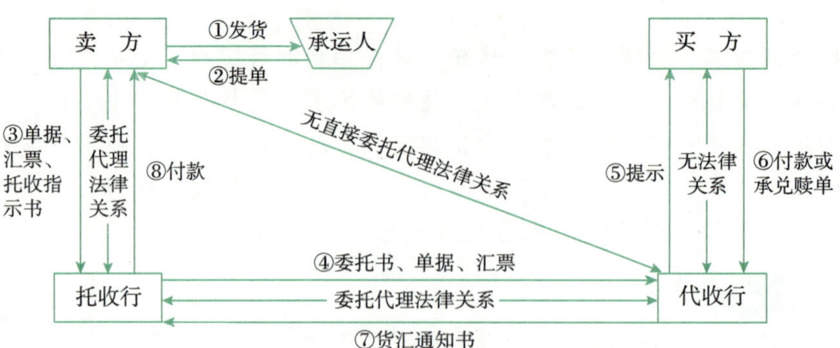

（三）托收当事人之间的关系

1. 卖方与托收行、托收行与代收行之间分别是委托代理法律关系。
2. 代收行和买方之间无法律关系。
3. 卖方和代收行无直接的委托代理法律关系。
4. 卖方（委托人）和买方（付款人）之间是买卖合同关系。

三、银行义务

依《托收统一规则》的规定，托收行对委托人、代收行对托收行负有下列义务：

1. 应严格按托收指示履行责任。
2. 银行的义务不涉及货物、服务或行为。
3. 及时提示的义务。
4. 保证汇票和装运单据与托收指示书的表面一致，发现任何单据有遗漏，应立即通知发出指示书的一方。
5. 无延误地通知托收结果，包括付款、承兑、拒绝承兑或拒绝付款等。

四、银行免责

《托收统一规则》规定了银行不承担责任的情况，主要包括：

1. 对单据的免责。银行只审核单据表面与托收指示是否一致，对单据的实质、有效性免责。
2. 对传递延误和遗失免责。对寄送途中的延误、丢失及翻译的错误，不承担责任。
3. 不可抗力免责。对由于自然灾害、暴动、骚乱、叛乱、战争或银行本身无法控制的任何其他原因，或对由于罢工或停工致使银行营业间断所造成的一切后果，概不负责。
4. 对货物免责。银行对跟单托收项下的货物无提取或采取任何其他措施的义务。
5. 对票据追索免责。在汇票被拒绝承兑或拒绝付款时，若托收指示书无特别指示，银行没有作出拒绝证书的义务。
6. 对被指示方的行为免责。根据《托收统一规则》的规定，托收行对其被指示的行为免责。

五、托收的种类

在托收方式下，依汇票是否附有单据可分为光票托收和跟单托收。

（一）光票托收

光票托收，是指仅凭汇票委托银行向付款人收款的托收方式。

光票托收的汇票依付款时间的不同，又可分为即期和远期两种：对于即期汇票，代收行应立即向付款人提示并要求付款；对于远期汇票，代收行则先要向付款人提示汇票要求承兑。光票托收的风险较大，因此，一般只用于样品费、佣金、货款尾数等的结算。

（二）跟单托收

跟单托收，是指委托人开立附商业单据的汇票，凭跟单汇票委托银行向付款人收款的托收方式。跟单托收又分为付款交单和承兑交单。

付款交单（Documents against Payment，简称 D/P），是指代收行在买方付清货款后才将货运单据交给买方的付款方式。

承兑交单（Documents against Acceptance，简称 D/A），是指在开立远期汇票的情况下，代收行在接到跟单汇票后，要求买方对汇票承兑，在买方承兑后即将货运单据交付买方的托收方式。

承兑交单的风险大于付款交单。

经典真题

修帕公司与维塞公司签订了出口200吨农产品的合同，付款采用托收方式。船长签发了清洁提单。货到目的港后经检验发现货物质量与合同规定不符，维塞公司拒绝付款提货，并要求减价。后该批农产品全部变质。根据国际商会《托收统一规则》，下列哪一选项是正确的？(2008/1/44)[1]

A. 如代收行未执行托收行的指示，托收行应对因此造成的损失对修帕公司承担责任

B. 当维塞公司拒付时，代收行应当主动制作拒绝证书，以便收款人追索

C. 代收行应无延误地向托收行通知维塞公司拒绝付款的情况

D. 当维塞公司拒绝提货时，代收行应当主动提货以减少损失

解题要领

(1) 根据《托收统一规则》的规定，托收行对其被指示的行为免责。

(2) 代收行对管理货物、单据以及票据追索免责。当买方拒绝付款时，代收行仅承担将买方拒绝付款的情况通知托收行的责任。

实务案例

上海强峰股份有限公司诉香港汇丰银行股份有限公司上海分行托收纠纷案

案情简介：

上海强峰股份有限公司（以下简称“强峰公司”）与美国 Megan Tool 公司订立

[1] C

国际货物买卖合同，约定以D/P方式进行结算（付款交单）。强峰公司发货后，将汇票、提单、发票等单据交给了香港汇丰银行股份有限公司上海分行（以下简称“汇丰银行”），委托其进行托收。汇丰银行收到上述票据后，将票据寄给美国加利福尼亚州联合国民银行（以下简称“加州银行”），却将地址误写成美国佛罗里达州梅隆联合国民银行（以下简称“佛州银行”），上述票据均由佛州银行收到。

佛州银行收到上述单据后明知文件中所载明的付款交单条件，仍将单据直接寄给了Megan Tool公司。之后，Megan Tool公司未付款即直接提取了全部货物，强峰公司曾向Megan Tool公司催讨货款但遭拒绝。强峰公司将汇丰银行诉至上海市浦东新区法院，请求判令汇丰银行赔偿其托收款140 393.55美元及利息和退税损失人民币268 750.89元。

•法院判决

法院经审理认为，汇丰银行办理托收虽应尽善意和谨慎的义务，但不负有对强峰公司先行赔偿的义务，判决不支持强峰公司的诉讼请求，仅要求汇丰银行承担赔偿8275.49美元。

强峰公司不服，向上海市第一中级人民法院上诉。二审中，双方当事人在法院主持下达成调解协议：汇丰银行赔偿强峰公司托收货款98 275.49美元；强峰公司将其对Megan Tool公司的债权转让给汇丰银行，如汇丰银行经追索兑现债权超过其赔偿的托收货款，则将超出部分返还强峰公司。

•所涉考点

1. 银行托收的概念。
2. 银行托收的业务程序。
3. 银行托收各方当事人的法律关系。

理论延伸

汇付相关理论知识

1. 概念

汇付，是指由国际货物买卖合同的买方委托银行主动将货款支付给卖方的结算方式。在此种支付方式下，信用工具的传递与资金的转移方向是相同的，因此，汇付也称为顺汇法。汇付是一种商业信用，是否付款取决于进口商，付款没有保证。汇付在国际贸易中主要是用于样品、杂费等小额费用的结算，或者买卖双方有某种关系，如跨国公司的关联公司等，除此之外，一般很少使用。

2. 汇付的种类

汇付依使用的信用工具不同可分为电汇、信汇和票汇三种方式：

（1）电汇

电汇，是指汇出行受汇款人的委托，以电报或电传通知汇入行向收款人解付汇款的汇

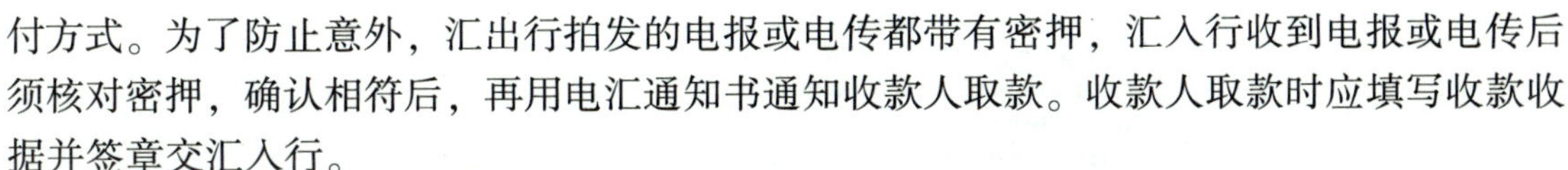

付方式。为了防止意外，汇出行拍发的电报或电传都带有密押，汇入行收到电报或电传后须核对密押，确认相符后，再用电汇通知书通知收款人取款。收款人取款时应填写收款收据并签章交汇入行。

（2）信汇

信汇，是指汇出行受汇款人的委托，用邮寄信汇委托书授权汇入行向收款人解付汇款的汇付方式。在信汇的情况下，汇款人需填写汇款申请书，取得信汇回执，汇出行依汇款人的委托向汇入行邮寄信汇委托书，汇入行收到信汇委托书后，通知收款人取款。

（3）票汇

票汇，是指汇出行受汇款人的委托，开立以汇入行为付款人的银行即期汇票，由汇款人自行寄交收款人凭以向汇入行提取汇款的汇付方式。票汇的程序是由汇款人填写票汇申请书并向汇出行交款付费，取得银行即期汇票后，由汇款人将汇票寄给收款人，汇出行同时向汇入行发出汇票通知书，收款人收到汇票后向汇入行提示汇票请求付款。

3. 汇付当事人及各方关系

汇付中的当事人有汇款人、收款人、汇出行和汇入行。汇款人是债务人或付款人，即国际贸易中的买方；收款人是债权人或受益人，即国际贸易中的卖方；汇出行是委托汇出款项的银行，一般是进口地银行；汇入行是受汇出行委托解付汇款的银行，因此又称为解付行，一般为出口地银行。汇款人在办理汇付时要出具汇款申请书，汇款申请书被视为汇款人与汇出行之间的契约，汇出行有义务依汇款人的指示办理汇款业务，并通过代理行解付汇款。汇出行与汇入行之间是委托代理关系，汇入行依该代理关系对汇出行承担解付汇款的义务。

在信汇和电汇两种情况下，汇付使用的凭证是支付授权书或支付指示。汇款人与汇出行之间是委托代理关系，汇出行和汇入行之间是委托代理关系。汇出行或汇入行与收款人之间没有直接的法律关系，收款人是上述代理关系的第三人。在票汇情况下，汇付使用的凭证是汇票。汇款人与汇出行之间是委托代理关系，汇出行、汇入行与收款人之间是票据关系，分别是出票人、付款人和收款人。

专题 46

国际贸易支付法律制度之银行信用证

一、信用证的定义及适用于信用证的国际惯例

（一）定义

信用证，是指银行依开证申请人的请求，开给受益人的一种保证银行在满足信用证要求的条件下承担付款责任的书面凭证。在信用证付款方式下，开证银行以自身的信誉为卖方提供付款的保证。信用证付款方式是一种银行信用。

注意：信用证是一种银行信用。信用证的本质是银行根据开证申请人的请求，开给受益人的一种有条件付款的书面承诺。

```
      -------------------- Instance Type and Transmission -------------
Notification (Transmission) of Original sent to SWIFT (ACK)
Network Delivery Status  : Network Ack
Priority/Delivery        : Normal
Message Input Reference   : 1820 200109ABPAPKKAA9499224236496
      ------------------------- Message Header ------------------------
Swift Input              : FIN 700 Issue of a Documentary Credit
Sender  : ABPAPKKA949
        ALLIED BANK LIMITED
        CORPORATE  CENTER BRANCH, KARACHI (0428), BATH ISL
        KARACHI PK
Receiver : BKCHCNBJXXX
        BANK OF CHINA
        (HEAD OFFICE)
        BEIJING CN
MUR : 20009FC42088358
      ------------------------- Message Text -------------------------
 27: Sequence of Total
    1/1
40A: Form of Documentary Credit
    IRREVOCABLE
 20: Documentary Credit Number
    0361TF2000399763
31C: Date of Issue
    200109
40E: Applicable Rules
    UCP LATEST VERSION
31D: Date and Place of Expiry
    200430CHINA
51D: Applicant Bank - Name & Address
    ALLIED BANK LIMITED
    TRADE FACTORY - NORTH PAKISTAN
50: Applicant

 59: Beneficiary - Name & Address

32B: Currency Code, Amount
    Currency     : CNY (YUAN RENMINBI)
    Amount       :          #171,205.00#
```

（二）《跟单信用证统一惯例》

适用于信用证的国际惯例是国际商会在 1930 年制定的《跟单信用证统一惯例》（UCP），该惯例进行过七次修订，目前使用的是 2007 年 7 月 1 日实施的修订本，即 UCP600。

UCP600 性质上属于商业惯例，但其调整范围和效力不能取代国内法的强制性规定。UCP600 并非调整信用证有关的一切事项，例如信用证效力、信用证欺诈等就不调整。2005 年我国《最高人民法院关于审理信用证纠纷案件若干问题的规定》（2020 年修正）就对与信用证纠纷相关的问题作出了规定。

二、信用证的基本流程

（一）信用证的当事人

信用证的基本当事人有：开证申请人（买方）、开证行、通知行（议付行）、受益人

（卖方）。在保兑信用证下，还有保兑行。

（二）信用证的流程

1. 国际货物买卖合同双方在买卖合同中明确规定采用信用证方式付款。

2. 买方申请开证。买方缴纳一定的开证押金或提供其他保证，要求银行向卖方开出信用证。

3. 通知受益人。开证行依申请书的内容开立信用证并寄交卖方所在地银行。

4. 交单结汇。卖方对信用证审核无误后，即发运货物并取得信用证所要求的装运单据，再依信用证规定凭单据向其所在地的指定银行结汇。

5. 索偿。指定行付款后将汇票和货运单据寄开证行要求索偿。

6. 付款赎单。开证行通知买方付款赎单。

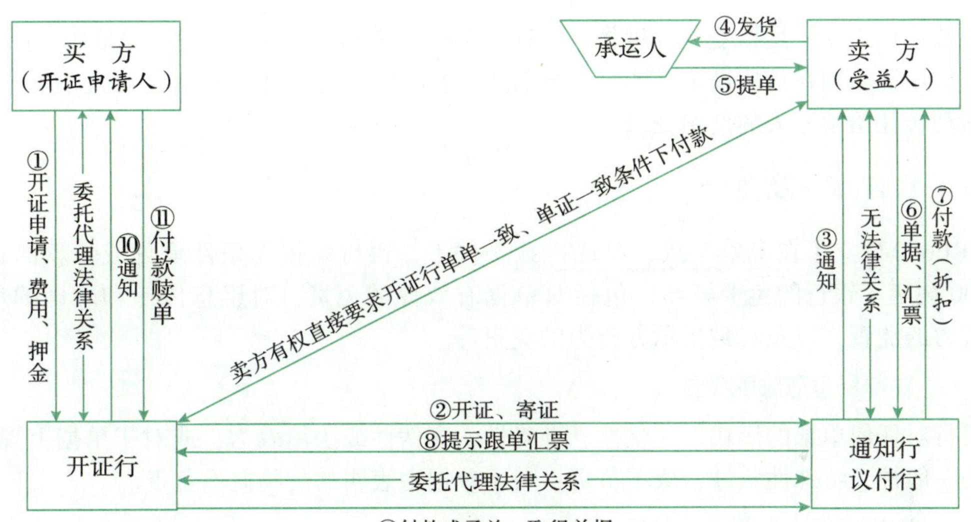

（三）信用证当事人之间的关系

1. 开证申请人与受益人之间是买卖合同关系。

2. 开证行与开证申请人之间是以开证申请书及其他文件确定的委托合同关系。

3. 通知行与开证行之间是委托代理关系。

4. 通知行与受益人之间无法律关系。

5. 开证行与受益人之间的关系，有争议。但当信用证送达受益人时，在开证行与受益人之间即形成了对双方有约束力的独立合同，卖方有权直接要求开证行在单单一致、单证一致条件下付款。

三、信用证的种类

信用证依其性质、形式、付款期限及用途的不同可进行不同的分类：

（一）可撤销信用证和不可撤销信用证

可撤销信用证，是指信用证在有效期内，开证行不必事先通知受益人即可随时修改或取消的信用证。不可撤销信用证，是指信用证在有效期内，不经开证行、保兑行和受益人同意就不得修改或撤销的信用证。

（二）保兑信用证和不保兑信用证

保兑信用证，是指开证行开出的信用证又经另一家银行保证兑付的信用证。保兑行对信用证进行保兑后，其承担的责任就相当于开证行，不论开证行发生什么变化，保兑行都不得片面撤销其保兑。不保兑的信用证，是指未经另一银行加以保证兑付的信用证。

（三）即期信用证和承兑信用证

即期信用证，是指受益人提示有关单据时，开证行或指定行审核合格后即付款的信用证。承兑信用证，是指受益人仅可开立远期汇票，开证行或指定行审核单据合格后对汇票予以承兑，在付款到期日支付货款的信用证。

（四）可转让信用证和不可转让信用证

可转让信用证，是指受益人可将信用证的部分或全部权利转让给第三人的信用证。可转让的信用证必须在信用证上注明“可转让”。不可转让信用证，是指受益人不能将信用证的权利转让给第三人的信用证。

四、银行责任及免责

UCP600 确立了在单单一致、单证一致条件下，银行承担无条件承兑或付款的责任。UCP600 规定了银行的免责事项，包括对单据有效性的免责，对讯息传递和翻译的免责，不可抗力的免责，以及对被指示方行为的免责等。

（一）对单据有效性的免责

银行对任何单据的形式、完整性、准确性、真伪性或法律效力，或对于单据上规定或附加的一般性、特殊性条件，概不负责；对于单据中表明的货物概不负责。

（二）对讯息传递和翻译的免责

银行对传输、传递过程中发生的延误、中途遗失、残缺或其他错误产生的后果，概不负责；对专门术语翻译、解释上的差错，概不负责。

（三）不可抗力的免责

银行对由于天灾、暴动、骚乱、叛乱、战争、恐怖主义行为，或者任何罢工或停工或其无法控制的其他任何原因导致的中断营业的后果，概不负责。

（四）对基础买卖合同的免责

信用证独立于买卖合同，银行不受买卖合同的约束或影响，对买卖合同的履行情况及买卖双方当事人的资信概不负责。

（五）对被指示方行为的免责

为了执行申请人的指示，如果发出指示未被执行，则开证行或通知行对此概不负责。

经典真题

中国甲公司与德国乙公司签订了出口红枣的合同，约定品质为二级，信用证方式支付。后因库存二级红枣缺货，甲公司自行改装一级红枣，虽发票注明品质为一级，货价仍以二级计收。

但在银行办理结汇时遭拒付。根据相关公约和惯例，下列哪些选项是正确的？（2014/1/80）[1]

A. 甲公司应承担交货不符的责任

B. 银行应在审查货物的真实等级后再决定是否收单付款

C. 银行可以发票与信用证不符为由拒绝收单付款

D. 银行应对单据记载的发货人甲公司的诚信负责

解题要领

（1）信用证独立于买卖合同而存在；

（2）银行只对单证的表面进行审查，不审查实质。

五、UCP600对UCP500的修改

1. 取消了可撤销信用证的内容。规定凡是信用证，都是不可撤销的。

2. 明确议付是对单据和票据的买入行为，兑付是信用证下除议付以外的一切与支付有关的行为。

3. 明确银行处理单据的时间为不超过收单翌日起第5个工作日。

4. 银行对不符单据的处理。明确银行拒付时，可以自行联系开证申请人，如接到开证申请人放弃不符点的通知，银行可以释放单据。

5. 关于转让信用证，明确了第二受益人的交单必须经过转让行。其目的是避免第二受益人绕过第一受益人直接交单给开证行，损害第一受益人的利益。

六、信用证欺诈及例外

（一）信用证欺诈的种类

信用证使用中欺诈的表现形式各异，买卖双方都可能有欺诈行为，主要有：

1. 开立假信用证

有些进口商使用非法手段制造假信用证，或窃取其他银行已印好的空白格式信用证，或无密押电开信用证，或使用假印鉴开出信用证。例如，出口商没有发现信用证系假造而交货，导致钱货两空。

2. “软条款”信用证

信用证中的“软条款”指信用证中规定一些限制性条款，或信用证的条款不清，责任不明，使信用证的不可撤销性大大降低，因而对受益人非常不利。这类条款一般是卖方受制于买方的条款。信用证中常见的“软条款”有：

（1）信用证中载有暂不生效条款。例如，信用证中注明“本证暂不生效，待进口许可证签发通知后生效”，或注明“等货物经开证人确认后再通知信用证方能生效”。

（2）限制性付款条款。例如，信用证规定，“信用证项下的付款要在货物清关后才支付”，“开证行须在货物经检验合格后方可支付”，“在货物到达时没有接到海关禁止进口通知，开证行才付款”等。

（3）加列各种限制。信用证中对受益人的交货和提交的各种单据加列各种限制，例

[1] AC

如，信用证规定，“出口货物须经开证申请人派员检验，合格后出具检验认可的证书”“货物样品先寄开证申请人认可”等。

(4) 对装运的限制。信用证中对受益人的交货装运加以各种限制，例如，信用证规定，“货物装运日期、装运港、目的港须待开证人同意，由开证行以修改书的形式另行通知”；信用证规定禁止转船，但实际上装运港至目的港无直达船只等。

对于买方开来的信用证，如卖方通过审证发现有“软条款”，应立即以最快的通讯方式与买方协商，要求改证，对信用证的“软条款”不予接受。

3. 伪造单据

伪造单据，是指单据不是由合法的签发人签发，而是由诈骗人本人或委托他人伪造；或在合法签发人签发单据后进行篡改，改变单据中的有关内容，使之单证相符，骗取货款。

4. 以保函换取与信用证相符的提单

以保函换取与信用证相符的提单主要有倒签提单和预借提单两种情况。倒签提单、预借提单均属于欺诈行为。

(二) 信用证欺诈例外原则

如果在银行对卖方提交的单据付款或承兑以前，发现或获得确凿证据，证明卖方确有欺诈行为，则买方可请求法院向银行颁发禁止令，禁止银行付款。信用证欺诈例外原则首先是在美国法院的判例中提出。此外，英国、加拿大、新加坡、法国等国的法院判例也表明承认信用证欺诈例外原则。

(三)《最高人民法院关于审理信用证纠纷案件若干问题的规定》

1. 核心内容

提高了信用证欺诈例外原则适用的门槛。适用条件为：

(1) 在银行（包括开证行、议付行、保兑行以及其他经授权的银行）付款或承兑以前。此处银行是指信用证下任何一家有义务付款的银行。

(2) 发现确凿证据，此处要求申请人应当提供担保。

(3) 开证申请人、开证行或其他利害关系人可以请求法院（此处必须是有管辖权的法院）向银行颁发止付令。

2. 时间限制

法院接受止付信用证项下款项的申请后，须在48小时内作出裁定。

实务案例

口福公司诉韩国银行、中国银行核电站支行信用证欺诈纠纷案

案情简介：

2002年5月，韩国中小企业银行汉城总行（以下简称“韩国银行”）开立了一份不可撤销跟单信用证，开证申请人为韩国昌技公司，受益人为连云港口福食品有限公司（以下简称“口福公司”），议付行为任何银行，最迟装船日期为2005年

5 月 31 日。口福公司收到信用证后，向中国银行连云港市核电站支行（以下简称“核电站支行”）提交了信用证项下的全套单据。核电站支行审单后将单据邮寄给了韩国银行，韩国银行以存在若干不符点为由向核电站支行送达了拒付通知书。核电站支行回函要求韩国银行接受单据并立即付款，韩国银行二次致函未再提出不符点问题，但称：“申请人告知我行，他们曾通知贵行有关欺诈事宜，并警告贵行不要接受受益人的单据。目前申请人正就欺诈一事起诉受益人。我行有证据证明单据系伪造，而且欺诈正在进行。”

经查明，为了使议付单据与信用证一致，口福公司才在信用证议付单据上，将该公司英文名称填写为与信用证一致的错误名称，同时加盖了有同样英文名称的印章。此前口福公司将货物送至承运人指定的场站，并办理好货物出关等必要手续，承运方承诺 5 月 31 日装船，但实际装船日期为 5 月 31 日 8 时至 6 月 1 日 4 时，承运方于 6 月 1 日签发了装船日期为 5 月 31 日的提单。因货物延迟到港，给韩国昌技公司造成了实质性损害。此后，核电站支行多次与韩国银行交涉，要求其履行开证行的付款责任，均未得到答复。后核电站支行收到韩国银行退单，遂将退单退回给口福公司。口福公司提起诉讼，请求判令韩国银行支付信用证项下款项，核电站支行承担连带责任。

• 法院判决

一审法院判决：韩国银行支付口福公司信用证项下款项及利息；驳回口福公司对核电站支行的诉讼请求。韩国银行不服一审判决，以口福公司伪造单据，以质量低劣的货物欺诈信用证项下当事人，属于信用证欺诈行为，本行有权拒付信用证项下款项为由，提起上诉，请求二审法院驳回口福公司的诉讼请求。

二审法院判决：驳回上诉，维持原判。理由如下：

1. 韩国银行并无证据证明口福公司所供货物质量低劣，口福公司在信用证议付单据上加盖的“LIANYUNGAND KUCHIFUKU FOODS CO. LTD”印章的目的，并非在请求付款无事实依据的情况下，骗取信用证项下的款项，而是为使议付单据与信用证一致，最终议付信用证下的款项，上述行为并不构成对开证行或开证申请人的实质性损害，故不属于信用证欺诈上的伪造单据。

2. 虽然韩国银行认为由于口福公司倒签提单，致使货物延迟到港，韩国昌技公司未收到信用证项下的单据，但并没有提供因本案部分货物延迟装船 1 日而给韩国昌技公司造成实质性损害的证据，且韩国昌技公司未接收信用证项下单据的责任也不在口福公司。

• 所涉考点

1. 信用证的运作程序及当事人之间的法律关系。
2. 信用证项下银行的免责。
3. 信用证欺诈及例外。

第14讲 国际贸易公法

本讲导读

应试指导

本讲主要包括中国对外贸易管理制度和世界贸易组织制度两大部分内容。中国对外贸易管理制度的重点在于中国对外贸易法，中国出口管制法，反倾销、反补贴和保障措施三大贸易救济措施；世界贸易组织制度的重点在于世界贸易组织的一般法律原则、《服务贸易总协定》和世界贸易组织争端解决机制等。本讲大约占据法律职业资格考试国际经济法分值的1/4。其中，贸易救济措施与世界贸易组织争端解决机制的考试重复率最高。

考点架构

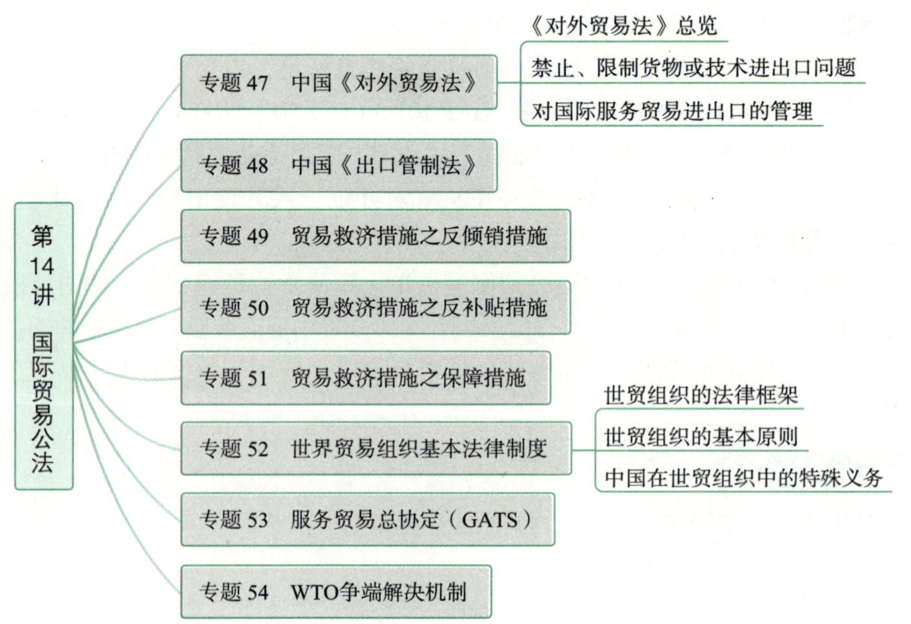

中国《对外贸易法》

一、《对外贸易法》总览

1. 适用范围	(1) 适用于：货物进出口、技术进出口、国际服务贸易、与对外贸易有关的知识产权保护。 (2) 不适用于：①特殊物质或产品的进出口；②边境地区贸易；③单独关税区（港澳台）。
2. 外贸经营者	(1) 外贸经营者范围：依法从事对外贸易经营活动的法人、其他组织或者个人。 (2) 2022 年 12 月 30 日修正的《对外贸易法》删除了原《对外贸易法》第 9 条，标志着：①所有企业（个人），无需备案均可从事外贸业务；②外贸代理由所谓经营权代理向外贸服务（中介）转变。
3. 货物和技术的进出口	(1) 自动许可； (2) 进出口限制和禁止（见本专题“二、禁止、限制货物或技术进出口问题”）； (3) 配额、许可证管理。 注意：对限制进出口的货物可以实施配额或许可证管理；对限制进出口的技术只能实施许可证管理。
4. 国际服务贸易	服务贸易的限制和禁止。
5. 知识产权保护	(1) 进口货物侵犯知识产权的处理； (2) 知识产权权利人的权利； (3) 我国的对等措施。
6. 对外贸易秩序	(1) 反垄断行为； (2) 反不正当竞争行为； (3) 对外贸易中的禁止行为。
7. 对外贸易调查	(1) 对外贸易调查的事项； (2) 对外贸易调查的手段。
8. 对外贸易救济	(1) 反倾销、反补贴、保障措施； (2) 对服务贸易的救济； (3) 对贸易转移的救济。

经典真题

根据我国修订的《对外贸易法》的规定，关于对外贸易经营者，下列哪些选项是错误的？

（2008/1/85 改编）[1]

A. 个人须委托具有资格的法人企业才能办理对外贸易业务

B. 对外贸易经营者未依规定办理备案登记的，海关不予办理报关验放手续

C. 有足够的资金即可自动取得对外贸易经营的资格

D. 对外贸易经营者向国务院主管部门办妥审批手续后方能取得对外贸易经营的资格

解题要领

（1）外贸经营者的范围为"依法从事对外贸易经营活动的法人、其他组织或者个人"；

（2）取消备案登记制。

理论延伸

《对外贸易法》相关法条

第2条［适用范围］ 本法适用于对外贸易以及与对外贸易有关的知识产权保护。

本法所称对外贸易，是指货物进出口、技术进出口和国际服务贸易。

第66条［法律适用例外］ 与军品、裂变和聚变物质或者衍生此类物质的物质有关的对外贸易管理以及文化产品的进出口管理，法律、行政法规另有规定的，依照其规定。

第67条［边境贸易］ 国家对边境地区与接壤国家边境地区之间的贸易以及边民互市贸易，采取灵活措施，给予优惠和便利。具体办法由国务院规定。

第68条［单独关税区］ 中华人民共和国的单独关税区不适用本法。

第8条［对外贸易经营者范围］ 本法所称对外贸易经营者，是指依法办理工商登记或者其他执业手续，依照本法和其他有关法律、行政法规的规定从事对外贸易经营活动的法人、其他组织或者个人。

第14条［自动许可］ 国务院对外贸易主管部门基于监测进出口情况的需要，可以对部分自由进出口的货物实行进出口自动许可并公布其目录。

实行自动许可的进出口货物，收货人、发货人在办理海关报关手续前提出自动许可申请的，国务院对外贸易主管部门或者其委托的机构应当予以许可；未办理自动许可手续的，海关不予放行。

进出口属于自由进出口的技术，应当向国务院对外贸易主管部门或者其委托的机构办理合同备案登记。

第18条［配额、许可证制度］ 国家对限制进口或者出口的货物，实行配额、许可证等方式管理；对限制进口或者出口的技术，实行许可证管理。

实行配额、许可证管理的货物、技术，应当按照国务院规定经国务院对外贸易主管部门或者经其会同国务院其他有关部门许可，方可进口或者出口。

国家对部分进口货物可以实行关税配额管理。

第28条［保护与贸易有关的知识产权］ 国家依照有关知识产权的法律、行政法规，保护与对外贸易有关的知识产权。

进口货物侵犯知识产权，并危害对外贸易秩序的，国务院对外贸易主管部门可以采取在一定期限内禁止侵权人生产、销售的有关货物进口等措施。

---

［1］ ABCD

第 29 条 ［知识产权权利人的权利］ 知识产权权利人有阻止被许可人对许可合同中的知识产权的有效性提出质疑、进行强制性一揽子许可、在许可合同中规定排他性返授条件等行为之一，并危害对外贸易公平竞争秩序的，国务院对外贸易主管部门可以采取必要的措施消除危害。

第 30 条 ［对等措施］ 其他国家或者地区在知识产权保护方面未给予中华人民共和国的法人、其他组织或者个人国民待遇，或者不能对来源于中华人民共和国的货物、技术或者服务提供充分有效的知识产权保护的，国务院对外贸易主管部门可以依照本法和其他有关法律、行政法规的规定，并根据中华人民共和国缔结或者参加的国际条约、协定，对与该国家或者该地区的贸易采取必要的措施。

第 31 条 ［反垄断］ 在对外贸易经营活动中，不得违反有关反垄断的法律、行政法规的规定实施垄断行为。

在对外贸易经营活动中实施垄断行为，危害市场公平竞争的，依照有关反垄断的法律、行政法规的规定处理。

有前款违法行为，并危害对外贸易秩序的，国务院对外贸易主管部门可以采取必要的措施消除危害。

第 32 条 ［反不正当竞争行为］ 在对外贸易经营活动中，不得实施以不正当的低价销售商品、串通投标、发布虚假广告、进行商业贿赂等不正当竞争行为。

在对外贸易经营活动中实施不正当竞争行为的，依照有关反不正当竞争的法律、行政法规的规定处理。

有前款违法行为，并危害对外贸易秩序的，国务院对外贸易主管部门可以采取禁止该经营者有关货物、技术进出口等措施消除危害。

第 33 条 ［禁止行为］ 在对外贸易活动中，不得有下列行为：

（一）伪造、变造进出口货物原产地标记，伪造、变造或者买卖进出口货物原产地证书、进出口许可证、进出口配额证明或者其他进出口证明文件；

（二）骗取出口退税；

（三）走私；

（四）逃避法律、行政法规规定的认证、检验、检疫；

（五）违反法律、行政法规规定的其他行为。

第 36 条 ［对外贸易调查的事项］ 为了维护对外贸易秩序，国务院对外贸易主管部门可以自行或者会同国务院其他有关部门，依照法律、行政法规的规定对下列事项进行调查：

（一）货物进出口、技术进出口、国际服务贸易对国内产业及其竞争力的影响；

（二）有关国家或者地区的贸易壁垒；

（三）为确定是否应当依法采取反倾销、反补贴或者保障措施等对外贸易救济措施，需要调查的事项；

（四）规避对外贸易救济措施的行为；

（五）对外贸易中有关国家安全利益的事项；

（六）为执行本法第 7 条、第 28 条第 2 款、第 29 条、第 30 条、第 31 条第 3 款、第 32 条第 3 款的规定，需要调查的事项；

（七）其他影响对外贸易秩序，需要调查的事项。

第37条 ［对外贸易调查的方式］ 启动对外贸易调查，由国务院对外贸易主管部门发布公告。

调查可以采取书面问卷、召开听证会、实地调查、委托调查等方式进行。

国务院对外贸易主管部门根据调查结果，提出调查报告或者作出处理裁定，并发布公告。

第40条 ［反倾销］ 其他国家或者地区的产品以低于正常价值的倾销方式进入我国市场，对已建立的国内产业造成实质损害或者产生实质损害威胁，或者对建立国内产业造成实质阻碍的，国家可以采取反倾销措施，消除或者减轻这种损害或者损害的威胁或者阻碍。

第41条 ［对第三国倾销］ 其他国家或者地区的产品以低于正常价值出口至第三国市场，对我国已建立的国内产业造成实质损害或者产生实质损害威胁，或者对我国建立国内产业造成实质阻碍的，应国内产业的申请，国务院对外贸易主管部门可以与该第三国政府进行磋商，要求其采取适当的措施。

第42条 ［反补贴］ 进口的产品直接或者间接地接受出口国家或者地区给予的任何形式的专向性补贴，对已建立的国内产业造成实质损害或者产生实质损害威胁，或者对建立国内产业造成实质阻碍的，国家可以采取反补贴措施，消除或者减轻这种损害或者损害的威胁或者阻碍。

第43条 ［对生产者的保障措施］ 因进口产品数量大量增加，对生产同类产品或者与其直接竞争的产品的国内产业造成严重损害或者严重损害威胁的，国家可以采取必要的保障措施，消除或者减轻这种损害或者损害的威胁，并可以对该产业提供必要的支持。

第44条 ［对服务提供者的保障措施］ 因其他国家或者地区的服务提供者向我国提供的服务增加，对提供同类服务或者与其直接竞争的服务的国内产业造成损害或者产生损害威胁的，国家可以采取必要的救济措施，消除或者减轻这种损害或者损害的威胁。

第45条 ［对因第三国限制进口造成国内产业损害的保障措施］ 因第三国限制进口而导致某种产品进入我国市场的数量大量增加，对已建立的国内产业造成损害或者产生损害威胁，或者对建立国内产业造成阻碍的，国家可以采取必要的救济措施，限制该产品进口。

二、禁止、限制货物或技术进出口问题

采取措施	法律依据：《对外贸易法》第15、16条，第18条第1款
1. 限制或禁止进口或出口	（1）为维护国家安全、社会公共利益或者公共道德； （2）为保护人的健康或者安全，保护动物、植物的生命或者健康，保护环境； （3）为实施与黄金或者白银进出口有关的措施； （4）依照法律、行政法规的规定； （5）根据我国缔结或者参加的国际条约、协定的规定。
2. 限制或者禁止出口	国内供应短缺或者为有效保护可能用竭的自然资源。
3. 限制出口	（1）输往国家或者地区的市场容量有限； （2）出口经营秩序出现严重混乱。
4. 限制进口	（1）为建立或者加快建立国内特定产业； （2）对任何形式的农业、牧业、渔业产品有必要时； （3）为保障国家国际金融地位和国际收支平衡。

续表

采取措施	法律依据：《对外贸易法》第 15、16 条，第 18 条第 1 款
5. 采取任何必要的措施	（1）国家对与裂变、聚变物质或者衍生此类物质的物质有关的货物、技术进出口，以及与武器、弹药或者其他军用物资有关的进出口； （2）在战时或者为维护国际和平与安全。
6. 限制方式	国家对限制进口或者出口的货物，实行配额、许可证等方式管理；对限制进口或者出口的技术，实行许可证管理。

经典真题

依我国 2004 年修订的《中华人民共和国对外贸易法》的规定，基于保障国家国际金融地位和国际收支平衡的原因，国家可以对货物贸易采取下列哪一项措施？（2004/1/42）[1]

A. 禁止进口　　B. 禁止出口

C. 限制进口　　D. 限制出口

解题要领

国家对限制或禁止货物或技术进出口问题的规定。

理论延伸

《对外贸易法》相关法条

第 15 条［货物贸易、技术贸易进出口的限制和禁止］ 国家基于下列原因，可以限制或者禁止有关货物、技术的进口或者出口：

（一）为维护国家安全、社会公共利益或者公共道德，需要限制或者禁止进口或者出口的；

（二）为保护人的健康或者安全，保护动物、植物的生命或者健康，保护环境，需要限制或者禁止进口或者出口的；

（三）为实施与黄金或者白银进出口有关的措施，需要限制或者禁止进口或者出口的；

（四）国内供应短缺或者为有效保护可能用竭的自然资源，需要限制或者禁止出口的；

（五）输往国家或者地区的市场容量有限，需要限制出口的；

（六）出口经营秩序出现严重混乱，需要限制出口的；

（七）为建立或者加快建立国内特定产业，需要限制进口的；

（八）对任何形式的农业、牧业、渔业产品有必要限制进口的；

（九）为保障国家国际金融地位和国际收支平衡，需要限制进口的；

（十）依照法律、行政法规的规定，其他需要限制或者禁止进口或者出口的；

（十一）根据我国缔结或者参加的国际条约、协定的规定，其他需要限制或者禁止进口或者出口的。

第 16 条［特殊物质的特殊管制］ 国家对与裂变、聚变物质或者衍生此类物质的物质有关的货物、技术进出口，以及与武器、弹药或者其他军用物资有关的进出口，可以采取任何必要的措施，维护国家安全。

---

[1] C

在战时或者为维护国际和平与安全，国家在货物、技术进出口方面可以采取任何必要的措施。

三、对国际服务贸易进出口的管理

采取措施	法律依据：《对外贸易法》第 25~27 条
1. 需要限制或禁止的	(1) 为维护国家安全、社会公共利益或者公共道德； (2) 为保护人的健康或者安全，保护动物、植物的生命或者健康，保护环境； (3) 依照法律、行政法规的规定； (4) 根据我国缔结或者参加的国际条约、协定的规定。
2. 需要限制的	(1) 为建立或者加快建立国内特定服务产业； (2) 为保障国家外汇收支平衡。
3. 采取任何必要措施	(1) 国家对与军事有关的国际服务贸易，以及与裂变、聚变物质或者衍生此类物质的物质有关的国际服务贸易； (2) 在战时或为维护国际和平与安全。
4. 服务贸易市场准入目录	国务院对外贸易主管部门会同国务院其他有关部门制定、调整并公布国际服务贸易市场准入目录。 注意：我国仅在公布的服务贸易市场准入目录内给予外国服务贸易相应市场准入待遇。

理论延伸

▶《对外贸易法》相关法条

第 25 条［服务贸易的限制或者禁止］ 国家基于下列原因，可以限制或者禁止有关的国际服务贸易：

（一）为维护国家安全、社会公共利益或者公共道德，需要限制或者禁止的；

（二）为保护人的健康或者安全，保护动物、植物的生命或者健康，保护环境，需要限制或者禁止的；

（三）为建立或者加快建立国内特定服务产业，需要限制的；

（四）为保障国家外汇收支平衡，需要限制的；

（五）依照法律、行政法规的规定，其他需要限制或者禁止的；

（六）根据我国缔结或者参加的国际条约、协定的规定，其他需要限制或者禁止的。

第 26 条［特殊服务贸易的措施］ 国家对与军事有关的国际服务贸易，以及与裂变、聚变物质或者衍生此类物质的物质有关的国际服务贸易，可以采取任何必要的措施，维护国家安全。

在战时或者为维护国际和平与安全，国家在国际服务贸易方面可以采取任何必要的措施。

第 27 条［服务贸易市场准入目录］ 国务院对外贸易主管部门会同国务院其他有关部门，依照本法第 25 条、第 26 条和其他有关法律、行政法规的规定，制定、调整并公布国际服务贸易市场准入目录。

四、《对外贸易法》2016 年的修正[1]

《对外贸易法》2016 年修正的背景是“一带一路”倡议下鼓励中国工程队“走出去”，所以取消了“对外工程承包需要具备相应的资质”的规定。

原规定	修正后
第 10 条第 2 款：从事对外工程承包或者对外劳务合作的单位，应当具备相应的资质或者资格。具体办法由国务院规定。	第 10 条第 2 款：从事对外劳务合作的单位，应当具备相应的资质。具体办法由国务院规定。（2022 年修正版为“第 9 条第 2 款”）

中国《出口管制法》

2020 年 10 月 17 日，全国人大常委会通过了《出口管制法》，该部法律自 2020 年 12 月 1 日起施行。《出口管制法》共 49 条，立法目的为“维护国家安全和利益，履行防扩散等国际义务，加强和规范出口管制”。

一、管制的对象

国家对两用物项、军品、核以及其他与维护国家安全和利益、履行防扩散等国际义务相关的货物、技术、服务等物项的出口管制，其中包括物项相关的技术资料等数据。

二、管制的主体

国家对从中华人民共和国境内向境外转移管制物项，以及中华人民共和国公民、法人和非法人组织向外国组织和个人提供管制物项，采取禁止或者限制性措施。

三、出口管制体制

国家实行统一的出口管制制度，通过制定管制清单、名录或者目录（以下统称“管制清单”）、实施出口许可等方式进行管理。国务院、中央军事委员会承担出口管制职能的部门（以下统称“国家出口管制管理部门”）按照职责分工负责出口管制工作。国务院、中央军事委员会其他有关部门按照职责分工负责出口管制有关工作。

四、出口管制措施

采取出口管制清单、出口临时管制、禁止出口等管制措施。

---

〔1〕《对外贸易法》于 1994 年 5 月 12 日通过、2004 年 4 月 6 日修订、2016 年 11 月 7 日第一次修正、2022 年 12 月 30 日第二次修正。

（一）出口管制清单

国家出口管制管理部门依据《出口管制法》和有关法律、行政法规的规定，根据出口管制政策，按照规定程序会同有关部门制定、调整管制物项出口管制清单，并及时公布。

（二）出口临时管制

根据维护国家安全和利益、履行防扩散等国际义务的需要，经国务院批准，或者经国务院、中央军事委员会批准，国家出口管制管理部门可以对出口管制清单以外的货物、技术和服务实施临时管制，并予以公告。临时管制的实施期限不超过2年。临时管制实施期限届满前应当及时进行评估，根据评估结果决定取消临时管制、延长临时管制或者将临时管制物项列入出口管制清单。

（三）禁止出口

根据维护国家安全和利益、履行防扩散等国际义务的需要，经国务院批准，或者经国务院、中央军事委员会批准，国家出口管制管理部门会同有关部门可以禁止相关管制物项的出口，或者禁止相关管制物项向特定目的国家和地区、特定组织和个人出口。

五、关于两用物项、军品出口的特别管理

（一）两用物项出口管制

出口经营者向国家两用物项出口管制管理部门申请出口两用物项时，应当依照法律、行政法规的规定如实提交相关材料，申请出口许可证。

（二）军品出口管制

国家实行军品出口专营制度。从事军品出口的经营者，应当获得军品出口专营资格并在核定的经营范围内从事军品出口经营活动。军品出口专营资格由国家军品出口管制管理部门审查批准。

经典真题

中国上海甲公司与A国乙公司签订CFR合同出口某种与两用物项相关的货物，双方约定货物在运输前存放在甲公司位于上海的B231仓库，乙公司为该批货物的最终用户。依据国际贸易法相关规则的规定，下列判断正确的是：（2022-回忆版）[1]

A. 上海的B231仓库为该批货物的交货地点

B. 中国甲公司应为该批货物的出口申请许可证

C. 乙公司应当为该批货物投保平安险

D. 乙公司收到货物后方可向第三方转卖

解题要领

（1）CFR贸易术语；

（2）《出口管制法》。

[1] B

贸易救济措施之反倾销措施

[基础铺垫]

▶ 贸易救济措施争议的国内救济程序和多边救济程序比较

对于反倾销措施、反补贴措施或保障措施，除利害关系方通过进口国的程序申请行政复议或向法院提出诉讼外，产品的出口商或生产商还可以通过其政府，对这些贸易措施通过世界贸易组织的多边争端解决程序进行审查。这两种救济方式可以分别称为国内程序救济和多边程序救济。两种救济程序的区别列表比较如下：

	国内程序救济	多边程序救济
1. 当事人	原调查的利害关系方	出口国政府和进口国政府
2. 申诉对象	主管机关作出的决定或采取的措施	（1）主管机关作出的决定或采取的措施 （2）复审法院的裁决 （3）进口国立法本身
3. 审查标准	进口国国内法	世界贸易组织的相关规则
4. 处理争议的程序	进口国的行政复议或诉讼程序法	世界贸易组织争端解决程序及规则
5. 复议、审判机构	（1）进口国原调查机构 （2）有管辖权的法院	世界贸易组织专家组或上诉机构
6. 救济结果	（1）维持 （2）撤销或修改 （3）重新判决	只能建议进口成员政府的措施保持与 WTO 规则一致，但不能直接撤销或修改有关措施

一、采取反倾销措施的条件

采取反倾销措施的前提条件有：进口产品存在倾销、对国内产业造成损害、二者之间有因果关系。

（一）出口产品存在倾销

倾销，是指在正常贸易过程中进口产品以低于其正常价值的出口价格进入中国市场。对倾销的调查和确定，由商务部负责。确定倾销的关键是比较正常价值和出口价格。出口价格低于其正常价值的幅度，为倾销幅度。

1. 出口价格。出口价格一般是指进口产品实际支付或应当支付的价格。

2. 正常价值

进口产品的同类产品在出口国（地区）国内市场的正常贸易过程中有可比价格的，以该可比价格为正常价值。如果不存在这一价格，则使用以下两种替代方法：

（1）该同类产品出口到一个适当第三国（地区）的可比价格；

（2）该同类产品在原产国（地区）的生产成本加合理费用、利润。

注意：（1）和（2）的使用没有先后顺序。

（二）损害

损害，是指倾销对已经建立的国内产业造成实质损害或者产生实质损害威胁，或者对建立国内产业造成实质阻碍。国内产业，是指中国国内同类产品的全部生产者，或者其生产产品的总产量占国内同类产品全部总产量的主要部分的生产者。商务部负责对损害的调查和确定。涉及农产品的反倾销调查，由商务部会同农业部进行。

（三）因果关系

倾销进口与国内产业损害间必须存在因果关系。倾销进口必须是造成国内产业损害的原因。在确定倾销对国内产业的损害时，不得将非倾销因素对国内产业造成的损害归因于倾销。

注意：倾销是造成损害的原因之一即可，非因倾销造成的损害不得归因于倾销。

（四）《反倾销条例》中对于累积评估规则的规定

倾销进口产品来自2个以上国家（地区），并且同时满足下列条件的，可以就倾销进口产品对国内产业造成的影响进行累积评估：

1. 来自每一国家（地区）的倾销进口产品的倾销幅度不小于2%，并且其进口量不属于可忽略不计的。

2. 根据倾销进口产品之间以及倾销进口产品与国内同类产品之间的竞争条件，进行累积评估是适当的。

可忽略不计，是指来自一个国家（地区）的倾销进口产品的数量占同类产品总进口量的比例低于3%；但是，低于3%的若干国家（地区）的总进口量超过同类产品总进口量7%的除外。

经典真题

甲、乙两国企业均向中国出口某化工产品，中国生产同类化工产品的企业认为进口这一化工产品价格过低，向商务部提出了反倾销调查申请。商务部终局裁定确定倾销成立，决定征收反倾销税。已知中国和甲、乙两国均为WTO成员国，下列哪一选项是正确的？（2022-回忆版）[1]

A. 商务部应就两国产品倾销对我国同类产业造成的影响进行累积评估

B. 对甲、乙两国的不同经营者在反倾销调查后应征收同一标准的反倾销税

C. 中国进口经营者对商务部的终局裁定不服的，可以提起行政诉讼

D. 甲、乙两国企业对商务部的终局裁定不服的，可以诉诸WTO争端解决中心

解题要领

（1）累积评估的前提条件；

（2）反倾销的行政诉讼。

[1] C

二、反倾销调查

（一）发起方式

反倾销调查的发起方式有两种：依申请或依职权。

1. 依申请

基于国内产业或者代表国内产业的自然人、法人或者有关组织向商务部提出书面申请。申请应特别包括下述两方面内容：

（1）申请调查的进口产品倾销、对国内产业造成损害、二者之间存在因果关系的证据；

（2）有足够的国内生产者的支持，在支持申请和反对申请的生产者中，支持者的产量占二者总产量的 50%以上，同时不得低于国内同类产品总产量的 25%。

2. 依职权

商务部可以依据职权自主决定立案调查。

商务部调查时，利害关系方（申请人、已知的出口经营者和进口经营者、出口国家或地区政府以及其他有利害关系的组织、个人）应当如实反映情况，提供有关资料。利害关系方不如实反映情况、提供有关资料的，或者没有在合理时间内提供必要信息的，或者以其他方式严重妨碍调查的，商务部可以根据已经获得的事实和可获得的最佳信息作出裁定，即基于现有事实作出裁定。

（二）反倾销调查阶段

反倾销调查分为初步裁定和终局裁定两个阶段。初步裁定确定倾销成立并由此对国内产业造成损害的，可以采取临时反倾销措施。初步裁定倾销、损害和二者之间的因果关系成立的，继续调查，作出终局裁定。

（三）终止反倾销调查

下列情形下，终止反倾销调查：申请人撤销申请；没有足够证据证明存在倾销、损害或者二者之间有因果关系；倾销幅度低于 2%；倾销进口产品实际或者潜在的进口量或者损害属于可忽略不计；商务部认为不适宜继续进行反倾销调查。

三、反倾销措施

反倾销措施包括临时反倾销措施、价格承诺和反倾销税。

（一）临时反倾销措施

初步裁定确定倾销成立并由此对国内产业造成损害的，可以采取临时反倾销措施。临时反倾销措施包括征收临时反倾销税；要求提供保证金、保函或其他形式的担保，其数额不得超过初步裁定确定的倾销幅度。临时反倾销措施实施的期限，自临时反倾销措施决定公告实施之日起不得超出 4 个月，特殊情形下可延长至 9 个月。在反倾销立案调查决定公告之日起的 60 日内，不得采取临时反倾销措施。

（二）价格承诺

倾销进口产品的出口经营者在反倾销调查期间，可以向商务部作出改变价格或者停止以倾销价格出口的价格承诺。商务部可以建议但不得强迫出口经营者作出价格承诺。是否接受价格承诺，由商务部决定。商务部作出初步裁定前不得寻求或者接受价格承诺。商务部接受价格承诺后继续进行调查并作出否定的倾销或损害的终局裁定，价格承诺自动失效；作出肯定的倾销和损害裁定的，价格承诺一直有效。出口经营者违反价格承诺，商务部可立即恢复反倾销调查。

（三）反倾销税

终局裁定确定倾销成立并由此对国内产业造成损害的，可以征收反倾销税。征收反倾销税应符合公共利益。反倾销税的纳税人为倾销进口产品的进口经营者。反倾销税税额不得超过终局裁定确定的倾销幅度。

敏而好学：价格承诺是由出口经营者作出的，而反倾销税的纳税义务人是进口商。

反倾销税对终局裁定公告之日后进口的产品适用，但在特殊情况下也可以追溯征收，可以对立案调查后、实施临时反倾销措施之日前90天内进口的产品追溯征收反倾销税。对实施临时反倾销措施的期间追溯征收的，采取多退少不补的原则，即终裁决定确定的反倾销税额高于已付或应付临时反倾销税或担保金额的，差额部分不予征收；低于已付或应付临时反倾销税或担保金额的，差额部分应予退还或重新计算。

（四）反倾销措施的期限和复审

反倾销税的征收期限和价格承诺的履行期限不超过5年；但是经复审确定终止征收反倾销税有可能导致倾销和损害的继续或者再度发生的，可以适当延长反倾销税的征收期限。对于反倾销税和价格承诺，商务部可以决定对其必要性进行复审；经利害关系方申请，商务部也可以对反倾销税和价格承诺的必要性进行复审。复审期间，复审程序不妨碍反倾销措施的实施。

经典真题

甲乙丙三国企业均向中国出口某化工产品，2010年中国生产同类化工产品的企业认为进口的这一化工产品价格过低，向商务部提出了反倾销调查申请。根据相关规则，下列哪一选项是正确的？（2014/1/42）[1]

A. 反倾销税税额不应超过终裁决定确定的倾销幅度

B. 反倾销税的纳税人为倾销进口产品的甲乙丙三国企业

C. 商务部可要求甲乙丙三国企业作出价格承诺，否则不能进口

D. 倾销进口产品来自2个以上国家，即可就倾销进口产品对国内产业造成的影响进行累积评估

解题要领

（1）反倾销税的税额不得超过倾销幅度；

（2）反倾销税的纳税人为进口商，价格承诺的作出者是出口经营者；

（3）《反倾销条例》中关于累积评估的规则。

---

〔1〕 A

商务部对原产于韩国、日本、美国和芬兰的进口铜版纸反倾销调查案

案情简介：

2001 年 12 月 29 日，我国四家纸业公司向原外经贸部正式提交了对原产于韩国、日本、美国和芬兰的进口铜版纸进行反倾销调查的申请书。原外经贸部审查了申请材料之后，认为申请人符合《反倾销条例》有关国内产业提出反倾销调查申请的规定，有资格代表中国铜版纸产业，且申请书中也包含了该条例规定启动反倾销调查所要求的内容和证据。经与原国家经贸委商议后，原外经贸部于 2002 年 2 月 6 日发布立案公告，决定自即日起开始对原产于上述国家的进口铜版纸进行反倾销调查。原外经贸部确定的本案倾销调查期为 2001 年 1 月 1 日至 2001 年 12 月 31 日。经原外经贸部和原国家经贸委的初步调查，2002 年 11 月 26 日，原外经贸部就本案调查发布了初步裁定，认定原产于上述四国的进口铜版纸存在倾销，原国家经贸委的初步裁定认定存在实质损害，而且共同认定倾销对国内产业造成实质损害。由于芬兰出口至中国的铜版纸数量属可忽略不计，决定终止对其进行的反倾销调查。

根据初步裁定结果，原外经贸部发布公告，决定自 2002 年 11 月 26 日起，对原产于韩国、日本和美国的进口铜版纸开始实施临时反倾销措施。进口经营者在进口原产于韩日美的铜版纸时，必须向中华人民共和国海关提供与初裁所确定的倾销幅度相应的现金保证金。初步裁定作出之后，为进一步核实各应诉公司提交材料的真实性和准确性，调查机关组成铜版纸反倾销调查实地核查小组赴韩国、日本和美国进行实地核查。2003 年 2 月 26 日，原国家经贸委还召开了本案产业损害调查听证会，国内外有关代表均出席听证会。

• 商务部最终裁定

2003 年 8 月 6 日，商务部根据调查结果作出最终裁决：原产于韩国和日本的进口铜版纸存在倾销，中国国内铜版纸产业受到了实质损害，且倾销和损害之间存在因果关系；鉴于自芬兰和美国的铜版纸进口量属可忽略不计，商务部决定终止对其反倾销调查，不采取反倾销措施。进口经营者自 2003 年 8 月 6 日起，进口原产于韩国、日本的铜版纸的，应向中国海关缴纳相应的反倾销税，实施期限自 2003 年 8 月 6 日起 5 年。对自 2002 年 11 月 26 日起至本裁定公告之日止有关进口经营者依初裁决定向中国海关所提供的现金保证金，按终裁裁定所确定的征收反倾销税的商品范围和反倾销税税率计征并转为反倾销税，与之同时提供的进口环节增值税现金保证金一并转为进口环节增值税。对在此期间有关进口经营者所提供的现金保证金超过反倾销税和与之相应的进口环节增值税的部分，海关予以退还，少征部分则不再补征。对实施临时反倾销措施决定公告之日前原产于韩国、日本的进口铜版纸不再追溯征收反倾销税。

• 所涉考点

1. 采取反倾销措施的条件。
2. 反倾销调查的机构、方式以及终止调查的情况。
3. 反倾销措施有哪些？期限是多久？

专题50 贸易救济措施之反补贴措施

一、采取反补贴措施的前提条件

采取反补贴措施的前提条件有：进口产品存在补贴、对国内产业造成损害、二者之间有因果关系。

（一）出口产品存在补贴

补贴，是指出口国（地区）政府或者其任何公共机构（以下统称“出口国政府”）提供的，并为接受者带来利益的财政资助以及任何形式的收入或者价格支持。补贴必须具备以下三个条件：

1. 政府提供了财政资助

财政资助（包括现金或非现金）包括下述情形：

（1）出口国政府以拨款、贷款、资本注入等形式直接提供资金，或者以贷款担保等形式潜在地直接转让资金或者债务。

（2）出口国政府放弃或者不收缴应收收入。

（3）出口国政府提供除一般基础设施以外的货物、服务，或者由出口国政府购买货物。

注意：政府投资的进行基础设施的建设，不属于此处的财政资助，也不属于《反补贴条例》所调整的补贴。

（4）出口国政府通过向筹资机构付款，或者委托、指令私营机构履行上述职能。

2. 接受者获得了利益

基于财政资助以及任何形式的收入或者价格支持而给接受者带来了好处。

3. 补贴具有专向性

根据《反补贴条例》进行调查、采取反补贴措施的补贴，必须具有专向性。补贴的专向性，是指“进口的产品直接或间接接受出口国家或地区给予的任何形式的专向性补贴”。下列补贴为专向补贴：

（1）由出口国政府明确确定的某些企业、产业获得的补贴；

（2）由出口国法律、法规明确规定的某些企业、产业获得的补贴；

（3）指定特定区域内的企业、产业获得的补贴；

（4）以出口实绩为条件获得的补贴，包括该条例所附出口补贴清单列举的各项补贴；

（5）以使用本国（地区）产品替代进口为条件获得的补贴。

在确定补贴专向性时，还应考虑受补贴企业的数量和企业受补贴的数额、比例、时间以及综合开发补贴的方式等因素。

注意：只有专向性补贴在世界贸易组织才有可诉性，非专向性补贴不可以在世界贸易组织起诉。

（二）损害

损害，是指补贴对已经建立的国内产业造成实质损害或者产生实质损害威胁，或者对建立国内产业造成实质阻碍。对损害的调查和确定，由商务部负责；涉及农产品的，由商务部会同农业部进行。

（三）因果关系

补贴进口产品必须是国内产业损害的原因。在确定补贴对国内产业的损害时，应当依据肯定性证据，不得将对国内产业造成损害的非补贴因素，归因于补贴进口产品。

（四）《反补贴条例》中对于累积评估规则的规定

在一定条件下，对来自 2 个以上国家（地区）的补贴进口产品，可以进行累积评估。其条件主要包括：

1. 来自每一国家（地区）的补贴进口产品的补贴金额不属于微量补贴，并且其进口量不属于可忽略不计的。

2. 根据补贴进口产品之间的竞争条件及补贴进口产品与国内同类产品之间的竞争条件，进行累积评估是适当的。

二、反补贴调查与反补贴措施

反补贴调查的程序与反倾销调查的程序相同。

反补贴措施与反倾销措施类似，不同的是，出口国政府或出口经营者都可以作出承诺。出口国政府承诺取消、限制补贴或其他有关措施，出口经营者承诺修改价格。

敏而好学：反倾销中的价格承诺作出者只能是出口经营者，而反补贴中价格承诺的作出者可以是出口国政府或出口经营者。

经典真题

中国某化工产品的国内生产商向中国商务部提起对从甲国进口的该类化工产品的反补贴调查申请。依我国相关法律规定，下列哪一选项是正确的？（2009/1/45）[1]

A. 商务部认为必要时可以强制出口经营者作出价格承诺

B. 商务部认为有必要出境调查时，必须通过司法协助途径

C. 反补贴税税额不得超过终裁决定确定的补贴金额

---

[1] C

D. 甲国该类化工产品的出口商是反补贴税的纳税人

解题要领

(1) 反补贴中的价格承诺;

(2) 反补贴税的纳税人是进口经营者;

(3) 反补贴税税额不得超过终裁决定确定的补贴金额;

(4) 司法协助只能在司法机关和司法机关之间进行。

实务案例

中国对原产于美国的进口白羽肉鸡反补贴调查案

案情简介:

2009年9月27日,根据《反补贴条例》的规定,商务部发布立案公告,决定对原产于美国的进口白羽肉鸡产品进行反补贴立案调查。在提交的申请书中,申请人主张美国政府向涉案产业和企业提供的补贴项目共计10个,包括直接支付项下的补贴、市场进入项下的补贴、出口增强项下的补贴和农业贸易调整援助计划项下的补贴等。

商务部对被调查产品是否存在补贴和补贴金额、被调查产品是否对中国国内白羽肉鸡产业造成损害和损害程度以及补贴与损害之间的因果关系进行了调查。2010年4月28日,根据调查结果和《反补贴条例》第25条的规定,商务部发布初裁公告,认定原产于美国的进口被调查产品存在补贴,中国国内白羽肉鸡产业受到了实质损害,而且补贴与实质损害之间存在因果关系。

初步裁定之后,商务部继续对原产于美国的进口被调查产品是否存在补贴和补贴金额、被调查产品是否对中国国内白羽肉鸡产业造成损害和损害程度以及补贴与损害之间的因果关系进行调查。根据调查结果,并依据《反补贴条例》第26条的规定,商务部作出最终裁定。

·商务部最终裁定

2010年8月29日,商务部最终裁定:原产于美国的进口白羽肉鸡产品存在补贴,中国国内白羽肉鸡产业受到了实质损害,而且补贴和实质损害之间存在因果关系。根据《反补贴条例》第39条的规定,商务部向国务院关税税则委员会提出对原产于美国的进口白羽肉鸡产品征收反补贴税的建议。自公告发布之日起,进口经营者在进口原产于美国的白羽肉鸡产品时,应依据终裁确定的各公司的反补贴税税率向中国海关缴纳相应的反补贴税。对自2010年4月30日起至本裁定公告之日止,有关进口经营者依初裁决定向中国海关所提供的临时反补贴税保证金,按终裁裁定所确定的征收反补贴税的商品范围和反补贴税税率计征并转为反补贴税,并按相应的增值税税率计征进口环节增值税。对在此期间有关进口经营者所提供的保证金超过反补贴税和与之相应的进口环节增值税的部分,海关予以退还,少征部分则不再补征。对实施临时反补贴措施决定公告之日前进口的原产于美国的白羽肉鸡产品不再追溯征收反补贴税。征收反补贴税的实施期限为 5 年。

•所涉考点

1. 补贴的概念。
2. 专向性补贴包括哪些？
3. 采取反补贴措施的条件。
4. 反补贴措施与反倾销措施的差别。

理论延伸

反倾销、反补贴措施的国内司法审查（保障措施调查中没有国内司法审查程序）

根据世界贸易组织反倾销协议和反补贴协议，各成员应建立对反倾销措施和反补贴措施的司法审查制度。2002 年 11 月 21 日，最高人民法院发布了《关于审理反倾销行政案件应用法律若干问题的规定》《关于审理反补贴行政案件应用法律若干问题的规定》，从行政诉讼的角度正式确定了我国对反倾销、反补贴措施的司法审查制度。

与反倾销行政行为或反补贴行政行为具有法律上利害关系的个人或组织为利害关系人，可以依照《行政诉讼法》及其他有关法律、行政法规的规定，向人民法院提起行政诉讼。利害关系人，是指向国务院主管机关提出反倾销、反补贴调查书面申请的申请人，有关出口经营者和进口经营者及其他具有法律上利害关系的自然人、法人或者其他组织。

反倾销行政案件和反补贴行政案件的被告，应当是作出相应被诉反倾销或反补贴行政行为的国务院主管部门。一审反倾销或反补贴行政案件由下列人民法院管辖：①被告所在地高级人民法院指定的中级人民法院；②被告所在地高级人民法院。

人民法院审理反倾销或反补贴行政案件，根据不同情况，分别作出以下判决：

1. 被诉反倾销或反补贴行政行为证据确凿，适用法律、行政法规正确，符合法定程序的，判决维持。

2. 被诉反倾销或反补贴行政行为有下列情形之一的，判决撤销或者部分撤销，并可以判决被告重新作出相应行政行为：①主要证据不足的；②适用法律、行政法规错误的；③违反法定程序的；④超越职权的；⑤滥用职权的。

3. 依照法律或者司法解释的规定作出的其他判决。

贸易救济措施之保障措施

一、采取保障措施的基本条件

采取保障措施的前提条件有：进口产品数量增加、国内产业受到损害、二者之间存在因果关系。

（一）进口产品数量增加

进口产品数量增加，是指进口产品数量绝对增加或者与国内生产相比相对增加。

敏而好学：此处增加既包括绝对增加，也包括相对增加。

（二）损害

对严重损害威胁的确定，应当依据事实，不能仅依据指控、推测或者极小的可能性。国内产业，是指中国国内同类产品或者直接竞争产品的全部生产者，或者其总产量占国内同类产品或直接竞争产品全部总产量的主要部分的生产者。

注意1：此处损害不包括"对即将建立的产业构成的阻碍"。

注意2：此处严重损害程度重于两反中的实质损害。

（三）因果关系

商务部根据客观事实和证据，确定进口产品数量增加与国内产业损害是否存在因果关系。进口增加以外的因素对国内产业造成的损害不得归因于进口增加。

二、保障措施的调查程序

保障措施的调查程序与两反基本相同，但要注意以下两个区别：

1. 商务部根据调查结果，可以作出初裁决定，也可以直接作出终裁决定。

2. 保障措施调查中没有国内司法审查程序，目前还不能对商务部保障措施的决定提起行政诉讼。

三、保障措施的实施

（一）保障措施的方式

1. 临时保障措施

有明确证据表明进口产品数量增加，在不采取临时保障措施将对国内产业造成难以补救的损害的紧急情况下，商务部可以作出初裁决定，并采取临时保障措施。临时保障措施采取提高关税的形式。

2. 保障措施

终裁决定确定进口产品数量增加，并由此对国内产业造成损害的，可以采取保障措施。保障措施可以采取提高关税、数量限制等形式。保障措施应针对正在进口的产品实施，不区分产品来源国（地区）。采取保障措施应限制在防止、补救严重损害并便利调整国内产业所必要的范围内。终裁决定确定不采取保障措施的，已征收的临时关税应当予以退还。

（二）保障措施的实施期限

保障措施的实施期限不超过4年。符合法律规定的条件的，保障措施的实施期限可以适当延长，但一项保障措施的实施期限及延长期限，最长不超过10年。保障措施实施期限超过1年的，应当在实施期间内按固定时间间隔逐步放宽。

（三）保障措施对实施间隔时间的要求（两反中均无此要求）

反倾销和反补贴措施可以连续使用，而保障措施不能连续采取，再采取时应当有时间

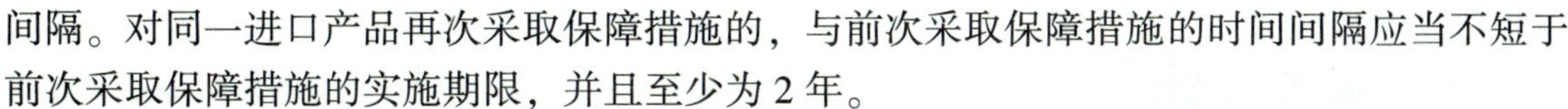

间隔。对同一进口产品再次采取保障措施的，与前次采取保障措施的时间间隔应当不短于前次采取保障措施的实施期限，并且至少为 2 年。

符合下列条件的，对一产品实施的期限为 180 天或更短的保障措施，可以不受前述时间间隔的限制：

1. 自对该进口产品实施保障措施之日起，已经超过 1 年。
2. 自实施该保障措施之日起 5 年内，未对同一产品实施 2 次以上保障措施。

总结 “两反一保”比较

	反倾销	反补贴	保障措施
1. 实施条件	存在倾销 （不公平贸易行为）	存在专向性补贴 （不公平贸易行为）	进口数量增加 （公平贸易行为）
	造成损害 （实质性损害、实质性损害的威胁、实质性阻碍）		造成严重损害或严重损害威胁
	倾销和损害存在因果关系	补贴和损害存在因果关系	进口增加和损害存在因果关系
2. 措施	临时反倾销措施（公告起 4 个月，最长不超过 9 个月），价格承诺（出口经营者作出），反倾销税（向进口经营者征收）	临时反补贴措施、价格承诺（出口国政府或出口经营者作出）、反补贴税（向进口经营者征收）	临时保障措施（提高关税）、保障措施（提高关税或者数量限制）
3. 实施期限	5 年，经复审有必要可适当延长		4 年，最长不超过 10 年
4. 特点	针对特定国家的进口产品，区分来源国（地区）		保障措施应当针对正在进口的产品实施，不区分来源国（地区）

经典真题

进口到中国的某种化工材料数量激增，其中来自甲国的该种化工材料数量最多，导致中国同类材料的生产企业遭受实质损害。根据我国相关法律规定，下列哪一选项是正确的？（2011/1/41）[1]

A. 中国有关部门启动保障措施调查，应以国内有关生产者申请为条件

B. 中国有关部门可仅对已经进口的甲国材料采取保障措施

C. 如甲国企业同意进行价格承诺，则可避免被中国采取保障措施

D. 如采取保障措施，措施针对的材料范围应当与调查范围相一致

解题要领

（1）保障措施可以依申请也可以依职权提起；

（2）保障措施的实施方式；

（3）保障措施不区分来源国；

（4）保障措施针对的范围应与调查范围一致。

---

[1] D

实务案例

美国钢铁保障措施案

案情简介：

美国总统于2002年3月5日发布命令，宣布对10类美国进口的钢铁产品（包括板材、不锈钢线材、镀锡类产品等）提高8%至30%的额外关税，为期3年。同年4月至6月中旬，欧盟、日本、韩国、中国、瑞士、挪威、新西兰和巴西等受害国先后联合或分别与美国开展磋商，但均未能达成协议。应受害国请求，WTO争端解决机构（DSB）同意于2002年7月25日正式成立一个专案组，综合受理8宗申诉案。8个起诉方提出了11个法律主张，包括未预见的发展、进口产品定义、国内相似产品定义、进口增加、严重损害、因果关系、对等性、最惠国待遇、措施的限度、关税配额分配、发展中国家待遇。2003年7月11日，专家组做出报告认定美国保障措施不符合WTO协定。同年8月11日美国提起上诉，随后上诉机构作出报告，全面维持了专家组的裁决。2003年12月10日，专家组和上诉机构的报告在DSB会议上获得通过。

·裁决结果

在起诉方提出的11个法律主张中，专家组只对未预见的发展、进口增加额、因果关系和对等性作出了裁决。专家组认为，对这几个方面的裁决就足以判定美国的保障措施不符合WTO协定，从而解决本案争议。

上诉机构维持了专家组的总体结论，其中关于上诉涉及的未预见的发展、进口增加、对等性，上诉机构维持了专家组裁决；对于因果关系，上诉机构认为，对其他主张的裁决已经足以解决争端，因此没有必要对专家组报告中的相应内容进行审查；对于交叉上诉，因为审查这些主张的前提条件没有出现，所以上诉机构没有裁决。另外，对于镀锡类产品和不锈钢线材这两种产品，上诉机构否定了专家组关于提供充分合理解释的理解，但不影响专家组对这两种产品的总体结论。

·所涉考点

1. 采取保障措施的条件。
2. 保障措施的种类及实施期限。

专题52

世界贸易组织基本法律制度

一、世界贸易组织概述（了解）

（一）世界贸易组织（WTO）与关贸总协定（GATT）的联系和区别

1. 联系

世界贸易组织是对关贸总协定的继承和发展。主要表现在以下两方面：

（1）WTO 吸收了 GATT 规则。例如，1947 年《关税与贸易总协定》，经过修改，成了 1994 年 GATT 的一部分，也成为世界贸易组织规则的一部分。

（2）WTO 遵循了 GATT 的决策方法和惯例指导。GATT 框架下作出的决定、程序和惯例，对 WTO 也有指导性作用。

2. 区别

（1）确立、适用的法律依据不同

WTO 的基础是《建立世界贸易组织的马拉喀什协定》（《世界贸易组织协定》），这是一个永久性的协定；而 GATT 的依据则是 1947 年签署的《关税与贸易总协定临时适用议定书》（PPA），该议定书已被 1994 年《关税与贸易总协定》废除。

（2）约束力度不同

WTO 要求各成员的国内立法应与 WTO 规则保持一致，国内法的规定不应成为不履行 WTO 义务的理由；而在 GATT 下，国内法的规定可以成为不履行有关义务的借口。

（3）法律框架的结构不同

WTO 成员加入 WTO 必须一揽子全盘接受所有协议（诸边贸易协议除外）；而 GATT 框架下，各协议是相互独立、分散的，不同缔约方受不同协议的约束，不同协议也可有不同的参加方。

（4）调整范围不同

WTO 既调整货物贸易，又调整服务贸易，还调整与贸易有关的知识产权，且调整的货物贸易还包括了纺织品贸易和农产品贸易；而 GATT 只调整货物贸易，且不包括纺织品贸易，对农产品贸易的调整也缺乏强有力的约束。

（5）争端解决制度不同

WTO 争端解决制度适用于所有 WTO 协议；而 GATT 框架下，不同协议有不同的争端解决制度，表现出分散性。

（二）世界贸易组织的机构设置

1. 最高决策机构——部长会议

部长会议由所有成员的代表组成，有权对所有多边贸易协议中的任何事项作出决定。

2. 常设权力机构——总理事会

总理事会由各成员代表组成。部长会议休会期间，其职能由总理事会行使。总理事会同时履行争端解决机构和贸易政策审议机构的职责。

3. 理事会

根据《世界贸易组织协定》附件的不同调整范围，设立了货物贸易理事会、服务贸易理事会以及与贸易有关的知识产权理事会。

4. 委员会

环境与贸易委员会，收支平衡委员会，贸易与发展委员会，最不发达国家小组委员会，国际收支限制委员会，预算、财务和行政委员会是在总理事会之下设的 6 个委员会，负责处理诸如贸易与发展、环境、区域贸易协定以及行政事务。各委员会行使有关协议赋予的职责及总理事会赋予的其他职责，并向总理事会报告工作。

5. 下属机构

几乎每一个理事会、委员会都有下属机构，如货物贸易理事会有多个专门委员会处理各专门问题（如农产品、市场准入、补贴、反倾销措施等）。

6. 秘书处和总干事

世界贸易组织的工作机构，是总干事领导的秘书处。总干事任命秘书处职员，并依照部长会议通过的条例，确定他们的职责和服务条件。总干事和秘书处的职员纯属国际性质，在履行职责方面，不应寻求和接受任何政府或当局的指示；各成员不应对他们履行职责施加影响。

（三）世界贸易组织的决策程序

WTO 的决策基本遵循协商一致优先，投票表决第二的原则。世界贸易组织在就有关事项作出决议时，如在场的成员未正式提出异议，则视为一致作出决议；如所有成员不能取得一致，则投票决定。一般而言，部长级会议和总理事会的决定以简单多数票表决通过。但以下例外：

1. 修改最惠国待遇原则，需由全体成员接受方始有效。
2. 对任何协议条款的解释，都需要 WTO 成员方 3/4 多数通过。
3. 一般条款的修改，需成员方 2/3 多数通过。涉及权利义务条款的修改，对接受修改的成员生效；不涉及权利义务条款的修改对所有的成员生效。
4. 豁免某成员的义务需成员方 3/4 多数同意。
5. 接受新成员的决定需成员方 2/3 多数通过。

二、世贸组织的法律框架

世界贸易组织的法律框架由一系列多边贸易协议（《世界贸易组织协定》及其附件 1、2、3）和诸边贸易协议（附件 4）构成。如下图所示：

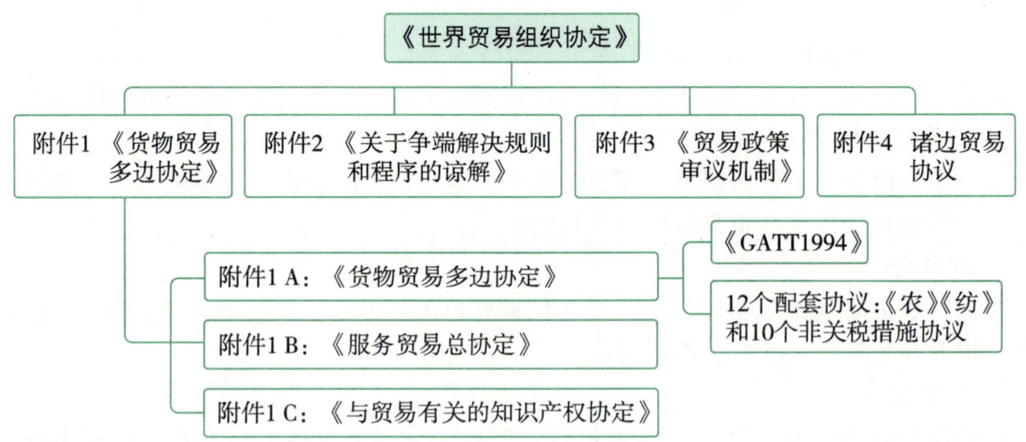

注意 1：诸边贸易协议是成员方可以选择加入的协议，包括《民用航空器贸易协议》《政府采购协议》《国际奶制品协议》《国际牛肉协议》（后两个协议已于 1997 年失效）。WTO 成立后签订的《信息技术产品协议》也属诸边贸易协议的范畴。

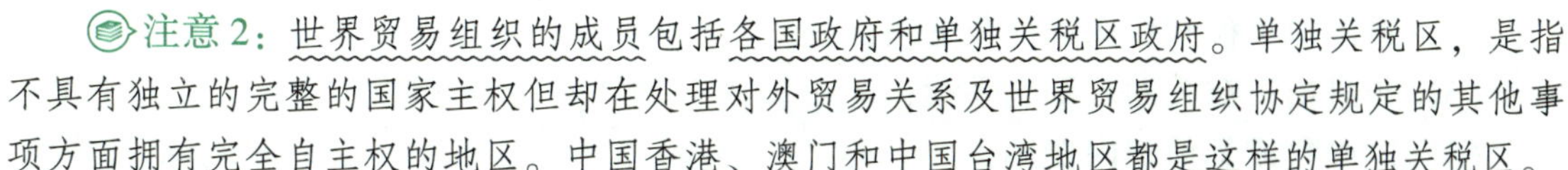

注意2：世界贸易组织的成员包括各国政府和单独关税区政府。单独关税区，是指不具有独立的完整的国家主权但却在处理对外贸易关系及世界贸易组织协定规定的其他事项方面拥有完全自主权的地区。中国香港、澳门和中国台湾地区都是这样的单独关税区。

经典真题

关于中国与世界贸易组织的相关表述，下列哪一选项是不正确的？(2012/1/44)[1]

A. 世界贸易组织成员包括加入世界贸易组织的各国政府和单独关税区政府，中国香港、澳门和台湾是世界贸易组织的成员

B.《政府采购协议》属于世界贸易组织法律体系中诸边贸易协议，该协议对于中国在内的所有成员均有约束力

C.《中国加入世界贸易组织议定书》中特别规定了针对中国产品的特定产品的过渡性保障措施机制

D.《关于争端解决规则与程序的谅解》在世界贸易组织框架下建立了统一的多边贸易争端解决机制

解题要领

(1) 世界贸易组织的成员资格只要求是单独关税区即可，并非必须是主权国家；

(2) 多边贸易协议成员方必须"一揽子"全盘接受，诸边贸易协议成员方则可以选择接受；

(3) 有效的诸边贸易协议有：《政府采购协议》《信息技术产品协议》《民用航空器贸易协议》。

三、世贸组织的基本原则

(一) 最惠国待遇原则

1. 最惠国待遇原则的含义和特点

最惠国待遇原则是世界贸易组织多边贸易制度中最重要的基本原则和义务，是多边贸易制度的基石。世界贸易组织法律制度之所以成为多边贸易制度，最重要的依据就是其最惠国待遇原则。最惠国待遇原则要求成员将其在货物贸易、服务贸易和知识产权领域给予任何其他成员（无论其是否为世界贸易组织成员）的优惠待遇，应立即、无条件地给予其他所有成员。根据世界贸易组织的规定，对最惠国待遇原则的修改，必须经全体成员同意才有效。

最惠国待遇原则具有普遍性、相互性、自动性和同一性的特点。世界贸易组织的任何成员，都可以享有其他成员给予任何国家的待遇。每一成员既是施惠者，也是受惠者。由于最惠国待遇原则的立即性和无条件性，每一成员自动享有其他成员给予其他任何国家的最惠国待遇。该制度实施的结果是双边谈判、多边受益，因而可能存在"搭便车"的情况。但是享有最惠国待遇，仅限于相同情形、相同事项。

2.《关税与贸易总协定》中最惠国待遇原则的适用范围

(1) 与进出口有关（包括进出口产品的国际支付转移）的任何关税和费用；

---

[1] B

（2）进出口关税和费用的征收方法；

（3）与进出口有关的规则、手续；

（4）国内税或其他国内费用；

（5）影响产品的国内销售、许诺销售、购买、运输、经销和使用的法律规章和要求方面的待遇。

3.《关税与贸易总协定》中最惠国待遇原则的例外

其包括：①边境贸易；②普遍优惠制度（对发展中国家的优惠待遇）；③关税同盟和自由贸易区（区域经济安排），如关税同盟的典型例子为欧盟，自由贸易区典型的例子是《美墨加协定》；④收支平衡；⑤反倾销税或反补贴税例外；⑥一般例外；⑦国家安全例外；⑧对某一成员或某些成员豁免例外。

《关税与贸易总协定》第20条列举经常被引用的一般例外：①为保护公共道德所必需的措施；②为保护人类、动植物的生命或健康所必需的措施；③与保护可用尽的自然资源有关的、与限制国内生产或消费一同实施的措施；④为保证不违反该总协定的国内法律的实施所必需的措施。但其实施必须满足两项条件：①有关措施必须属于该一般例外条款所列举的政策性措施的范围；②这些措施的适用方式，必须符合该一般例外条款前言的要求，不得构成任意或不正当歧视，或造成对国际贸易的变相限制。

（二）国民待遇原则

国民待遇原则是世界贸易组织的基本原则，但每一协定中国民待遇原则的具体适用条件并不相同，特别是《服务贸易总协定》中的国民待遇在性质上不同于另外两个协定中的国民待遇原则。

1.《关税与贸易总协定》中的国民待遇原则。《关税与贸易总协定》中的国民待遇原则基本可以分成两类：一类涉及国内税费；另一类涉及影响产品销售等的国内法律、规章。

2.《服务贸易总协定》中的国民待遇是属于成员方具体承诺的范围。

3. 国民待遇原则的例外。其包括四项：政府采购例外、仅对某种产品的国内生产商提供的补贴例外、一般例外、安全例外。

（三）关税减让原则

关税减让原则，是指约定好的关税，除非经其他有关规则允许（如征收反倾销税）或重新与其他成员谈判，否则只能降低不能提高。

（四）取消一切数量限制原则

对进出口产品采取数量限制，是指对进出口产品采取除关税、国内税和其他费用之外的禁止或限制措施。数量限制与税费措施相比，缺乏透明性、公正性。

下列情况存在普遍取消数量限制义务的例外：①为防止或缓解出口成员的粮食或其他必需品的严重短缺而临时实施的出口禁止或限制；②为实施国际贸易中的商品归类、分级和销售标准或法规而必须实施的进出口禁止或限制；③为了限制国内产品数量或消除国内产品的过剩而对农产品或渔产品进口实施的限制；④为了保障其对外金融地位和国际收支平衡而对进口产品进行的限制。

敏而好学：例外情况包括粮食等短缺、归类或分级或销售标准、农渔产品过剩、保障金融地位和收支平衡。

经典真题

甲乙丙三国为世界贸易组织成员，丁国不是该组织成员。关于甲国对进口立式空调和中央空调的进口关税问题，根据《关税与贸易总协定》，下列违反最惠国待遇的做法是：（2014/1/100）[1]

A. 甲国给予来自乙国的立式空调和丙国的中央空调以不同的关税

B. 甲国给予来自乙国和丁国的立式空调以不同的进口关税

C. 因实施反倾销措施，导致从乙国进口的立式空调的关税高于从丙国进口的

D. 甲国给予来自乙丙两国的立式空调以不同的关税

解题要领

最惠国待遇原则仅限于同类产品。

四、中国在世贸组织中的特殊义务

中国在 WTO 中的权利义务由两部分组成：一部分是各成员都承担的规范性义务；另一部分是中国承担的特殊义务。特殊义务有以下三项：

（一）外贸经营权的放开

中国承诺逐步放开贸易经营权，在中国正式加入世界贸易组织后的 3 年内，除国家专营商品外，所有中国企业都有权进行所有货物的进出口。该承诺已经在 2004 年中国《对外贸易法》中兑现。

（二）15 年非市场经济承诺

15 年非市场经济承诺直接在反倾销和反补贴领域产生以下后果：

1. 反倾销领域

在《中国加入世界贸易组织议定书》（以下简称《中国入世议定书》）生效后 15 年的时间内，针对非市场经济导向型企业，使用替代国价格。上述选择方法的规定在《中国入世议定书》生效 15 年后终止。

2. 反补贴领域

根据世界贸易组织反补贴规则，非专向补贴不受世界贸易组织多边贸易体制的约束。但如果中国政府提供的补贴的主要接受者是国有企业，或者接受了补贴中不成比例的大量数额，则该补贴视为专向补贴。

（三）12 年特定产品保障措施承诺

专门针对中国产品适用保障措施（现已失效），《中国入世议定书》规定采取特保措施的前提条件：市场扰乱；市场扰乱的威胁；贸易转移。

---

[1] D

特别保障措施条款与一般保障措施的区别

	一般保障措施	特别保障措施
1. 原则依据不同	《保障措施协议》第2条第2款 保障措施应针对一正在进口的产品实施，而不考虑其来源。	《中国入世议定书》第16条 特别保障措施只对中国的进口产品提起，有明显歧视性。
2. 实施条件不同	进口增加；严重损害或严重损害威胁；因果关系。	进口增加；市场扰乱或市场扰乱的威胁、贸易转移；因果关系（条件降低）。
3. 实施期限不同	不得超过4年，特殊情况下可以延期，但最长不得超过8年；发展中国家的实施期限最长可为10年。	无明确限制性规定。

经典真题

关于中国在世贸组织中的权利义务，下列哪一表述是正确的？（2011/1/43）[1]

A. 承诺入世后所有中国企业都有权进行货物进出口，包括国家专营商品

B. 对中国产品的出口，进口成员在进行反倾销调查时选择替代国价格的做法，在《中国加入世界贸易组织议定书》生效15年后终止

C. 非专向补贴不受世界贸易组织多边贸易体制的约束，包括中国对所有国有企业的补贴

D. 针对中国产品的过渡性保障措施，在实施条件上与保障措施的要求基本相同，在实施程序上相对简便

解题要领

（1）承诺入世后所有中国企业有权进行货物进出口的，不包括国家专营商品；

（2）中国15年非市场经济承诺在反倾销和反补贴领域的后果；

（3）特别保障措施条款与一般保障措施条款在实施条件和程序上均不相同。

实务案例

中美集成电路增值税案

案情简介：

2003年10月，美国半导体工业协会（SIA）声称，虽然中国政府对进口和在国内生产的半导体和集成电路产品均征收17%的增值税，但中国对其国内生产的集成电路产品实际负税超过3%的部分即征即退，这使得中国生产的集成电路产品相比进口产品更具有成本优势，从而构成了对进口产品的歧视，违反了中国在WTO体制下承担的义务。中国实行与WTO要求不一致的税收政策，违反国民待遇原则和最惠国待遇原则，导致外国公司产品进入中国市场困难。2004年3月18日，美国

[1] B

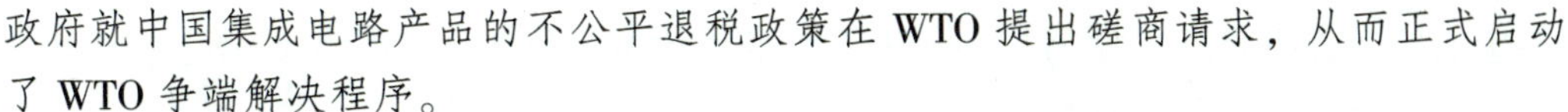

政府就中国集成电路产品的不公平退税政策在 WTO 提出磋商请求，从而正式启动了 WTO 争端解决程序。

磋商结果：

2004 年 7 月 14 日，中美双方在日内瓦正式签署了《中美关于中国集成电路增值税问题的谅解备忘录》。该谅解备忘录的主要内容为：①中国将于 2004 年 11 月 1 日前修改有关规定，调整国产集成电路产品增值税退税政策，取消“即征即退”的规定，2005 年 4 月 1 日起正式实施；②谅解备忘录签署前享受上述政策的企业及产品可继续执行“即征即退”政策直至 2005 年 4 月 1 日；③中国将于 2004 年 9 月 1 日前宣布取消国内设计国外加工复进口的集成电路产品增值税退税政策，2004 年 10 月 1 日正式实施；④谅解备忘录不影响中美在 WTO 项下的权利和义务。谅解备忘录签署后，双方向 WTO 履行了通报义务，美国撤回在 WTO 争端解决机制下的申诉。

• 所涉考点

1. 最惠国待遇原则。
2. 国民待遇原则。

专题 53

服务贸易总协定（GATS）

一、服务贸易的四种功能分类

《服务贸易总协定》（GATS）是第一个调整国际服务贸易的多边性、具有法律强制力的规则。服务贸易总协定是一个框架性协议，目前还缺乏有关具体义务和规则。

世界贸易组织《服务贸易总协定》减让表遵循的服务部门分类基本上以《联合国中心产品分类系统》为基础，共分为 12 个部门，155 个小类。这 12 个部门种类为：职业（包括专业与计算机）服务、通讯服务、建筑与工程服务、分销服务、教育服务、环境服务、金融（保险与银行）服务、医疗服务、旅游服务、娱乐文化和体育服务、运输服务以及其他服务、健康及社会服务。但是依据功能，服务贸易可以分为以下四类：

1. 跨境供应

从一国境内向另一国境内提供服务，如通过电信、网络等跨境提供咨询服务，其特点是服务产品跨境。

2. 境外消费

在一国境内向来自他国的服务消费者提供服务，如一国居民到另一国境内旅行、求学等，其特点是消费者跨境。

3. 商业存在

一国的服务提供者通过在另一国境内设立的机构提供服务，如一国的服务提供者到他国开设银行、保险公司等，其特点是服务提供者跨境并设立机构。

4. 自然人流动

一国的服务提供者通过自然人到另一国境内提供服务，如中国工程队承包“一带一路”沿线国家项目。其特点是服务提供者跨境但不设立机构。

经典真题

《服务贸易总协定》规定了服务贸易的方式，下列哪一选项不属于协定规定的服务贸易？(2012/1/40)〔1〕

A. 中国某运动员应聘到美国担任体育教练

B. 中国某旅行公司组团到泰国旅游

C. 加拿大某银行在中国设立分支机构

D. 中国政府援助非洲某国一笔资金

解题要领

服务贸易的四种功能分类。A属于自然人流动；B属于境外消费；C属于商业存在。

二、《服务贸易总协定》中的最惠国待遇原则

《服务贸易总协定》中的最惠国待遇原则与《关税与贸易总协定》的规则基本一致，但《服务贸易总协定》中的最惠国待遇原则适用于服务产品和服务提供者而不适用于货物产品。

三、具体承诺

市场准入和国民待遇属于成员方具体承诺的范围，具体依每一成员列出的承诺表确定。

是否给予市场准入、是否给予国民待遇以及成员在哪些具体服务部门和事项方面承担具体义务，均依该具体承诺减让表来确定。

敏而好学：国民待遇和市场准入仅限于列入减让表的部门。

在具体承诺减让表中，每个成员应具体列明下述内容：市场准入的规定、限制和条件；国民待遇的条件和资格；有关附加承诺的承诺；适当情况下，实施这类承诺的时间表；这类承诺的生效日期等。

注意1：GATS本身是框架性协议；但是否给予市场准入，是否给予国民待遇，完全取决于各成员的承诺。

注意2：国民待遇和最惠国待遇都要求适用于同类服务或服务提供者。

注意3：最惠国待遇原则的例外清单采取“否定式”，具体承诺则采取了“肯定式清单”方法，成员只对具体承诺的事项和范围承担义务。

〔1〕 D

中美影响电子支付服务措施案

案情简介：

中国银联成立于2002年，按照中国目前的规定，VISA等国际卡组织不能在中国直接发行人民币卡。2003年，VISA和万事达等与银联和几家发卡银行达成妥协——双币卡。持有这种双币卡的人在中国境内刷卡消费必须使用银联的清算通道，在境外刷卡消费虽然可以选择非银联通道，但走银联通道可以节省消费金额1%~2%的货币兑换费。2004年，银联走出国门，开拓海外市场。随着银联的海外网络日益扩大，与VISA等国际卡组织的渠道之争也愈演愈烈。2010年9月，美国贸易办公室就中国相关电子支付服务措施问题向中国提出磋商请求。2011年3月，专家组成立。

• 裁决结果

从中美双方的观点来看，双方争议的关键点主要有两个：①电子支付服务在服务贸易的归类中属于美方坚持的“支付和汇划服务”，还是中国认为的“清算和结算服务”；②电子支付服务是否属于“集成服务”。

专家组首先从文义上进行解释，认为中国具体承诺中“所有”一词即包括了电子支付服务在内的整个“支付与汇划服务”体系。专家组支持美国的观点，将电子支付服务定性为“集成服务”。最终专家组通过审查所得出的结论是：中国在其具体承诺减让表中对“电子支付服务”作出了承诺。

• 所涉考点

1. 服务贸易的功能分类。
2. WTO成员方关于服务贸易的承诺。

WTO争端解决机制

作为世界贸易组织多边贸易制度的一部分，《关于争端解决规则与程序的谅解》（DSU）在世界贸易组织框架下，建立了统一的多边贸易争端解决制度。依规则解决争端，世界贸易组织多边框架下根据4个附件提出的争端，均适用这一争端解决制度，包括附件4诸边贸易协议提出的争端。

一、世界贸易组织争端解决机构解决的争端类型

1. 违反性申诉。这是争端的主要类型。申诉方须证明被诉方违反了有关协议的条款。

对这种争端的裁定，被诉方往往需要废除或修改有关措施。

2. 非违反性申诉。对这种申诉的审查，不追究被诉方是否违反了有关协议的条款，申诉方只需要证明其根据有关协议享有合理的预期利益，该合理预期利益因为被诉方的措施而受损或丧失。对这种争端的裁定，被诉方没有取消有关措施的义务，只需作出补偿。

3. 其他情形。对上述两种类型以外的其他争端类型及其所适用的程序和规则，并没有明确规定，迄今为止也还没有出现过上述两种类型以外的案件。

注意：世界贸易组织争端解决机制解决争端的类型包括违反性申诉、非违反性申诉和其他。

二、世界贸易组织争端解决机制的程序

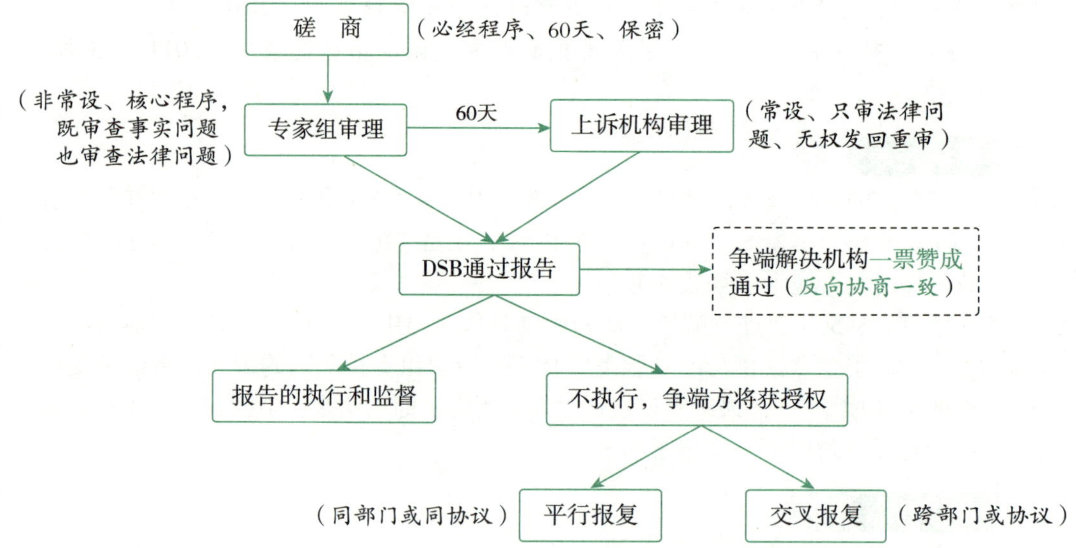

（一）磋商

磋商是申请设立专家组的前提条件，但是磋商事项以及磋商的充分性，与设立专家组的申请及专家组将作出的裁定没有关系。磋商仅仅是一种程序性要求，并且磋商必须保密进行。

注意：争端解决的所有阶段、争端各方均可调解和磋商，WTO总干事亦可进行斡旋、调解或调停。

（二）专家组程序

1. 时间要求

自提出磋商请求日起60天内，磋商未能解决争端时，申诉方才可以申请成立专家组。

2. 专家组的审查、裁决或建议规则

（1）非常设性机构，成员从专家名单中选定，双方不能达成一致时，由世界贸易组织总干事任命。一般情况下由3人组成，如果各方同意，也可以由5人组成。

（2）谁主张，谁举证。

（3）争端方没有提出的主张，专家组不能作出裁决。

(4) 既审事实又审法律问题。

(三) 上诉机构程序

上诉机构的审查、裁决规则如下:

1. 常设机构，由上诉机构 7 名成员中的 3 人组成上诉庭审理。
2. 专家组报告发布后的 60 天内，任何争端方都可以向上诉机构提起上诉。
3. 上诉机构只审查专家组报告涉及的法律问题和专家组作出的法律解释。
4. 上诉机构可以作出推翻、修改或撤销专家组的调查结果和结论。
5. 上诉机构没有将案件发回专家组重新审理的权力。
6. 在推翻有关裁决和结论时，如果专家组裁决的事实和专家组程序记录中的争端方无争议的事实比较充分，上诉机构可以继续对双方间的争议进行审查，对争议问题作出裁决和结论。

专家组和上诉机构在争端解决机制和程序中起着核心作用，重点归纳比较如下:

总 结 专家组和上诉机构的核心区别

专家组	上诉机构
临时机构	常设机构
成员从名单中选定专家审理，不能达成一致，总干事任命	上诉机构 7 名成员中的 3 人组成上诉庭审理
既审查事实问题，又审查法律问题	审查专家组报告中的法律问题和专家组所做的法律解释问题，不审查事实问题

(四) 专家组和上诉机构报告的通过程序

除非争端解决机构一致不同意通过相关争端解决报告，否则该报告即得以通过。该通过方式实际上是一种一票通过制，即一种准自动通过方式。该种通过方式被称为“一票赞成”通过，也称为“反向协商一致”原则。通过的报告即构成了争端解决机构的裁决或建议。

(五) 执行程序

被裁定违反协议的一方，应当在合理期限内履行争端解决机构的裁决和建议。如果被诉方在合理期限内没有使被裁决违反相关协议的措施符合相关协议的要求，或未能实施裁决和建议，则原申诉方可以向争端解决机构申请授权报复，对被诉方中止减让或中止其他义务。申诉方拟中止减让或中止其他义务的程度和范围，应与其所受到的损害相等。

中止减让或中止其他义务，首先应在被认定为违反义务或者造成利益丧失或受损的部门的相同部门实施；对相同部门中止减让或其他义务不可行或无效时，可以对同一协议项下的其他部门实施；如对同一协议项下的其他部门中止减让或中止其他义务不可行或无效时，可寻求中止另一协议项下的减让或中止其他义务。

敏而好学：申请报复可以是平行报复或交叉报复，但有先后顺序。

经典真题

关于世界贸易组织争端解决机制的表述，下列哪一选项是不正确的？（2013/1/43）[1]

A. 磋商是争端双方解决争议的必经程序

B. 上诉机构为世界贸易组织争端解决机制中的常设机构

C. 如败诉方不遵守争端解决机构的裁决，申诉方可自行采取中止减让或中止其他义务的措施

D. 申诉方在实施报复时，中止减让或中止其他义务的程度和范围应与其所受到损害相等

解题要领

（1）磋商是世界贸易组织争端解决程序中的必经程序；

（2）上诉机构是世界贸易组织争端解决机制中的常设机构；

（3）成员方如不执行，将获权平行报复或交叉报复，且报复的程度和范围应与受到的损害相等。

实务案例

中美轮胎特保案

案情简介：

2009年4月，美国国际贸易委员会（ITC）在美国钢铁工人联合会的申请下，对我国输入美国的商用轮胎发起特殊保障措施调查，并最终由总统奥巴马决定：美国将对我国出口乘用车与轻型卡车轮胎连续三年增加关税，税率分别为第一年35%、第二年30%和第三年25%。在我国政府和企业多次与美方磋商无果的情况下，中国正式将该事件提交WTO争端解决机构，以此来维护自身的合法权益。

·裁决结果

2010年12月，世界贸易组织宣布美国对中国轮胎采取特殊保障措施并没有违反世界贸易组织的规则。对此我国将专家组报告继续提交至上诉机构，上诉机构最终维持了专家组的观点，判定美国对我国输美轮胎所征收的惩罚性关税与世界贸易组织的规则相符合，理由如下：

1. 进口数量的争议。专家组指出议定书中对“一项产品的进口快速增长”，无论是对绝对增长还是相对增长都没有加以界定，所以任何合理的测算“相对”的方式都是可接受的。专家组认为不管是相对于国内产量还是市场份额，进口都是“相对快速增长”。

2. 因果关系的认定。我国需要承担美国遭受的损害不是由我国出口行为造成的举证责任，专家组认为中国“没有证明由其他因素造成的伤害被归责于涉案进口是不合理的”，以中国“举证不能”为由不予支持。

---

〔1〕 C

• 所涉考点

1. 特别保障措施的概念、实施的前提条件及与一般保障措施的区别。
2. 世界贸易组织争端解决机制。

理论延伸

争端解决机构的职能

1. 本身不负责审理、裁决案件。其职责是通过专家组和上诉机构的报告来实现。
2. 主要负责设立专家组处理案件。
3. 通过或否决专家组和上诉机构的争端解决报告。
4. 负责监督裁决和建议的执行，包括确定合理的实施期限。
5. 当有关成员不遵守裁决时，经申请授权进行报复，包括确定报复的范围和水平。

第 15 讲 国际知识产权法

本讲导读

应试指导

本讲重点要掌握三个知识产权方面的国际公约，即《保护工业产权巴黎公约》（《巴黎公约》）、《保护文学艺术作品伯尔尼公约》（《伯尔尼公约》）、《与贸易有关的知识产权协议》，尤其是这三大知识产权公约中的基本原则。另外，还应掌握中国对知识产权保护的边境措施和国际技术转让法律制度。本讲内容不多，但考点相对固定，每年基本都会有题目涉及。

考点架构

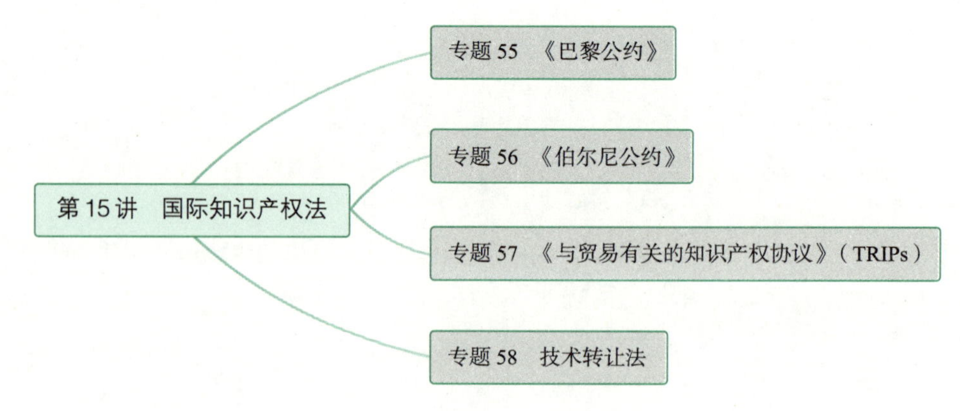

专题55 《巴黎公约》

《巴黎公约》于1883年签订，1884年7月7日生效。中国于1985年3月15日正式成为《巴黎公约》的成员国。它是知识产权领域第一个世界性多边公约，也是在知识产权领域影响最大的公约之一，共30条。

一、《巴黎公约》的基本原则

（一）国民待遇原则

公约的国民待遇适用于缔约国的国民和在一个缔约国领域内设有住所或真实有效的工商营业所的非缔约国国民。

国民待遇的例外是各成员国在关于司法和行政程序、管辖权以及选定送达地址或指定代理人的法律规定等方面，凡工业产权法有所要求的，可以保留。例如，有的国家的工业产权法要求外国专利申请人必须委派当地国家的代理人代理申请，并指定送达文件的地址，以利于程序的进行。

（二）优先权原则

1. 优先权原则只适用于发明专利、实用新型、外观设计和商品商标。

注意：《巴黎公约》的优先权原则不是适用于一切工业产权。

2. 发明专利和实用新型专利为12个月，外观设计和商标为6个月，在优先权期限内，缔约国内每一个在后申请的申请日均为第一次申请的申请日。在优先权期限届满之前，后来在其他缔约国提出的申请，均不因在此期间内他人所作的任何行为而失效。

3. 优先权的获得并不是自动的，需要申请人于在后申请中提出优先权申请并提供有关证明文件。

4. 在先申请的撤回、放弃或驳回不影响该申请的优先权地位。

（三）临时性保护原则

临时性保护原则要求缔约国应对在任何成员国内举办的或经官方承认的国际展览会上展出的商品中可取得专利的发明、实用新型、外观设计和可注册的商标给予临时保护。例如，展品所有人在临时保护期内申请了专利或商标注册，则申请案的优先权期间是从展品公开展出之日起算，而非从第一次提交申请案时起算。

敏而好学：《巴黎公约》的优先权和临时性保护均是依申请人的申请而获得。

（四）独立性原则

关于外国人的专利申请或商标注册，应由各成员国依本国法决定，而不应受原属国或其他任何国家就该申请作出的决定的影响。专利的申请和商标注册在成员国之间是相互独立的。在优先权期限内申请的专利，在后申请是否提供保护、申请的结果如何，与在先申

请没有关系。

（五）最低标准原则

《巴黎公约》对成员国的保护标准为最低要求，成员国将其转化为国内立法时，保护标准只能高于或等同于该最低要求，不能低于该要求。

二、驰名商标的特殊保护

1. 驰名商标的认定不以注册为前提，使用亦可成为认定的依据。商标未在一成员国使用，但在该国已为人所知的，仍然可能在该国是驰名的。

2. 对于与已在该国驰名的商标产生混淆的商标，成员国有义务拒绝或取消其注册并禁止使用。

3. 商标在成员国是否驰名由其行政主管机关或司法机关决定。

三、其他事项

此外，《巴黎公约》还对注册商标的使用和转让以及成员国对工业品外观设计、原产地名称、厂商名称等其他工业产权的最低立法保护水平作出了规定。

经典真题

根据保护知识产权的《巴黎公约》，下列哪种说法是正确的？（2006/1/43）[1]

A.《巴黎公约》的优先权原则适用于一切工业产权

B.《巴黎公约》关于驰名商标的特殊保护是对成员国商标权保护的最高要求

C.《巴黎公约》的国民待遇原则不适用于在我国海南省设有住所的非该公约缔约国国民

D. 对于在北京农展馆举行的农业产品国际博览会上展出的产品中可以取得专利的发明，我国给予临时保护

解题要领

《巴黎公约》的优先权原则、国民待遇原则、临时性保护原则、最低标准原则。

实务案例

"乙烯氧化制环氧乙烷高效银催化剂"的发明专利申请案

案情简介：

1990年10月10日，日本一公司向中国专利局提交了一份名为"乙烯氧化制环氧乙烷高效银催化剂"的发明专利申请，该发明已于1990年5月13日以相同的主题内容在日本提出专利申请，并在向中国专利局提交该专利申请的同时，提交了要求优先权的书面声明。1990年12月20日，该公司又向中国专利局提交第一次在日本提出的专利申请文件的副本。同年7月，中国某大学研究所也成功研制出了乙烯

[1] D

氧化制环氧乙烷高效银催化剂，并于 8 月 22 日向中国专利局提交关于这项发明的专利申请。两者的申请因此产生冲突。

·裁决结果

因为中国和日本同为《巴黎公约》的成员国，根据《巴黎公约》第 4 条有关优先权原则的规定，该日本公司自 1990 年 5 月 13 日在日本提出专利申请时即享有优先权。因而其向中国专利局提出申请的日期即为优先权日，而这早于中国某大学研究所提出专利申请的日期。据此，中国专利局最终将这项发明专利权授予了日本公司。

·所涉考点

1. 《巴黎公约》的基本原则。
2. 优先权原则的适用范围、条件及效力。

理论延伸

1. 《巴黎公约》对成员国工业产权保护的规定

（1）成员国不得以专利产品或依专利方法制造的产品的销售受到本国法律禁止或限制为理由，拒绝授予专利或使专利无效；

（2）专利权人将在任何成员国内制造的物品输入到对该物品授予专利权的国家，不应导致该专利的撤销；

（3）当一种产品输入到对该产品的制造方法给予专利保护的成员国时，专利权人对该进口产品应享有进口国法律对该制造产品所给予的方法专利的一切权利；

（4）成员国有权在专利权人滥用权利时颁发强制许可证等。

2. 《巴黎公约》对成员国商标权的规定

（1）商标独立性原则的例外。在本国正式注册的商标，除有下列情况之一外，其他成员国应依在其本国的原样接受申请并给予保护：

❶ 商标具有侵犯第三人在申请受理国的既得权利的性质的；

❷ 商标缺乏显著特征，或完全是商品的说明或商品的通用名称的；

❸ 商标违反道德或公共秩序的；

❹ 商标构成不正当竞争行为的；

❺ 申请注册的商标与其在本国注册的商标式样有实质性差别的。

（2）驰名商标的特殊保护

❶ 驰名商标的认定不以注册为前提，使用亦可成为认定的依据。商标未在一成员国使用，但在该国已为人所知的，仍然可能在该国是驰名的。

❷ 对于与已在该国驰名的商标产生混淆的商标，成员国有义务拒绝或取消其注册并禁止使用。自注册之日起至少 5 年内，应允许提出取消这种商标的要求，允许提出禁止使用的期限可由各成员国规定。但是，对用不诚实手段取得的商标提出取消注册或禁止使用要求的，则不应规定时间限制。

❸商标在成员国是否驰名由其行政主管机关或司法机关决定。

（3）成员国有义务拒绝将成员国或政府间组织的徽章、旗帜、各国用以表明监督和保证的官方符号和检验印章，用作商标或商标的组成部分予以注册，并采取适当措施禁止使用。

（4）如成员国一个商标所有人的代理人或代表人，未经授权以自己的名义向一个或几个成员国申请注册该商标，商标所有人有权反对所申请的注册或要求取消注册。

（5）成员国有义务保护集体商标及服务标记等。

《伯尔尼公约》

《伯尔尼公约》缔结于 1886 年，1887 年生效，是版权领域第一个世界性多边公约。中国于 1992 年加入该公约。公约适用 1971 年巴黎文本。但非《伯尔尼公约》缔约国的世贸成员，不受《伯尔尼公约》精神权利条款的约束。

敏而好学：世界贸易组织《与贸易有关的知识产权协议》未吸纳《伯尔尼公约》的两项精神权利保护。

一、基本原则

（一）国民待遇原则

采用双国籍国民待遇，即“作者国籍”和“作品国籍”只要满足其一，就受公约的保护。

1. “作者国籍”

公约成员国国民和在成员国有惯常居所的非成员国国民，其作品无论是否出版，均应在一切成员国中享有国民待遇。

2. “作品国籍”

针对非公约成员国国民，其作品只要是在任何一个成员国出版，或者在一个成员国和一个非成员国同时出版（30 天之内），也应在一切成员国中享有国民待遇。

敏而好学：“作者国籍”不要求作品出版或发表，“作品国籍”要求作品出版或发表。

（二）自动保护原则

该原则要求享有及行使依国民待遇所提供的有关权利时，不需要履行任何手续，也不论作品在起源国是否受到保护，即应自动予以保护。成员国国民及在成员国有惯常居所的其他人，在作品创作完成时即自动享有著作权；非成员国国民，在成员国又无惯常居所者，其作品首先或同时在成员国出版也享有著作权。

（三）独立保护原则

享有国民待遇的人在公约任何成员国所得到的著作权保护，不依赖于其作品在来源国受到的保护。例如，在保护水平上，不能因为作品来源国的保护水平低，其他成员国就降低对有关作品的保护水平。

经典真题

甲国人柯里在甲国出版的小说流传到乙国后出现了利用其作品的情形，柯里认为侵犯了其版权，并诉诸乙国法院。尽管甲乙两国均为《伯尔尼公约》的缔约国，但依甲国法，此种利用作品不构成侵权，另外，甲国法要求作品要履行一定的手续才能获得保护。根据相关规则，下列哪一选项是正确的？（2014/1/43）[1]

A. 柯里须履行甲国法要求的手续才能在乙国得到版权保护

B. 乙国法院可不受理该案，因作品来源国的法律不认为该行为是侵权

C. 如该小说在甲国因宗教原因被封杀，乙国仍可予以保护

D. 依国民待遇原则，乙国只能给予该作品与甲国相同水平的版权保护

解题要领

（1）《伯尔尼公约》的自动保护原则；

（2）《伯尔尼公约》给成员国的著作权保护，不依赖于其作品在来源国受到的保护。

二、权利内容

（一）公约保护的客体

公约把保护的客体分为必须保护的、可选择保护的和不保护的三类：

1. 成员国必须保护的作品

这包括文学艺术作品、演绎作品以及实用艺术作品和工业品外观设计。

（1）文学艺术作品指科学和文学艺术领域的一切作品，不论其表现形式如何。公约以非穷尽列举式规定了受保护作品清单。

（2）演绎作品指对已存在的文学艺术作品进行翻译、改编、乐曲改编以及其他变动而形成的新作品。

（3）在实用艺术作品和工业品外观设计上，公约规定，各成员国得通过国内立法规定其法律在何种程度上适用于实用艺术用品以及工业品平面设计和立体设计，及此种作品和平面与立体设计受到保护的条件。

注意：《伯尔尼公约》和《巴黎公约》都可以保护工业品外观设计。

2. 成员国可选择保护的作品

这包括官方文件、讲演、演说或其他同类性质的作品以及民间文学艺术作品。

3. 不保护的客体

这包括日常新闻或纯属报刊消息性质的社会新闻。

（二）既保护经济权利也保护精神权利

《伯尔尼公约》保护的经济权利有八项：复制权、翻译权、公演权、广播权、公开朗诵权、改编权、电影权和录制权；精神权利有两项：署名权和保护作品完整权。

三、权利限制

公约允许的权利限制包括合理使用和法定许可：

---

[1] C

1. 合理使用包括合理地引用作品，为教育目的利用作品，报刊、广播转载或转播其他报刊、广播上讨论经济、政治或宗教的时事性文章，以及报道时事时使用作品等。

2. 法定许可只适用于对广播权和录制权的限制，但不得因此损害作者的精神权利和获得合理报酬的权利。

四、保护期限

1. 一般文学艺术作品最低保护期为作者有生之年加死后 50 年。

2. 电影作品的最低保护期为电影公映后或摄制完成后 50 年。

3. 不具名作品或匿名作品，最低保护期为作品合法向公众发表后 50 年；能够确定作者身份，或者作者在保护期内公布身份的，适用作者死后 50 年的规定。

4. 摄影作品和实用美术作品的最低保护期为作品完成后 25 年。

实务案例

美高公司与陈岱光著作权权属侵权纠纷案

案情简介：

原告美高公司是全世界最大的学龄前建筑玩具生产商和发行商，总部设于加拿大，并在世界各地设有多处分支机构或办事处。在 1997 年至 2001 年间，美高公司的雇员为其业务设计了一组玩具作品，包括名称为“积木遥控车”“小货车”“小校巴”“积木汽车”以及“MAXI 人像”的玩具作品等。上述玩具作品也于 1997 至 2001 年间陆续在加拿大首次发表，2004 年 4 月，美高公司将上述玩具作品向中国国家版权局办理了版权登记。2003 年，汕头市澄海区广益光丰塑料玩具厂业主陈岱光，未经美高公司许可，以与实际注册名称不完全相符的“光丰塑料厂”“光丰玩具厂”“光丰玩具塑料厂”等的名义，擅自复制并向国内外市场大量销售与原告享有著作权之玩具作品相同或相似的玩具。被告的大部分玩具产品与原告的作品相似程度超过 95%，并且质量低下，严重损害了原告的经济利益和业界声誉。2005 年 10 月，美高公司向广东省汕头市中级人民法院提起诉讼。

• 法院判决

法院经审理认为，加拿大和中国均为《伯尔尼公约》的成员国，按照该公约的国民待遇原则，凡享受《伯尔尼公约》保护的作品，作者在起源国以外的该公约成员国中享受该国法律给予其国民的权利。被告的行为已经构成对原告享有著作权的五种玩具作品的侵犯，判决被告立即停止生产和销售侵犯原告享有著作权的上述五种玩具的产品，销毁全部侵权工具和侵权产品，并在《汕头日报》刊发致歉声明，向原告赔礼道歉。

• 所涉考点

1. 《伯尔尼公约》的保护范围。

2. 《伯尔尼公约》基本原则之国民待遇原则。

《与贸易有关的知识产权协议》（TRIPs）

《与贸易有关的知识产权协议》（TRIPs）是在世贸组织范围内缔结的知识产权公约。该协议订立于 1994 年，1995 年 1 月 1 日起生效，我国 2001 年加入世界贸易组织后受该协议约束。

一、TRIPs 的特点

TRIPs 与以前的知识产权国际公约相比，是一个更高标准的公约。这主要表现在以下方面：

1. 该协议第一次把最惠国待遇原则引入知识产权保护领域。

2. 建立完善的知识产权实施体系：包括一般义务、民事和行政程序及救济、临时措施、有关边境措施的特别要求以及刑事程序等，要求成员采取更为严格的知识产权执法措施。

3. 将成员之间知识产权争端纳入 WTO 争端解决机制，加强了协议的约束力。

二、具体规定

TRIPs 首先将《巴黎公约》、《伯尔尼公约》（第 6 条之二关于精神权利的规定除外）、《保护表演者、唱片制作者和广播组织罗马公约》（《罗马公约》）以及《关于集成电路的知识产权条约》的实体性规定全部纳入其中，成为世贸成员必须给予知识产权保护的最低标准。在上述基础上，其又在以下方面明确了成员知识产权保护的最低水平：

1. 版权和相关权利

（1）在保护客体方面，将计算机程序和有独创性的数据汇编列为版权保护的对象；

（2）在权利内容方面，增加了计算机程序和电影作品的出租权；

（3）在版权相关权利方面，TRIPs 在《罗马公约》的基础上延长了权利保护期限，规定对表演者和录制者的保护期限为 50 年，对广播组织的保护期限为 20 年。

2. 商标

（1）扩大了对驰名商标的特殊保护。一方面将相对保护扩大为绝对保护，即对驰名商标的特殊保护扩大至不相类似的商品或服务，另一方面将驰名商标的保护原则扩大适用于服务标记。

（2）商标的保护期限不得少于 7 年，且商标的注册应可无限地续展。

（3）在商标转让上，商标所有人可以连同所属业务与商标同时转让，也可以分别转让。

3. 地理标志

地理标志，是指表明一种商品的产地在某一成员领土内，或者在该领土内的某一地区或地方的标志，而某种商品的特定品质、名声或者其特色主要是与其地理来源有关。TRIPs

要求各成员有义务对地理标志提供法律保护。禁止将地理标志作任何不正当竞争的使用或作为商标注册。另外，鉴于地理标志对酒类商品具有特别的重要性，TRIPs 特别要求各成员采用法律手段，防止使用某一地理标志表示并非来源于该标志所指地方的葡萄酒或烈酒。

4. 工业品外观设计

TRIPs 要求各成员对独立创作的、具有新颖性或原创性的工业品外观设计提供保护，保护期至少为 10 年。

敏而好学：三个重要的知识产权国际公约均保护工业品外观设计。

5. 专利

（1）成员国对任何发明均应提供专利保护，但以下两种例外：疾病的诊断方法、治疗方法和外科手术方法；动植物新品种。

（2）保护期方面，TRIPs 规定应不少于自提交专利申请之日起 20 年。

（3）专利权内容方面增加了专利进口权和许诺销售权。

"专利进口权"，是指进口国的专利权人有权阻止他人未经许可进口与其专利产品相同的产品，不论进口的产品在国外是否享有合法的专利权。"许诺销售权"，是指在销售行为实际进行前，进行发布广告、展览、公开演示、寄送价目表、拍卖公告、招标公告以及达成销售协议等表明销售专利产品意向的权利。

6. 集成电路布图设计

（1）保护范围由只保护布图设计和含有受保护布图设计的集成电路扩大到了含有受保护集成电路的物品；

（2）将保护期由 8 年延长为 10 年，并允许成员将布图设计的保护期限规定为自创作完成之日起 15 年。

7. 对未披露信息的保护

（1）未披露信息得到保护必须符合三个条件：①信息是秘密的；②有商业价值；③合法控制信息的人已经根据情况采取了适当的措施。

（2）保护方式：制止他人未经其许可，以违反诚实的商业惯例的方式，获得该信息或使用、公开该信息。

经典真题

中美两国都是世界贸易组织成员。《保护工业产权巴黎公约》、《保护文学艺术作品伯尔尼公约》和《与贸易有关的知识产权协定》对中美两国均适用。据此，下列哪一选项是正确的？（2007/1/45）[1]

A. 中国人在中国首次发表的作品，在美国受美国法律保护

B. 美国人在美国注册但未在中国注册的非驰名商标，受中国法律保护

C. 美国人仅在美国取得的专利权，受中国法律的保护

D. 中美两国均应向对方国家的权利人提供司法救济，但以民事程序为限

---

〔1〕 A

解题要领

（1）《巴黎公约》的非自动保护原则；

（2）《伯尔尼公约》的自动保护原则；

（3）TRIPs 中建立的完善的知识产权实施体系。

实务案例

上海首例集成电路布图设计纠纷案

案情简介：

作为致力于集成电路设计、开发和销售的高科技企业，钜泉公司从珠海炬力集成电路设计有限公司处获得电能计量系列芯片的专有技术。经过后续研发，钜泉公司于 2008 年将研发完成的集成电路布图设计向国家知识产权局申请登记了 ATT7021AU 布图设计，并获得专有权。然而，钜泉公司发现，成立不久的锐能微公司于 2009 年研制的单相多功能防窃电专用计量芯片 RN8209 系列，与自己持有的 ATT7021AU 布图设计十分相似。另外，钜泉公司还发现，本公司原销售经理、原研发部门技术人员分别成为锐能微公司现任总经理和设计总监。2010 年 3 月，经过调查取证之后，钜泉公司以锐能微公司侵犯其集成电路布图设计专有权为由，向上海市第一中级人民法院提起诉讼，要求被告立即停止侵权行为，销毁侵权产品及产品宣传资料，在相关媒体公开道歉并赔偿钜泉公司经济损失等共计 1500 万元。

•法院判决

2014 年 9 月 23 日，上海市高级人民法院就“钜锐案”——上海首例集成电路布图设计纠纷案作出终审判决，驳回上诉人钜泉公司、锐能微公司的上诉请求，维持原判。根据原判，锐能微公司应立即停止侵害钜泉公司享有的 ATT7021AU 集成电路布图设计专有权，并赔偿钜泉公司经济损失等共计 320 万元。

•所涉考点

1. TRIPs 的一般规定。
2. TRIPs 对集成电路布图设计的具体保护。

理论延伸

中国《知识产权海关保护条例》的主要内容

1. 海关方面的措施

（1）申报

要求进口货物的收货人或其代理人、出口货物的发货人或其代理人按照国家规定，向海关如实申报与进出口货物有关的知识产权状况，并提交有关证明文件。

（2）备案

海关总署应自收到权利人备案申请文件之日起 30 个工作日内确定是否准予备案，并书面通知申请人；不予备案的，应当说明理由。

（3）扣留

权利人提交申请书及相关证明文件，和足以证明侵权事实明显存在的证据，并依法提供担保的，海关应扣留侵权嫌疑货物。被扣留的侵权嫌疑货物，经海关调查后认定侵犯知识产权的，由海关予以没收。

2. 权利人可采取的措施

（1）申请人

权利人请求海关采取知识产权保护措施或者向海关总署办理知识产权海关保护备案的，备案有效期为10年，期限届满前6个月可申请续展备案，续展备案有效期也为10年。

（2）申请法院措施

权利人在起诉前可向人民法院申请采取责令停止侵权行为或者财产保全的措施。

（3）申请海关措施

权利人可申请货物进出境地海关扣留侵权嫌疑货物。

3. 海关应当放行被扣留的侵权嫌疑货物的情形

（1）海关依《知识产权海关保护条例》第15条的规定扣留侵权嫌疑货物，自扣留之日起20个工作日内未收到人民法院协助执行通知的；

（2）海关依照《知识产权海关保护条例》第16条的规定扣留侵权嫌疑货物，自扣留之日起50个工作日内未收到人民法院协助执行通知，并且经调查不能认定被扣留的侵权嫌疑货物侵犯知识产权的；

（3）涉嫌侵犯专利权货物的收货人或者发货人在向海关提供与货物等值的担保金后，请求海关放行其货物的；

（4）海关认为收货人或发货人有充分的证据证明其货物未侵犯权利人的知识产权的；

（5）在海关认定被扣留的侵权嫌疑货物为侵权货物之前，权利人撤回扣留侵权嫌疑货物的申请的。

技术转让法

一、国际知识产权许可协议的概念

国际知识产权许可协议，又称国际许可证协议，是指知识产权出让方将其知识产权的使用权在一定条件下跨越国境让渡给知识产权受让方，由受让方支付使用费的合同。

二、国际知识产权许可证协议的种类

国际知识产权许可证协议依许可权利的大小不同，可以分为独占许可、排他许可（又称“独家许可”）和普通许可。

1. 独占许可证协议

在协议约定的时间及地域内，许可方授予被许可方技术的独占使用权，许可方不能在该时间及地域内再使用该项出让的技术，也不能将该技术使用权另行转让给第三方。独占许可证协议下，被许可方所获得的权利最大，其支付的使用费也最高。

2. 排他许可证协议

在协议约定的时间及地域内，被许可方拥有受让技术的使用权，许可方仍保留在该时间和地域内对该项技术的使用权，但不能将该项技术使用权另行转让给第三方。

3. 普通许可证协议

在协议约定的时间和地域内，被许可方拥有受让技术的使用权，许可方仍保留在该时间和地域内对该项技术的使用权，且能将该项技术使用权另行转让给第三方，即被许可方、许可方和第三方都可使用该项技术。

注意 1：独占、排他、普通许可证协议中，受让人得到的权利依次变小。其中独占许可协议相当于是转让，出让人自己也不能再使用该技术。

注意 2：以专有技术为内容的国际许可证协议应包含技术保证条款和保密条款等内容。

三、中国对进口技术的管制措施和程序

1. 管制措施

（1）属于禁止进口的技术，不得进口。

（2）属于限制进口的技术，实行许可证管理；未经许可，不得进口。

2. 程序

（1）向国务院外经贸主管部门提出技术进口申请；

（2）国务院外经贸主管部门收到技术进口申请后，应当会同国务院有关部门对申请进行审查，并自收到申请之日起 30 个工作日内作出批准或者不批准的决定。

合同自许可证生效之日成立，而不是自签订之日成立。

3. 属于自由进口的技术，实行合同登记管理。合同自成立时生效，不以登记为生效条件。

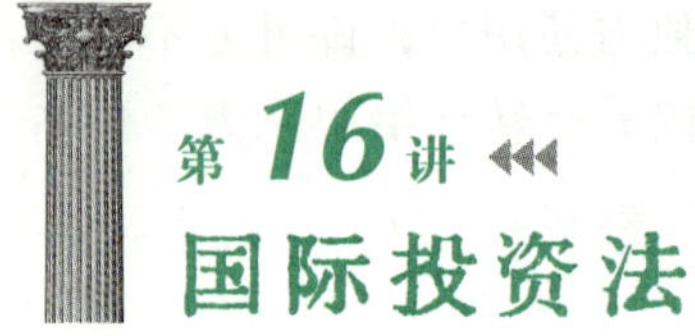

第16讲 国际投资法

本讲导读

应试指导

本讲主要考查国际投资领域三个重要的国际公约：《与贸易有关的投资措施协议》、《多边投资担保机构公约》和《关于解决国家和他国国民之间投资争端公约》（《华盛顿公约》）。本讲考点固定，考生只需记忆相关内容即可应对。平均每年有一题，少数年份踏空。

考点架构

- 第16讲 国际投资法
  - 专题59 《与贸易有关的投资措施协议》（TRIMs）
  - 专题60 《多边投资担保机构公约》（MIGA）和《关于解决国家和他国国民之间投资争端公约》（ICSID）

国际投资法，是指调整国际私人直接投资关系的国内法律规范和国际法律规范的总称。

国际投资，是指资本的跨国流动。根据是否伴随资本经营权和管理权的投资，可以将海外投资方式分为国际直接投资和国际间接投资两大类。国际直接投资，如合资经营、外资企业、外商独资企业、BOT等；国际间接投资下，仅输出借贷资本，不直接参与经营，如债券或股票投资等。国际投资法的渊源包括国内立法、国际条约和国际惯例。

国际投资法主要涉及下列内容：①国际投资的市场准入问题；②国际投资的待遇标准问题；③对外国投资的管制问题；④对国际投资的保护问题；⑤国际投资争端的解决问题。

《与贸易有关的投资措施协议》(TRIMs)

1993年12月，乌拉圭回合所达成的《与贸易有关的投资措施协议》是GATT第一次就涉及国际投资的问题达成的贸易协议。依协议第1条的规定，协议仅适用于与货物贸易有关的投资措施，与服务贸易和知识产权有关的投资措施则排除在外。

注意：TRIMs协议仅适用于与货物贸易有关的投资措施。

一、《与贸易有关的投资措施协议》要求成员取消的投资措施

依协议第2条的规定，成员不得实施与GATT第3条规定的国民待遇或第11条规定的数量限制的一般取消不一致的投资措施。具体要求成员取消下列四种投资措施：

（一）当地成分要求

“当地成分要求”或“国产化要求”，即要求企业，无论是本国投资企业，还是外商投资企业，在生产过程中必须购买或使用一定数量金额或最低比例的当地产品。这种投资措施对贸易的扭曲作用主要是阻止或限制进口产品的使用。如规定购买与使用当地产品的数量或价值的比重等。（违反国民待遇原则）

（二）贸易平衡要求

主要有以下情形：

1. 要求外国投资企业购买或使用进口产品的数量或价值应与该企业出口当地产品的数量或价值相当。例如，要求企业购买或使用进口产品的数量或金额不能大于其出口当地产品的数量或金额，通常体现为比例关系。（违反国民待遇原则）

2. 进口数量以出口数量为限。总体上限制企业用于当地生产或与当地生产相关的产品的进口，或者将其进口限制在与其出口当地产品的数量或价值挂钩。（违反取消数量限制原则）

3. 将企业可使用的外汇限制在与该企业外汇流入相关的水平，从而限制该企业对用于当地生产或与当地生产相关的产品的进口。（违反取消数量限制原则）

（三）进口用汇限制

即通过限制企业使用外汇，从而限制进口产品。（违反取消数量限制原则）

（四）国内销售要求

“国内销售要求”或“出口限制”，即限制企业产品出口的数量，有的国家要求外资企业以低于国际市场的价格将本应出口的产品在当地销售，这也是扭曲贸易的。（违反取消数量限制原则）

总 结

类 型	《与贸易有关的投资措施协议》（TRIMs）禁止的措施
1. 违反国民待遇原则	（1）当地成分要求 （2）贸易平衡要求
2. 违反取消数量限制原则	（1）贸易平衡要求 （2）进口用汇限制（限制进口） （3）国内销售要求（限制出口）

二、对与贸易有关的投资措施的管理

依协议第 7 条的规定，设立了一个“与贸易有关的投资措施委员会”，专门处理有关事项，为缔约方提供协商机会，委员会对所有成员开放。委员会每年至少召开一次会议，也可根据任何成员的请求开会。

模拟展望

针对甲国一系列影响汽车工业的措施，乙、丙、丁国向甲国提出了磋商请求。四国均为世界贸易组织成员。关于甲国采取的措施，下列哪些是《与贸易有关的投资措施协议》禁止使用的？（2009/1/84）[1]

A. 要求汽车生产企业在生产过程中必须购买一定比例的当地产品
B. 依国产化率对汽车中使用的进口汽车部件减税
C. 规定汽车生产企业的外资股权比例不应超过 60%
D. 要求企业购买进口产品的数量不能大于其出口产品的数量

解题要领

TRIMs 协议禁止成员国国内投资立法中有违反国民待遇原则和违反取消数量限制原则的条款。A、B 项属于“当地成分要求”，D 项属于“贸易平衡要求”。

实务案例

中国影响汽车零部件进口措施案

案情简介：

中国海关总署、国家发展和改革委员会、财政部和商务部联合发布并于 2005 年

[1] ABD

4月1日实施《构成整车特征的汽车零部件进口管理办法》(现已失效)。美国、欧盟和加拿大等投诉方认为，中国政府要求超过整车总价格60%的汽车进口零部件按照整车关税税率缴纳税费的措施，致使进口汽车零部件在同等条件下比中国国产的汽车零部件承受了更多的税赋负担和行政负担。同时，在执行上述措施的情况下，迫使中国境内的汽车生产厂商必须保证其所生产的整车中含有一定比例的中国国产零部件，造成相关企业使用进口汽车零部件的比例下降，并直接影响部分跨国汽车企业的合法利益。另外，上述措施还导致中国本土的汽车企业获得了中国政府提供的专向性补贴。在交涉无果的情况下，欧盟和美国于2006年正式提出了磋商请求。美国、欧盟、加拿大于9月15日正式要求WTO成立专家组审理中国影响汽车零部件进口措施案。

•裁决结果

1. 争端的性质：专家组最终得出结论，认为争端的性质应当依欧、美、加所主张的，适用GATT1994第3.2条关于国民待遇的规定，而不是中国所主张的第2.1（b）条的“普通关税”。

2. 违反国民待遇原则：专家组认定，争议措施改变了中国市场的竞争条件且给予进口汽车零部件的待遇低于国内汽车零部件，违反GATT1994第3.2条关于国民待遇原则的规定。

3. 中国的措施不属于GATT1994第20（d）条的例外：专家组认定，中国未能证明争议措施是为确保遵守中国的关税承诺减让表，此外中国未能证明争议措施满足第20（d）条的例外情形。

2008年2月13日，经过几次推迟裁决报告的完成日期，专家组对该案做出了不利于我国的初步裁决。

•所涉考点

《与贸易有关的投资措施协议》（TRIMs）的适用范围和禁止使用的措施。

《多边投资担保机构公约》(MIGA)和《关于解决国家和他国国民之间投资争端公约》(ICSID)

一、《多边投资担保机构公约》(MIGA)

为了缓解或消除外国投资者对政治风险的担心，世界银行于1984年制定了《多边投资担保机构公约》草案，几经修订后于1985年在韩国汉城（今“首尔”）通过，因此又简称《汉城公约》。多边投资担保机构是世界银行集团的第5个新成员，直接承保成员国私人投资者在向发展中国家成员投资时可能遭遇的政治风险。中国于1988年4月30日批准该公约，是其创始会员国。

（一）多边投资担保机构的宗旨

通过自身业务活动来推动成员国之间的投资，特别是向发展中国家会员国投资，并对投资的非商业性的风险予以担保，以促进向发展中成员国的投资流动。

（二）多边投资担保机构的法律地位

多边投资担保机构是具有完全法律人格的国际组织，有权缔结契约，取得并处理不动产和动产，进行法律诉讼。

（三）《多边投资担保机构公约》的主要内容

1. 承保险别

机构主要承保四项非商业风险：

（1）货币汇兑险

导致货币汇兑风险的行为可以是东道国采取的积极行为，如明确以法律等手段禁止货币的兑换和转移，也可以是消极地限制货币兑换或汇出，如负责业务的政府机构长期拖延协助投资人兑换或汇出货币。

敏而好学：货币汇兑险既包括积极阻碍，也包括消极拖延。

（2）征收和类似措施险

这里的征收既包括东道国进行的正式的征收或类似征收措施，也包括隐蔽性征收。在确定隐蔽性征收前，投资人必须证明东道国政府所采取的一系列行为事实上使相关企业的收入出现严重亏损或经营为不可能，如所得税的增加、关税的增加等。

（3）战争和内乱险

战争和内乱险的发生并不以东道国是否为一方或是否发生在东道国领土内为前提。即如战争发生在投资东道国的邻国，但影响投资项目的正常营运或造成了某些破坏，则投资人仍可从多边投资担保机构取得赔偿。

（4）政府违约险

此处的“约”是指东道国政府与外国投资者签订的契约。东道国的违约行为包括东道国作为主权者的违约行为和作为一般商业伙伴的违约行为。

此外，依公约规定，应投资者和东道国联合申请并经机构董事会特别多数票通过，承保范围还可扩大到上述险别以外的其他非商业性风险。

2. 合格投资者

合格投资者包括以下三种：

（1）该自然人不是东道国的国民；

（2）该法人不具有东道国的法人资格或在该东道国设有主要营业地点；

（3）投资者和东道国的联合申请，且用于投资的资本来自东道国境外，经机构董事会特别多数票通过的，可将合格投资者扩大到东道国的自然人、在东道国注册的法人以及其多数资本为东道国国民所有的法人。

3. 合格的投资

（1）在投资性质上，必须能对东道国经济发展作出贡献，必须与东道国的发展目标和重点相一致；

（2）在投资类型上，不包括出口信贷；

（3）在投资时间上，必须是新的投资，即投保人提出保险注册申请之后才开始执行的投资。

4. 合格东道国

机构只对向发展中国家成员领土内所作的投资予以担保，且要求外资必须能够在这些发展中国家得到公正平等的待遇和法律保护。

5. 代位求偿

多边投资担保机构一经向投保人支付或同意支付赔偿，即代位取得投保人对东道国或其他债务人所拥有的有关承保投资的各种权利或索赔权。

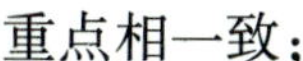

经典真题

甲国公司在乙国投资建成地热公司，并向多边投资担保机构投了保。1993年，乙国因外汇大量外流采取了一系列的措施，使地热公司虽取得了收入汇出批准书，但仍无法进行货币汇兑并汇出，甲公司认为已发生了禁兑风险，并向投资担保机构要求赔偿。根据相关规则，下列选项正确的是：（2014/1/99）[1]

A. 乙国中央银行已批准了货币汇兑，不能认为发生了禁兑风险

B. 消极限制货币汇兑也属于货币汇兑险的范畴

C. 乙国应为发展中国家

D. 担保机构一经向甲公司赔付，即代位取得向东道国的索赔权

解题要领

（1）《多边投资担保机构公约》关于货币汇兑险的范围；

（2）合格东道国必须是发展中国家；

（3）《多边投资担保机构公约》中有关代位求偿权的规定。

实务案例

MIGA 就担保合同请求中国政府批准案

案情简介：

1991年9月，MIGA第一次就一份担保合同正式请求中国政府的批准。投保人为美国一家国际公司，投保投资为该公司在中国某地设立的一家中、日、美合营企业中的投资，投保金额为1000万美元，投保险别为货币汇兑险和征收险。当时的外经贸部对合营企业合同进行了审批，发现该合营企业合同在审批程序、贷款担保、外汇平衡及原材料购买等方面的条款不符合中国法律、法规的规定。例如，合同中规定，在合营企业无法自求外汇平衡时，中方合营者和主管部门必须负责将各

[1] BCD

自所得的外汇提供给合营企业，而美方投资者却向 MIGA 申请投保货币汇兑险。这样，若中方合营者未能依合营企业合同履行在合同中所作的外汇保证，外资方可据此向 MIGA 要求补偿，MIGA 则可根据《多边投资担保机构公约》的规定向中国政府提出代位求偿的要求。

•审批结果

外经贸部在对合营企业合同进行审批时，发现某些条款不符合中国法律的规定，表现在审批程序、贷款担保、外汇平衡及原材料购买等方面明显加重中方责任，有悖于公平原则，因此中国政府没有批准这份担保。

•所涉考点

《多边投资担保机构公约》的相关内容。

二、《华盛顿公约》（ICSID）

（一）国际投资争端解决的种类

根据涉及国际投资争端的主体不同，国际投资争端可以划分为三个层面：

1. 外国投资者与资本输入国合作投资者之间的投资争议。此类争议属于民商事主体之间的争议，主要是合同纠纷或侵权纠纷，通常适用资本输入国的民事诉讼程序解决纠纷。

2. 外国投资者与资本输入国政府的争议。

3. 资本输出国政府与资本输入国政府之间的投资争议。

后两类争议有些是行政争议，适用资本输入国的行政诉讼程序解决。

从争端的内容上看主要涉及两类，一类为基于合同而产生的争议，如特许协议；另一类为非直接基于合同而引起的争议，即由于国家行为或政府管理行为引起的争议，如东道国立法将外国投资者的财产收归国有。

（二）国际投资争端解决的方式

1. 法律手段，主要包括诉讼和仲裁。诉讼包括资本输入国国内诉讼和国际诉讼；仲裁包括资本输入国国内仲裁和国际仲裁。

2. 非法律手段，又称为“外交手段”，主要包括协商、调解、斡旋、调停和外交保护等。

（三）《华盛顿公约》的主要内容

1. 概况

《华盛顿公约》于 1965 年 3 月在华盛顿通过，1966 年 10 月生效。中国于 1993 年加入公约。依该公约设立的“解决国际投资争端中心”（以下简称“中心”），作为世界银行下属的一个独立机构，为解决缔约国和其他缔约国国民之间的投资争端提供调解或仲裁的便利。

2. 中心的地位和机构设置

根据《华盛顿公约》的规定，中心具有完全的国际法律人格，有缔约能力、取得并处

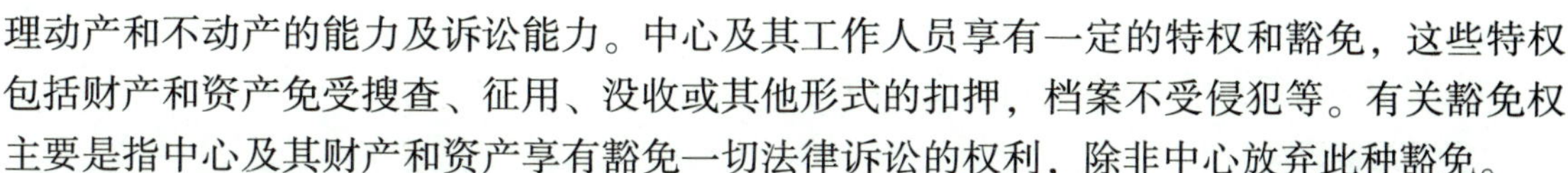

理动产和不动产的能力及诉讼能力。中心及其工作人员享有一定的特权和豁免，这些特权包括财产和资产免受搜查、征用、没收或其他形式的扣押，档案不受侵犯等。有关豁免权主要是指中心及其财产和资产享有豁免一切法律诉讼的权利，除非中心放弃此种豁免。

根据《华盛顿公约》的规定，中心设有一个行政理事会、一个秘书处、一个调解员小组和一个仲裁员小组。其中，行政理事会由各成员国派遣一名代表组成，世界银行行长是行政理事会的当然主席，但无表决权。秘书长和所有副秘书长都由行政理事会主席提名，并经行政理事会根据其成员的2/3多数票选举产生，任期不超过6年，可以连选连任。秘书长是中心的法定代表人。调解员小组和仲裁员小组成员的服务期限为6年，可以连任。中心备有“调解员名册”和“仲裁员名册”，供投资争端当事人选择。

3. 中心管辖权

中心的管辖权具有排他的效力，即一旦当事人同意在中心仲裁，有关争端便不再属于作为争端一方的缔约国国内法管辖的范围，而由中心专属管辖。中心行使管辖权应具备以下四项条件：

（1）争端性质	因直接投资而引起的法律争端。
（2）争端主体	缔约国政府（东道国）——另一缔约国的国民、（受外国投资者控制的）东道国法人。
（3）主观条件	双方存在书面协议。
（4）其他条件	东道国政府可以把用尽当地救济作为提交中心仲裁的前提条件，也可以不作此要求。

4. 解决投资争端适用的法律

中心仲裁庭应依争端双方同意的法律规则对争端作出裁决。如果争端双方没有对应适用的法律规则达成协议，则仲裁庭应适用作为争端一方的缔约国的国内法（包括其冲突法规则）以及可适用的国际法规则。

5. 裁决的承认和执行

（1）中心的裁决对争端各方均具有终局约束力，不得进行任何上诉或采取任何其他除《华盛顿公约》规定外的补救办法；

（2）提交中心管辖后，投资者本国不得再进行外交保护，除非东道国政府拒绝履行中心的裁决。

注意：提交中心解决并非任何时候都排除投资者母国的外交保护，当东道国政府拒绝履行中心裁决时，投资者母国可以恢复行使外交保护。

经典真题

甲国A公司前往乙国投资，双方约定就投资事项产生的问题，提交国际投资争端解决中心仲裁。后双方因履约问题发生纠纷。依据《华盛顿公约》的规定，下列说法不正确的有：（2022-回忆版）[1]

A. 乙国政府可以要求A公司用尽当地救济，包括行政救济和司法救济

B. 乙国没有解决相关争端的法律或法律不明时，中心不能就该事项作出裁决

[1] BCD

C. 中心可以管辖与“投资”有关的任何争端

D. 提交中心后，甲国不得进行外交保护

解题要领

(1)《华盛顿公约》中“中心”行使管辖权的前提条件；

(2)《华盛顿公约》中“中心”行使管辖权的法律后果。

实务案例

谢业深诉秘鲁案

案情简介：

2006年9月29日，谢业深向总部设在美国华盛顿的“解决投资争端国际中心”提交了仲裁申请书，声称秘鲁共和国当局征收了他在秘鲁境内开设的一家鱼粉公司（TSG有限公司），为此向秘鲁政府索赔200万美元。申请方谢业深在中国福建出生，后取得香港永久居民身份，在维京群岛注册了一家公司，到秘鲁进行投资，持有TSG有限公司90%的股份。2004年，秘鲁税务局在国内采取一系列措施，同年9月对TSG有限公司税收审计情况签署报告，12月通知TSG有限公司欠税1200万新索尔，并冻结了该公司的银行账户。谢业深认为，税务局对TSG有限公司采取的税收征管措施构成征收行为，根据中秘双边投资协定（BIT）向ICSID提请仲裁。而秘鲁政府认为ICSID对该案没有管辖权。

·裁决结果

仲裁庭认为，中国和秘鲁签订的BIT第4条关于征收的规定以及《华盛顿公约》均未要求仲裁庭确定第4条征收的范围，仲裁庭可以暂时接受申请人所描述之事实为真实的，并相信申请人所描述之表面上的事实违反了BIT。2009年6月19日，仲裁庭先行作出管辖权裁定，确认仲裁庭对本案有管辖权。2011年7月7日，仲裁庭作出最终裁决，认定秘鲁税收临时措施的实施构成对谢业深投资的间接征收，裁定秘鲁给予谢业深相关的补偿及利息。

·所涉考点

1. 解决投资争端国际中心行使管辖权的前提条件。
2. 解决投资争端国际中心行使管辖权的后果。

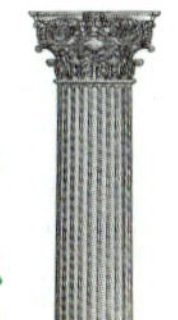

第 17 讲

国际融资法和国际税法

本讲导读

应试指导

本讲包括国际融资法和国际税法两部分内容。本讲只有个别年份有考题涉及，考点集中在国际融资担保、国际税收管辖权、国际双重征税、国际逃税和国际避税等问题上。本讲考生只需掌握大纲列明的考点，复习可结合历年真题进行，并适当注意空白点。

考点架构

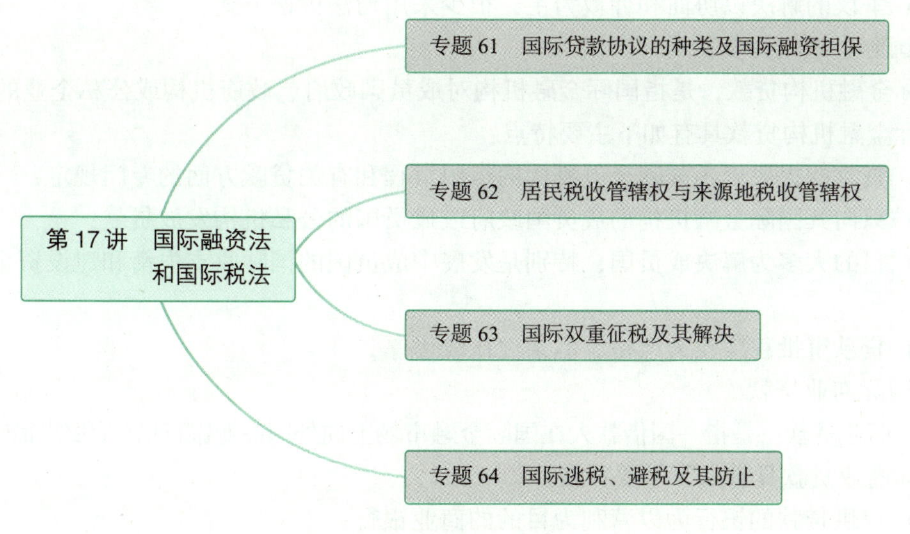

专题61

国际贷款协议的种类及国际融资担保

一、国际贷款协议的种类及共同性条款

（一）国际资金融通的方式

1. 国际贷款

其指不同国家当事人之间基于信用而进行的货币资金的有偿让渡。

2. 国际债券融资

其指一国政府机构、金融机构或工商企业为筹集资金向外国投资者发行的可自由流转的债权证券的债权融资方式。

3. 国际融资租赁

其指一国的出租人按照另一国承租人的要求购买租赁物并出租给承租人使用，而租赁物的维修和保养由承租人负责的一种租赁方式。

（二）国际贷款协议的种类

1. 政府贷款

政府贷款，是指一国政府利用财政资金向另一国政府、机构和公司提供的优惠性贷款。

此种贷款因具有援助性质，是援助国向受援国提供经济发展援助的重要形式。政府贷款具有如下特点：

（1）贷款期限长、利率低、贷款条件优惠；

（2）一般对贷款的使用目的有明确规定；

（3）贷款程序较复杂；

（4）争议的解决以协商和仲裁为主，很少采用司法诉讼方式。

2. 国际金融机构贷款

国际金融机构贷款，是指国际金融机构对成员国政府、政府机构或公私企业的贷款。

国际金融机构贷款具有如下主要特点：

（1）贷款的提供依各国际金融机构的组织章程和有关贷款方面的专门规定；

（2）只向其国际金融机构的成员国政府或成员国的公私机构发放贷款；

（3）目的大多为解决成员国，特别是发展中成员国的国际收支失衡和建设资金不足的问题；

（4）贷款审批程序较为严格，但条件比较优厚。

3. 国际商业贷款

国际商业贷款，是指一国借款人在国际金融市场上向外国商业银行借款的跨国融资行为。

国际商业贷款具有如下主要特点：

（1）提供贷款的银行为以营利为目的的商业银行；

（2）借款人可以较自由地支配所借资金，不受贷款人的限制；

（3）贷款利率比较高、还款期比较短，往往要求借款人提供担保。

国际商业贷款是国际融资的传统方式之一，也是国际融资的一种主要方式。国际商业贷款的贷款人可以是商业银行、基金或银团，实践中主要是商业银行和银团，借款人可以是银行、基金或公司法人，也可以是政府机构或国际组织。在此基础上，国际银团贷款和国际项目融资贷款等也逐渐发展起来，成为独具特色的国际商业贷款形式。

4. 国际银团贷款

国际银团贷款，是指由数家各国商业银行联合组成集团，依统一的贷款条件向同一借款人提供贷款的方式。

国际银团贷款基本上可以分为直接式银团贷款和间接式银团贷款两种方式。

直接式银团贷款，是指在牵头银行的组织下，各参与贷款银行分别与借款人签订贷款协议，依协议规定的统一条件向借款人发放贷款。各个贷款银行仅就各自承诺的贷款份额向借款人负责，相互之间不负连带责任。

间接式银团贷款，是指由牵头银行单独与借款人签订贷款协议，向借款人提供贷款，然后由牵头银行将参与贷款权分别转让给其他愿意提供贷款的银行的贷款。

5. 项目贷款

项目贷款，是指针对某一特定的工程项目发放，并以项目建成后的经济收益还本付息的贷款。

在项目贷款下，贷款人把资金贷给专门为该项目成立的一家新项目公司，而非直接贷给该项目的主办人。贷款人看重的是借款人的信用，而非用贷款所兴建的项目的成败。项目贷款通常以主办项目的资产和收益为贷款人设定担保。

项目贷款分为无追索权项目贷款和有限追索权项目贷款。前者贷款人对项目主办人没有任何追索权，而后者有。有限追索权项目贷款除要求以贷款项目的收益作为偿还债务来源，并在该项目资产上设定担保物权以外，还要求与项目有利害关系的第三人提供各种担保，项目本身的资产或收益不足以清偿债务时，贷款人可向项目主办人及担保人追索。项目主办人和担保人对项目债务所负的责任，以贷款合同和担保合同所规定的金额为限。

·总 结 国际贷款协议的种类及特点

政府贷款	期限长、利率低、条件优惠
国际金融机构贷款	对象多为发展中国家、审批严格、条件较优惠
国际商业贷款	利率较高、还款期较短，常要求担保
国际银团贷款	数家银行联合
项目贷款	为组建某一项目而进行的贷款

（三）共同性条款

各类贷款协议一般也具备一些共同性条款，包括：协议术语解释、陈述和保证、贷款目的、贷款的提取、先决条件、约定事项、还款、违约事项及救济方法、税费、纠纷管辖及法律适用等。

1. 陈述和保证：对重要法律事实、财务事实及经营事实进行说明和承诺，并保证其真实、准确和完整。

2. 先决条件：只有在先决条件已经得到满足时，贷款人才承担或履行提供贷款的义务。先决条件分两类：一类为总括先决条件；另一类为每笔贷款发放的先决条件。

3. 约定事项：借款人在协议中作出的若干保证或自我限制。其目的在于保障贷款的收回。

4. 违约事项及救济方法：借款人的违约可分为实际违约和预期违约两类。

二、国际融资担保

国际融资担保包括见索即付担保、备用信用证、意愿书、浮动抵押、动产担保、不动产担保。前三种属于信用担保，后三种属于物权担保。

（一）见索即付担保

见索即付担保，又称见索即付保函或独立保函，是指一旦主债务人违约，贷款人无须先向主债务人追索，即可无条件要求保证人承担第一偿付责任的保证。其特点有三：无条件性、单一性、独立性。

1. 无条件性

担保人仅凭受益人提出的要求即应付款，只需符合担保合同规定的手续即可，而不问付款要求是否有合理依据。一旦借款人不履约，贷款人事先无须对借款人采取各种救济方法，便可直接要求保证人承担还款责任。

2. 单一性

担保人的付款义务是独立的、非从属性的，当然，担保人承担还款责任后，有权向借款人代位追偿。

3. 独立性

见索即付保证是独立的，即担保人所承担的义务独立于基础合同。

经典真题

甲国公司承担乙国某工程，与其签订工程建设合同。丙银行为该工程出具见索即付的保函。后乙国发生内战，工程无法如期完工。对此，下列哪些选项是正确的？（2011/1/82）[1]

A. 丙银行对该合同因战乱而违约的事实进行实质审查后，方履行保函义务

B. 因该合同违约原因是乙国内战，丙银行可以此为由不履行保函义务

C. 丙银行出具的见索即付保函独立于该合同，只要违约事实出现即须履行保函义务

D. 保函被担保人无须对甲国公司采取各种救济方法，便可直接要求丙银行履行保函义务

解题要领

见索即付的保函独立于基础合同。主债务人一旦违约，贷款人即可无条件要求保证人承担第一偿付责任。

（二）备用信用证

备用信用证，是指担保人（即开证银行）应借款人的要求，向贷款人开具备用信用证，当贷款人向担保人出示备用信用证及借款人违约证明时，担保人须按该信用证的规定

[1] CD

支付款项的保证。

注意：备用信用证与见索即付担保的区别

	备用信用证	见索即付担保
生效条件	无对价要求	依英美有关合同关系的规定有对价的要求
适用规则	《国际备用信用证惯例》	适用相关国家的担保法或《见索即付保函统一规则》

（三）意愿书

意愿书，又称安慰信，是指一国政府为其下属机构或母公司为其子公司向贷款人出具的表示愿意帮助借款人偿还贷款的书面文件。意愿书只具有道义上的约束力，而不具有法律上的执行力。

（四）浮动抵押

浮动抵押，是指抵押人在其现在和将来所有的全部财产或者部分财产上设定的担保，在行使抵押权之前，抵押人对抵押财产保留在正常经营过程中的处分权。浮动抵押有以下法律特征：

1. 担保物的价值和形式处于不确定状态。担保物是借款人现在和将来的财产，可能增加或减少。形态可能会从货币形态转化为实物形态。

2. 担保物不转移占有。浮动担保无须转移担保物的占有，使设定担保的借款人享有极大自主权，不影响其正常经营。

3. 担保物的范围是债务人的全部财产。其标的物是企业全部或一类财产的集合物，几乎包括企业经营过程中所有机器设备、原材料、库存物资、应收账款、合同权利、无形资产（如商誉、商业秘密等）。

4. 浮动担保于约定事件发生时转化为固定担保。尽管浮动担保的担保物在担保期间处于不确定的浮动状态，但担保权的行使应有明确、固定的标的物。因此，一旦债务人无法还债，出现破产、清算等约定事件，浮动担保则转化为固定担保。此时，贷款人可对借款人的全部现有财产，包括应收债权，行使担保特权。

三、独立保函的司法解释

《最高人民法院关于审理独立保函纠纷案件若干问题的规定》（2016 年 7 月 11 日最高人民法院审判委员会第 1688 次会议通过，2020 年 12 月 23 日修正）（2017 年大纲所增）

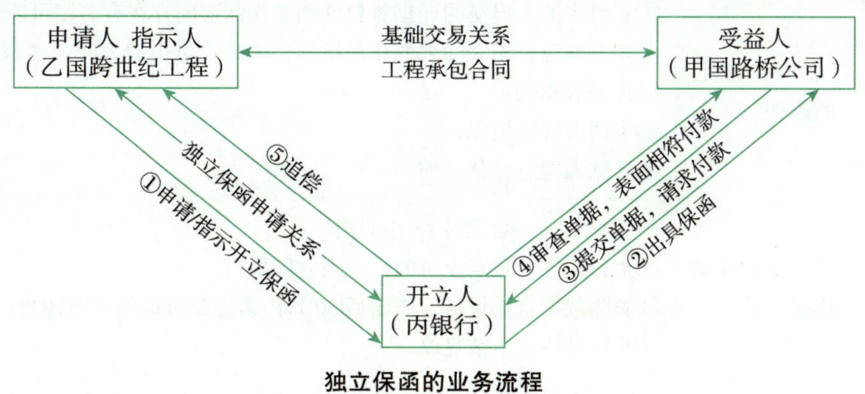

独立保函的业务流程

定义		独立保函，是指银行或非银行金融机构作为开立人，以书面形式向受益人出具的，同意在受益人请求付款并提交符合保函要求的单据时，向其支付特定款项或在保函最高金额内付款的承诺。
性质		独立性、跟单性。
开立		（1）方式：申请人申请或金融机构指示； （2）时间：开立人发出独立保函的时间。
认定要件		前提：载明据以付款的单据和最高金额+以下任何一个条件。
		（1）载明见索即付（核心特征）； （2）载明适用独立保函交易示范规则； （3）开立人付款义务的相对独立性。
效力	（1）生效	①一经开立即生效，但独立保函载明生效日期或事件的除外； ②未载明可撤销，开立后不可撤销。
	（2）终止	①独立保函载明的到期日或到期事件届至，受益人未提交符合独立保函要求的单据； ②独立保函项下的应付款项已经全部支付； ③独立保函的金额已减额至0； ④开立人收到受益人出具的免除独立保函项下付款义务的文件； ⑤法律规定或者当事人约定终止的其他情形。
单据审查		单单、单函表面相符，承担付款责任，但欺诈例外。
保函欺诈情形		（1）受益人与保函申请人或其他人串通，虚构基础交易的； （2）受益人提交的第三方单据系伪造或内容虚假的； （3）法院判决或仲裁裁决认定基础交易债务人没有付款或赔偿责任的； （4）受益人确认基础交易债务已得到完全履行或者确认独立保函载明的付款到期事件并未发生的； （5）受益人明知其没有付款请求权仍滥用该权利的其他情形。
救济方式	（1）申请止付	①主体：申请人、开立人或指示人； ②时间：提起诉讼或申请仲裁前，或在诉讼或仲裁过程中。
	（2）构成止付的条件	①止付申请人提交的证据材料证明欺诈情形的存在有高度可能性； ②情况紧急，不立即采取止付措施，将给止付申请人的合法权益造成难以弥补的损失； ③申请人提供担保； ④开立人善意付款之前。
	（3）止付申请程序	①作出裁定：受理后48小时内； ②执行裁定：裁定止付的，应当立即执行； ③解除裁定：止付裁定作出后30日内未提起诉讼或申请仲裁； ④止付异议：申请复议。

续表

管　辖	(1) 受益人和开立人之间因独立保函而产生的纠纷案件，由开立人住所地或被告住所地人民法院管辖，独立保函载明由其他法院管辖或提交仲裁的除外。当事人主张根据基础交易合同争议解决条款确定管辖法院或提交仲裁的，人民法院不予支持。 (2) 独立保函欺诈纠纷案件由被请求止付的独立保函的开立人住所地或被告住所地人民法院管辖，当事人书面协议由其他法院管辖或提交仲裁的除外。当事人主张根据基础交易合同或独立保函的争议解决条款确定管辖法院或提交仲裁的，人民法院不予支持。 注意：独立保函的管辖不能以基础交易合同来确定。
法律适用	(1) 涉外独立保函未载明适用法律，开立人和受益人在一审法庭辩论终结前亦未就适用法律达成一致的，开立人和受益人之间因涉外独立保函而产生的纠纷适用开立人经常居所地法律；独立保函由金融机构依法登记设立的分支机构开立的，适用分支机构登记地法律。 (2) 涉外独立保函欺诈纠纷，当事人就适用法律不能达成一致的，适用被请求止付的独立保函的开立人经常居所地法律；独立保函由金融机构依法登记设立的分支机构开立的，适用分支机构登记地法律；当事人有共同经常居所地的，适用共同经常居所地法律。 (3) 涉外独立保函止付保全程序，适用中华人民共和国法律。
[特别提示]	该司法解释统一了国际国内独立保函交易的效力规则。

经典真题

中国强峰公司在甲国承包了一项工程，中国丙银行为强峰公司出具了见索即付的保函。后双方因工程合同产生纠纷至甲国某仲裁机构仲裁，仲裁机构裁决甲国发包方支付中国强峰公司合同约定的工程款。甲国发包方拒绝履行仲裁裁决，中国强峰公司遂向中国丙银行要求支付保函上的款项，但遭到丙银行拒绝。据此，下列说法正确的是：(2018-回忆版)[1]

A. 如果甲国发包方是甲国政府独资的国有企业，则丙银行可以以此为由拒绝向受益人强峰公司付款

B. 中国丙银行可以主张保函受益人强峰公司先向甲国发包方求偿，待其拒绝后再履行保函义务

C. 中国丙银行应对施工合同进行实质性审查后方可决定是否履行保函义务

D. 只要保函受益人强峰公司提交的书面文件与保函要求相符，丙银行就必须承担付款责任

解题要领

(1) 独立保函的独立性；

(2) 独立保函的跟单性。

---

[1] D

专题62

居民税收管辖权与来源地税收管辖权

税收管辖权，是指一国政府对一定的人或对象征税的权力，即一国政府行使的征税权力。税收管辖权中最重要的基本理论是居住国原则和来源国原则，由此引出居民税收管辖权和来源地税收管辖权。

一、居民税收管辖权与居民身份的确认标准

居民税收管辖权，是指一国政府对于本国税法上的居民纳税人来自境内及境外的全部财产和收入实行征税的权力。

敏而好学：一国税法管辖下的居民，对该国承担全球无限纳税义务。

“居民”的认定包括自然人和法人居民的认定，对此各国有不同的规定。

1. 自然人居民身份的认定。对于自然人居民身份的认定主要有：

（1）住所标准

一自然人在一国拥有住所，即认为其为该国的居民纳税人。我国的个人所得税法也采用这一标准，即在中国境内有住所的个人为居民纳税人。依我国《个人所得税法实施条例》第2条的规定，在中国境内有住所的人指因户籍、家庭、经济利益关系而在中国境内习惯性居住的个人。各国在判断何为住所时会有一些不同的规定，如法国规定，住所指在法国国内有利害关系的中心地点和5年以上的经常居所，即为在法国国内有住所的个人，也是法国税法规定的居民。

（2）居所标准

居所，通常是指非永久的居住场所。依该标准，一个人在一国拥有居所便是该国的居民纳税人。英国即采用这一标准。依英国法，一个住所的确立需要有主观要件和客观要件，主观要件即久居的意思，通常自己购买的房产可以表明久居的意思，客观要件就是居住的事实。而居所则只需要客观的要件即可，即只要住了即可构成居所，其住的可能并不是他的房子，不需要其有久居的意思。可见构成居所更为容易。

（3）居留时间标准

以自然人在征税国境内停留或居留的时间来划分是否为纳税居民，采取此标准的国家在居留的时间长短上规定不一，有的是1年，有的是半年。中国采用了半年的标准。

（4）国籍标准

以自然人的国籍来确定纳税居民的身份。只要具有该国国籍，无论是否在该国居住，均为该国的纳税居民，例如，美国、墨西哥等少数国家采取此标准。实际上，许多国家是同时采用几个标准，例如，中国就是同时采用住所和居留时间的标准。

注意：对自然人居民身份的认定，我国兼采住所标准和居留时间标准。

2. 法人居民身份的认定。对于法人居民的认定各国也有不同的标准：

（1）法人登记注册地标准

依法人在何国注册成立来判断法人纳税居民的身份。

（2）实际控制与管理中心所在地标准

法人的实际控制与管理中心所在地设在哪个国家，该法人即为哪个国家的纳税居民，董事会或股东大会所在地往往是判断实际控制与管理中心所在地的标志。

（3）总机构所在地标准

法人的总机构设在哪个国家，该法人即为哪个国家的纳税居民，总机构通常指负责管理和控制企业日常营业活动的中心机构。一些国家在确定居民时采取 2 个以上的标准。依我国《企业所得税法》第 2 条的规定，我国实际采用了法人登记注册地和总机构所在地两个标准。

注意：对法人居民身份的认定，我国兼采登记注册地标准和总机构所在地标准。

二、所得来源地税收管辖权

一国政府针对非居民纳税人就其来源于该国境内的所得征税的权力，具体包括营业所得、劳务所得、投资所得和财产所得。

<table>
<tr><td rowspan="2">营业所得（营业利润或经营所得）</td><td colspan="2">（1）概念：纳税人在某个固定场所从事经营活动取得的纯收益。</td></tr>
<tr><td colspan="2">（2）确定原则：常设机构原则
常设机构原则，是指仅对非居民纳税人通过在境内常设机构而获取的工商营业利润实行征税的原则，如管理场所、分支机构、办事处、工厂、车间、作业场所、矿场、油井、采石场等。其他具有准备性、辅助性的固定场所则不构成常设机构，如陈列、展销、商品库存、为采购货物等而保有的场所。</td></tr>
<tr><td rowspan="4">劳务所得</td><td rowspan="3">个人独立劳务所得</td><td>（1）概念：个人独立从事独立性的专业活动所取得的收入。</td></tr>
<tr><td>（2）确定原则："固定基地原则"和"183 天规则"
①固定基地指个人从事专业性活动的场所，如诊所、事务所等；
②"183 天规则"指在境内停留的时间，即应以提供劳务的非居民某一会计年度在境内连续或累计停留达 183 天或在境内设有经营从事独立活动的固定基地为征税的前提条件。</td></tr>
<tr><td>（3）征税权行使主体：对独立的个人劳务所得，应仅由居住国行使征税权。但如取得独立劳务所得的个人在来源国设有固定基地或者连续或累计停留超过 183 天，则应由来源国征税。</td></tr>
<tr><td>非个人独立劳务所得</td><td>非居民受雇于他人的所得，一般由收入来源国一方从源征税。</td></tr>
<tr><td>投资所得</td><td colspan="2">（1）包括股息、利息、特许权使用费等。
（2）对于此类投资所得，各国一般采用从源预提的方式征税，即征收预提税。
（3）我国《企业所得税法》规定的预提税为 20%。根据我国与他国的双边协定，一般规定的预提税不超过 10%。</td></tr>
</table>

续表

财产所得	其指非居民转让财产的所得： （1）不动产的转让所得，一般由财产所在国征税； （2）对于转让从事国际运输的船舶和飞机的所得，一般由转让者的居住国单独征税； （3）对于动产的转让所得，各国主张不同。

注意：各国对非居民营业所得的征税普遍使用常设机构原则。

经典真题

目前各国对非居民营业所得的纳税普遍采用常设机构原则。关于该原则，下列哪些表述是正确的？（2010/1/84）[1]

A. 仅对非居民纳税人通过在境内的常设机构获得的工商营业利润实行征税

B. 常设机构原则同样适用于有关居民的税收

C. 管理场所、分支机构、办事处、工厂、油井、采石场等属于常设机构

D. 常设机构必须满足公司实体的要求

解题要领

常设机构原则，是指仅对非居民纳税人通过在境内常设机构而获取的工商营业利润实行征税的原则，如管理场所、分支机构、办事处、工厂、车间、作业场所、矿场、油井、采石场等。

实务案例

查尔斯收入的税收管辖权争议案

案情简介：

英国人查尔斯常年在中国经商并且非常喜爱中国文化。为了让其独生女儿从小接受中国文化的熏陶，查尔斯特意将女儿接到北京上学，并在望京新区购买了一套公寓，雇用了一个中国保姆照顾女儿。查尔斯的夫人则对其从事的莎士比亚文学研究情有独钟，不愿意随丈夫来中国而抛弃自己的事业，所以一直居住在伦敦的家中。查尔斯为了商务，同时也为了照顾妻子和孩子，不得不经常往返于伦敦、北京两地。现中、英两国就查尔斯的收入的税收管辖权问题产生争议。

·法院判决

查尔斯应为英国的居民纳税人。中国、英国的税法均规定以“住所”标准来确定自然人的居民身份。在本案中，查尔斯在北京和伦敦都有固定的“住所”并经常居住，这就有可能使其同时成为中、英双方的居民纳税人，造成双重居所冲突。中、英双边税收协定为了解决双重居所冲突问题，采用了两个《范本》共同建议的序列选择性冲突

[1] AC

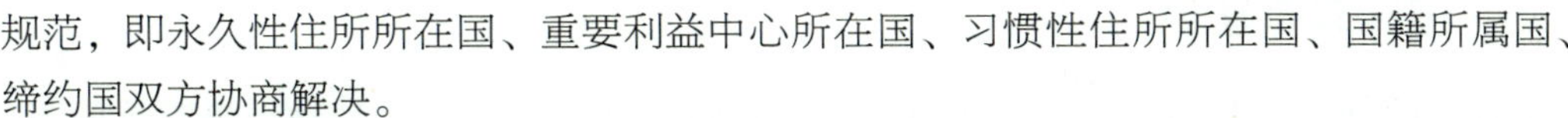

规范，即永久性住所所在国、重要利益中心所在国、习惯性住所所在国、国籍所属国、缔约国双方协商解决。

•所涉考点

1. 居民税收管辖权的概念及自然人居民身份认定的标准。
2. 居民税收管辖权冲突的协调。

理论延伸

▶ 居民税收管辖权冲突的协调

该问题的协调主要是通过双边协定达成。目前，各国双边税收协定协调居民税收管辖权冲突的内容主要是以《经济合作与发展组织关于避免双重征税的协定范本》和《联合国关于发达国家与发展中国家间避免双重征税的协定范本》为基础。协调方法如下：

1. 自然人

（1）当一自然人在某一国有永久性住所，应认为是该国居民；如在两国同时有永久性住所，或在两国均无永久性住所，应认为是与其人身关系和经济联系更密切国家的居民。

（2）如其重要利益中心所在国无法确定，应认为其为有习惯性居处所在国的居民。

（3）如在两国都有居处，或都无居处，则应认为是其国民所在国的居民。

（4）如其同时是两国国民，或均不是两国国民，则应由缔约国双方主管当局协商解决。

2. 法人

（1）由缔约国协商确定某一具体法人的居民身份。

（2）在税收协定中预先确定一种解决冲突时应依据的标准。两个范本均以实际管理机构所在国为法人的居住国。中国与一些国家签订的税收协定则以总机构所在国作为解决法人居民身份冲突的标准。

专题63

国际双重征税及其解决

一、国际重复征税

国际重复征税，包括国际重复征税和国际重叠征税，是指 2 个或 2 个以上国家各依自己的税收管辖权按同一税种对同一纳税人的同一征税对象在同一征税期限内同时征税。（满足四个“同一”）

[例] 一个美国人在中国的个人劳务所得，中国对其有来源地税收管辖权，同时他又有美国国籍，美国是依自然人的国籍来确定纳税居民的身份。只要具有美国国籍，无论是否在美国居住，均为该国的纳税居民，美国对其全球范围内的收入也可以征税。因此，就产生了居民税收管辖权与来源地税收管辖权的冲突。

二、国际重叠征税

国际重叠征税，是指2个或2个以上国家对同一笔所得在具有某种经济联系的不同纳税人手中各征一次税的现象。

[例] 公司与股东之间就同一笔所得各征一次公司所得税和个人所得税即属于国际重叠征税，因为公司和股东在法律上都具有独立的人格，公司获得的利润应依法缴纳所得税，税后利润以股息的形式分配给股东后，股东又应当缴纳个人所得税。这使得同一所得在公司和股东手中各征一次税。

总 结 国际重复征税与国际重叠征税比较

	国际重复征税	国际重叠征税
1. 概念	对同一纳税人的同一笔收入，2个或2个以上的国家各自依据自己的税收管辖权，在同一征税期限内按同一税种予以征税。	2个或2个以上的国家，对同一笔收入在（具有关联关系的）不同纳税人手中各征一次税的现象。
2. 解决方法	通过双边协议划分征税权、免税法、抵免法（全额或限额）、扣除法、减税法。	

注意：国际重复征税与国际重叠征税主要的区别：国际重复征税针对的是同一纳税人同一税种，因此不存在国内重复征税；而国际重叠征税涉及的是不同纳税人，也会涉及不同税种（如公司所得税和个人所得税），因此存在国内重叠征税现象。

经典真题

甲国人李某长期居住在乙国，并在乙国经营一家公司，在甲国则只有房屋出租。在确定纳税居民的身份上，甲国以国籍为标准，乙国以住所和居留时间为标准。根据相关规则，下列哪一选项是正确的？（2014/1/44）[1]

A. 甲国只能对李某在甲国的房租收入行使征税权，而不能对其在乙国的收入行使征税权

B. 甲乙两国可通过双边税收协定协调居民税收管辖权的冲突

C. 如甲国和乙国对李某在乙国的收入同时征税，属于国际重叠征税

D. 甲国对李某在乙国经营公司的收入行使的是所得来源地税收管辖权

解题要领

（1）居民税收管辖权与来源地税收管辖权的认定及征税范围；

（2）国际重复征税与国际重叠征税的认定。

实务案例

使用抵免法避免国际重复征税案

案情简介：

美国人威廉受聘于一家中美合资的企业，担任为期1年的技术顾问。期满回国

[1] B

时，威廉获得劳务报酬 10 万美元。在该纳税年度期满时，威廉共有国内外所得 25 万美元（假设中国适用个人所得税税率为 20%，美国适用个人所得税税率为 15%）。中、美两国对威廉的收入均主张税收管辖权，威廉对此产生异议。

•法院判决

该案中，威廉首先应当就其来源于中国的 10 万美元劳务费向中国缴纳个人所得税 2 万美元（10×20%），如果中、美两国双边税收协定没有任何避免国际重复征税的约定，威廉则需要向美国政府纳税 3.75 万美元（25×15%），他在该纳税年度的总税赋为 5.75 万美元；如果中、美两国双边协定约定以全额抵免法缓解国际重复征税，那么威廉需要向美国政府缴纳的个人所得税为 1.75 万美元（25×15%-10×20%），他在该纳税年度的总税赋为 3.75 万美元；如果中、美两国双边协定约定以限额抵免法缓解国际重复征税，威廉则需要向美国政府纳税 2.25 万美元（25×15%-10×15%），他在该纳税年度的总税赋为 4.25 万美元。

•所涉考点

1. 国际重复征税的概念。
2. 国际重复征税的解决方法。
3. 重复征税与重叠征税的区别。

理论延伸

1. 国际重复征税的解决

（1）通过双边协议划分征税权。

（2）免税法

免税法，是指居住国政府对本国居民来源于国外的所得和位于国外的财产免予征税。

（3）抵免法

抵免法，是指纳税人可将已在收入来源国实际缴纳的所得税税款在应当向居住国缴纳的所得税税额内扣除，也称外国税收抵免。抵免法有全额抵免和限额抵免两种，后者是目前多数国家采用的方式。

（4）扣除法

扣除法，是指居住国在对跨国纳税人征税时，允许本国居民将国外已纳税款视为一般费用支出从本国应纳税总所得中扣除。

（5）减税法

减税法，是指居住国对本国居民来源于国外的收入给予一定的减征照顾。

2. 国际重叠征税的解决

国际上目前尚无解决国际重叠征税的普遍适用规范。一般是通过股息收入国和股息付出国两个方面采取措施解决。股息收入国主要采用对来自国外的股息减免所得税、允许母子公司合并报税和间接抵免的方式解决国际重叠征税；股息付出国主要采用双税率制和折算制的措施来解决国际重叠征税。

专题64 国际逃税、避税及其防止

一、国际逃税

国际逃税，是指跨国纳税人采用非法手段或措施，逃避或减少就其跨国所得本应承担的纳税义务的行为。国际逃税是违反国际税法的行为。

国际逃税的主要方式有：①隐匿应税所得和财产，不向税务机关报送纳税资料；②谎报所得额；③虚构扣除；④伪造账册和收支凭证等。

二、国际避税

国际避税，是指跨国纳税人利用各国税法的差异或国际税收协定的漏洞，以形式上不违法的方式，躲避或减少就其跨国所得本应承担的纳税义务的行为。

国际避税主要有下列四种方式：纳税主体的跨国移动；转移定价；不合理分摊成本和费用；避税港设立基地公司。

（一）纳税主体的跨国移动

跨国移动是最常见的一种自然人国际避税方式。纳税人往往采取移居国外或压缩在某国的居留时间等方式，达到规避在某国承担的居民纳税人义务的目的。

（二）转移定价

跨国联属企业在进行交易时基于逃避有关国家税收的目的来确定相互之间的交易价格，或人为地提高交易价格或压低交易价格，使利润从高税率的国家转移到低税率的国家，以逃避税收。

（三）不合理分摊成本和费用

国际避税中的不合理分摊成本和费用，是指跨国联属企业的总机构与分支机构之间，通过不合理地分摊成本和费用，人为地增加某一机构的成本和费用，减少盈利，达到避税的目的。

国际避税与国际逃税中的虚构扣除不同，虚构扣除是指以少报多，无中生有，虚报投资额，多摊折旧扣除，虚构有关佣金、技术使用费和交际应酬费等开支，以减少应税所得额。

（四）避税港设立基地公司

在避税港设立基地公司，将在避税港境外的所得和财产汇集在基地公司账户下，从而达到逃避税收的目的。

实务案例

德国康普公司国际避税案

案情简介：

1996 年 10 月，咸宁市地税局稽查人员对该市宁德公司进行纳税检查时发现，有几位德国专家在宁德公司进行设备安装，其中有 3 人在华时间超过 183 天，需缴纳个人所得税。德方人员却声称，他们是义务为中方提供技术援助，不应纳税。经查，上述德国专家系德国康普公司人员。该公司于 1993 年 12 月 15 日，通过中国进出口总公司向宁德公司销售机械设备，总价款 1740 万马克，其中包括设备安装、试车、试运行和性能测试及其设计联络和考察培训费用。康普公司与中国进出口总公司签订的销售合同规定："由卖方支付中国政府根据现行税法和《中华人民共和国政府和联邦德国政府相互避免双重征税以及防止偷、漏收入和财产税的协定》向卖方征收的与履行合同有关的一切税项。"而康普公司为了逃避中国税收，故意不在合同中列明设备安装、调试、技术培训、指导等劳务费收入，而将其包含在设备销售的总价款中。

•法院判决

据此，不仅上述德国专家应补交个人所得税，康普公司还应就从中国收取的劳务费收益（以合同总价款的 5%计）缴纳营业税和企业所得税。后经咸宁市地税局 7 个多月的跨国电话、传真追税，康普公司才于 1997 年 8 月 9 日将全部应纳税款，折合 35 万马克汇入中国。

•所涉考点

1. 国际逃税和避税的方式及性质。
2. 国际逃税和避税的防止。

三、CRS"共同申报准则"（2018 年大纲所增）

<table>
<tr><td>目　的</td><td colspan="2">遏制跨境逃税，进行更有效的国际合作。</td></tr>
<tr><td>概　念</td><td colspan="2">2014 年经合组织（OECD）发布的《金融账户信息自动交换标准》，旨在打击跨境逃税，标准中即包含"共同申报准则"（CRS）。</td></tr>
<tr><td rowspan="4">时间表</td><td colspan="2">截至 2016 年 7 月，已有 101 个国家和地区，确认了依"共同申报准则"实施自动交换信息的意向。</td></tr>
<tr><td rowspan="3">中国
时间表</td><td>2017 年 12 月 31 日前：中国境内的金融机构完成对存量个人高净值账户（截至 2016 年 12 月 31 日金融账户加总余额超过 600 万元）的尽职调查。</td></tr>
<tr><td>2018 年 12 月 31 日前：中国境内的金融机构完成对存量个人低净值账户和全部存量机构账户的尽职调查。</td></tr>
<tr><td>2018 年 9 月：中国进行首次对外交换非居民金融账户涉税信息。</td></tr>
</table>

续表

<table>
<tr><td rowspan="2">CRS 与双边协定中情报交换条款的区别</td><td colspan="2">双边协定中的情报交换是依申请进行的，并非自动完成，申请时需要提供涉税的证明材料，实践中作用非常有限。</td></tr>
<tr><td colspan="2">CRS 是自动的、无需提供理由的信息交换。例如，中国和新加坡采纳 CRS 之后，新加坡与中国相关政府部门将进行信息交换，这种交换每年进行一次。理论上讲，中国税务部门将掌握中国税收居民海外资产的收入状况。</td></tr>
<tr><td rowspan="3">CRS 涵盖的信息源</td><td>海外金融机构</td><td>CRS 覆盖几乎所有的海外金融机构，包括银行、信托、券商、律所、会计师事务所、提供各种金融投资产品的投资实体、特定的保险机构的账户等。</td></tr>
<tr><td>资产信息</td><td>包括存款账户、托管账户、投资机构的股权或者债权权益账户，基金、信托计划、专户/集合类资产管理计划、具有现金价值的保险合同或者年金合同等。</td></tr>
<tr><td>个人信息</td><td>包括但不限于个人账户、账户余额、姓名、国籍、出生日期、年龄、性别、居住地。</td></tr>
<tr><td>不受 CRS 影响或影响较小的情形</td><td colspan="2">（1）境外税务居民所控制的公司拥有的金融账户在 25 万美金以下的；
（2）不产生现金流的资产（如海外房产、珠宝、艺术品、贵金属等）不需要申报（只有产生现金流的资产、有现金价值的金融资产，才需要申报）。</td></tr>
<tr><td>CRS 识别依据</td><td colspan="2">账户持有人税收居住地（而不仅仅依户口持有人的国籍）作为识别依据。CRS 针对的是，你应该在哪个国家纳税，你的金融信息就会被发送到你应该纳税的国家。</td></tr>
</table>

经典真题

中国和新加坡都接受了《金融账户信息自动交换标准》中的“共同申报准则”（CRS）。定居在中国的王某在新加坡银行和保险机构均有账户，同时还在新加坡拥有房产和收藏品等。据此，下列判断正确的是：（2019-回忆版）[1]

A. 王某可以因自己拥有巴拿马国籍，要求新加坡不向中国报送其在新加坡的金融账户信息

B. 如中国未提供正当理由，新加坡无需向中国报送王某的金融账户信息

C. 新加坡可不向中国报送王某在特定保险机构的账户信息

D. 新加坡可不向中国报送王某在新加坡的房产和收藏品信息

解题要领

（1）CRS 共同申报准则是自动的、无需理由的信息交换；

（2）CRS 涵盖的信息源和不涵盖的信息源；

（3）CRS 识别的依据是账户持有人的税收居住地标准，而不是账户持有人的国籍国标准。

---

〔1〕 D

理论延伸

国际逃税和避税的防止

国内立法	一般国内法律措施	(1) 加强国际税务申报制度； (2) 强化对跨国交易活动的税务审查； (3) 实行评估所得或核定利润方式征税等。
	特别国内法律措施	(1) 规制自然人纳税主体的措施。为了防止自然人的避税性移居，运用自由流动原则的例外，规定禁止离境。 (2) 规制法人纳税主体的措施。为了防止法人向避税地实体转移营业和资产，许多国家采取限制措施，限制转移营业和资产，要求此种转移必须经财政部批准，否则将受处罚等。 (3) 采取“正常交易原则”。针对跨国纳税人通过转移定价、不合理分摊成本和费用避税的行为，各国依该原则，关联企业各个经济实体之间的营业往来，均应依公平的市场交易价格来计算。例如，有人为抬价或压价等不符合该原则的现象发生，有关税务机关可依公平市场价格，重新调整其应得收入和应承担的费用。 (4) 防止利用避税港的措施。通过法律禁止纳税人在避税港设立基地公司；禁止非正常的利润转移；取消境内股东在基地公司未分配股息所得的延期纳税待遇等。
国际合作	(1) 各国建立国际税收情报交换制度； (2) 在税款征收方面相互协助； (3) 在国际税收协定中增设反滥用协定条款等。	

第18讲 海商法和国际经济法新领域

本讲导读

应试指导

海商法属于广义国际法的学科范畴，但该讲在往年的考试中放在商法部分，每年分值大约为2分，有些年份无试题涉及。该讲主要内容围绕海商法特有的概念和制度展开。考试中本部分的考点相对集中，需要重点掌握海商法的适用范围和相关概念、三种船舶担保物权的成立要件及受偿顺序。

考点架构

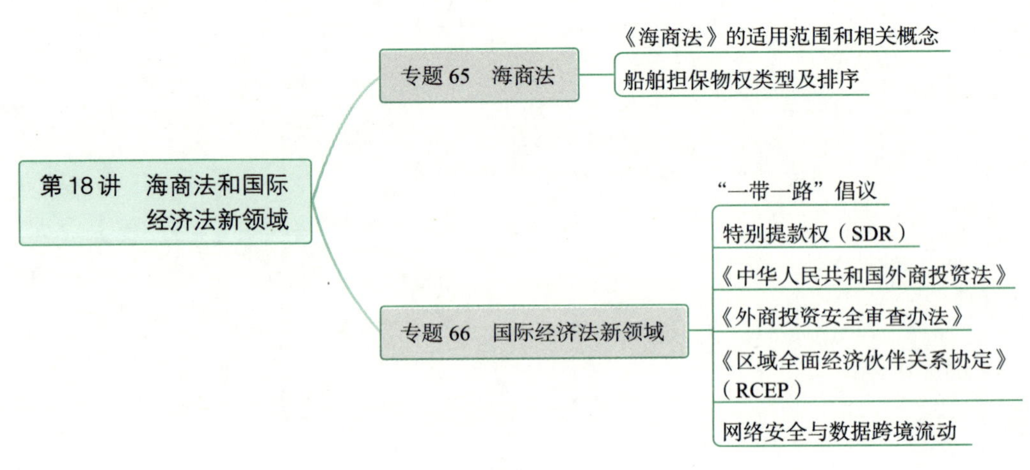

海 商 法

一、《海商法》的适用范围和相关概念

（一）《海商法》的适用范围

《海商法》适用于海上或与海相通的可航水域的货物及旅客运输以及船舶碰撞和海难救助等海上事故。但《海商法》第四章海上货物运输合同的规定，不适用于我国港口之间的海上货物运输。

注意：我国港口之间的海上货物运输合同不属于《海商法》调整范围，但我国港口之间的旅客运输合同适用《海商法》，我国港口和外国港口之间的货物运输合同和旅客运输合同均适用《海商法》。

（二）船舶的概念

《海商法》中所称船舶，是指海船和其他海上移动式装置，但用于军事的、政府公务的船舶和 20 总吨以下的小型船舶除外。

（三）船舶所有权

船舶所有权的取得、转让、消灭、共有都必须登记；未经登记，不得对抗第三人。所有权的转让必须以书面形式进行。

经典真题

依照我国《海商法》的规定，下列哪项是正确的？（2006/3/29）[1]

A. 承运人对集装箱装运的货物的责任期间是从货物装上船起至卸下船止

B. 上海至广州的货物运输应当适用海商法

C. 天津至韩国釜山的货物运输应当适用海商法

D. 海商法与民法规定不同时，适用民法的规定

解题要领

（1）我国《海商法》不适用于我国港口之间的海上货物运输；

（2）我国《海商法》对承运人责任期间的规定分“集装箱货物”和“非集装箱货物”，“集装箱货物”情形下的承运人责任期间是“接到交”；

（3）《海商法》的规定与民法不同时，适用《海商法》的规定。

理论延伸

1. 船舶国籍

船舶国籍，是指船舶与特定国家在法律上的隶属关系。船舶只有经过登记，才能取得

〔1〕 C

一国国籍，从而取得悬挂一国国旗的权利。船舶国旗的重要性在于：

（1）它是船舶在公海上航行的前提条件，无国籍船舶在公海将被作为海盗船攻击；

（2）它是船舶享受国内航运经济政策优惠措施的前提条件，也是船舶在领海和内河自由航行的前提条件。

2. 船舶登记

根据各国船舶登记的条件不同，船舶登记可分为严格登记制度和开放登记制度。

（1）严格登记制度

它要求船舶必须与本国具有相当程度的紧密联系，如船舶所有人是本国国民等，才能在本国登记并取得国籍。

（2）开放登记制度

它对船舶与本国之间的联系要求很宽松，甚至任何船舶只要提出申请并交注册费就予以登记。在执行开放登记制度的国家进行登记并取得该国国籍、悬挂该国国旗的船舶被称为“方便旗船”，而其悬挂的国旗则被称为“方便旗”。由于方便旗船在税收、管理等方面可以得到优惠，许多船舶都选择在执行开放登记制度的国家进行登记。

二、船舶担保物权类型及排序

1. 约定担保物权	船舶抵押权	（1）标的	船舶（包括正在建造中的船舶）。
		（2）船舶抵押权登记	登记对抗；不登记，不得对抗第三人。
		（3）船舶抵押权消灭	①船舶灭失； ②船舶抵押权担保的主债权消灭； ③抵押船舶被强制拍卖。
2. 法定担保物权	船舶优先权	（1）概念	船舶优先权，是指海事请求人依照《海商法》的规定，向船舶所有人、光船承租人、船舶经营人提出海事请求，对产生该海事请求的船舶具有优先受偿的权利。
		（2）内容	①船长、船员和在船上工作的其他在编人员根据劳动法律、行政法规或者劳动合同所产生的工资、其他劳动报酬、船员遣返费用和社会保险费用的给付请求； ②在船舶营运中发生的人身伤亡的赔偿请求； ③船舶吨税、引航费、港务费和其他港口规费的缴付请求； ④海难救助的救助款项的给付请求； ⑤船舶在营运中因侵权行为产生的财产赔偿请求。
			上述受偿请求一般按照顺序进行。但是：①上述第 4 项有 2 个以上给付请求的，后发生的给付请求先受偿。但第 1、2、3、5 项有 2 个以上给付请求的，则不分先后，同时受偿；不足受偿的，按比例受偿。②上述第 4 项给付请求，后于第 1~3 项发生的，应先于第 1~3 项受偿。

续表

2. 法定担保物权	船舶优先权	(3) 优先权的消灭	①船舶灭失； ②超过船舶优先权行使的 1 年时效，且该 1 年时效不适用时效中止和中断的规定； ③司法拍卖。
	船舶留置权	船舶建造人、修船人在合同另一方未履行合同时，可以留置所占有的船舶，以保证造船费用或者修船费用得以偿还的权利。	

注意 1：船舶共有人就共有船舶设定抵押权，应当取得持有 2/3 以上份额的共有人的同意，共有人之间另有约定的除外。

注意 2：海商法所指的船舶留置权只限于造船人和修船人的留置权。

注意 3：关于船舶优先权的受偿顺序应特别注意以下三点：

(1) 海难救助无论发生在先，还是在后，均优先受偿；

(2) 人身性质的优于财产性质的先受偿；

(3)《海商法》中规定的上述船舶优先权的 1~5 顺序并非在每一个具体案件中都全部存在。

经典真题

依据我国《海商法》和《物权法》(现为《民法典》)的相关规定，关于船舶物权的表述，下列哪一选项是正确的？(2013/3/33)[1]

A. 甲的船舶撞坏乙的船舶，则乙就其损害赔偿对甲的船舶享有留置权

B. 甲以其船舶为乙设定抵押担保，则一经签订抵押合同，乙即享有抵押权

C. 以建造中的船舶设定抵押权的，抵押权仅在办理登记后才能产生效力

D. 同一船舶上设立数个抵押权时，其顺序以抵押合同签订的先后为准

解题要领

(1) 船舶抵押权实行登记对抗。不登记，不得对抗第三人。但是，登记并非船舶抵押权生效的要件。

(2) 船舶留置权只限于造船人和修船人。

实务案例

“奥帕尔城”轮案

案情简介：

1985 年，中国某进出口公司向澳大利亚订购了 2 万吨货物，中方委托美国某矿产公司租船，该矿产公司与美国斯蒂文斯公司签订租船合同，斯蒂文斯公司以第二

[1] B

租船人身份与丹麦某公司签订租用“奥帕尔城”轮的合同。该丹麦公司曾和“奥帕尔城”轮注册船东利比里亚共和国詹尼斯公司签订租船合同，作为第一租船人丹麦公司有权在租期内将轮船转租出去（“奥帕尔城”轮真正的主人是詹尼斯公司，因经营不善将该船抵押给了美国欧文信托公司)。当年7月下旬，“奥帕尔城”轮装货完毕并签发装船提单。但船东收到租金后，未能付清船员工资，引起船员罢工。货物不能如期抵达中国，租船人将承担巨额违约金。经各方协商，斯蒂文斯公司同意垫付船员工资及其他费用。10月，“奥帕尔城”轮抵达上海，斯蒂文斯公司以詹尼斯公司不履行船东义务，致使其垫付船员工资、港口使用费等40万元为由向上海海事法院提出扣押轮船，并在被申请人或其他方不提供保证金的情况下，从拍卖轮船的所得价款清偿债务的诉前保全申请。

•法院判决

由于詹尼斯公司在期限内未提供担保，法院扣押并拍卖了该轮船，最终由欧文信托公司购得。法院审查了船舶抵押文书、转让合同等以后，作出如下判决：詹尼斯公司由于不尽职责，长期拖欠船员工资，致使该船滞留。原告斯蒂文斯公司因垫付船员工资及遣返费用，属优先申请权。欧文信托公司和詹尼斯公司的船舶抵押合同，依利比里亚共和国法律规定，向有关机关作了相应登记，具有法律效力。因此，欧文信托公司拥有对船舶的优先申请权。最后，欧文信托公司得到88万美元，斯蒂文斯公司得到28.9万美元。

•所涉考点

1. 船舶抵押权。
2. 船舶优先权。

理论延伸

1. 船舶担保物权的受偿顺序

从先到后依次是：船舶优先权、船舶留置权、船舶抵押权。

船舶优先权的受偿位序靠前，但并非总能最先受偿。因行使船舶优先权产生的诉讼费用，保存、拍卖船舶和分配船舶价款产生的费用，以及为海事请求人的共同利益而支付的其他费用，应当从船舶拍卖所得价款中先行拨付。

2. 船长的职责

船长是船上的最高行政指挥人员，具有以下三方面的职责：

（1）驾驶和管理船舶的职责。

（2）维持船上治安的职责。

（3）公证职责。船长应当将船上发生的出生或者死亡事件记入航海日志，并在2名证人的参加下制作证明书。

专题 66

国际经济法新领域

一、“一带一路”倡议

1. 含义	丝绸之路经济带和 21 世纪海上丝绸之路。
2. 首倡国家	中国。
3. 中国与沿线“一带一路”国家签订的双边投资协定内容	限于最惠国待遇与公正待遇、损失或损害的赔偿、担保机构的代位权、征收等。
4. 亚投行	2014 年 10 月，中国、印度、新加坡等 21 个首批意向创始成员国代表在北京签署《筹建亚洲基础设施投资银行备忘录》，决定成立亚投行。
	亚投行对“一带一路”沿线国家基础设施的建设和风险的分散具有重要作用。

实务案例

为“一带一路”建设提供司法服务和保障的典型案例

案情简介：

2008 年 4 月 11 日，中化新加坡公司与德国克虏伯公司签订了购买石油焦的《采购合同》，中化新加坡公司按约支付了全部货款，但德国克虏伯公司交付的石油焦 HGI 指数仅为 32。中化新加坡公司认为德国克虏伯公司构成根本违约，请求判令解除合同，德国克虏伯公司返还货款并赔偿损失。

• 法院判决

江苏省高级人民法院一审认为，根据《公约》的有关规定，德国克虏伯公司提供的石油焦 HGI 指数远低于合同约定标准，导致石油焦难以在国内市场销售，签订买卖合同时的预期目的无法实现，故德国克虏伯公司的行为构成根本违约，判决支持中化新加坡公司的诉讼请求。德国克虏伯公司向最高人民法院提出上诉。

最高人民法院经审理认为，涉案国际货物买卖合同纠纷的双方当事人营业地分别位于新加坡和德国，而该两国均为《公约》的缔约国，且当事人未排除该公约的适用，因此本案审理首先适用该公约。根据《公约》的规定，德国克虏伯公司交付的货物与合同约定不符，构成违约，但中化新加坡公司能够以合理价格予以转售货物，不构成公约规定的根本违约情形。据此，最高人民法院于 2014 年 6 月 30 日作出终审判决：撤销原判，改判德国克虏伯公司承担部分货款及堆存费损失。

·所涉考点

1. 《公约》的适用范围。
2. "一带一路"倡议的基本内容。

二、特别提款权（SDR）

（一）特别提款权的用途

国际货币基金组织是目前世界上最大的政府间国际金融组织，其宗旨之一是通过发放贷款调整成员国国际收支的暂时失衡。特别提款权，简称 SDR，是指国际货币基金组织于 1968 年在原有普通贷款权之外，按各国认缴份额的比例分配给会员国的一种使用资金的特别权利。各会员国可以凭特别提款权向基金组织提用资金，因此，特别提款权可与黄金、外汇一起作为国际储备。成员国在国际货币基金组织开设特别提款权账户，作为一种账面资产或记账货币，可用于办理政府间结算，偿付政府间结算逆差，还可以用以偿还基金组织的贷款，或作为偿还债务的担保等。

经典真题

关于特别提款权，下列哪些选项是正确的？（2009/1/85）[1]

A. 甲国可以用特别提款权偿还国际货币基金组织为其渡过金融危机提供的贷款

B. 甲乙两国的贸易公司可将特别提款权用于两公司间国际货物买卖的支付

C. 甲乙两国可将特别提款权用于两国政府间结算

D. 甲国可以将特别提款权用于国际储备

解题要领

特别提款权不是真实货币，不可以用于国际货物贸易的支付。

（二）人民币加入特别提款权

1. 批准时间	2015 年 11 月 30 日（生效时间：2016 年 10 月 1 日）。
2. SDR 用途	偿还国际货币基金组织债务、弥补会员国政府之间收支逆差等。
3. SDR 货币	美元、欧元、英镑、日元、人民币五种。
4. 入篮的后果和意义	（1）降低外汇储备规模； （2）推动人民币资本市场、债券市场产品的国际化； （3）改善中国金融市场环境； （4）提高人民币国际地位。

[1] ACD

三、《外商投资法》及其实施条例、《最高人民法院关于适用〈中华人民共和国外商投资法〉若干问题的解释》

1. 宗旨	确立外商投资准入、鼓励和促进、保护、管理等方面的基本制度框架和规则，建立起新时代我国外商投资法律制度的“四梁八柱”。
2. 外商投资的准入	外商投资，是指外国的自然人、企业或者其他组织直接或者间接在中国境内进行的投资活动，包括： （1）外国投资者单独或者与其他投资者共同在中国境内设立外商投资企业； （2）外国投资者取得中国境内企业的股份、股权、财产份额或者其他类似权益； （3）外国投资者单独或者与其他投资者共同在中国境内投资新建项目； （4）法律、行政法规或者国务院规定的其他方式的投资。 “其他投资者”，包括中国的自然人在内。
3. 外商投资的鼓励和促进	（1）提高外商投资政策的透明度；（实施条例细化了透明度的要求） （2）保障外商投资企业平等参与市场竞争； （3）加强外商投资服务，国家建立健全外商投资服务体系；（“政府主导、多方参与”） （4）依法依规鼓励和引导外商投资。（国务院制定鼓励外商投资产业目录，明确了优惠待遇包括财政、税收、金融、用地等方面）
4. 外商投资的保护	（1）加强对外商投资企业的产权保护。外国投资者所获利润、资本收益、知识产权许可使用费等可以依法以人民币或者外汇自由汇入、汇出。鼓励基于自愿原则和商业规则开展技术合作，不得利用行政手段强制转让技术。 （2）保护外商投资者的商业秘密。 （3）强化对涉及外商投资规范性文件制定的约束。（行政复议或行政诉讼中可以提起规范性文件的一并审查） （4）促使地方政府守约践诺。（明确对外资给予“公平、合理”的补偿） （5）完善外商投资企业投诉维权机制。
5. 外商投资的管理	（1）明确以法律法规形式对外商投资者实行准入前国民待遇加负面清单管理制度，取消了逐案审批制管理模式； （2）明确按照内外资一致的原则对外商投资实施监督管理； （3）规定国家建立外商投资信息报告制度；（细化了外商投资信息报告应当包括“内容、范围、频次和具体流程”） （4）对外商投资安全审查制度作了原则规定，并明确安全审查决定为最终决定。
6. 港澳台投资的法律适用	（1）港、澳投资参照《外商投资法》及实施条例执行；法律、行政法规或者国务院另有规定的，从其规定。 （2）台湾地区投资者，适用《台湾同胞投资保护法》及实施细则的规定；未规定的事项，参照《外商投资法》及实施条例执行。 （3）定居在国外的中国居民在中国境内投资，参照《外商投资法》及实施条例执行；法律、行政法规或者国务院另有规定的，从其规定。

续表

7.《最高人民法院关于适用〈中华人民共和国外商投资法〉若干问题的解释》	(1) 负面清单之外的投资合同，应认定为有效； (2) 负面清单规定禁止投资的领域，应认定投资合同无效； (3) 负面清单规定限制投资的领域，当事人违反限制性准入特别管理措施的，应认定投资合同无效； (4) 法不溯及既往原则。(但在生效裁判作出前，如果外商投资不再属于限制或禁止的领域，则应认定投资合同有效)

四、《外商投资安全审查办法》(自2021年1月18日起实施)

1. 审查的外商投资类型	既包括直接投资，也包括间接投资。	
2. 外商投资安全审查机构	国家建立外商投资安全审查工作机制，工作机制办公室设在国家发展改革委，由国家发展改革委、商务部牵头，承担外商投资安全审查的日常工作。	
3. 外商投资安全审查范围	(1) 投资军工、军工配套等关系国防安全的领域，以及在军事设施和军工设施周边地域投资； (2) 投资关系国家安全的重要农产品、重要能源和资源、重大装备制造、重要基础设施、重要运输服务、重要文化产品与服务、重要信息技术和互联网产品与服务、重要金融服务、关键技术以及其他重要领域，并取得所投资企业的实际控制权。	
4. 外商投资安全审查程序	安全审查的三个阶段	(1) 初步审查：在收到符合申报要求的材料之日起15个工作日内，决定是否启动安全审查； (2) 一般审查：在决定之日起30个工作日内作出通过审查的决定或启动特别审查的决定； (3) 特别审查：自启动之日起60个工作日内完成，特殊情况可以延长审查期限。
	关于补充材料	工作机制办公室可以要求当事人补充提供相关材料，该时间不计入审查期限。
	关于当事人修改方案或撤销投资	(1) 修改方案的，审查期限自收到修改后的投资方案之日起重新计算； (2) 撤销投资的，终止审查。
	外商投资安全审查决定的执行	(1) 通过安全审查的，可实施投资； (2) 禁止投资的，不得实施投资； (3) 附条件通过审查的，应当按照附加条件实施投资。
5. 审查决定监督执行	工作机制办公室会同有关部门、地方人民政府对外商投资安全审查决定监督实施；对附条件通过安全审查的外商投资，可以采取要求提供有关证明材料、现场检查等方式，对附加条件的实施情况进行核实。	

续表

6. 违规惩戒	对拒不申报、弄虚作假、不执行附加条件等违规行为，应责令当事人限期处分股权或者资产，并应将其不良信用记录纳入国家有关信用信息系统，并按照国家有关规定实施联合惩戒。

五、《区域全面经济伙伴关系协定》（RCEP）

（一）概述

2020 年 11 月 15 日，包括中国、东盟十国在内的 15 个国家，正式签署了《区域全面经济伙伴关系协定》（Regional Comprehensive Economic Partnership，简称 RCEP）。这标志着当前世界上人口最多、经贸规模最大、最具发展潜力的自由贸易区正式开始建立。RCEP 由序言、20 个章节、4 个附件（包括：关税承诺表、服务具体承诺表、服务和投资保留及不符措施承诺表、自然人临时移动具体承诺表）组成。

（二）成员国

中国、日本、韩国、澳大利亚、新西兰和东盟十国（菲律宾、老挝、马来西亚、缅甸、泰国、文莱、印尼、越南、新加坡、柬埔寨）共 15 方成员。

（三）生效条件

协定生效需 15 个成员中至少 9 个成员批准，其中要包括至少 6 个东盟成员国和中国、日本、韩国、澳大利亚、新西兰中至少 3 个国家。

（四）特点

1. 覆盖疆域最广（跨区域）、惠及人口最多、经济体量最大的高质量自贸协定。
2. 包容的、灵活的、互惠互利的自贸协定。
3. 唯一一个以发展中经济体为中心的区域贸易协定。由东盟发起，所有其他参与国都是通过先与东盟构建“东盟+1”的自贸协定，再通过东盟作为节点将这些经济体联系在一起。

（五）RECP 对外贸企业和行业的影响

1. 货物贸易方面，90%以上的货物贸易将最终实现零关税。
2. 原产地规则方面，使用区域累积原则。
3. 进一步降低和取消区域内的非关税壁垒。
4. 细化通关便利规则，进一步加深了贸易便利化程度。
5. 全面提升了区域内知识产权整体保护水平。
6. 加强电子商务领域的合作，为电子商务发展提供良好环境。
7. 降低中小企业贸易门槛，创造相对透明和公平的贸易合作环境。

六、网络安全与数据跨境流动

（一）基本法律

《网络安全法》《数据安全法》《个人信息保护法》为我国网络信息安全的三大支柱

法律。

（二）主要内容

1.《网络安全法》以“属地原则”为主，“域外”适用为辅。

关键信息基础设施的运营者在中国境内运营中收集和产生的个人信息和重要数据应当在境内存储。因业务需要，确需向境外提供的，应当按照国家网信部门会同国务院有关部门制定的办法进行安全评估；法律、行政法规另有规定的，依照其规定。

2.《数据安全法》采用“属地原则”加“保护原则”的模式。

“属地原则”针对中国“境内”开展的数据活动及其安全监管。“保护原则”针对“境外”开展的数据处理活动，损害中国国家安全、公共利益或者公民、组织合法权益的，依法追究法律责任。（民事、刑事、行政）

3. 数据安全审查制度采用“双层审查启动机制”。

采用当事人申报与依职权审查的双层审查启动机制，对影响或者可能影响国家安全的数据处理活动进行国家安全审查。

图书在版编目（CIP）数据

三国法66专题. 理论卷/殷敏编著. —北京：中国政法大学出版社，2023.11
ISBN 978-7-5764-1177-5

Ⅰ. ①三… Ⅱ. ①殷… Ⅲ. ①国际法－资格考试－自学参考资料②国际私法－资格考试－自学参考资料③国际经济法－资格考试－自学参考资料 Ⅳ. ①D99

中国国家版本馆CIP数据核字(2023)第214156号

出版者　中国政法大学出版社
地　址　北京市海淀区西土城路25号
邮寄地址　北京100088信箱8034分箱　邮编100088
网　址　http://www.cuplpress.com (网络实名：中国政法大学出版社)
电　话　010-58908285(总编室) 58908433（编辑部） 58908334(邮购部)
承　印　三河市华润印刷有限公司
开　本　787mm×1092mm　1/16
印　张　23.5
字　数　570千字
版　次　2023年11月第1版
印　次　2023年11月第1次印刷
定　价　75.00元

厚大法考（北京）2024 年客观题面授教学计划

<table>
<tr><th colspan="2" rowspan="2">班次名称</th><th rowspan="2">授课时间</th><th rowspan="2">标准学费（元）</th><th colspan="4">阶段优惠（元）</th><th rowspan="2">备 注</th></tr>
<tr><th>11.10 前</th><th>12.10 前</th><th>1.10 前</th><th>2.10 前</th></tr>
<tr><td rowspan="2">尊享系列</td><td>九五至尊班</td><td>3.21～主观题</td><td>168000</td><td colspan="4">主客一体，协议保障，终身免费重读。私人订制，建立学习档案，专属辅导，高强度、多轮次、高效率系统学习；强力打造学习氛围，定期家访，联合督学，备考无忧。</td><td rowspan="14">本班次配套图书及随堂内部讲义</td></tr>
<tr><td>尊享荣耀班</td><td>3.21～主观题</td><td>69800</td><td colspan="4">主客一体，协议保障。全程享受 VIP 高端服务，量身打造个性化学习方案，让备考更科学、复习更高效、提分更轻松，全方位“轰炸式”学习，环环相扣不留死角。2024 年客观题成绩合格，凭成绩单读主观题短训班；2024 年客观题未通过，退费 30000 元；2024 年主观题未通过，退费 20000 元。</td></tr>
<tr><td rowspan="6">高端系列</td><td>大成 VIP 主客一体班</td><td>3.21～主观题</td><td>39800</td><td colspan="4">主客一体，无优惠。定期纠偏、抽背，布置课后作业。2024 年客观题成绩合格，凭成绩单读主观题短训班；2024 年客观题未通过，退费 20000 元。</td></tr>
<tr><td>大成 VIP 班</td><td>3.21～8.31</td><td>39800</td><td>26800</td><td>27800</td><td>28800</td><td>29800</td></tr>
<tr><td>大成特训主客一体班</td><td>4.9～主观题</td><td>35800</td><td colspan="4">主客一体，无优惠。定期纠偏、抽背，布置课后作业。2024 年客观题成绩合格，凭成绩单读主观题短训班；2024 年客观题未通过，退费 18000 元。</td></tr>
<tr><td>大成特训班</td><td>4.9～8.31</td><td>35800</td><td>22800</td><td>23800</td><td>24800</td><td>25800</td></tr>
<tr><td>大成集训主客一体班</td><td>5.8～主观题</td><td>29800</td><td colspan="4">主客一体，无优惠。定期纠偏、抽背，布置课后作业。2024 年客观题成绩合格，凭成绩单读主观题短训班；2024 年客观题未通过，退费 15000 元。</td></tr>
<tr><td>大成集训班</td><td>5.8～8.31</td><td>29800</td><td>16800</td><td>17800</td><td>18800</td><td>19800</td></tr>
<tr><td rowspan="2">暑期系列</td><td>暑期主客一体班</td><td>7.5～主观题</td><td>15800</td><td colspan="4">主客一体，无优惠。2024 年客观题成绩合格，凭成绩单读主观题短训班；2024 年客观题未通过，全额退费。</td></tr>
<tr><td>暑期全程班</td><td>7.5～8.31</td><td>13800</td><td>7300</td><td>7800</td><td>8300</td><td>8800</td></tr>
<tr><td rowspan="2">冲刺系列</td><td>考前密训班 A 班</td><td>8.12～8.31</td><td>8800</td><td colspan="4">2024 年客观题成绩合格，凭成绩单读主观题密训班；2024 年客观题未通过，退 8000 元。</td></tr>
<tr><td>考前密训班 B 班</td><td>8.12～8.31</td><td>6980</td><td colspan="3">4300</td><td>4500</td></tr>
</table>

其他优惠：

1. 多人报名可在优惠价格基础上再享团报优惠：2 人（含）以上报名，每人优惠 200 元；3 人（含）以上报名，每人优惠 300 元。
2. 厚大老学员在阶段优惠基础上再优惠 500 元，不再享受其他优惠，密训班和协议班除外。

【总部及北京分校】北京市海淀区花园东路 15 号旷怡大厦 10 层　　免费咨询电话：4009-900-600-1-1

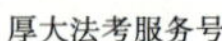

厚大法考服务号

扫码咨询客服

免费领取 2024 年备考资料

厚大法考（上海）2024年客观题面授教学计划

班次名称		授课时间	标准学费（元）	阶段优惠（元）			备注
				11.10前	12.10前	1.10前	
至尊系列	至尊私塾班	全年招生，随报随学	199000	自报名之日至通关之时，报名后专业讲师一对一私教，学员全程、全方位享受厚大专业服务，导师全程规划，私人定制、小组辅导、大班面授、专属自习室，多轮次、高效率系统学习，主客一体，签订协议，让你法考无忧。			专属10人自习室，小组辅导，量身打造个性化学习方案
	至尊主客一体班	3.22~主观题考前	69800	主客一体，签订协议，无优惠。2024年客观成绩合格，凭客观题成绩单上2024年主观决胜VIP班；2024年客观题意外未通过，退30000元；2024年主观题意外未通过，退20000元。			
	至尊班	3.22~9.5	59800	40000		45000	
大成系列	大成长训主客一体班	3.22~主观题考前	32800	主客一体，签订协议，无优惠。2024年客观成绩合格，凭客观题成绩单上2024年主观题决胜班；2024年客观题意外未通过，退10000元。			本班配套图书及内部资料
	大成长训班	3.22~9.5	32800	23800	24800	25800	
	大成特训班	4.18~9.5	28800	18800	19800	20800	
	大成集训主客一体班	5.15~主观题考前	25800	主客一体，签订协议，无优惠。2024年客观成绩合格，凭客观题成绩单上2024年主观题决胜班；2024年客观题意外未通过，退15000元。			
	大成集训班	5.15~9.5	25800	15800	16800	17800	
	轩成集训班	6.10~9.5	18800	12800	13800	14800	
暑期系列	暑期主客一体尊享班	7.9~主观题考前	18800	主客一体，签订协议，无优惠。专业班主任跟踪辅导，个性学习规划。2024年客观成绩合格，凭客观题成绩单上2024年主观题决胜班（赠送专属辅导，一对一批阅）；2024年客观题意外未通过，退10000元。			
	暑期主客一体班	7.9~主观题考前	13800	主客一体，签订协议，无优惠。2024年客观成绩合格，凭客观题成绩单上2024年主观题决胜班；2024年客观题意外未通过，退8000元。			
	暑期全程班	7.9~9.5	11800	6480	6980	7480	
	暑期特训班	8.11~9.5	7980	4980	5480	5980	
	大二长训班	7.9~9.5（2024年） 7.9~9.5（2025年）	15800	7480	7980	8480	一年学费读2年，本班次只针对在校法本大二学生
周末系列	周末主客一体班	3.16~主观题考前	13800	主客一体，签订协议，无优惠。2024年客观成绩合格，凭客观题成绩单上2024年主观题决胜班；2024年客观题意外未通过，退6000元。			本班配套图书及内部资料
	周末VIP班	3.16~9.5	16800	VIP模式无优惠，座位前三排，专业班主任跟踪辅导，个性学习规划。			
	周末全程班	3.16~9.5	11800	6480	6980	7480	
	周末精英班	3.16~8.18	7980	4980	5480	5980	
	周末强化班	3.16~6.16	5980	3280	3580	3880	
	周末特训班	6.24~9.5	7980	4180	4580	4980	
	周末长训班	3.16~6.16（周末） 7.9~9.5（脱产）	15800	7980	8480	8980	
冲刺系列	点睛冲刺班	8.26~9.5	4580	2980			本班内部资料

其他优惠：

1. 多人报名可在优惠价格基础上再享团报优惠（协议班次除外）：3人（含）以上报名，每人优惠200元；5人（含）以上报名，每人优惠300元；8人（含）以上报名，每人优惠500元。
2. 厚大面授老学员报名（2024年3月10日前）再享9折优惠（VIP班次和协议班次除外）。

备注：面授教室按照学员报名先后顺序安排座位。部分面授班次时间将根据2024年司法部公布的考试时间进行微调。

【松江教学基地】上海市松江大学城文汇路1128弄双创集聚区三楼301室　咨询热线：021-67663517

【市区办公室】上海市静安区汉中路158号汉中广场1204室　咨询热线：021-60730859

厚大法考APP

厚大法考官博

上海厚大法考官博

上海厚大法考官微

厚大法考（广州、深圳）2024 年客观题面授教学计划

班次名称		授课时间	标准学费（元）	阶段优惠（元）11.10 前	12.10 前	1.10 前	2.10 前	3.10 前	配套资料
至尊系列（全日制）	主客一体至尊私塾班	随报随学直至通关	177000	协议班次，无优惠；自报名之日至通关之时，学员全程、全方位享受厚大专业服务，私人定制、讲师私教、课前一对一专属辅导课、大班面授；多轮次、高效率系统学习，主客一体；送住宿二人间；当年通过法考，奖励 2 万元。					理论卷 8 本 真题卷 8 本 法考特训集 随堂讲义等
	主客一体至尊 VIP 班	4.10～9.1	157000	协议班次，无优惠；享至尊班专属辅导。若未通过 2024 年客观题，学费全退；若未通过 2024 年主观题，学费退一半。					
	至尊班	4.10～9.1	76800	50000		55000		60000	
				若未通过 2024 年客观题，免学费重读第二年客观题大成长训班；若通过 2024 年客观题，赠送 2024 年主观题短训班。					
大成系列（全日制）	大成长训班	4.10～9.1	38800	24800	25800	26800	28800	30800	理论卷 8 本 真题卷 8 本 随堂讲义
	主客一体长训班	4.10～9.1	38800	若未通过 2024 年客观题，免学费重读 2025 年客观题大成集训班；若通过 2024 年客观题，赠送 2024 年主观题短训班。					
	大成集训班	5.18～9.1	28800	17800	18800	19800	20800	21800	
	主客一体集训班	5.18～9.1	28800	若未通过 2024 年客观题，免学费重读 2025 年客观题大成集训班；若通过 2024 年客观题，赠送 2024 年主观题衔接班。					
暑期系列	大三先锋班	3.25～6.30	15800	3～6 月每周一至周五，晚上线上授课，厚大内部精品课程，内部讲义。					
		7.8～9.1		8200	8500	8800	9300	9800	
	暑期全程班	7.8～9.1	13800	7500	7700	8000	8300	8500	
	暑期主客一体冲关班	7.8～9.1	16800	若未通过 2024 年客观题，免学费重读 2025 年客观题暑期全程班；若通过 2024 年客观题，赠送 2024 年主观题密训营。					
				14300	14800	15300	15800	16300	
	私塾班	3.16～6.30 7.8～9.1	18800	13000	13300	13500	13800	14000	
周末系列	周末精英班	3.16～8.18	8980	7580	7880	8180	8580	8780	
	周末精英班（深圳）	3.30～8.18	7980	6580	6880	7180	7580	7880	
	周末全程班	3.16～9.1	15800	9300	9600	9800	10200	10500	
	周末全程班（深圳）	3.30～9.5	14800	8300	8600	8800	9300	9800	
	周末主客一体冲关班	3.16～9.1	16800	若未通过 2024 年客观题，免学费重读 2025 年客观题周末精英班；若通过 2024 年客观题，赠送 2024 年主观题密训营。					
冲刺系列	点睛冲刺班	8.24～9.1	4980	4080					随堂讲义

其他优惠： 详询工作人员

【广州分校】广东省广州市海珠区新港东路 1088 号中洲交易中心六元素体验天地 1207 室
咨询热线：020-87595663/020-85588201

【深圳分校】广东省深圳市罗湖区滨河路 1011 号深城投中心 7 楼 717 室　　咨询热线：0755-22231961

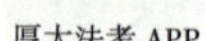
厚大法考 APP

厚大法考官博

广州厚大法考官微

深圳厚大法考官微

厚大法考（成都）2024 年客观题面授教学计划

<table>
<tr><th colspan="2" rowspan="2">班次名称</th><th rowspan="2">授课模式</th><th rowspan="2">授课时间</th><th rowspan="2">标准学费（元）</th><th colspan="3">阶段优惠（元）</th><th rowspan="2">配套资料</th></tr>
<tr><th>11.10 前</th><th>12.10 前</th><th>1.10 前</th></tr>
<tr><td rowspan="3">大成系列</td><td>尊享班</td><td>线下视频+面授</td><td>3.30～10.7</td><td>28800</td><td colspan="3">主客一体、协议保障；座位优先，全程享受 VIP 高端服务；量身打造个性化学习方案，一对一抽背，学科个性化规划，让备考更科学、复习更高效、提分更轻松。2024 年客观题成绩合格，凭成绩单免学费读主观题短训班；2024 年客观题意外未通过，免学费重读 2025 年大成集训班；2024 年主观题意外未通过，免学费重读 2025 年主观题短训班。限招 10 人！</td><td rowspan="10">理论卷
真题卷
随堂内部讲义</td></tr>
<tr><td>大成集训班</td><td>线上直播+面授</td><td>5.18～9.1</td><td>19800</td><td>12080</td><td>12280</td><td>12580</td></tr>
<tr><td>主客一体集训班</td><td>线上直播+面授</td><td>5.18～10.7</td><td>22800</td><td colspan="3">主客一体、协议保障、无优惠。2024 年客观题成绩合格，赠送 2024 年主观题短训班；2024 年客观题意外未通过，免学费重读 2025 年客观题大成集训班。限招 20 人！</td></tr>
<tr><td rowspan="5">暑期系列</td><td rowspan="2">大三先锋班</td><td rowspan="2">线上视频+面授</td><td rowspan="2">3.25～9.1</td><td rowspan="2">15800</td><td colspan="3">3～6 月每周一至周五，晚上线上授课，厚大内部精品课程，内部讲义。</td></tr>
<tr><td>7900</td><td>8500</td><td>8700</td></tr>
<tr><td>暑期全程班</td><td>面　授</td><td>7.11～9.1</td><td>12800</td><td>7280</td><td>7580</td><td>7780</td></tr>
<tr><td>暑期主客一体冲关班</td><td>面　授</td><td>7.11～9.1
9.19～10.7</td><td>15800</td><td colspan="3">主客一体、协议保障、无优惠。2024 年客观题成绩合格，凭成绩单免学费读主观题短训班；2024 年客观题意外未通过，免学费重读 2025 年暑期全程班。限招 30 人！</td></tr>
<tr><td>私塾班</td><td>线下视频+面授</td><td>3.30～6.30（周末）
7.11～9.1（全日制）</td><td>14800</td><td>8580</td><td>8780</td><td>8980</td></tr>
<tr><td rowspan="2">周末系列</td><td>周末长训班 A 模式</td><td>线下视频+面授</td><td>3.30～9.1</td><td>11800</td><td>7280</td><td>7580</td><td>7780</td></tr>
<tr><td>周末长训班 B 模式</td><td>线下视频+面授</td><td>3.30～10.7</td><td>15800</td><td colspan="3">主客一体、协议保障、无优惠。2024 年客观题成绩合格，凭成绩单免学费读主观题短训班；2024 年客观题意外未通过，免学费重读 2025 年周末长训班 A 模式。限招 30 人！</td></tr>
</table>

其他优惠：

1. 3 人以上报名，每人优惠 200 元；5 人以上报名，每人优惠 300 元；8 人以上报名，每人优惠 400 元。
2. 厚大老学员（直属面授）报名享 9 折优惠，协议班除外；厚大老学员（非直属面授）报名优惠 200 元。
3. 公、检、法工作人员凭工作证报名享阶段性优惠 500 元。

【成都分校地址】四川省成都市成华区锦绣大道 5547 号梦魔方广场 1 栋 1318 室

咨询热线：028-83533213

厚大法考 APP

厚大法考官博

成都厚大法考官微

厚大法考（西安）2024 年客观题面授教学计划

<table>
<tr><th colspan="3" rowspan="2">班次名称</th><th rowspan="2">授课模式</th><th rowspan="2">授课时间</th><th rowspan="2">标准学费（元）</th><th colspan="3">阶段优惠（元）</th></tr>
<tr><th>11.10 前</th><th>12.10 前</th><th>1.10 前</th></tr>
<tr><td rowspan="2">尊享系列</td><td colspan="2">尊享一班（视频+面授）</td><td>全日制</td><td>4.2～主观题（主客一体）</td><td>39800</td><td colspan="3">主客一体、协议保障，全程享受 VIP 高端服务；座位优先，量身打造个性化学习方案，一对一抽背，学科个性化规划，让备考更科学、复习更高效、提分更轻松。2024 年客观题意外未通过，退 28800 元；主观题意外未通过，退 13800 元。限招 10 人！</td></tr>
<tr><td colspan="2">尊享二班（视频+面授）</td><td>全日制</td><td>5.8～主观题（主客一体）</td><td>36800</td><td colspan="3">主客一体、协议保障，全程享受 VIP 高端服务；座位优先，量身打造个性化学习方案，一对一抽背，学科个性化规划，让备考更科学、复习更高效、提分更轻松。2024 年客观题意外未通过，退 26800 元；主观题意外未通过，退 13800 元。</td></tr>
<tr><td rowspan="3">周末系列</td><td rowspan="3">周末长训班（视频+面授）</td><td>A 模式</td><td>周末+暑期</td><td>3.25～主观题（主客一体）</td><td>16800</td><td colspan="3">主客一体、协议保障、无优惠；座位前三排、督促辅导、定期抽背纠偏、心理疏导。2024 年客观题成绩合格，凭成绩单上主观题短训班；客观题意外未通过，退 10000 元。限招 10 人！</td></tr>
<tr><td>B 模式</td><td>周末+暑期</td><td>3.25～主观题（主客一体）</td><td>13800</td><td colspan="3">主客一体、协议保障。2024 年客观题成绩合格，凭成绩单上主观题短训班。</td></tr>
<tr><td>C 模式</td><td>周末+暑期</td><td>3.25～8.31</td><td>13800</td><td>8380</td><td>8880</td><td>9380</td></tr>
<tr><td rowspan="4">大成系列</td><td rowspan="2">大成 VIP 班（视频+面授）</td><td>A 模式</td><td>全日制</td><td>4.2～主观题（主客一体）</td><td>28800</td><td colspan="3">主客一体、协议保障；小组辅导，量身打造个性化学习方案；高强度、多轮次、全方位消除疑难，环环相扣不留死角。2024 年客观题成绩合格，凭成绩单上主观题短训班；客观题意外未通过，免学费重读 2025 年大成 VIP 班 B 模式。</td></tr>
<tr><td>B 模式</td><td>全日制</td><td>4.2～8.31</td><td>16800</td><td>10380</td><td>10880</td><td>11380</td></tr>
<tr><td rowspan="2">大成集训班（视频+面授）</td><td>A 模式</td><td>全日制</td><td>5.8～主观题（主客一体）</td><td>26800</td><td colspan="3">主客一体、协议保障；小组辅导，量身打造个性化学习方案；高强度、多轮次、全方位消除疑难，环环相扣不留死角。2024 年客观题成绩合格，凭成绩单上主观题短训班；客观题意外未通过，免学费重读 2025 年大成集训班 B 模式。</td></tr>
<tr><td>B 模式</td><td>全日制</td><td>5.8～8.31</td><td>16800</td><td>9380</td><td>9880</td><td>10380</td></tr>
<tr><td rowspan="3">暑期系列</td><td colspan="2">暑期主客一体班（面授）</td><td>全日制</td><td>7.10～主观题（主客一体）</td><td>11800</td><td colspan="3">主客一体、无优惠。2024 年客观题成绩合格，凭成绩单上主观短训班。</td></tr>
<tr><td rowspan="2">暑期全程班（面授）</td><td>A 模式</td><td>暑　期</td><td>7.10～8.31</td><td>18800</td><td colspan="3">主客一体、协议保障；座位前三排、督促辅导、定期抽背纠偏、心理疏导。2024 年客观题成绩合格，凭成绩单上主观题短训班；客观题意外未通过，退 12000 元。</td></tr>
<tr><td>B 模式</td><td>暑　期</td><td>7.10～8.31</td><td>11800</td><td>7380</td><td>7880</td><td>8380</td></tr>
<tr><td>冲刺系列</td><td colspan="2">考前密训冲刺班</td><td>全日制</td><td>8.22～8.31</td><td>4680</td><td colspan="2">3680</td><td>3980</td></tr>
</table>

其他优惠：

1. 多人报名可在优惠价格基础上再享团报优惠：3 人（含）以上报名，每人优惠 180 元；5 人（含）以上报名，每人优惠 280 元；8 人（含）以上报名，每人优惠 380 元。
2. 厚大面授老学员在阶段优惠价格基础上再优惠 500 元（冲刺班次和协议班次除外），不再享受其他优惠。

备注：因不可抗力因素而造成不能进行线下教学而改用线上教学（含录播和直播课）时，线上教学课程等同于线下教学课程。

【西安分校地址】陕西省西安市雁塔区长安南路 449 号丽融大厦 1802 室（西北政法大学北校区对面）

联系方式：18691857706 李老师　18066532593 田老师　18192337083 李老师　18192337067 王老师

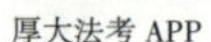
厚大法考 APP

厚大法考官博

西安厚大法考官微

西安厚大法考 QQ 服务群

西安厚大法考官博